政治泡沫

金融危机与美国民主制度的挫折

（美）诺兰·麦卡蒂
基思·T. 普尔 / 著
霍华德·罗森塔尔

贾拥民 / 译

华夏出版社
HUAXIA PUBLISHING HOUSE

图书在版编目(CIP)数据

政治泡沫：金融危机与美国民主制度的挫折 / (美)诺兰·麦卡蒂(Nolan McCart)，(美)基思·T.普尔(Keith T. Poole)，(美)霍华德·罗森塔尔(Howard Rosenthal) 著；贾拥民译. -- 北京：华夏出版社，2017.1
（西方经济·金融前沿译丛）
书名原文：Political Bubbles: Financial Crises and the Failure of American Democracy
ISBN 978-7-5080-9100-6

Ⅰ.①政… Ⅱ.①诺… ②基… ③霍… ④贾… Ⅲ.①金融危机-关系-民主-政治制度-研究-美国 Ⅳ.①F837.125.9②D771.221

中国版本图书馆CIP数据核字（2016）第306149号

Political Bubbles:Financial Crises and the Failure of American Democracy
Copyright © 2013 by Princeton University Press. All rights reserved. No part of this book may be reproduced or transmitted in any form or by any means, electronic or mechanical, including photocopying, recording or by any information storage and retrieval system, without permission in writing from the Publisher.
Simplified Chinese translation copyright © 2014 Huaxia Publishing House
All Rights Reserved

版权所有 翻版必究
北京市版权局著作权合同登记号：图字01-2013-5917号

政治泡沫——金融危机与美国民主制度的挫折

作　　者	[美]诺兰·麦卡蒂　　[美]基思·普尔　　[美]霍华德·罗森塔尔
译　　者	贾拥民
责任编辑	李雪飞
出版发行	华夏出版社
经　　销	新华书店
印　　刷	三河市万龙印装有限公司
装　　订	三河市万龙印装有限公司
版　　次	2017年1月北京第1版　　2017年1月北京第1次印刷
开　　本	720×1030　1/16开
印　　张	21.75
字　　数	345千字
定　　价	68.00元

华夏出版社　地址：北京市东直门外香河园北里4号　邮编：100028
网址：www.hxph.com.cn　电话：(010) 64663331 (转)
若发现本版图书有印装质量问题，请与我社营销中心联系调换。

目 录

致 谢 ·· 1
导 论 ·· 1
    楔子：一对在泡沫中生存的夫妻 ·· 1
    全国性的泡沫 ·· 3

第一篇 政治泡沫：为什么华盛顿听任金融危机的爆发？

引 言 ·· 3
第1章 泡沫预期 ··· 8
第2章 意识形态 ··· 15
    跟踪意识形态 ·· 23
    极化政治 ··· 38
    意识形态以及在与金融有关的议题上的投票行为 ···················· 43
    附录：估计意识形态地图 ··· 49
第3章 利 益 ·· 53
    特殊利益群体的威力 ·· 57
第4章 制 度 ·· 73
    "轴心政治" ··· 78
    程序性阻挠议事 ·· 82

总统否决权 ……………………………………………………………… 83
　　策略性地坚持不同意见 ………………………………………………… 90
　　法　院 …………………………………………………………………… 93
　　立法僵局带来的影响 …………………………………………………… 94
　　监管机构 ………………………………………………………………… 98
　　结　论 …………………………………………………………………… 101

第 5 章　2008 年金融危机中的政治泡沫 ……………………………………… 103
　　住房市场的预算外补贴 ………………………………………………… 112
　　行业集中与监管萎缩 …………………………………………………… 132

第二篇　泡沫破裂：为什么华盛顿拖延化解金融危机？

引　言 ……………………………………………………………………………… 139

第 6 章　应对泡沫破裂的历史教训 …………………………………………… 142
　　层出不穷的泡沫：一个政治史分析 …………………………………… 143
　　结　论 …………………………………………………………………… 174

第 7 章　2008 年的泡沫破裂 …………………………………………………… 175
　　引　言 …………………………………………………………………… 175
　　在泡沫破灭后，意识形态保持不变 …………………………………… 180
　　金融泡沫破灭后的立法应对 …………………………………………… 185
　　在第 111 届国会上的经济刺激与金融监管法案 ……………………… 187
　　题外话：如何刻画复杂的立法过程 …………………………………… 187
　　一揽子经济刺激计划通过时的政治：与轴心人物好好相处 ………… 189
　　金融市场改革 …………………………………………………………… 199
　　第 110 届国会通过了《问题资产救助计划》 ………………………… 206
　　结　论 …………………………………………………………………… 221

第 8 章 "泡沫"化的民粹主义 ········· 223
公众认为金融行业应该对金融危机负责 ········· 228
公众认为放松金融管制也难辞其咎 ········· 229
在危机高峰期,公众并未一面倒地反对政府干预 ········· 229
公众支持加强金融监管,但又担心会出现管制俘获问题 ········· 233
茶 党 ········· 235
"占领华尔街运动" ········· 243
结 论 ········· 246

第 9 章 化危为机的历史机遇是怎样被错过的? ········· 249
机遇被错过的第一个迹象:曼氏全球金融公司事件 ········· 259
建 议 ········· 260
政治改革 ········· 266

结 语 ········· 273
无穷无尽的踢罐游戏 ········· 273

参考文献 ········· 283
译后记 ········· 311

致　谢

在我们的上一本著作《极化的美国：意识形态之舞与不平等的财富》（*Polarized America: The Dance of Ideology and Unequal Riches*）的结尾，我们曾经设想过，到底什么东西能够打破已经在美国延续了整整30年之久的经济不平等和意识形态极化的怪圈呢？当时，在仔细地排除了所有可能的"小儿科式"的解决方案——例如，开放的公开预选、重新划分选区、改革竞选资助制度等——之后，我们还试图将关于这个问题的讨论进一步引向深入。我们设想的其中一个场景就是，一场像20世纪30年代那样重大的金融危机引发了根本性的政治重组。20世纪的那次经济大萧条结束了自由放任主义在政治经济领域的统治地位，使美国过渡到了新政时代。

那本书出版之后，有几位同事说我们过于悲观了。事实上，即使没有出现金融风暴，整个政治体系也是有可能出现变化的。而且，上一次经济危机真的发生了之后，希望、变革以及新的政治生态也都随之出现了。历史已经证明，《极化的美国》一书的结论很明显是太过于乐观了。

我们确实曾经经历了很多危机，但是我们从来没有从中吸取到很多教训。本书的目的就是试图解释，在《极化的美国》一书中，为什么我们会在提出了那么多的正确观点的同时（至少我们自己是这么认为的），却得出了一个错误的结论。

本书的初稿曾经在许多同事和朋友当中传阅，他们的意见和建议使它得到了很大的改进，因此，我们要在这里感谢亚当·博尼卡、帕特里克·博尔顿、查尔斯·卡梅隆、珍－劳伦·罗森塔尔、约书亚·索普、克里斯·陶桑诺维奇，还有为普林斯顿大学出版社审读本书的两位读者和一位经济学家（他希望保持匿名）。在讨论《雇员退休收入保障法案》（Employee Retirement

Income Security Act）时，巴里·萨克斯给了我们不少帮助。我们还要感谢汤姆·罗默，在卡内基梅隆大学和普林斯顿大学的这许多年里，他一直是我们最好的同事之一。本书中有几个观点就是我们在2010年与汤姆合作撰写一篇论文的时候提出来的，这篇论文后来发表在了《代达罗斯》（Daedalus）杂志上，我们还在它的基础上为《赫芬顿邮报》（Huffington Post）撰写了一篇关于拉斯·费因戈尔德的社论对页版评论。当然，上面列出来的这些人当中没有一个人是完全同意我们在书中所表述的观点的。但是，我们从来不以理论家自居，而且非常欢迎争论。

诺兰·麦卡蒂要感谢参加过普林斯顿大学民主政治研究中心研讨会的与会者，本书的中心论点曾经在该中心的研讨会上提出来讨论过，这些与会者提出了许多反馈意见。感谢拉塞尔·塞奇基金会，它为诺兰·麦卡蒂提供了机会，使他完成了关于经济刺激计划与《多德—弗兰克华尔街改革和消费者保护法案》（Dodd-Frank Wall Street Reform and Consumer Protection Act）的案例研究的初稿；诺兰·麦卡蒂参加了由这个基金会资助、由南希·贝尔梅奥和乔纳斯·庞图森领衔的以应对金融危机为目的的研究计划，在此过程中，他得到了许多关于本书的宝贵意见。麦卡蒂还参加了关于管制俘获问题的托宾研究项目，他与丹·卡彭特、大卫·莫斯等参与者的讨论，对他构思本书中关于金融管制的政治因素那部分内容有很大的帮助。

基思·普尔感谢他的同事斯科特·安斯沃思、杰米·卡森和托尼·麦当娜，他与他们对本书初稿进行了多次讨论。他还从参加他讲授的两门研究生课程以及一门本科生课程的学习的学生那里获得了许多有益的意见。

霍华德·罗森塔尔对于金融领域的政治经济学研究的兴趣，源自他于1995年对位于布鲁塞尔的欧洲经济学与统计学高等研究中心（European Center for Advanced Research in Economics and Statistics，简称ECARES）的访问。罗森塔尔有一大群非常杰出的同事，其中特别值得一提的有埃里克·伯格洛夫、帕特里克·博尔顿、马蒂亚斯·德瓦特里庞、艾尔萨·罗尔和热拉尔·罗兰。伯格洛夫很早就阐明，在美国历史上，破产政策一直是一个导致分裂的政治议题。运用我们发展起来的动态加权提名（DW-NOMINATE）模型，可以分析投票系统内部存在的冲突。热拉尔·罗兰和阿卜杜勒·诺里运用这个模型研究了欧洲议会的决策过程（阿卜杜勒·诺里当时还是欧洲经济学与统计学高等研究中心的一位学生)。他们还满怀激情地与西蒙·希克斯一起撰写了一本专著,并且凭借它获得了由美国政治科学协会立法研究部颁发的小理查德·芬诺奖。最能体现伯格洛夫、博尔顿和罗森塔尔等人的长期合作精神的成果是他们共同撰写的论文《债务合约中的政治干预》,它解释了为什么政府总是倾向于救助债务人——即使这意味着必须承担道德风险。我们在《极化的美国》一书中,还以关于税收问题的博尔顿—罗兰模型为理论框架,分析了再分配过程中的政治问题。对于罗森塔尔来说,在欧洲经济学与统计学高等研究中心的经历使他的职业生涯发生了重大的转变。

我们必须对帕特里克·博尔顿致以特别的谢意。他是 2008 年 12 月于哥伦比亚大学召开的"防范未来的金融危机"国际会议的组织者。仅仅在几个月前,在筹备这次会议的计划的时候,还没有人意识到美国的金融体系即将走向彻底崩溃的边缘。博尔顿请罗森塔尔在会议上作一个简短的发言,讨论一下"危机政治学"问题。正是在这次会议结束之后,经过进一步的深入讨论,我们才决定要撰写《政治泡沫》这本书。在这本书逐渐成形的过程中,博尔顿总是随时随地为我们这个政治学家三人组提供经济学家的专业意见。在 2011 年至 2012 年间,博尔顿担任法国图卢兹应用社会科学研究所的首席主任,在此期间,他邀请罗森塔尔到应用社会科学研究所,围绕本书的内容举行了两次座谈会。我们感谢与会者,他们提出的意见帮助我们完善了本书。

在上述哥伦比亚大学的会议与图卢兹座谈会之间,罗森塔尔以本书内容为依托,在一次于意大利米兰卡托利卡大学举行的政治经济学国际会议上做了大会主题报告;他在罗彻斯特大学接受威廉·瑞克奖时发表的演讲,也是以本书的内容为主题的;另外,他在西班牙福尔塞特举行的理论政治科学普里奥拉(Priorat)研讨会上,也阐述了本书的观点。这些会议的与会者,尤其是其中的拉里·罗森伯格和圭多·塔贝里尼,提出了许多有益的评论,罗森塔尔在此表示由衷的感谢。除了学界的这些挚友之外,罗森塔尔还要感谢自 2006 年以来参加他在纽约大学的政治学和金融学研讨班的许多本科荣誉学生。

罗森塔尔还要感谢卢卡·博西和纳迪亚·博洛格涅西,他们在过去的 13 年里在皮埃蒙特为他提供了非常好的乡间别墅,《极化的美国》和《政治泡沫》两本书的许多工作都是在那里完成的。年复一年,他们一直在提醒人们,虽然这个国家的金融体系不断地恶化,政治阶层腐败不堪,似乎没有了未来,只剩下了堆积如山的债务,但是无论如何,它毕竟还拥有着许多美德。

  本书的作者还要共同感谢米歇尔·安德森,她是一位非常出色的研究助理和编辑助理。我们这些作者在完成各自的写作任务时,与应对金融危机的措施有一个类似之处:它们都被拖延了。因此,我们要特别感谢普林斯顿大学出版社的编辑查克·迈尔斯,感谢他的耐心、坚持和远见。

导　论

楔子：一对在泡沫中生存的夫妻

　　本书的几位作者中，有一位非常不走运，他曾经受困于加利福尼亚州南部的房地产泡沫。他是2004年年底才搬到圣地亚哥的。在此之前的27年里，他和他的妻子已经在美国3个不同的州拥有过4个家。与普通人一样，这对夫妻也得与卖家讨价还价，并向银行申请贷款。因此，他们也得主动联系贷款人，进行再融资。

　　这对夫妻急于置业之时，正值圣地亚哥的房地产市场狂热之际。他们的房产中介提醒他们，一定要时刻随身携带手机，因为如果市场上出现了合适的房源，潜在的买房者通常必须在短短一天的时间内看好房并提出报价。一般来说，每套房都会吸引好几个买房者。在圣诞节前几天，这对夫妻看中了一套房子，房产中介建议他们立即向卖主出价，而且出的价格必须非常接近房主的要价才行。尽管他们当时已经和另一个房主约好，在圣诞节后两天就可以去看另一套房，但是还是决定立即出价买下这套房。最终他们的出价被接受了。

　　真正令这对夫妻大吃一惊的，是他们在与一位抵押贷款经纪人会面时发生的事情。这位抵押贷款经纪人的办公室与出售房子给他们的房地产公司位于同一幢楼内。这对夫妻可以选择许多种不同的抵押贷款，其中有好几种是他们以前从来没有听说过的。仅需支付利息的无本金抵押贷款虽然不错，但是这种好事似乎有点离奇；因此他们选择了优惠5%的30年抵押贷款。这里所说的第一种抵押贷款产品是由创世纪抵押贷款公司（Genesis Mortgage Corporation）提供的，该公司会在1个月内将贷款转售给美国富国银行（Wells Fargo）；第二种抵押贷款产品则是由位于俄亥俄州克利夫兰市的国家城市银行抵押贷款公司（National City Mortgage）提供的。而且在不到2个月后，国家城市银行就主动为他们提供了更多的信贷资源。这家银行为他们确定了房屋净值信用额度，他们可以在这个额度内贷款装修房屋。现在看来，是贷款人拼命向借款人丢钱，而不是借款人想方设法地从贷款人那里得到一笔贷款。当然，这对夫妻接受了这个信用额度。从当时的情况来看，在加利福尼亚南部拥有一幢房子，绝对会成为你最好的投资之一。只要你买下一幢房子，等10年后再卖出，肯定能赚一大笔钱——当地人都在这样说。然而，后来发生的事情表明，事实并非如此。

国家城市银行本身就是金融泡沫的一个缩影。国家城市银行的历史可以追溯到19世纪中期，在1999年时，它还是一家声誉卓著、备受尊敬的银行。也就在那一年，它买下了第一富兰克林财务公司（First Franklin Financial Companies），并从此进入了次级抵押贷款市场。①

此后，国家城市银行继续扩张。到了2003年和2004年，它每年通过次级抵押贷款业务获得的利润已经高达10亿美元。2006年，国家城市银行把第一富兰克林财务公司出售给了美林证券公司（Merrill Lynch），但是同时却留下了美林证券公司不想要的100亿美元的次级贷款。② 国家城市银行的最终结局在这一刻就被决定了。此后，国家城市银行的次级贷款业务出现了大溃败。仅仅在2008年第二个财政季度，国家城市银行就损失了10亿美元；然后，在当年的10月，国家城市银行本身也不得不出售给了PNC银行。③ PNC银行其实也好不到哪里去，它是利用来自《问题资产救助计划》（Troubled Asset Relief Program，简称TARP）的资金完成这项收购的。（另外，尽管没有接下那100亿美元的次级贷款，美林证券公司也很快就会走到自己的终点。）

再回过头来说这对夫妻的故事。2007年，他们获得了第二笔抵押贷款，不过不是从国家城市银行，而是从美国富国银行。美国富国银行允许他们以更多的"资产净值"为基础申请更多的贷款以装修房子。这对夫妻不知道，在那个时候，房地产泡沫已经破裂了。整个美国很快就会进入全面的经济大

---

① 请参阅马克·多多什的文章（Dodosh, 2008）。
② 请参阅兰迪·罗古斯基的文章（Roguski, 2008）。
③ 请参阅达蒙·西姆斯的文章（Sims, 2008）。

衰退。加利福尼亚的税收收入大幅下降。这个昔日所谓的"黄金之州",将不得不放弃许多东西——加利福尼亚州对许多从本质上看完全不可调和的东西都有着强烈的激情,例如低税率、古拉格监狱、慷慨大方的公共雇员养老金。就连本书这位作者的雇主——加利福尼亚大学,也开始削减名义工资,方法是让教职员工休假,并且不支付休假期间的薪水。各个层次的公共教育机构,成了房地产泡沫破裂的最直接的受害者之一。具体到这对夫妻,减薪无疑会给他们偿还抵押贷款带来沉重的压力。

不过说到底,这对夫妻还是比绝大多数美国人都要幸运一些。有一天,电话铃声响起,他们在佐治亚州得到了一份更好的工作。因此,他们也就能够买下一幢更大的房子了。不过,在加利福尼亚这幢房子上面,他们确实损失了一大笔钱。由于在房地产泡沫中受损,本书这位作者不得不推迟了原先计划好的退休时间。但是,与国家城市银行不同,这对夫妻毕竟幸存下来了;而且更重要的是,与其他几百万个贷款买房的家庭不同,他们毕竟还拥有自己的家。

全国性的泡沫

2008年秋天,美国的金融体系已接近于全面崩溃。9月15日,全美国最大的四家投资银行当中,有两家倒闭了,其中有一家是雷曼兄弟,它直接宣布破产。雷曼兄弟无法找到买家,同时政府又决定不对它的不良资产提供担保(这样才有利于出售)。另一家是美林证券,这家全美国最大的证券经纪公司被出售给了美国银行,当然,价格是低得不能再低的了。

第二天,美国联邦储备委员会宣布对美国最大的保险公司美国国际集团(American International Group,简称AIG)提供总额为850亿美元的救助。美国国际集团的问题出在它的数十亿美元的掉期合约上面,通过这些合约,它为抵押贷款支持证券(MBS)和债务抵押债券(CDO)的违约风险提供保险。① 如果美国国际集团破产,那么有关的这些债券将会大幅贬值,进而引发

---

① 资产支持证券是指这样一种证券,其价值是根据特定的基础资产的回报来确定的。以抵押贷款支持证券为例,它的价值源于某个基础抵押贷款池的利息所带来的现金流量。

整个金融体系范围内的更大规模的抛售、更大的损失和更凶猛的倒闭潮。3 天之后，即 9 月 18 日，美国财政部部长亨利·保尔森请求国会通过总额达 7 000 亿美元之巨的《问题资产救助计划》。当时，它还只是一个非常粗略的计划，从某种意义上说，它只是一张国会开给美国财政部的虚拟的空白支票，美国政府试图以此来向金融体系重新注入资金。这个计划的制定者声称，只要政府入市购买抵押贷款支持证券以及其他不良资产，就能够支撑起整个金融市场，从而遏制金融危机的进一步发展。

9 月 15 日开始的这一周内所发生的这些戏剧性的事件，使 2008 年 3 月政府出手救助贝尔斯登（BearStearns）以来的金融灾难进入了最高潮。仅仅在雷曼兄弟公司破产和美林证券被出售一个星期以前，美国政府刚刚接管了抵押贷款市场上的最大的两个"玩家"，它们就是政府支持的企业（GSE）——房利美（Fannie Mae）和房地美（Freddie Mac）。到了这一年的年底，美国联邦政府又直接控制了美国国际集团。金融危机的不断深化，进一步打击了在房地产泡沫破灭后就已经陷入了衰退的美国经济。失业率直线上升到自 20 世纪 80 年代初以来从来没有见到过的高位。传统上一直被当作美国制造业象征的汽车行业，也接近了崩溃的边缘，不得不在政府的主导下进行重组；以通用汽车公司为例，重组的结果是美国纳税人成了持有通用汽车公司股份的最大股东。直到 2012 年年初，通用汽车公司、联合金融公司（Ally Financial，它是通用汽车公司的子公司通用汽车金融服务公司的继承者）、美国国际集团仍然由政府管理，而房利美和房地美则仍然前途未卜。

毫无疑问，2008 年的金融危机对美国民众造成了极大的伤害，而且它几乎还影响到了全世界的每一个人。但是，造成这场大灾难的原因是什么，这至今依然是一个聚讼纷纭的问题。

许多人往往指责某些特定的微观个体，例如在华尔街攫取高额收益的投资银行家、在帕萨迪纳宣称求爷爷告奶奶不如借次级债的次级抵押贷款发放者、在拉斯维加斯的炒房者，等等。另外一些人则关注更宏观的结构性因素，例如金融创新的爆炸性发展、全球金融体系的失衡（导致美国和其他许多工业化国家充斥着来自中国和中东国家的信贷资金），等等。还有一些人则声称，这次危机无非是市场本身会变得疯狂的又一个实例而已，它所体现的群体性狂热，在本质上与发生在 17 世纪的荷兰郁金香球茎价格泡沫其实没有什么区别。① 当然，我们不可能做出这种类似于"因精神失常而判定无罪"的判断。

我们要关注的焦点是位于哥伦比亚特区华盛顿的联邦政府。说得更明确一些吧，我们认为，危机爆发的责任，未能对美国金融体系进行真正意义上的改革的责任，大部分都应该由以下这些人来承担：历届国会议员、历届美国总统（吉米·卡特、罗纳德·里根、老布什、比尔·克林顿、小布什和巴拉克·奥巴马）以及他们的内阁成员和主要智囊（包括白官办公室主任），还有领导了主要管制机构的官员，包括美国联邦储备委员会和美国证券交易委员会（SEC）的首脑。我们对这些人的行为与那些据说沉溺于"传染性的贪婪"和"非理性的繁荣"当中的就职于私营部门的高管的行为进行了对比研究。政治舞台上的行动者显然未能对金融创新浪潮和全球性的"储蓄过剩"做出适当的反应。政治家们不仅听任危机发展深化，而且在危机爆发后还迟迟不采取在公众看来再明显不过的应对措施。

"罪魁祸首"之一显然是闻名遐迩的美国联邦储备委员会前主席艾伦·格林斯潘。格林斯潘本人也是上述这些流行语的创造者，他曾经四次连任美国联邦储备委员会主席（其中两次是由来自民主党的美国总统任命的）。格林斯潘推行宽松的信贷政策，从而吹大了房地产泡沫，但是他却没有履行自己的职责，去调查和控制随着次级抵押贷款的创造而出现的大量欺骗性的"钓饵贷款"（teaser loan）和明目张胆的欺诈行为。2006年，小布什任命伯南克接替格林斯潘，出任美国联邦储备委员会主席。然而，这位继任者却表现得像是格林斯潘的一个克隆体（虽然伯南克不像格林斯潘那样喜欢发表声明）。直到2008年9月美国金融体系即将彻底崩溃之前，伯南克的行为一直出奇地消极被动。伯南克的消极态度可能反映了美国联邦储备委员会没有像许多人想象得那么"独立"。如果伯南克试图"捣乱"，国会和其他部门一定会束缚住他的手脚的。

导致金融危机的"罪犯"的"出身"是不分党派的，民主党、共和党都难辞其咎。他们既包括由共和党和民主党总统任命的像格林斯潘这样的管制

---

① 请参阅克里斯托弗·富特、克里斯托弗·杰拉迪和保罗·威伦的工作论文（Foote, Gerardi, and Willen, 2012）。

机构首脑，嘴里整天嘟囔着"自由市场"和"私人所有权社会"等口头禅的共和党国会议员和白宫官员，还包括拼命想让穷人住进他们自己无法负担的房子的民主党人。曾经担任过比尔·克林顿总统的白宫管理和预算办公室主任的富兰克林·雷恩斯，还有曾经担任过沃尔特·蒙代尔、阿尔·戈尔和巴拉克·奥巴马的顾问的詹姆斯·约翰逊，后来都出任了房利美的首席执行官，这算是对他们的贡献的一种回报，但是这种回报显然过于丰厚了。① 2002年，时任比尔·克林顿总统经济顾问委员会主席的诺贝尔经济学奖获得者约瑟夫·斯蒂格利茨，还与后来出任奥巴马的经济顾问并在花旗集团就职的乔恩·奥斯泽格联名，为房利美出具了一份意见书，信誓旦旦地宣称，房利美破产的机会只有五十万分之一。

让低收入者和少数族裔"居者有其屋"是民主党全神贯注的当务之急，为此他们创立了房利美，这是房地产泡沫的一大成因；然而，更加重要的一个因素或许是民主党接受了解除对金融领域的管制、推行金融自由化的主张。在这方面，最突出的例子是克林顿担任总统期间的美国财政部部长罗伯特·鲁宾和拉里·萨默斯。鲁宾曾经先后辗转就职于高盛公司（Goldman Sachs）和花旗集团，而萨默斯则在那届政府任期结束后去了著名的对冲基金德邵公司（D. E. Shaw）。

自从金融危机以及由此而导致的经济大衰退出现以后，关于"我们到底做错了什么？"这个主题，专家、学者们已经撰写了大量著作。那么，我们能不能说出什么新东西来呢？当然，我们并不是唯一也不是最早强调华尔街对华盛顿的影响的一批学者。其他一些学者走得比我们远得多，他们甚至暗示，华尔街已经"俘获"了华盛顿，来自华尔街的人总是能够得到自己想要得到的东西，而且总是马上就能到手。我们认为，这样一种解释显然过于简单化了。

政治家们、政客们、决策者们所采取的行动，确实有许多是无法归结为华尔街输送利益这个动机上去的。例如，小布什政府中的财政部的许多高官，都与华尔街有着千丝万缕的联系，他们在2008年年初的时候非常不情愿地去

---

① 关于雷恩斯等人获得的补偿，请参阅路西安·贝布夏克和杰西·弗莱德的论文（Bebchuk and Fried, 2005）。

请求国会授权来解决金融危机。到了那一年的年末，或许是因为国会曾经反对财政部救助投资银行贝尔斯登，他们就听任雷曼兄弟破产，而不再请求国会授权去救助它（因为国会可能会反对）。值得指出的是，尽管雷曼兄弟在美国大选期间捐献了巨额资金，而且它的首席执行官理查德·福尔德当时还担任着纽约联邦储备银行的主席，但是这一切都没能挽救雷曼兄弟。财政部不愿触怒国会（虽然国会是在共和党的控制之下）的做法可能是有理由的，因为在雷曼兄弟破产后不久，当政府第一次提出《问题资产救助计划》时，就遭到了国会的否决。

作为第二个例子，我们不妨再来考虑一下金融行业在推进关于个人破产法的"改革"时所面临的困难。维萨、万事达和其他债权人花了整整 7 年时间才全面推行了这项于 2005 年通过的、使消费者的破产变得更加困难的法律。金融行业的确是非常强大的，但是它并不总是能得到自己想要得到的东西。此外，这个行业是具竞争性的，而且并不是完全同质的。贝尔斯登和雷曼兄弟破产、美林证券不再作为独立的公司而存在，对于高盛和摩根士丹利等幸存者来说，或许都是值得庆幸的消息。因此，我们认为，重要的是，金融界的利益在华盛顿究竟是怎样体现出来的？在什么时候会产生最大的影响？

政治如何通过各种途径加剧了金融危机？我们的解释能够使我们对这一问题的理解更加微妙而深刻。在这个问题上，大部分关于金融危机的政治基础的讨论都集中在金融部门的政治利益上，与此不同，我们要同时强调"三个 I"，即意识形态（ideology）、制度（institutions）和利益（interests）。

某位政治家所采取的行动不仅反映了组织化利益的压力，而且反映了他本人的个人信念——政府在管制金融部门时究竟应该扮演什么角色？我们在本书中将会证明，这类思想信念通常是根深蒂固的，在很大程度上不会随着新信息的出现而改变。毫无疑问，政治家们表现出来的能够被旁人观察到的思想，反映的是一种"混合物"，夹杂了他们真正的个人信念、选民的信念，以及与个人利益密不可分的"任人唯亲"的倾向。① 我们认为，这种"混合

---

① 在一篇论文中，史蒂文·列维特（《魔鬼经济学》一书的作者之一）估计，意识形态在其中所占的比例大约为 50%（Levitt, 1996）。

物"的"具体配方"并不是最重要的，最重要的是它的刚性。我们将会指出，正是这种刚性的存在，阻碍了可能防止泡沫形成的措施的推出，而且在危机发生后限制了可以采取的政治行动。

选举、立法规则和立法程序等政治制度与监管机构都会影响当选的政治家参与制定政策的愿望和把握机会，而这些政策要么会加剧、要么可以缓解金融危机。在本书中，我们关注的重点是，以权力分立为原则、采取超级多数规则为特征的美国政治结构，是如何使决策者很难跟上金融创新的步伐、很难对濒临破产的金融部门进行大刀阔斧的改革的。①

群体和利益是最终的决定因素。组织化程度很高的、拥有大量资源的那些团体（例如金融行业）往往能够通过意识形态同盟和现存的体制结构，推动有利于自身利益的政策的制定。正如我们在本书中将要证明的，那些强大的组织不仅能够推动总统和国会议员制定对自己更有利的政策，而且还能将监管机构拒之门外。反过来，由于监管者过于弱势，某些特定的行动者就会趁机将合法的界线推得更远。

金融危机有三大支柱，华盛顿未能处理好其中的任何一个。第一大支柱是高风险住宅贷款（即所谓的次级抵押贷款）的大幅上升，这些贷款的借款人或者没有良好的信用记录，或者工作经历不足，无法获得利息更低的优级贷款。直接发放这些高息贷款的贷款人通常都会将贷款转售给其他金融公司，因此他们基本上不会或者根本不会"共担风险"。美国一些顶级的金融机构则涉嫌欺诈，它们伪造了文件，把次级抵押贷款当作AAA等级的优级贷款转售给其他机构。

金融危机的第二大支柱是抵押贷款的证券化，即把抵押贷款捆绑在一起，形成一个抵押贷款资产池，以便出售给投资者。这些抵押贷款支持证券又被反过来分割成不同的等级（tranches），各个等级的风险程度各不相同。等级最高的证券对于支付的利息拥有优先权，而等级最低的证券则只拥有最低的优先等级。因此，当抵押贷款出现违约时，等级最低的证券是最先

---

① 因为我们关注的重点是美国的金融危机，所以将着重研究美国决策机构的制度和结构。

受到影响的。①

抵押贷款支持证券的承销商为了把它们推销出去，必须先请信用等级评定机构为它们评级。尽管作为这些证券的基础的抵押贷款的质量非常低劣，但是所有的评级机构却不约而同地给出了 AAA 的评级，即证明它们与美国政府债券一样安全。②（值得指出的是，在金融危机爆发以后，标准普尔公司调低了美国政府债券的评级，但是却依然给了许多抵押贷款证券 AAA 的评级。③）在标准普尔、穆迪、惠誉国际等评级机构的"保驾护航"和"祝福"下，金融机构成功地向市场推出了这些证券，并把它们兜售给了来自世界各地的投资者。各投资银行和大型商业银行（例如花旗集团）不仅推销抵押贷款支持证券，而且自己也继续持有相当多的这类证券。在这些投资中，为了最大限度地发挥杠杆作用，它们在购买抵押贷款支持证券和债务抵押债券时，是通过"影子"银行体系内利息极低的短期贷款来筹集资金的。这个"影子"银行体系是在隔夜回购（售出并买回）市场的基础上形成的。

金融危机的第三大支柱是信用违约掉期（CDS），创立这个金融工具的目的是为了保证抵押贷款支持证券能够对抗违约风险。掉期合约出售者保证，万一抵押贷款支持证券出现了违约，就向购买者支付预先约定的赔偿金。这原本是用来帮助抵押贷款支持证券的持有人套期保值、防范风险的一种保险措施。但是，其他并没有持有抵押贷款支持证券的投资者也会买入掉期合约，他们的目的是与抵押贷款支持证券对赌，因此，他们这种行为被称为"裸信用违约掉期"。这样一来，保险商美国国际集团就在不知不觉中蜕变成了一家

---

① 例如，请参阅以下这个案件的审理和判决：宾夕法尼亚州阿勒格尼县普通民事诉讼法庭 GD 09-016593 号（2009 年 10 月 23 日立案），"匹兹堡联邦住房贷款银行诉美国全国金融服务公司、摩根大通证券有限公司、摩根大通公司、穆迪公司和穆迪投资者服务公司"。又如，读者还可以参阅佐治亚州富尔顿县普通民事诉讼法庭审理的"亚特兰大联邦住房贷款银行诉美国全国金融服务公司（即现在人们所熟知的美国银行住房贷款公司）、美国银行（美国全国金融服务公司的继承者）、摩根大通证券有限责任公司、LLC（即以前的摩根证券公司和贝尔斯登公司）、瑞银证券有限责任公司以及其他个人被告人第 1-50 号"（2011 年 1 月 18 日立案）。
② 克里斯托弗·富特、克里斯托弗·杰拉迪和保罗·威伦认为（Foote, Gerardi, and Willen, 2012），有问题的评级集中在以高风险的抵押贷款支持证券为基础的那部分债务支持债券上，而获得 AAA 评级的那些抵押贷款支持证券本身的评级并无问题。
③ 请参阅齐克·福克斯和乔迪·申恩的文章（Faux and Shenn, 2011）。

投资银行，而且是一家经营着全世界最大的赌场的投资银行。虽然从理论上说，信用违约掉期是可以展期的，但是由于美国国际集团的金融服务部门已经售出了如此之多的合约，所以集中起来的威力不亚于原子弹爆炸的威力。

金融危机的上述三大支柱，再加上美国联邦储备委员会的宽松货币政策和国际资本的大量涌入，共同导致了房地产市场的巨大泡沫。当泡沫破裂以后，次级贷款出现违约潮，上述三大支柱中的第一大支柱也随之崩塌了。作为连锁反应的一部分，大量基于抵押贷款的 AAA 评级的证券都出现了违约并大幅贬值，从而摧毁了第二大支柱。购买了大量抵押贷款支持证券或信用违约掉期合约的那些银行，都调转了方向，以它们为抵押，借入短期贷款。当房地产泡沫破裂、违约成了可行的选择的时候，为了借入短期贷款，对抵押品的需求大幅上升。因此，随着抵押贷款违约事件的增加，住房抵押贷款支持证券的持有者要想像往常一样通过回购市场为自己的业务融资变得非常困难，因为贷款人担心这些贷款也会违约。这样一来，人们就开始挤兑"影子"银行体系。由于缺乏透明度，不知道持有的"有毒"资产的具体情况，这种做法很快在整个金融系统内蔓延开来。最后，在第二大支柱崩溃后，信用违约掉期的买家纷纷索取保险金，这摧毁了第三大支柱，并使美国国际集团濒临破产。

很显然，上述三大支柱又都是以预谋的和非预谋的政策错误为基础的。决策者们原来是可以避免危机的发生的——如果他们对这三大支柱后面的那些金融产品进行了密切监管或者甚至直接禁止它们进入市场的话。无论采取下面这些监管措施中的哪一种，都可以大幅削减次级抵押贷款的数量：利率管制、限制市场上出现的次级抵押贷款的类型、严格控制贷款标准、严格限制按揭贷款发放者以及房地产中介的数量、实施更高的总贷款—价值比要求，等等。另外，如果强制要求抵押贷款发放者对他们所出售的抵押贷款的利息当中的相当一部分承担责任，那么在次级抵押贷款证券化过程中出现扭曲的激励的机会就会大大减少。如果利益相关者在出现违约的情况下必须承担相应的责任，那么无论是抵押贷款的发放者，还是抵押贷款的证券化者，都会对可能出现的证券及其衍生品"多点心眼"。信用评级机构的利益冲突原本也是不难克服的。此外，决策者们本来是可以禁止一些会计处理上的做法的，例如，他们可以禁止抵押贷款市场上的投资者使用可以调高杠杆的各种特殊投资工具;他们可以规定,只有那些"有切身利益在其中的"共担风险的机构和个人才能购买信用违约掉期,同时,信用违约掉期的发行者则必须拥有更多的资本,以应对可能出现的损失。

如果采取了上述监管措施,就有可能避免或者至少可以减轻金融危机的程度;它们的缺位恰恰表明,白宫、国会和联邦监管机构等各方面之间存在着深层次的共谋。导致危机的是泡沫,而泡沫则是在以下两个因素的刺激下膨胀起来的:第一个因素是自20世纪80年代以来抵押贷款市场放松监管之后才被刺激起来的,政府不仅对自身支持企业自加压力,也对私营金融机构施加压力,要求它们增加对低收入者和少数族裔的贷款;第二个因素是,场外衍生工具受到了过度保护,使之不必受2000年通过的《商品期货现代化法案》(Commodity Futures Modernization Act)的监管。所有这些危机的种子都是在小布什担任总统之前就播下的,那时离次级抵押贷款和私营部门住房抵押贷款证券化蔚为潮流还有很长一段时间。小布什政府的问题在于,尽管已经出现了很多警告信号,但是政府却没有采取任何纠正行动。通过任命哈维·皮特和克里斯托弗·考克斯为美国证券交易委员会主席,小布什政府扼杀了美国证券交易委员会的活力;同时,在国会的共和党人也抑制了民主党人试图监管掠夺性贷款的企图。如果说住房抵押贷款确实变成了荷兰的郁金香,那么为它提供无比肥沃花土和花房的却恰恰是华盛顿。

但是说到底,最近这场危机并没有什么独特性可言。同种类型的政策失败也发生在储蓄与贷款协会危机(Saving and Loan Crisis)发生期间和大萧条期间。储蓄与贷款协会危机在1985年达到了高潮,直到1989年美国重组信托公司(Resolution Trust Corporation)成立之后才告一段落。类似地,大萧条是因1929年10月的股票市场崩盘而引发的,但是直到富兰克林·罗斯福宣誓就职总统100天后,即1933年3月,政府才出台了一些重要的新政策。① 同一年的6月,罗斯福总统签署了《格拉斯—斯蒂格尔法案》(Glass-Steagall Act),这是一项重大的政策创新。《格拉斯—斯蒂格尔法案》规定,商业银行业务和投资银行业务必须分立,同时它还创立了存款保险制度。值

---

① 美国《宪法第二十修订案》规定,新总统的就职日期为选举结束后的下一年的1月20日,新一届国会则从1月3日开始算起。不过,这一修正案虽然早在1933年1月23日就获得了通过,但是却到那一年的10月才生效。

得注意的是，这一法案还限制跨州设立银行和分支机构开展州际银行业务，这一限制直到 1994 年《里格尔—尼尔跨州设立银行和分支机构效率法案》（Riegle – Neal Interstate Banking and Branching Efficiency Act）通过后才被取消。大萧条期间的金融市场问题早在 1907 年的金融大恐慌中就已经初见端倪。1907 年的金融大恐慌发生在当年的 10 月，但是华盛顿却没有对它做出任何反应。虽然为了防范未来再度发生危机，国会在 1908 年 3 月 30 日通过了《奥尔德里奇—弗里兰法案》（Aldrich – Vreeland Act），但是直到联邦储备银行 1913 年创立后，真正意义上的应对措施才开始落到实处。① 很显然，华盛顿的要人们总是要等到马都跑光了之后才记起要关好马厩的门。这种行动模式一再重复展现在世人面前。

为什么这类重大政策失误和严重延误不断重复出现？有一种观点认为，周而复始的金融危机恰恰是资本主义本身性质的反应——资本主义的发展就是周期性的，这是它创造性的毁灭能力的体现。根据这种解释，政策和监管的时滞更多地与金融危机本身的彻底不可预测性有关，而与任何一种政治失败都没有什么关系。但是，单纯地只关注经济动态过程，最多只能描绘出一个不完整的金融危机的画面。

事实上，人们确实可以事先就洞悉许多导致金融秩序陷入混乱的深层次的原因的。然而，糟糕的是，推进改革的各种尝试，所遇到的不仅仅是忽略和漠视，而且还有积极的反对。类似的例子比比皆是，且让我们从 20 世纪 90 年代开始说起吧！

1994 年，对冲基金阿斯金资本管理公司（Askin Capital Management）因为大量投资抵押贷款支持证券而亏损了 6 亿美元。② 在同一年的 12 月，加利福尼亚州奥兰治县在以利率为基准的衍生品上的巨额投资，也因为利率的突然上升而遭受重创，迫使该县不得不申请破产。1998 年，建议奥兰治县做出上述投资的美林证券公司与奥兰治县达成了总额高达 4 亿美元的和解协议。在那之后，国会举行了听证会，听取专家们关于对冲基金和衍生证券的建议，

---

① 请参阅罗伯特·布鲁纳和肖恩·卡尔的著作（Bruner and Carr, 2007）。
② 请参阅索尔·汉塞尔的文章（Hansell, 1994）、塞巴斯蒂安·马拉比的论文（Mallaby, 2010）和弗兰克·帕特诺伊的著作（Partnoy, 2009）。

但是没有从立法途径提出任何纠正措施。10 年之后，美林证券公司也倒闭了。①

20 世纪 90 年代后期，十几家小型次级贷款放款人破产；而在此之前，它们已经利用庞氏贷款的方式维持了好几年，许多未偿贷款都出现了违约的情况。② 1999 年，对冲基金长期资本管理公司（Long Term Capital Management，简称 LTCM）破产，美国联邦储备委员会对此进行了干预，以防止整个金融体系受到进一步的损害。同样是在 20 世纪 90 年代末，美国商品期货交易委员会（Commodity Futures Trading Commission，简称 CFTC）主席布鲁克斯里·波恩警告说，对衍生品合约（包括信用违约掉期）的监管缺位，蕴含着巨大的风险。一语成谶，这正是 2008 年金融危机的核心因素。然而，她试图将衍生品置于美国商品期货交易委员会的监管之下的努力却遭到了克林顿总统的经济顾问团队（其中最著名的是罗伯特·鲁宾和拉里·萨默斯）、美国证券交易委员会主席阿瑟·莱维特和国会巨头如参议院银行业委员会主席菲尔·格兰姆的一致反对。

新世纪的美国经济危机是以 2001 年网络泡沫的破裂为开端的。在当时，许多人所关注的都是会计师事务所和市场分析家们在这个过程中所起到的误导作用。美林证券公司因为它的证券分析师给出的报告而被罚款 1 亿美元。花旗集团因为在安然公司事件和环球电讯事件中所扮演的不光彩角色，而不得不支付数十亿美元的罚金以及和解赔偿金（有意思的是，在 2008 年金融危机中，它获得了数十亿美元的问题资产救助资金）。在这种情况下，《萨班斯—奥克斯利法案》（Sarbanes-Oxley Act）得以通过，但是从 2008 年金融危机来看，它并没有有效地防止失真的会计信息的到处蔓延。③

---

① 1994 年，还发生了另一起与抵押贷款证券化有关的丑闻：以宝洁公司（Procter and Gamble）为首的一些公司成功地将银行家信托集团（Banker's Trust）告上了法庭，因为后者为这些公司提供了不准确的信息，使它们面临着极大的利率掉期风险。
② 请参阅迈克尔·刘易斯的著作（Lewis，2010）。
③ 例如，雷曼兄弟走向深渊的重要一步就是，该公司为了粉饰报表，使用了一种被称为"回购 105"的非常有问题的会计处理手法。通过"回购 105"交易，雷曼兄弟将相当于贷款总额 105% 的资产都抵押在了隔夜回购市场上，而这些贷款在该公司的财务报表上却都被计入了销售。具体情况请参阅迈克尔·德拉·默塞德和茱莉亚·维尔迪吉尔的文章（De la Merced and Werdigier，2010）。

在21世纪第一个10年，随着房地产泡沫的不断增加，有识之士对房利美和房地美的贷款组合的高风险性的担忧也与时俱进，他们不断地呼吁必须加强监管。但是，获得政府支持的企业拥有非常强大的游说能力，而且它们的高管们的政治人脉也极其广泛，因而轻而易举地挫败了所有这种企图。许多州的司法部部长都试图让华盛顿关注市场上出现的各种纷繁复杂的抵押贷款产品的风险，他们也试图对各银行发放掠夺性贷款的做法展开进一步的行动，但是联邦管制机构却以对这类问题有"优先管辖权"为由，彻底把他们排除在外了。①

到了2005年和2006年，美国联邦储备委员会已经收集了大量确凿无疑的证据，表明次级抵押贷款止赎和违约的问题早就堆积如山，但是它却决定不运用自己所拥有的监管权力去提高贷款标准。许多著名学者，例如罗伯特·希勒和努里尔·鲁比尼，都预测全国房价即将大跌。更重要的是，决策者们根本无视历史：许多近代发生的金融危机（例如发生在斯堪的纳维亚半岛、日本和泰国的金融危机）都是由房地产泡沫破裂所引发的。但是华盛顿和华尔街却一再为自己打气说"这一次情况有所不同"。②

因此，所有金融危机都不会仅仅是一个单纯的经济现象，它们还有一个非常重要的政治维度。正如我们将在本书中指出的，在每一个金融泡沫背后，都有一个与之相对应的政治泡沫。市场中的金融泡沫是非理性繁荣和贪婪的共同产物，政治泡沫则是意识形态、制度和个人利益的混合体。

在《政治泡沫》一书中，"政治泡沫"指的是一系列政策偏差，正是它们催生、培育并放大了那些导致金融危机的市场行为；政治泡沫是顺周期的：当市场上出现了追求风险的行为倾向时，政治泡沫不但不会反对、阻止，反而会扶持、教唆并放大它们。在金融泡沫产生、发展的时候，正确的做法是加强监管，但是政治泡沫却放松监管。当投资者们本应该持有更多的资本、降低杠杆率（去杠杆化）时，政治泡沫却鼓励他们采取相反的行动；当货币政策本应该收紧时，政治泡沫却促成了更宽松的信贷环境。

从成因上看，政治泡沫与市场泡沫有很大的相似性。首先，这两种类型

---

① 请参阅罗伯特·伯纳和布莱恩·格罗的文章（Berner and Grow, 2008）。
② 请参阅莱因哈特·卡门和肯尼思·罗格夫的著作（Reinhart and Rogoff, 2009）。

的泡沫都依赖于一套特定的信念。经济学家们一直强调预期因素在资产泡沫产生过程中的作用。① 当资产价格严重偏离历史水平时，这些信念就可以用来合理化这类畸高的价格。例如，人们认为，持有股票的投资者所要求的超额收益（即所谓的股权风险溢价）永久性地下跌了。这个信念助长了20世纪90年代后半期的股市繁荣。与此同时，一个新的信息经济正在形成的观念，则导致了网络类公司狂热地公开募股的潮流。例如，Pets.com，这是一个在互联网上卖狗粮的网络公司，负责其公开上市事务的正是以吹捧泡沫、不断看涨而知名的美林证券公司，它在2000年2月以每股11美元的价格首次公开募股，然后很快就上涨到了每股14美元，最后却于当年的11月被清盘。② 同样，在新世纪的第一个10年，人们相信，全球化和来自发展中国家的储蓄过剩很可能使利率永久性地处于非常低的水平。这个信念推助了从拉斯维加斯到拉脱维亚的房地产泡沫的产生。即便是那些对这些所谓的基本面的变化持怀疑态度的投资者，也在持续地买入价格虚高的资产，而希望自己能够在泡沫破裂之前将它们售出。

就像上述信念支撑了投资者和投机者"舞会永远不会结束"的心态一样，政治家们和选民们的信念和意识形态也是政治泡沫得以维持的基础。首先，政治家们和选民们也可能在投资者的"非理性繁荣"中分得一杯羹，这一事实使得他们不愿意去支持纠正政策偏差的行为。如果储蓄过剩真的降低了自然利率水平，那么运用货币政策将利率人为地保持在高位，就是非常愚蠢的做法。如果信息经济浪潮真的象征着未来，那么提高公开发行股票的标准或者收紧会计报表中关于股票期权定价的陈述要求，很可能就会被说成是新卢德运动而备受嘲讽。

但是，值得指出的是，在支撑了某个特定的泡沫的那些信念的背后，还有一些更基本的关于市场的本质和政府的作用的信念，它们也会促成泡沫的产生。《牛津英语辞典》（*The Oxford English Dictionary*）把"意识形态"（ideology）定义为"一种思想体系，这种思想体系通常与特定的政治或社会环境有关，或者通常与特定的某个阶层或群体所采取的或想要采取的行动有关，

---

① 请参阅本书第1章。
② 请参阅里德·埃伯尔森的文章（Abelson, 2000）。

因此往往被用来为特定的行为提供正当性理由；尤其是指，当某种思想体系被不问原因毫无保留地拥护，或者被作为一个整体全盘地接受，并且**被不顾事实真相、不顾事件的实际发展过程而顽固地坚持**时"。①

当然，意识形态信念有各种各样的表现形式，左派、中间派、右派各有各的意识形态信念。但是，最有利于政治泡沫生成的信念结构却是我们通常所称的**自由市场保守主义**（free market conservatism）。与绝大多数意识形态一样，自由市场保守主义也有一整套基本原则，这是它的意识形态核心。自由市场保守主义的最简单的绝对形式是这样一种信念：坚信政府对经济的干预本身就是坏的——无论具体的干预措施究竟是什么。与官僚机构相比，市场总是能够更好地实现资源的有效配置，因此，必须将政府干预限制在最低限度。政府只能用来为生命和财产提供基本保障，政府的职能只能严格地限于市场无法提供的那些领域（不过，这些职能具体指哪些，自由市场保守主义者内部的意见并不统一）。因为市场能够实现资源的最佳配置，所以税率应该尽可能低，监管措施也应该尽可能少。

在美国，两个主要政党都在宣扬一些与自由市场保守主义密不可分的信念。近年来，自由市场保守主义的影响力在共和党内尤为突出，它是共和党继续向右移动、美国政治两极分化加剧的重要催化剂。② 但是，自由市场保守主义的影响并不局限于共和党的右翼。事实上，正如我们在本书下文中将要指出的，它的追随者们还包括许多重要的民主党人士。

再者，近年来，一些共和党人，尤其是那些完全认同茶党甚至将自己等同于茶党的共和党人，已经接受了一种"恶性"的自由市场保守主义。我们可以用"**自由市场资本主义原教旨主义**"（fundamentalism free market capitalism）一词来描述他们的立场。自由市场资本主义原教旨主义的信奉者们认为，在经济问题上，在任何情况下都不应该让政府发挥任何作用。我们不妨将这种信仰与以往那些杰出的倡导资本主义的代表人物的观点对比一下。从

---

① 见《牛津英语辞典》（第 2 版）在"意识形态"这个词条下面给出的释义。我们认为上述释义的最后一项是最重要的，但是《牛津英语辞典》（第 3 版）却取消了这项释义。关于意识形态刚性，请读者参阅罗兰德·贝纳布的论文（Bénabou, 2008）。

② 请参阅诺兰·麦卡蒂、基思·普尔、霍华德·罗森塔尔的著作（McCarty, Poole, and Rosenthal, 2006）。

美国第一位财政部部长亚历山大·汉密尔顿开始,一直到著名经济学家米尔顿·弗里德曼,甚至包括艾伦·格林斯潘,所有这些人都认为政府干预确实是必要的——至少在某些例外的情况下。在2008年经济危机中,这些自由市场资本主义原教旨主义者的所作所为对财政部部长保尔森的稳定金融市场的努力造成了极大的障碍,他们强迫必须让雷曼兄弟破产,而且极力反对《问题资产救助计划》。①

虽然在泡沫形成和发展的过程中,经济信念和政治信仰发挥作用的方式非常类似,但是,当泡沫破灭后,两者就会表现出一些重要的差异。只要经济主体认识到,若经济基本面无法保证目标资产的价值继续维持下去,那么经济预期就会在非常短暂的一段时间内发生彻底的改变。但是政治信念则不同,正如前述所引用的《牛津英语辞典》对"意识形态"的定义中的强调部分所表明的,坚决地拥护特定意识形态的死硬派"空想家"(ideologue)是不允许自己修正自己的世界观的。思想信仰的刚性使得政策无法根据金融危机发展的实际情况进行合理调整。他们不愿意承认需要责怪的或许正是原来的正统观念,反而想方设法地搜寻各种替罪羊,责怪它们偏离了正统。对于一个自由市场保守主义信徒来说,任何一个明显的市场失灵现象,都是政府不正当地干预了经济规律的铁证。这也就意味着,在泡沫破灭之后制定的政策往往会加剧危机。由于意识形态具刚性,决策过程将会被延迟、被扭曲。新政策很可能埋下了下一次危机的种子。

金融泡沫和政治泡沫的第二个共性是,两者都会受到制度或"游戏规则"的强烈影响。游戏规则决定了对于社会行动来说至关重要的激励机制。特定的激励机制可能会诱导破坏性的行为。金融市场上的激励机制是在金融市场的结构、经济主体拥有的金融信息、政府是不是进行监督和管理等因素的共同影响下形成的。这些因素在很大程度上决定着资本会不会向社会上生产性最高的那些用途流动,或者相反,流向投机者和市场操纵者。类似地,制度结构也型构着政治决策过程。政治家们究竟会支持什么样的政策,肯定会受到选举制度、竞选财务法规等因素的影响。联邦政府的结构以及伴其而生的

---

① 请参阅安德鲁·索尔金的著作(Sorkin,2009:284,302,535~536)和亨利·保尔森的著作(Paulson,2010:152~153,285~286)。如果不是面临着国会的压力,保尔森很可能会出手救助雷曼兄弟。

其他一些东西——例如两院制、总统的否决权、国会内部的委员会制、以冗长演说或其他手段阻止议案通过的做法（例如，程序性阻挠议事）等，会给政策的制定造成巨大的障碍；如果这些障碍不能清除，那么政府就极有可能无法对金融市场进行充分的监督和监管。

从这个意义上说，政治规则决定着经济规则。政治显然是一张王牌，它对于理解金融危机有非常重要的意义，因为政治方面的因素会导致一种现状偏差，抑制政府及时做出反应。制度性障碍会导致僵局的出现，而意识形态的极化又会反过来加强制度性障碍。①

金融泡沫与政治泡沫之间的最后一个共同特征是：自利和贪婪都在其中发挥了重要的作用。从苏格兰启蒙运动时期的经济学大师亚当·斯密的《国富论》开始，一直到美国政治学家大卫·梅休的《选举关联》（The Electoral Connection），无数鸿篇巨制都在告诉我们，无论是在经济领域还是在政治领域，自利行为都能够带来非常多的好处。② 不过，这种溢出效应当然是有限度的。市场需要"看不见的手"正常地发挥作用：自由竞争必须存在，同时还必须保证信息能够通过价格体系自由流动。民主需要竞争性的选举、表达自由，还需要积极的、知情的投票者；如果这些条件不能满足，那么自利的"社会美德"就无法体现出来，这时贪婪就会乘虚而入。

金融泡沫和政治泡沫往往是通过贪婪和利益联系起来的。机会主义的金融家们经常会与机会主义的政治家们以及气味相投的坚决拥护特定意识形态的死硬派"空想家们"结成同盟，并通过这种同盟，利用一切可能的政治机会去谋取自己的利益。这种同盟的一个典型的例子是，以前参议员菲尔·格拉姆（得克萨斯州，共和党）和他的妻子温迪与安然公司以及其他公司结成的一个利益共同体。从 1995 年到 2000 年，格拉姆一直都是美国参议院银行、住房和城市事务委员会（Banking, Housing, and Urban Affairs）主席。他还是1999 年通过的《格拉姆—里奇—比利雷法案》（Gramm - Leach - Bliley Act）的起草人之一，这个法案废除了《格拉斯—斯蒂格尔法案》。2000 年，在格拉

---

① 请参阅诺兰·麦卡蒂、基思·普尔、霍华德·罗森塔尔的著作的第 6 章（McCarty, Poole, and Rosenthal, 2006）。

② 请参阅亚当·斯密的著作（Smith, 1904）和大卫·梅休的著作（Mayhew, 1974）。

姆的推动下，当年通过的《商品期货现代化法案》中被嵌入了一个被称之为"安然漏洞"（Enron loophole）的条款。① 从1988年至1993年，温迪·格拉姆担任美国商品期货交易委员会主席，在她担任这一职务期间，安然公司被美国商品期货交易委员会授予了无须报告衍生品交易的特权。② 1993年，温迪·格拉姆成了安然公司董事会成员。③

2002年，菲尔·格拉姆从参议院退休，他马上就加入了一家瑞士银行——瑞银集团（UBS），并出任副董事长。瑞银集团的全称是瑞士联合银行集团，它显然是一家非常有问题的企业。2004年5月，因为瑞银集团非法向伊朗和古巴转移资金，美国联邦储备委员会对瑞银集团罚款1亿美元。2007年，美国证券交易委员会又成功地以内幕交易为由起诉了瑞银集团的首席执行官。④ 2009年，瑞银集团又因非法为一些美国人开立账户而被罚款7.8亿美元，并不得不向美国有关当局移交了4 400个开户者的信息。⑤ 2011年，瑞银集团伦敦办事处又发生了一个违约交易丑闻，并损失了20亿美元。对于瑞银集团来说，聘用菲尔·格拉姆这样一个拥有强大社会关系网的政治家显然是一项非常合算的投资。

菲尔·格拉姆以热情倡导自由市场保守主义而著名。他所秉持的意识形态与他的个人利益显然有很大的重合之处。但是，菲尔·格拉姆和温迪·格拉姆并不是自由竞争资本主义的受益者，而只是裙带资本主义的受益者。

瑞银集团的案例还表明，裙带资本主义不仅在共和党人当中很有市场，而且也深深地植根于民主党内部。2009年8月，奥巴马总统与他的主要筹款人之一——瑞银集团北美分部总裁罗伯特·沃尔夫——一起打高尔夫球。⑥ 格拉姆、沃尔夫以及奥巴马等人的机会主义倾向着实惊人。瑞银集团肯定可以

---

① 这个条款取消了所有针对不通过交易所进行的能源证券电子交易的政府监管。对原有监管限制予以取消的主要受益人是安然公司，因为它是这些证券的交易平台的主要运营者。请参阅埃里克·利普顿的文章（Lipton, 2008）。
② 请参阅公共公民组织（Public Citizen）发布的《处于临界状态的能源与环境计划》。
③ 同②。
④ 请参阅格雷琴·摩根森的文章（Morgenson, 2012）。
⑤ 请参阅林利·勃朗宁的文章（Browning, 2010）。
⑥ 请参阅迈克尔·希尔的文章（Shear, 2009）。

从它与民主、共和两党的密切关系中获益匪浅。我们认为，这些关系对于政治泡沫的形成和发展非常重要。

遗憾的是，要将意识形态的政治影响与贪赃枉法和贪婪成性的影响区分清楚是非常困难的。菲尔·格拉姆因坚持自由市场保守主义立场而获得了丰厚的补偿。作为一种意识形态，自由市场保守主义已经被数量足够多的普通选民所接受。这部分普通选民的人格化代表是"水管工乔"（Joe the Plumper）。在2008年总统大选中，约翰·麦凯恩就曾经大肆宣扬过"水管工乔"们的观点和要求。投机取巧的政客和权贵资本家可能利用大众对自由市场理念的认同去谋取自己的利益，从而使收入不平等的状况进一步恶化——格拉姆的收入的增长速率肯定远远高于"水管工乔"们。①（"水管工乔"实有其人，他名叫塞缪尔·沃泽尔巴赫，2012年众议院改选时，他还曾经作为共和党候选人参加竞选；如果他真的赢了，那么他就可以实现自己的"美国梦"，从而以自己的独特方式成为那"1%俱乐部"中的一员。）唯利是图的行为倾向和自由市场理念确实有可能变成泡沫的促进因素。正如查尔斯·金德尔伯格和罗伯特·阿利伯所指出的那样，"就像信贷的供给的增加一样，腐败的供给的增加也是顺周期的"。②

自由市场理论并不是唯一能够促进政治泡沫发展的意识形态。事实上，即便是那些位于政治光谱的左翼、秉持以经济平等和种族平等的信念为基石的意识形态的政治家们，也对加剧住房泡沫的政策提供了关键的支持；而房地产企业和金融企业的高管们则巧妙地利用了他们，推动为低收入者和少数族裔提供购房补贴的政治意愿。在本书第2章中，我们将会指出，从房利美

---

① 关于我们对意识形态和贪婪的区分，还可以说得更复杂一些。其实，即使是在主张自由市场保守主义的那些人当中，像罗恩·保罗这样纯粹的自由至上主义者也是极其罕见的。他们中的大多数人愿意容忍或者甚至支持政府干预，只要这种干预有利于企业界或收入较高的选民即可，甚至当它们违背了自由市场或小政府原则时也是如此。例如，许多认同茶党、支持自由市场保守主义的人，都反对削减高收入群体享受的社会保障和医疗保障福利（请参阅本书第8章）。因此，尽管不能说意识形态只是私人利益的一个面具（它远远不是这么简单），但是政治家们和公民们的信仰体系可能被私人利益所塑造。
② 关于这方面的论述，读者可以参阅查尔斯·金德尔伯格和罗伯特·艾利伯的著作（Kindleberger and Aliber, 2005：165）。

的一份年度报告中，可以清晰地看出，在房利美、美国全国金融服务公司现在已经名声扫地的首席执行官安杰洛·莫兹罗，以及**再分配平等主义**（redistributive egalitarianism）这种意识形态之间，存在着直接的联系。

在这本书中，我们将证明，2008年金融危机的核心是一个政治泡沫。我们还将阐明，政治泡沫在以往历次金融危机中都发挥了核心作用。我们会把这种动态过程清晰地揭示出来。事实上，如果说金融泡沫是资本主义特有的流行症候的话，那么政治泡沫就是资本主义民主的一个永久性的特征。只要不愿意完全放弃资本主义可以带来的好处，那么这两个特征就都是无法彻底清除干净的。毫无疑问，资本主义的优点是不可胜数的。①

尽管如此，美国历史已经证明，某些经济政策和政治政策确实比其他政策可取。自大萧条之后，直到2008年金融危机发生前，美国一直没有出现过任何重大的金融危机或经济灾难，也从来没有产生过要求政府强化对经济加以干预的强大的政治压力。事实上，恰恰相反，在过去的30年中，通过颁布法律、发布行政命令、削减预算以及故意忽视等各种途径，华盛顿已经放松了对金融市场的管制。这与更早的那个历史时期的情况形成了鲜明的对照。在整个19世纪和20世纪初期，每隔20年左右，美国金融界就会出现一次"恐慌"。为了化解这种周期性的危机，华盛顿除了短期援引《破产法》冲销并减记债务人欠联邦政府的部分债务之外，还通过了其他一些永久性的立法，如《美国联邦储备法案》（Federal Reserve Act）。在大萧条之后，出现了一些重大的制度变革，加强了在存款保险、银行业务、证券市场和公用事业等各个方面的监管。在我们现在这个全球化的时代，以高科技为核心驱动力的经济的发展、资本的流动、日新月异的金融工具创新，都需要更大范围的国际协调与合作，因此，把20世纪30年代煮成的那碗监管"字母片花汤"简单地加热一下再端出来，是不可能适应这个时代的监管要求的。然而，很显然，这种情况的出现，恰恰表明政府的监管能力和适当干预的能力需要变得更强而不是更弱。

从时代背景来看，自罗斯福新政以来出现的历次金融危机确实与以前不

---

① 不过，就连那些更多地参与经济活动的国家也因金融危机而遭到了严重的损失，这方面的著名例子包括20世纪90年代的瑞典和日本。

同。变革的反对者们在一个方面做得非常成功——他们使有关方面更难通过立法途径去应对危机。特别值得在这里指出的一个例子是，20世纪80年代的储蓄与贷款协会危机发生后，国会于1989年通过了《金融机构改革、复兴和强化法案》（Financial Institutions Reform, Recovery, and Enforcement Act, 简称FIRREA）。根据这一法案，政府创建了一个非常弱小的监管机构——美国储蓄机构监理局（Office of Thrift Supervision, 简称OTS），并允许金融机构自行选择监管机构。美国国际集团就选择了美国储蓄机构管理局作为自己的监管机构。类似地，在当前这次金融危机发生后，国会于2010年7月通过的《多德—弗兰克华尔街改革和消费者保护法案》也是一部既不周全又过分复杂的法案。在本书第二篇中，我们将会看到，它为未来再次出现泡沫留下了非常大的空间。

在本书末尾，我们给出了一些政策建议，它们反映了我们对于政治泡沫和经济泡沫之间的相互关系的理解。我们认为，更可取的做法是：确定一系列简单的规则，而不是一味地强化监管自由裁量权。简明扼要的、只有37页的《格拉斯—斯蒂格尔法案》就比卷帙浩繁的、共有3 000来页的《多德—弗兰克华尔街改革和消费者保护法案》好得多。有人或许会因此把我们看成是卢德主义者（Luddite）。是的，我们确实不像他们那么乐观，相信一切金融创新都是有益的；恰恰相反，我们认为，现在的趋势是，改进经济效率的空间已经变得越来越小，而政治风险则变得越来越大，前者的好处往往被后者所抵消。

金融创新是不是能够给社会带来纯福利？对此，我们是持怀疑态度的，这有以下几个原因。首先，在这个问题上，经济学界内部的意见并不统一。例如，对于美国的经常账户赤字随着房地产泡沫的扩大而增加这个问题的严重性，经济学家们之间就存在着广泛的学术分歧，卡门·莱因哈特和肯尼斯·罗格夫的综述对此进行了很好的总结。① 其次，经济学家，即使是其中最最聪明的那些经济学家，也经常在这个问题上犯错。例如，约瑟夫·斯蒂格利茨就对房利美看走了眼。另外两位诺贝尔奖获得者罗伯特·默顿和迈伦·

---

① 请参阅卡门·莱因哈特和肯尼斯·罗格夫的文章（Reinhart and Rogoff, 2009: 210~213）。

斯科尔斯创立的长期管理公司，也以破产惨淡收场，不得不由纽约联邦储备银行牵头组织救助。最后，不同人给出的不同判断反映了不同人的动机。电影纪录片《监守自盗》（*Inside Job*）揭露，前美国联邦储备委员会理事、现哥伦比亚大学商学院教授弗雷德里克·米什金接受了至少6位数的报酬，他在一份题为《冰岛的金融稳定性》的报告上署了名。① 而到了2008年，冰岛的银行体系就完全崩塌了。又如，在金融危机爆发前，耶鲁大学教授加里·戈顿一直是美国国际集团的顾问，但是他所做的，却只是在美国国际集团陷入困境后撰写了一本书，解释影子银行体系是如何加剧了系统的危机。任何一个国家的金融系统都是一个非常复杂的社会系统，更不用说全球金融系统了。在这样的复杂系统中，从经济上和政治上进行操纵的机会比比皆是。因此，相信市场始终都能成功地实现自我调节，无疑是一种天真的幻想。

　　从更广泛的意义上说，我们不相信这样的结论：在没有将政治风险考虑在内就高调地宣称某种金融产品在经济上是有效率的。政治和市场会改变各种表面上看来高效的新产品，使它们变得效率低下。例如，1982年的《加恩—圣杰曼存款机构法案》（Garn–St. Germain Depository Institutions Act）允许美国金融机构发放可调整利率抵押贷款（ARM），这个金融产品使贷款人避免了利率不匹配问题（接受短期存款，却发放长期贷款）。在这个意义上，它似乎是有价值的。这一金融产品对于刚刚开始获得收入的金融学助理教授来说似乎也是有用的，因为不然的话，他们可能会在短期内支付较少的款项，而承担在未来支付更多的款项的风险。但是，这个金融产品很快地就被扭曲了，它变成了一种"钓饵"贷款：一开始的入门利率很低，然后再逐渐升高至极高的高利贷水平。在发放这类贷款时，贷款人往往不去审核借款人的收入或资产。虽然国会从来没有明确划定出合法的金融新产品的界限，但是很明显，如果没有这种所谓的可调整利率抵押贷款，美国肯定会更美好一些。

　　我们强调，必须加强对金融产品的监管，同时只能授予监管机构以最低监管限度的自由裁量权。这是因为，华尔街拥有极其强大的游说能力，足以影响监管实施。一个例子是，尽管早就实施了新的《沃尔克法则》（Volcker

---

① 请参阅弗雷德里克·米什金和特里格维·赫伯特森的著作（Mishkin and Herbertsson, 2006）。

Rule，即禁止商业银行利用自营账户进行投机活动），但是直到摩根大通银行在 2012 年发生高达 5.8 亿美元的交易损失之前，由于该公司的首席执行官杰米·戴蒙的游说活动，这一规则的实施明显没有落到实处。类似地，当美国商品期货交易委员会正在商议如何制定规则，以妥善处理客户的钱的时候，美国商品期货交易委员主席加里·金斯勒却被曼氏全球金融集团（MF Global）的总裁、其前高盛同事乔恩·科尔辛成功地游说了。客户们仍在眼巴巴地盼着自己的钱，这位前新泽西州参议员和前州长本不应该如此对待他们的。如果早就有了严格的法律，规定占用客户款项的行为必定会受到严厉的刑事处罚，那么曼氏全球金融集团的客户的钱是可以得到更好的保护的。

虽然从理论上讲，根据《多德—弗兰克华尔街改革和消费者保护法案》以某种出类拔萃的、"最好的和最聪明的"方式去实施监督，或许会使市场更有效率（与只通过立法确定一组坚不可摧的规则相比），但是，实施监管绝不是一种完全脱离政治的纯技术性的活动。正如著名记者大卫·哈伯斯塔姆在《出类拔萃之辈》一书中指出过的，越南战争表明，这些所谓的"最好的和最聪明的"人的所作所为的结果无非是使美国陷入了一个深不可测的泥淖而已。① 在我们最近这次的金融失败中，精英们和专家们的表现也好不到哪里去。无论是长期资本管理公司的破产，还是安然丑闻，抑或是次贷危机，我们的精英教育机构的毕业生和教授都作为失意者出现在了现场。② 事实上，担任着美国最顶尖的慈善机构、文化机构和上市公司的董事会中的职务的，正是这些悲剧的主角们。

从美国国际集团的董事会的构成状况可以生动地说明美国各界精英是在何种程度上卷入了金融危机的。在 2005 年至 2008 年之间，美国国际集团的独立董事包括了这样一些显赫的人物：奥巴马和克林顿任命的外交官理查德·霍尔布鲁克，克林顿执政时期的国防部部长和前缅因州共和党参议员威

---

① 请参阅大卫·哈伯斯塔姆的著作（Halberstam, 1969）。本书作者中的一位也亲身经历过这种失败。当时，是《退伍军人权利法案》使他成了"出类拔萃之辈"中的一员的。
② 长期资本管理公司确实是由一群精英管理的，它的首席执行官是芝加哥大学毕业的一个 MBA，而且其合伙人包括 2 位诺贝尔经济学奖获得者、6 位麻省理工学院经济学博士和 3 位哈佛大学教授。

廉·科恩，里根执政时期的白宫顾问和哈佛大学经济学家马丁·费尔德斯坦，杰拉尔德·福特执政时期的住房和城市发展局局长和老布什总统的贸易代表卡拉·希尔斯，福特总统的"能源沙皇"弗兰克·扎布，美国自然史博物馆馆长埃伦·富特，公共电视台总裁乔治·迈尔斯。而费尔德斯坦、富特、霍尔布鲁克、迈尔斯和扎布在2005年至2008年间则一直是董事会成员。在担任董事期间，他们从美国国际集团获得了从792 000美元到1 136 000美元不等的个人报酬。或许，这些董事在政府担任公职期间所获得的工资过低了，应该从后来就职的私营部门得到一些补偿。但是，美国国际集团的董事会并未能保护公众利益。

这个故事的寓意是，金融体系的效率也是有其自身的局限性的。效率本身不应该成为金融公司的目的，因为各金融公司的管理层本身也是由容易犯错误的人组成的。金融改革的核心目标不可能是效率，而是提高美国公众对整个金融系统的可问责性。

第一篇

政治泡沫：为什么
华盛顿听任金融危机的爆发？

引 言

乍眼看来，2008年金融危机似乎是来自私营经济部门的各类主体过分贪婪的行为所导致的。许多人认定，金融危机的罪魁祸首是金融企业的最高管理层，这些金融企业包括：美国全国金融服务公司、贝尔斯登、雷曼兄弟、美林、高盛、美国国际集团，当然还有房利美和房地美；此外，各评级机构——例如穆迪、惠誉和标准普尔——的高管也难辞其咎。这些金融企业高管采取的可耻的行为包括以"金融创新"、"金融工程"之名滥用各种金融工具，并用复杂的数学模型来混淆视听，例如"分割和拼凑"已抵押的债务、信贷违约掉期，等等。与此同时，存在着利益冲突的各评级机构还发布了大量误导性的评级报告，并调低了抵押贷款发行人的信贷标准。

贪婪的回报曾经非常可观。在2007年年初，金融企业的股价普遍超过了1999年的水平——1999年，高盛成为最后一家公开上市的大型投资银行。从1997年至2008年，在金融危机的幸存者当中，花旗集团、美国银行和摩根士丹利等公司的股价表现都远远超过了标准普尔500股票指数在同期的表现，其中高盛的股价的上涨幅度超过了150%。

伴随着金融股股价的上升，金融行业的工资水平也在迅速上升，而且其上升速度比其他所有行业都要快得多，因为金融行业的利润占所有企业的利润总额的份额越来越大。这样一来，涌入华尔街的人才也越来越多。常春藤联盟学校的毕业生都希望在金融界就职，而不愿意进入"实体"经济部门，尽管为社会提供健康、科技、教育服务以及公共和私人基础设施的是后者。[①]金融行业的繁荣，对美国其他行业和部门几乎没有产生任何"涓滴"式的渗

---

① 请参阅克劳迪娅·戈尔丁和劳伦斯·卡茨的著作（Goldin and Katz, 2008）。

透和扩散效应。正如我们将在第 5 章中表明的，截至 2011 年，即使是买进并一路持有商业银行和投资银行的股票的那些投资者，也未能从所谓的金融创新中获益。

某些种类的贪婪是完全合法的。选择在华尔街工作是为了赚钱，投资给伯纳德·麦道夫也是因为投资者相信能够安全地获得更高的回报，这类贪婪是合法的。以按揭贷款形式买进一幢自己实际上无法负担的房子，并希望能够尽快转手将它卖出，以此来赚一笔快钱，这种贪婪也是合法的。抵押贷款发放者为了获得更高的利益，而向市场推出这类抵押贷款，这种贪婪同样也是合法的。但是，贪婪也可能成为从事违法、违规行为的诱因。像麦道夫的庞氏骗局就是一个很好的例子。另一个例子是，贷款发放者伪造抵押文件，将有风险的抵押贷款当作安全的抵押贷款出售，以便攫取更高的利润。还有一个例子是，许多抵押贷款服务公司以"机器人签名"① 的形式签署止赎文件。

在这里，不妨借用发生在美国职业棒球大联盟中的一个大丑闻，来说明某个职业的大部分从业者是怎样一起卷入非法活动的。这个丑闻波及了马克·麦奎尔、巴里·邦兹和罗杰·克莱门斯等棒球巨星。根据 ESPN 的统计，《米切尔报告》表明，共有 86 个球员——其中包括 31 个全明星球员和 7 个最有价值球员——曾经使用类固醇或其他提高成绩的禁药。② 如果在金融行业、地产行业，非法行为也像职业棒球界这么普遍，那么我们就可以断定，"金融类固醇"和"业绩做假膨化剂"等东西肯定会对金融危机起到非常重要的推波助澜的作用。我们还应看到，对于这类广为流传的非法活动，承认它的存在并进行严厉惩罚的政治意愿并不强烈。

更重要的是，恰恰相反的一种政治意愿却十分强烈，这就是，扩张企业

---

① "机器人签名"这种做法是指，抵押贷款公司员工在签署止赎宣誓书时根本不审查相关的证明材料的准确性。一批抵押贷款机构曾因这种做法而被起诉至法院，最终达成总额高达 260 亿美元的和解。这笔钱是用来给苦苦挣扎的力求避免止赎的房主提供救助用的，但是，究竟谁有资格获得这种救助的标准并不严格。请参阅赛拉·德万和杰西卡·西尔弗—格林伯格的文章（Dewan and Silver – Greenberg, 2012）。

② 请参阅乔治·米切尔的文章（Mitchell, 2007）。另一位棒球明星山迪·柯法斯虽然没有卷入兴奋剂丑闻，但是却被麦道夫骗了，而中间牵线搭桥的是他的高中同学、纽约大都会队的老板弗莱德·维尔膨。

可以从事的合法行动的范围,从而有利于泡沫的膨胀。浮动利率抵押贷款(ARM)出现后,曾经一度被取缔,后来又变成了合法的金融产品。从单纯的浮动利率抵押贷款发展出两个"金融创新"产品——"钓饵贷款"和负摊销贷款(negative amortization loan,又称本金递增贷款)——仅有一步之遥,而且在此基础上还可以进一步发展出其他掠夺性的金融产品。这些产品都依靠吸天真轻信的借款人的血生财。在储蓄与贷款协会发生危机期间,美国国会放宽了储蓄与贷款协会破产适用的会计准则。随后,投资银行和商业银行之间的壁垒又被监管机构放松了,并且最终被国会完全废除了。

因此,真正的问题应该是,如果说贪婪的银行家和他们极其可疑的金融创新以及商业模型难辞其咎,那么为什么政府不采取行动去阻止呢?接下来,将逐步给出这个问题的答案。

第一个因素是意识形态。在这里,我们要强调的是意识形态的其中两个组成部分。第一个组成部分涉及对金融市场上的风险的作用的认识。许多美国人以及他们的政治领导人都接受了这样一种观念:金融创新之所以能够促进更大的繁荣,是因为新的金融工具能够更好地控制风险,因而能够使以前无法获得贷款的那些人获得资金。美国民众坚信现代金融有很大的好处,这种信念很可能是因为401(k)固定缴款养老金计划的普遍推广所致,因为它大大增加了与金融市场有直接关系的普通美国人的数量。但是,后来发生的事实表明,到2008年为止,因对金融市场进行风险管理而获得的绝大部分收益都流入了华尔街,而401(k)固定缴款养老金计划投资者则实实在在地承担了巨大的风险。

第二个因素则与公众对政府干预的看法有关。许多美国人以及他们的政治领导人都认为,政府对私人市场的干预,说得好一些,是没有效率的;说得不好一些,则是完全错误的。凭什么要让政府来把好端端的事情搞砸呢?!再者,政府干预原本就是没有必要的,因为市场能够迅速纠正自己的错误。所以泡沫根本不可能产生,因为资产价格从来没有在足够长的时间内一直偏离过它们的真实价值。最坚决地秉持市场能够实现自我调节这种观念的人非美国联邦储备委员会前主席艾伦·格林斯潘莫属。如果房地产市场出现了不正常的事情,自然会有人出来做空。是的,确实有一些人(例如说约翰·保尔森)通过押注房地产泡沫即将破灭,从而在2007年和2008年大赚特赚。

但是，正如我们已经看到的，这些赌局并未能防止金融机构的崩盘。①

我们在这里所说的第二个因素与**利益**有关。身处泡沫中心的金融企业的高管们变得更加富有了。显然，他们对政府施加了强大的压力，要求政府不要干预。房地产开发商因建设热潮而赚得盆满钵满。经济总量的迅速扩张也使房地产代理公司、抵押贷款经纪人、产权保险公司和建筑工人受益匪浅。而且，至少直到2008年为止，金融企业股票的投资者也是受益者。当然，抵押贷款发放者是特别重要的受益者，因为宽松的贷款标准刺激了对抵押贷款的需求，贷款总量不断增加，抵押贷款发放者因此而大获其利。其中最邪恶的那一批贷款发放者通过院外游说团体向政府施加了最强大的压力。② 在这个阶段，房主也因房地产泡沫的膨胀而受益，因为他们的资产价格的上升使他们变得更富裕了。许多房主都扩大了奢侈品消费。

既然如此，政府为什么还要做出一些可能导致许多人变得更穷的事情呢？此外，利益在很大程度上是一个观念问题。美国联邦储备委员会理事爱德华·格拉姆利克在很早以前就呼吁过必须关注次级抵押贷款市场；③ 美国商品期货交易委员会主席布鲁克斯里·波恩也曾经试图对信用违约掉期进行监管。然而，在一个过度自信的世界里，政府干预遭到了借款人和贷款人的一致反对，尽管借款人最终将被取消抵押赎回权，而许多金融机构最终也将会走上破产的不归路。

我们的答案的最后一部分与美国的政府**制度**有关。虽然许多美国人都已经认识到了问题，并且他们也都觉得华盛顿应该做点什么，但是，政府究竟能够做些什么，他们至今仍然不清楚。创建新的监管机构需要国会先通过相应的法律，并由总统来签署它、法院来解释它，然后再由特定的监管机构去实施，而且实施法律的费用还得依靠国会出资。要完成立法是一项非常艰难的任务。被监管者拥有特定的权利，而且法院很可能会保护这些权利。大型

---

① 再者，伯尔森还与高盛合谋搞出了一些他本人不能与之对赌的抵押贷款支持证券，这个事实也说明，买空型投资者能够纠正市场这一想法不仅是幼稚的，而且是非常有误导性的。

② 请参阅德尼兹·伊岗、普拉奇·米什拉和蒂埃里·特雷塞尔的论文（Igan, Mishra, and Tressel, 2009）。

③ 后来，爱德华·格拉姆利克撰文回忆了此事（Gramlich, 2007）。

金融公司可以雇用许多非常有才华的律师，它们还拥有大量其他法律资源，在某种意义上，甚至可以说它们拥有政府的法律资源。此外，要切实贯彻执行法律，不仅需要配备相应的资源，同时也要求监管者有足够强烈的监管意愿，因为监管者有朝一日很可能想去今天作为其监管对象的金融行业里谋职。即使有效克服了所有这些阻碍监管的因素，联邦或州的其他监管机构的行为也可能损害金融监管的成效。全美国有50个州，即使某一两个州对抵押贷款市场进行更积极的干预，这种努力的效果也可能会因联邦政府所拥有的先入为主的优势而化为无形。例如，在伊利诺伊州，面对来自州一级的监管压力，富国银行就让一个特许分行选择联邦一级的美国货币监理署办公室（Office of the Comptroller of the Currency，简称OCC）来担任自己的监管机构。①

当然，无论在什么领域，这个"三I一体"——意识形态（ideology）、利益（interests）和制度（institutions）——都可能会对政府成功地制定政策、发挥政府干预的作用带来一定障碍。但是，正如我们所强调的，它们在金融监管领域造成的危害特别巨大。借用经济学中的一个术语来说吧，意识形态、利益和制度的效果都是顺周期的。这些因素不但不会抵消或制衡私营部门行动者的行为所导致的后果，反而只会起到补充和扩大的效应。正因为经济行为与政治反应之间的联系是如此紧密，所以我们才强调，要回答"到底什么地方出了错"这个问题，**政治泡沫**是一个不得不加以考虑的内在因素。

---

① 请参阅大卫·斯特莱特菲尔德和约翰·鲁道夫的文章（Streitfeld and Rudolf, 2009）。

第1章 泡沫预期

从20世纪30年代初期的那场大灾难中幸存下来的那些银行也许本来就与当时难逃破产厄运的其他银行有所区别。此外,可能更为重要的是,它们无疑都从自己的这些经历中吸取了教训,这将对它们未来的行为模式产生重要的影响。只要考虑到上面这两点,我们也就不难理解为什么幸存的这些银行都比生存于20世纪20年代的银行更加重视流动性。

……

然而,银行流动性偏好的这种转变注定只是暂时性的。据以往几十年的经验判断,我们可以预料,只要一段时期内没有出现大量的银行破产事件,银行高管们就会放松警惕……

——米尔顿·弗里德曼、安娜·施瓦茨,《美国货币史(1967—1960)》(*A Monetary History of the United States*, 1867–1960)

在经济学中,对泡沫的定义是:在任何情况下,只要某项资产的价格超过了它的"基本"价值,泡沫就出现了。① 因此,在正统经济学的理论框架内,泡沫是一个难解之谜。很明显,当资产的价格回归常态时,高位买入的投资者肯定会亏损,那么为什么投资者还会一直持续买进呢?为什么当价格高企时,市场不会被用来出售的资产塞满呢?

答案似乎非常简单:投资者们相信资产的基本价值已经上升了。但是,

---

① 经济学家通常把一项资产的基本价值定义为从该资产处收到的回报(例如,分红或利息)的净现值。因此,无论是关于现金流的错误信念,还是关于货币的时间价值的错误信念,都会导致资产的价格偏离基本面。

他们这种信念从何而来？有心人又是怎样宣扬这种信念的？这种信念是怎样才能如此广泛传播开来，以至于当资产价格急剧上涨时，买者不断买入，而卖者则不愿意出售呢？

从经济学家们针对这些问题的答案来看，经济学家内部明显出现了分歧。① 行为经济学家们——例如，理查德·萨勒、乔治·阿克洛夫、罗伯特·希勒——强调决策过程中的心理因素。他们认为，绝大多数投资者都是有限理性的。② 具体地说，投资者们通常很难区分清楚到底什么是价格波动，什么是基本价值的变化。因此，如果他们观察到某项资产的价格上涨，他们就很可能会假设它的价值上升了。如果大多数投资者都以这种方式对资产价格上扬作出反应，那么资产价格就有可能一直上涨到大幅高于基础价值的水平；而一旦等到价格开始下跌，同样的心理机制就会导致资产的价值暴跌。

其他一些经济学家则较少强调泡沫的非理性因素。毕竟，某项资产的价值就是人们愿意为它付出的价格；在一项资产的价格上升以后，有人愿意为获得它而支付市场价格，这种行为并不是不理性的。买入者所需要的只是一个预期而已：日后能够以更高的价格将它售出。正如花旗集团前主席查克·普林斯所说的那样："当音乐停止，也就是说，当流动性枯竭时，事情就会变得很复杂。但是，只要音乐仍在播放，你就必须站起身来跳舞。现在，我们还在跳舞。"③ 然而，说到底，这个以"抢椅子游戏"来类比投资行为的解释只是把问题引向了更深一层：为什么投资者会认为，其他投资者也都认为基本面已经发生改变了？

所以，无论是把泡沫看成是理性的行为的结果，还是把泡沫看成非理性的行为的反映，根本的驱动力都是一样的，那就是对于资产的价值的过于乐观的信念。这种"繁荣"（不管是理性的还是非理性的）的影响是非常深远的。首先，投资者会将投资集中在泡沫化的资产上，而这就意味着将资源从

---

① 关于经济学家对经济泡沫的观点，可以参阅以下这些比较有代表性的例子：罗伯特·希勒（Shiller, 2000）、艾伦·梅尔策（Meltzer, 2003）以及奥利维尔·布兰查德和马克·沃森（Blanchard and Watson, 1982）。此外，读者也可以参阅查尔斯·金德尔伯格和罗伯特·艾利伯的著作（Kindleberger and Aliber, 2005）。
② 通常认为，最早提出有限理性这个概念的经济学家是赫伯特·西蒙（Simon, 1957）。
③ 请参阅中本美智代和大卫·怀顿的文章（Nakamoto and Wighton, 2007）。

价格与真实价值之比更低的资产上转移出来。例如，在网络科技热潮期间，随着互联网初创公司的市值暴涨，住宅房地产投资大幅增加，如此巨大的投资增幅显然无法用住房需求的增加来解释。其次，为了购买更多的泡沫化资产，投资者额外借入了大量资金，并拿该资产来作为抵押品。此外，投资者还会借钱，以支取现金去满足自己的消费需求。因为资产价格已经高度膨胀，这些贷款的杠杆率当然会非常高（也就是说，贷款总额与资产的真正价值之间的比值非常高）。但是，由于投资者相信泡沫化资产的价格仍将继续上升，这种信念导致贷款标准进一步被放宽，从而进一步放大了杠杆率和风险。

那么，当泡沫破灭时，又会发生什么事？互联网泡沫破灭后，美国经济并没有陷入大萧条。但是，房地产泡沫破灭的后果则全然不同。当房地产泡沫破灭时，价格暴跌，导致人们普遍预期处于水深火热当中的借款人将不会继续偿还抵押贷款。而这又导致基于抵押贷款的证券的价格下跌。金融机构也变得更加不愿意接受这些证券作为抵押品。持有这些证券的那些人，由于自身的杠杆率已经很高，为了保证流动性，不得不出售其他资产，从而使危机漫延到整个经济体。如果原来的乐观主义完全被悲观主义取代，而且资产价格又下跌到了基本价值以下，危机就会更加严重。

信念和预期是至关重要的，因此，最明显、最直接的政府干预就是采取措施，化解这种不利预期，或设法抵消其后果。但是，说起来容易做起来难。其中最大的一个障碍是，身居要枢的那些政府官员和监管机构所认同的，往往正是那些使泡沫得以持续的信念。① 例如，使近期的房地产泡沫得以持续的主要信念之一就是，可以通过金融创新，将抵押贷款债务证券化，即，把星星点点的风险很高的次级抵押贷款与几乎毫无风险的其他证券打包在一起，然后出售给希望获得合理的利息的投资者。这样一来，就可以降低贷款标准，让越来越多的购房者进入市场，因而房价的上涨被看成是对这种"分散"风险的新方法的自然反应。从表面上看，这一金融创新通过把高风险证券"倾倒进"低风险证券的"汪洋大海"，从而"稀释"了高风险证券的风险。

---

① 关于这类被扭曲的信念的经验证据，请参阅郑英海、萨赫勒·雷纳和魏雄的论文（Cheng, Raina, and Xiong, 2012）。

这种观点能够证明房地产泡沫中所创建的各种极其复杂的、根本不透明的金融工具的合理性吗？一方面，多元化导致的一个结果是，风险管理的回报急剧下降。在伯顿·马尔基尔著名的《华尔街随机漫步》（*A Random Walk Down Wall Street*）一书中，他指出，一个人只要买入并持有20只股票，所获得的多元化收益就与持有2 000只股票相差无几。① 另一方面，据称是"可稀释的"未核对过收入状况的贷款出现了大量违约，这在经济上是非常有害的，而且，当运用特定的风险管理策略，将原始贷款切割、打碎并分别出售给大量投资者时，这种危害会变得更加严重。

再者，对于抵押贷款市场上的金融创新的好处，许多人一直——用沃伦·巴菲特的话来说——抱有非常"大的幻想"。② 有关的市场主体绝不是唯一相信只要次级抵押贷款实现了证券化，就可以承载房地产市场巨大的增长的人。

形形色色的政治家也都与金融行业的从业者一样，满怀激情地对金融创新寄予厚望。在签署了《格拉姆—里奇—比利雷法案》，拆除了《格拉斯—斯蒂格尔法案》设置的矗立在商业银行业务与投资银行业务之间的防火墙后，美国总统比尔·克林顿豪情万丈地宣称："这部具有重大历史意义的法案将使美国的金融服务法规全面走向现代化，它必定能激发出金融行业更大规模的创新和竞争。美国的消费者、我们的社区，乃至整个美国经济，都将因这部法案而获益……消除了竞争障碍之后，我们的金融服务体系的稳定性将得到进一步强化。金融服务企业将会创造出更加多样化的产品，它们的收入来源也将更加多元化。它们在全球金融市场上也将会更具竞争力。"③ 在此之前的2005年，美国联邦储备委员会主席艾伦·格林斯潘在联邦储备局大会上告诉与会者："金融创新带来了众多的新产品，例如次级抵押贷款和为移民提供的特殊信贷计划。这些新事物代表了金融市场的发展趋势，综观我国金融行业的整个历史，我们可以看到，创新是最根本的驱动力……以住房抵押贷款为基础的证券有助于一个全国性的甚至国际性的抵押贷款市场的形成，并且为

---

① 请参阅伯顿·马尔基尔的著作（Malkiel, 1990: 227）。
② 请参阅沃伦·巴菲特的文章（Buffett, 2010）。关于金融市场上的幻象的理论模型，请参阅罗兰德·贝纳布的论文（Bénabou, 2008）。
③ 请参阅威廉·克林顿的文章（Clinton, 1999）。

更加多样化的住房抵押贷款产品提供市场支持。"①

简而言之，当决策者们信奉那些有助于泡沫生成和发展的信念时，他们必定也会认为没有任何理由要进行干预。现在担任花旗集团首席经济学家的威廉·布伊特将这一现象称为金融管制者的"**认知俘获**"（cognitive capture）现象。他指出："可以把这种现象称为**认知管制俘获（或认知状态俘获）**，因为它并没有表现为特殊利益群体通过赎买、勒索或贿赂等方法，控制和影响立法机关、行政机关以及某些重要的监管机构（例如美国联邦储备委员会）；而是通过那些掌管国家有关机构的人，从内部进行渗透，潜移默化地将既得利益者的目标、兴趣和对现实的感知内化为他们想要调整和监管的公共利益。"② 事实上，私人投资者与决策者拥有共同的信念这种现象并不十分令人惊奇。监管机构和被监管者之间原本就存在着紧密的社会联系和职业联系。在许多情况下，今天的监管者往往就是明天的被监管者。再者，那些影响各种市场主体的经济理论和金融信息，同样会影响政府官员。

退一步说，即使政府官员不像市场参与者那样对金融创新有很高的积极性，在泡沫所带来的兴奋和激情远远超越了华尔街，将广泛的普通公众卷入的情况下，要对市场进行干预，在政治上也会面临非常大的困难。根据盖洛普咨询公司的统计，在 2005 年 5 月，多达 70% 的美国人认为，他们所在地区的房屋的平均价格在来年将会继续上升。③ 而在当时，住房价格已经连续上升了 10 年之久。④ 即便是在房价已经达到了市场巅峰的 2006 年，也仍然有 60% 以上的美国人相信，来年的房价还会继续上涨。⑤ 考虑到这种广泛传播的信念，也就难怪数以百万计的美国人会去购买房产并且对现有按揭进行再融

---

① 请参阅艾伦·格林斯潘的讲话（Greenspan, 2005）。
② 请参阅威廉·布伊特的文章（Buiter, 2008），强调标志是原文就有的。此外，读者也可以参阅西蒙·约翰逊和詹姆斯·郭的著作（Johnson and Kwak, 2010）。
③ 请参阅丹尼斯·雅各比的论文（Jacobe, 2008）。
④ 到了 2005 年 5 月，凯斯·希勒十市房价指数（Case Shiller Ten City Index）已经上涨到了 206（以 2000 年 1 月为基数 100），而在 10 年前的 1995 年 5 月，该指数仅为 77。有关数据可以从以下网页获得（本书作者是在 2011 年 6 月 5 日访问该网页的）：http://www.standardandpoors.com/indices/sp-case-shiller-home-price-indices/en/us/?indexId=spusa-cashpidff--p-us----。
⑤ 同③。

资了，因为他们都希望从房价的上涨中获利。

当然，我们现在已经非常清楚，房地产泡沫破灭导致的后果是灾难性的：大量的违约、止赎和天文数字的亏损。毫无疑问，如果政府在2005年、2004年或2003年及时出手干预，所有这些损失将会小得多。但是，在像美国这样的一个民主国家，几乎没有人期望民选官员会采取与民意背道而驰的代价高昂的行动，他们不可能承担这种直接责任。在这里，我们可以套用亚伯拉罕·林肯说过的一句名言：大多数人在大多数时间里都是在自己愚弄自己。职业政客们，即使他们明明知道有其他更好的出路，也只会见风使舵，因为他们都希望连任。政客们总是缺乏"足够的政治勇气"，他们大多不愿意触犯众怒，"在派对没有结束时就将酒杯拿走"。从政治上看，听任泡沫自生自灭显然对他们更加有利。

而且，政府本身往往就是泡沫信念的源头。如果市场参与者相信，万一出了问题，政府会出来兜底，补偿有关方面的损失，那么资产价格就可能膨胀起来。例如，在房地产泡沫高峰时，很多市场人士都认为，只要所谓的"格林斯潘对策"（Greenspan put）还在，那么价格下行风险就能够有效地得到对冲。换句话说，投资者之间广泛地传播着这样一种信念：如果金融市场陷入了困境，那么美国联邦储备委员会就会动用它能够动用的各种政策工具去安抚市场情绪、维护市场稳定，从而足以防范损失。因此，政府政策的作用与投资者的认沽期权极其相似。在证券价格下跌过快时，持有认沽期权的投资者有权按照某个预先设定的价格售出该证券。很显然，这种信念促使投资者承担更多风险。政策信念催生泡沫的另一个例子是，人们普遍认为（但是政府从来没有明确地宣布过），政府给房利美和房地美的债务提供了担保。这种信念的流行使政府支持企业的借贷成本大幅降低，因此导致它们持有的抵押贷款支持证券的数量急剧增加。毫无疑问，既然政府自身就是泡沫信念产生的深层原因，当然也就很难指望政府会去抑制这种泡沫信念了。

当泡沫破裂时，金融行业从业者的信念与政府官员的信念就会出现很大的差异。很自然地，决策者和他们的选民都会对来自金融界的信息和分析打上一个问号。与悲观情绪不断加深的投资者们类似，决策者和他们的选民也很可能对不受监管的金融市场和金融行业产生过度的疑虑。正如第8章中将要讨论的，经济萧条往往会导致人们对金融行业产生民粹主义性质的敌意。

在这方面的一个典型的例子是美国国际集团引发的一场轩然大波。美国国际集团因为在信用违约掉期合约上出现了巨额损失，而不得不接受了政府的救助；但是在这之后不久，美国国际集团就决定向许多员工发放高额留任奖金。美国政府为美国国际集团指定的首席执行官爱德华·利迪认为，发放留任奖金是一个必要的步骤，因为只有这样才能留住关键性的员工，以最低的代价保证美国国际集团能够避免被清算的命运，对纳税人来说，这是一个最不坏的选择。① 但是，选民以及他们在国会的代表却显然被激怒了：这样一家刚刚接受了超过 1 000 亿美元纳税人的钱的救助的公司，怎么可以向员工发放奖金呢？！他们认为，发放奖金的本质与抢劫美国财政部没有任何分别；他们不接受这样的说法：发放奖金是金融服务业的通行做法，是为了补偿员工和挽留人才的需要，因为美国国际集团已经成了一家由纳税人拥有的公司。众议院迅速地通过了一部法案（这一立法过程是否合宪，尚有疑问），决定对美国国际集团发放的奖金征收 90% 的税收。当然，这一次，众议院只不过起到了一个廉价的民粹主义剧场的作用，因为他们早就知道参议院是不会跟进的。果不其然，参议院没有通过这部法案。

投资者和政治家的预期都有很强的可塑性，而且都是顺周期的，它们对于金融危机的产生发挥了非常重要的作用，不过尽管如此，我们还是认为，它们并不是唯一起作用的信念。正如我们将在第 2 章中讨论的，源于政治意识形态的更加僵化、更加没有弹性的信念，很可能在政治泡沫的产生和维持过程中发挥了更加重要的作用。

---

① 有些政府官员，其中最著名的是财政部部长盖特纳，也认同这种说法，请参阅杰基·卡尔梅斯的文章（Calmes, 2009）。

第 2 章　意识形态

> 在散兵坑中不会有无神论者,在金融危机中也不会有意识形态死硬派。
>
> ——本·伯南克,转引自《政府试图为华尔街提供 7 000 亿美元的救助》一文

虽然在引导公共部门和私营部门的管理者做出某些行为(这些行为最终引发了金融危机)的过程中,预期扮演了非常重要的角色,但是,影响政府如何应对经济泡沫和金融危机的政策的信念还有另外一个更加重要的来源,那就是意识形态。任何一个意识形态都是由一组最基本的信念构成的:世界应该怎样运行?哪些东西是对的?哪些东西是错的?我们之所以要将意识形态与各种各样的泡沫预期区分清楚,主要是考虑到属于意识形态的种种信念的刚性。因为它们都是被执着地坚守着的,而且往往植根于某种基本原则,所以作为意识形态的组成部分的这些信念对于新出现的信念、他人的说服、变化着的环境是不敏感的。因此,我们要把这些坚定地秉持某种意识形态的"空想家"与实用主义者区别开来,实用主义者对于新信念、新观点的态度更加开放。实用主义者都会认同凯恩斯勋爵用来自嘲的那句名言:"当事实发生了变化时,我的想法就会改变。"①

为了说清楚这些"空想家"与实用主义者之间的差异,我们不妨来考察一下他们在"什么样的税率才是适当的"这个问题上的不同信念。在某些特定的条件下,实用主义者和"空想家"可能都会认为降低税率是一个好主意。

---

① 请参阅阿尔弗雷德·马拉伯的著作(Malabre,1994:220)。

但是，一个实用主义者会希望，能够保证这样的政策变化将会带来一些具体的好处，例如会激励人们更努力地工作、增加投资和储蓄，并能够最大限度地削减不必要的成本和支出，例如减少赤字。而且，当税率真的降低之后，一个实用主义者会希望看到能够证明真的获得了利益、减少了成本的实际证据。同时，实用主义者也很清楚，政策环境和政治情势是不得不考虑的一个重要因素。在税率很高的时候降低税率，与在税率本来已经相当低的时候降低税率，是完全不同的两件事情。与实用主义者相反，"空想家"之所以决定支持降低税率的议案，仅仅是因为他认定，低税率从根本上说是一件好事。当然，他也可能会论证道，降低税率能够带来更多的工作机会，能够刺激投资和储蓄，因此减税是值得的。但是归根结底，即使减税政策导致的最终后果是投资下降和赤字失控，"空想家"的立场也不可能发生变化。下一次，如果又有人提出了减税建议，他还是一样会支持，这一切都和具体的政策环境无关。因为在他看来，第五次减税与第四次减税一样有价值。

即使他们能够对新的信息做出反应，"空想家"调整自己的观点的方式也受制于他们原先持有的信念。换句话说，既有的意识形态是人们解释新数据时所依赖的框架。[①]

为了说明这种现象，且让我们来考虑如下这个例子。出于化解因金融危机而导致的经济衰退的目的，美国总统奥巴马和在国会占多数的民主党在少数几位共和党议员的支持下，通过了总额高达7 870亿美元的经济刺激计划。奥巴马政府的经济顾问团队预测，这个经济刺激计划付诸实施后，将会把失业率控制在8%的水平以下。但是事实是，到了2009年7月，失业率就已经飙升到了9.5%，而且没有表现出任何止步的迹象。对此，民主党的领袖们和经济顾问们的解释是，这一迹象恰恰表明经济刺激计划的规模还不够大。奥巴马总统的经济复苏顾问委员会（Economic Recovery Advisory Board）的成员劳拉·泰森说，关于失业情况的数据证明，经济刺激计划的规模确实"太小了点"。[②]民主党多数党领袖斯滕尼·霍耶则宣称，"现在我们必须讨论，是不

---

① 请参阅阿维纳什·迪克西特和约尔根·韦布尔的论文（Dixit and Weibull, 2007）。
② 请参阅亚当·沙米姆的文章（Shamim, 2009）。

是需要采取进一步的经济刺激行动了"。① 当然，共和党一方的反应则截然不同——这其实完全不足为怪。众议院共和党领袖约翰·博纳在《福克斯新闻》上抱怨道："经济刺激计划所针对的本来应该是就业、就业、就业。但是事实上，它却变成了支出、支出、支出，而且都花在了政府官僚机构上面。"②

因此，就业数据所揭示的新信息，能够带来的并不是对于一揽子经济刺激计划的更多的共识，而是更大的分歧。在学术界，在那些货真价实的学院派经济学家当中，情况也是如此，甚至还要更加严重一些。许多著名经济学家，虽然同是诺贝尔经济学奖得主，但是在辩论中却各有各的支持者；而且他们将会支持哪一方，完全是可以预测的——只要看他们在政府是不是应该干预经济这个问题上的既定立场就一清二楚了。③

在这里，值得指出的一点是，2008年金融危机爆发之后，流行的自由市场资本主义理念并没有遭到强有力的挑战。事实上恰恰相反，正如我们在导论中已经指出过的，在金融危机发生、奥巴马政府对金融危机做出了回应之后，席卷美国的却是一股原教旨主义性质的自由市场保守主义浪潮，其集中体现正是茶党的横空出世。

当然，所有决策者、所有公民都必定在某种程度上依赖特定的意识形态。无论是谁，如果没有一个先在的信念框架，就都无法理解他身边的世界。对此，艾伦·格林斯潘在一个国会小组委员会上曾经这样说过："意识形态是一个概念性的框架……是人们面对现实的方式。每个人都有一个意识形态。你也肯定有。要想生存，你就需要一种意识形态。"④ 对于格林斯潘的看法，我们不能不同意；但是另一方面，我们也认同代表明尼苏达州的民主党众议员贝蒂·麦科勒姆的观点。麦科勒姆对格林斯潘的回答是："如果真的像格林斯潘先生所说的那样，我们确实需要一种意识形态，我们需要某种执政理念，那么我会建议，我们应该给实用主义一个机会，给常识一个机会，让这类意

---

① 请参阅路透社的一篇文章（Reuters，2009）。
② 这是约翰·博纳于2009年在福克斯星期日新闻频道中发表的评论，转引自杰里米·霍尔登的文章（Holden，2009）。
③ 请参阅大卫·布鲁克斯的文章（Brooks，2012）。
④ 请参阅《金融危机和联邦监管机构的作用》（2008）。

识形态来尝试一下。"①

意识形态和教义信条一样，都不过是智识、推理和证据的拙劣的替代品。最近，教条主义的信念——政府的调控总是不适当的，市场是不会失败的——导致了2008年的金融危机；早在1929年，类似的教条就导致了类似的结果。在导论中，我们已经把这些教条主义定义为自由市场保守主义了。

2002年，现任美国联邦储备委员会主席的本·伯南克在一次向米尔顿·弗里德曼致敬的演说中就曾经谈到过，在应对危机的政治活动中，意识形态扮演着重要的角色。在描述赫伯特·胡佛总统时期的美国政府在大萧条初期的反应时，当时的"伯南克教授"说道："美国联邦储备委员会内部的问题在很大程度上是由他们的教条主义倾向所导致的。美国联邦储备委员会的官员们似乎都同意当时的财政部部长安德鲁·梅隆的臭名昭著的'取消主义'理论——将那些'孱弱'的银行清除出去，这个过程虽然也许显得……有些残酷，但却是必不可少的一步。"②

梅隆在20世纪30年代初提出的这个观点，在2008年金融危机发生后又得到了许多人的呼应，其中最具代表性的是前参议院银行委员会主席、代表得克萨斯州的共和党参议员菲尔·格拉姆。当比尔·克林顿总统于1999年签署了《格拉姆—里奇—比利雷法案》的时候，格拉姆还未离职。在庆祝法案获得签署时，格拉姆宣称："我们都很清楚，政府不可能是问题的答案。"③ 2008年，当金融市场崩盘、住房止赎潮爆发时，格拉姆正担任约翰·麦凯恩的竞选顾问，他关于政府在经济问题中的作用的信念仍然没有发生任何改变。格拉姆自己的言辞也带有"梅隆式"的风格，他还有一句"名言"，说美国"是一个哀鸿遍野的国家"。④

---

① 请参阅《金融危机和联邦监管机构的作用》（2008）。
② 见本·伯南克的"评论"，有关内容转引自米尔顿·弗里德曼和安娜·施瓦茨的著作（Friedman and Schwartz, 2008：243）。梅隆还主张，可以任由价格通缩发展，这样就可以压缩以名义货币计价的工业和农业债务。这种观点是共和党目前采取的通货膨胀政策的先声，不过只是显得更加极端一些。相比之下，富兰克林·罗斯福采取的措施却是让美元贬值并取消债务合同中的黄金条款，从而迫使工业债务减记了31%。请参阅兰德尔·克罗兹纳的论文（Kroszner, 1999）。
③ 请参阅菲尔·格拉姆的文章（Gramm, 1999）。
④ 请参阅帕特里斯·希尔的文章（Hill, 2008）。

意识形态信念的刚性强化了政治泡沫的顺周期性质。在 2008 年经济危机中，当华尔街崩溃之后，格林斯潘承认，他对于金融市场能够实现自我调节的坚定信念，使他未能在泡沫出现的早期就及时采取干预措施。① 格林斯潘与众议院政府监督和改革委员会（House Committee on Government Oversight and Reform）主席亨利·魏克斯曼的对话非常能说明问题：

　　格林斯潘：我犯了一个错误，因为我认为机构（尤其是银行以及其他机构）的自身利益能够驱使它们尽力保护它们股东的利益以及它们投入在企业中的资本……
　　魏克斯曼：换句话说，这是不是意味着，你现在知道你的世界观、你的意识形态是不正确的，不再有效了？
　　格林斯潘：绝对如此，你说得很准确。你知道，这正是我感到无比震惊的原因。因为过去四十多年以来，已经有非常多的证据表明，它是非常有效的。②

　　在这里，我们要强调指出的是，在格林斯潘"过去四十多年"的岁月里，"证据"恰恰是基本上没有发挥任何作用的一种东西，因为正是在这个时期内，放松管制和金融创新交织在一起，已经使事态出现了很多变化。显然，仅仅通过回顾过去的"成功"经验，并不能帮助他预期到放松金融市场的各种意想不到的非意图后果。格林斯潘是幸运的，在他口中所说的令他"无比震惊"的金融危机爆发之前，他已经离开了美国联邦储备委员会。据报道，在离开美国联邦储备委员会仅仅几个星期之后，格林斯潘就会见了雷曼兄弟的一些客户，并收取了 25 万美元的出场费；在雷曼兄弟小捞了一笔之后，格林斯潘还与一长串华尔街企业发生了关系。对于格林斯潘主席先生本人来说，自由市场保守主义确实不失为特别有效的一种意识形态。③

　　在 2008 年金融危机爆发之前，支持自由市场保守主义的不仅有共和党

---

① 正如我们将会在书中看到的，格林斯潘是极少数公开承认他们对政府管制的作用的观点必须修正的自由市场保守主义者之一。
② 请参阅《金融危机和联邦监管机构的作用》（2008）。
③ 请参阅《格林斯潘一次演讲就落袋 25 万美元》一文。

人，还有大量的民主党人。比尔·克林顿总统两次任命艾伦·格林斯潘为美国联邦储备委员会主席,①并且在拉里·萨默斯和罗伯特·鲁宾的支持下，签署了《格拉姆—里奇—比利雷法案》。在众议院，民主、共和两党总共只有86名议员反对通过该法案；同样，在参议院，大多数民主党议员也没有提出反对。对于格林斯潘的一再连任，也只有极少数的最倾向自由派的民主党议员投下了反对票。

事实上，我们并不是最早认为自由市场保守主义意识形态与金融危机有关的学者。诺贝尔经济学奖得主约瑟夫·斯蒂格利茨走得要比我们远得多，他声称，这种意识形态就是2008年金融危机的根源。2009年1月，斯蒂格利茨在《名利场》(*Vanity Fair*)杂志上发表了一篇文章，他在文中写道："是不是存在着这样一个决定——如果当初做出了与它相反的决定，历史进程就会变得完全不同？……事实是，大多数个人做出的错误决策最终都可以归结为同一个，即他们坚持了这样一种信念：市场能够实现自我调整，政府的作用则限定在最低限度。"②

在已经过去了的所谓"大缓和"时代（great moderation），自由市场保守主义的力量得到了增强。"大缓和"时代大致对应于格林斯潘所坚持的意识形态"特别有效"的那个时期。在那个时期，中央银行的独立性不断加强，并且不再经常以通货膨胀率为目标去实施干预措施。从理论上讲，有限干预的做法得到了经济学中的理性预期学派的理论的支持，而且从理性预期理论出发可以推导出金融市场的有效市场假说。根据理性预期模型的预测，从长期

---

① 1987年，当罗纳德·里根任命格林斯潘取代保罗·沃尔克出任美国联邦储备委员会主席时，参议院只有两票反对。而在1979年，当杰米·卡特任命保罗·沃尔克为美国联邦储备委员会主席时，获得了参议院的一致支持。不过，当里根于1983年再次任命保罗·沃尔克担任美国联邦储备委员会主席时，参议院出现了15票反对票，其中就包括两位自由主义色彩最浓厚的民主党参议员霍华德·梅岑鲍姆和爱德华·肯尼迪，他们极力反对沃尔克大幅加息的做法。另外，4位最保守的共和党参议员也反对沃尔克继续担任美国联邦储备委员会主席，其中包括杰西·赫尔姆斯、史蒂文·索姆斯、戈登·汉弗莱，他们反对沃尔克在金融监管问题上的立场。1987年，里根之所以任命格林斯潘担任美国联邦储备委员会主席，可能是因为里根认同自由市场保守主义。1996年和2000年，克林顿两度重新任命格林斯潘继续担任美国联邦储备委员会主席，在这两次任命中，分别有7位和4位自由派参议员投了反对票。
② 请参阅约瑟夫·斯蒂格利茨在《名利场》上发表的文章（Stiglitz, 2009a: 51）。

看，政府干预并不能给市场带来有益的影响。

自由市场保守主义坚信市场是有效率的。不过，这种意识形态绝不是与2008年金融危机有关的唯一一种意识形态。另外一组与金融危机有关的信念则涉及以下问题：政府救助和政府的延期偿付决定会在多大程度上导致**道德风险**（moral hazard）。所谓道德风险，最基本的含义是指，参加保险会导致个人做出更加危险的行为。例如，如果让某个人投保了所有的医疗险，那么他不吸烟、不暴饮暴食、不参加类似蹦极这样的危险活动的激励就会减弱。在金融市场上，人们在谈到道德风险时所关注的是，那些认为自己会得到救助的金融机构——要么是因为它们"大而不倒"，要么是因为它们"政治上干系太多，不能倒台"——会主动承担过多的风险，因为它们很清楚，当情势变得不妙时，纳税人必定会买单。强调道德风险的那些"空想家"很可能希望某些金融机构破产，以便给其他金融机构发出一个明确的信号：在类似情况下，它们也不会得到救助。

在导论中，我们已经指出过，国会关于道德风险的信念可能是财政部部长亨利·保尔森听任雷曼兄弟申请破产的原因。同样，一些共和党人士也反对政府向陷入苦苦挣扎之中的抵押权人伸出援手，因为他们担心，政府的援助将加剧抵押贷款市场上的道德风险。虽然在许多情况下，决策者必须关注道德风险问题，这是毫无疑问的，但是，正如我们将在后面的章节中指出的，过于僵化地坚持"不救市"的政策，也可能会取得适得其反的效果。

坚持自由市场、担忧道德风险的这种意识形态，可以解释右派政治家的行为；但是同样重要的是，左派政治家秉持的**平等主义**（egalitarian）意识形态也为金融危机的发生创造了条件。具体来说，平等主义思想助长了住房抵押贷款市场上的大量多余的抵押贷款。在许多左派人士看来，次级抵押贷款，尤其是穷人和少数族裔获得的次级抵押贷款，是一个重新分配收入和财富的有效工具。

比尔·克林顿政府和小布什政府都致力于推进自有住房率最大化（尽管各自出于不同的原因）。为了实现这个目标，它们都推行了一些必然会进一步扭曲人们的居住动机的政策——使人们更倾向于拥有自己的住房，而不愿意住在租来的房子里。在克林顿执政期间，一个主要的政策是要求房利美和房地美提高低收入家庭和中等收入家庭在抵押贷款组合中所占的比例。2000年，当时担任住房与城市发展部（Department of Housing and Urban Development，简称 HUD）部长的安德鲁·库奥默，同时也负责监督这些政府支持企业，他把低收入家庭和中等收入家庭在抵押贷款组合中所占的比例从42%增加到了50%。此外，安德鲁·库奥默还要求这些政府支持企业大幅度地加大从金融服务水平低下的地区、从给"收入极低的"借款人发放抵押贷款的金融机构购买抵押贷款的力度。① 在推行了这一政策之后，房利美的次级贷款组合从2000年的12亿美元急剧增长到了2002年的150亿美元。政府支持企业的这种购买行为蕴含着一定的政治风险。为了避免可能的政治风波，库奥默还豁免了政府支持企业必须报告高风险的贷款的义务。② 此外，这些政府支持企业还购买了许多私营部门次级贷款和大量接近次级贷款的准优级住宅抵押贷款支持证券，其总量达到了2 530亿美元之巨。③

在小布什执政期间，上述这些政策都被继续执行着，不过是为了实现不同的意识形态目标。对于小布什总统来说，提高住房自有率是实现他所称的"所有权社会"的至关重要的组成部分。"所有权社会"的核心思想是，只要拥有了自己的住房并积累了可观的资产，个人对政府的依赖就可以减少到最低限度。因此，如果现在抓紧实施更多的促进投资、提高住房自有率的政府政策，人们在未来就可以减少对政府的需求。④

"平等主义"与"所有权社会"这两种意识形态形成了交叠共识，并一起被完美地体现在了房利美的2003年年报中。这份年报还包括了一张占据了一整版的彩色照片，照片的主人公正是后来变得声名狼藉的全国金融服务公司首席执行官安杰洛·莫兹罗。这份年报还引用了莫兹罗的一句话："如果我

---

① 请参阅维恩·巴雷特的文章（Barrett, 2008）。
② 同①。安德鲁·库奥默的行动可能并不是完全出于他的意识形态偏向。事实上，他与房地产业的游说者的关系也相当密切，而房地产业则希望政府支持企业能够将更多的投资组合锁定在次级抵押贷款上，这样它们就可以把持高端市场。
③ 请参阅斯科特·弗雷姆的论文（Frame, 2008）。
④ 许多分析者都认为，政府支持企业在次贷市场上的活动对于房地产泡沫和信贷危机的产生只能发挥有限的直接作用。但是关键在于，政府支持企业的参与，很可能极大地增强了这个已经极度膨胀的市场泡沫和原本令人厌恶的抵押贷款发放者的做法的合法性。

们能够提高少数族裔的住房自有率，那么每个人都将获益，而且我们也将在完成让更多的人拥有自己的房子这个目标的道路上前进一大步。"房利美这份年报还宣称："因此，只要少数族裔的住房自有率与非少数族裔相比还存在差距，房利美和全国金融服务公司就将继续努力，以确保所有美国人都有机会实现拥有自己的住房的梦想。"① 当然，这个政策最终以彻底破产收场。到了2012年第一季度，白人的住房自有率达到了73.5%，而黑人则为46.3%（见第5章图5.1）。

在新世纪的最初几年，各种各样积重难返的问题堆积如山。在如何管制政府支持企业这个问题上，自由主义—保守主义与平等主义这两种相互竞争的意识形态的拥护者们也展开了激烈的争论，而且他们的观点也越来越趋于极化。保守派强调，政府支持企业代表着政府对住房市场的无理侵入；而且他们还认为，市场普遍认为政府为房利美和房地美提供了隐性担保，这种信念使它们的资本成本大为降低，从而使它们在住房抵押贷款证券化市场上处于优势地位，这是不公平的。自由派则把任何对政府支持企业的批评都看成提高穷人的住房自有率的障碍。② 这种争论的结果是，对政府支持企业的改革被严重地拖延了；虽然最后采取了一些举措，但是这些温温吞吞的举措已经无法改变它们失败的命运。最终，2008年金融危机爆发之后，政府不得不接管了这些政府支持企业。房利美和房地美的救助成本很可能高达3 000亿美元之巨。③ 与20世纪80年代储蓄与贷款协会危机发生后纳税人支付的大约1 620亿美元代价相比，这明显要高得多。④

跟踪意识形态

我们的观点是，意识形态刚性是金融危机之所以爆发并导致如此严重后果的根本原因之一。在更具体地阐明这个观点之前，我们必须首先解释清楚，我们是如何界定和度量意识形态的。

---

① 请参阅房利美2003年年报（Fannie Mae，2003：18~19）。
② 请参阅多诺万·史莱克的文章（Slack，2010）。
③ 请参阅黛博拉·卢卡斯的报告（Lucas，2011）。
④ 请参阅蒂莫西·柯里和林恩·希巴特的论文（Curry and Shibut，2000）。

虽然我们在讨论意识形态时，强调的是态度和信念，但是遗憾的是，我们无法在个体决策者的层面上将这些东西系统地测量出来。因此，我们只能退而求其次，从**行为**学角度给出意识形态的定义。我们对于意识形态的定义的最重要的特点是强调它的一致性。一个人的意识形态行为必须是超越了具体时间和具体问题，能够体现出一致性的。换句话说，一个政治家，只有年复一年地保持着一致的立场，而且在每一个问题上的立场都与他在其他问题上的立场密切相关时，才可以说他是一个坚持自己的意识形态的政治家。如果一个政客的立场不断改变，或者他将会采取的立场完全不可预测，那么他就不能称为一个坚持某种意识形态的政治家。

为了使这些定义看起来更加具体明确一些，我们不妨来考虑一下美国政治领域的最基本的意识形态分类：自由主义和保守主义。① 绝大多数研究美国政治的观察家和学者都同意，我们可以认为美国国会的每个议员都在一条自由主义—保守主义政治光谱上占据着一个特定的位置。例如，伯尼·桑德斯是一个自由派人士，戴安娜·范斯坦是一个温和的民主党人，本·纳尔逊则更是如此；而奥林匹亚·斯诺是一个温和的共和党人，吉姆·德明特则是一个保守的共和党人。这种刻画与归类方法虽然显得有些粗陋，但是却几乎没有人会吹毛求疵地提出反对意见。

自由主义—保守主义这种分类方法之所以能够得到广泛的认同，主要原因在于人们认为政治家的行为是可以预测的。在就法案或法案的修正案进行表决时，人们经常提到"唱名投票"这个国会行话。唱名投票记录表明议员们投什么票是可以预期的。在美国参议院度过的长达47年的职业生涯中，特德·肯尼迪一直站在自由派立场上投票；同样，我们也预测吉姆·德明特会以一位保守主义者的身份投下自己的一票。而较温和的那些议员——例如纳尔逊和斯诺——则既可能投票支持保守派提出的议案，也可能投票支持自由派提出的议案；但是他们也是一致的，因为他们会年复一年地这样做。此外，

---

① 无论是"自由主义"还是"保守主义"，都有许多派别，而且对这两个术语本身的定义，学界也一直众说纷纭。但是，这并不会影响我们这里的讨论。正如我们在下面将要指出的，对于美国当代的政治现象，我们提出的这个简单的自由主义—保守主义连续统模型有很大的解释力。

意识形态倾向接近的那些温和派议员们，在分散投票时往往采取同样的方式。例如，当民主党温和派议员中代表蒙大拿州的麦克斯·鲍卡斯在参议院唱名投票时站在保守主义立场上投票时，代表阿肯色州的布兰奇·林肯和代表内布拉斯加州的本·纳尔逊通常也会站在保守主义立场上投票。

跨越不同问题的一致性也很重要。如果我们知道某位参议员或众议员在减税问题上的立场，那么我们就可以相当准确地预测，他在金融监管、财政刺激、最低工资制度、债务上限、国际贸易等问题上会持何种立场。对于他在堕胎、同性婚姻和联邦政府是否要资助干细胞研究等问题上的立场，我们也都可以猜测个八九不离十。

总之，我们不难辨别，伯尼·桑德斯比戴安娜·范斯坦更"自由主义"，而戴安娜·范斯坦则比吉姆·德明特更"自由主义"。但是这还不够，我们希望能够有一些更客观的、更精确的衡量方法。一种方法是采用美国人争取民主行动组织（Americans for Democratic Action，简称 ADA）、保护选民同盟（League of Conservation Voters，简称 LCV）、美国商会等利益群体提供的评分体系。这些利益群体是这样构造它们的评分体系的：选择那些对它们的立法议程有重要意义的唱名投票，并确定每张赞成票（或反对票）对于它们的目标来说，究竟意味着支持还是反对，然后在此基础上根据某位参议员（或众议员）投下的全部投票中有利于本群体的投票所占的比例来计算出指标值。不同群体针对某位参议员（或众议员）得到的这些指标的取值的含义都是高度相近的。① 这种跨群体的相似性反映了两个重要的因素。首先，参议员（或众议员）在不同政策领域中的投票取向是相当一致的；其次，利益群体本身也是两极分化的，它们也服从自由主义—保守主义这个基本划分，分布在政治光谱的不同位置上。任何两个自由派的利益群体——美国人争取民主行动组织和保护选民同盟——给出的评分都高度相关。而且，自由派利益群体给出的评分，与保守派利益团体——例如美国商会和全国纳税人联盟

---

① 请参阅基思·普尔和霍华德·罗森塔尔的著作的第 8 章（Poole and Rosenthal，1997）。显而易见，极端自由派群体得到的指标值将位于一端，而极端保守派群体得到的指标值将位于另一端，例如，某位参议员在美国人争取民主行动组织的评分体系中得到了 100 分，那么他在保护选民同盟的评分体系中的得分很可能是 0 分。

(National Taxpayers Union，简称NTU）给出的评分，相互之间往往互为镜像。

利益群体给出的评分有一定的局限性，因为它们只是在某一个单一的国会任期内评估立法者之间的差异。因此，它们无法提供关于在不同时间任职的立法者之间的差异的直接信息，甚至无法提供关于同一个立法者在整个职业生涯中的行为的直接信息。另外，利益群体的评分还有一个问题，那就是，所有利益群体都是基于规模很小且有很强选择性的唱名投票样本进行评分的，因此，它们经常会给许多立法者打出0分或100分的极端分数，这种过分"集聚"的状况往往会掩盖立法者之间的真正差异。

考虑了这些缺陷之后，我们可以设计出一些更好的衡量意识形态的指标，关键是要有一种方法，把所有唱名投票数据都利用起来。我们所采用的方法假设，立法者做出的决策是符合**空间投票模型**（spatial model of voting）的。读者要想理解空间投票模型，不妨在脑海中想象一下地图。我们通常都会认为，在美国地图上，波士顿在东北，迈阿密在东南，西雅图在西北，洛杉矶在西南，堪萨斯城在中央。对于汽车司机来说，只需要考虑南—北、东—西这两个维度就足够了；然而，对于一个航天飞机飞行员来说，他需要围绕一个三维物体航行并在太空中完成轨道对接，因此仅有两个维度肯定是不够的。不过，我们这本书不是火箭科学专著（而且也不是金融工程专著），我们只是几个"汽车司机"。我们寻求的是一种简洁的表达方法，它能够帮助我们理解政治过程。因此，我们忽略了高维的、不太重要的复杂因素。

当然，美国真实的政治版图其实与美国地图并不十分相似，它不是二维的，而是接近一维的，因此从某种角度来说，美国的政治版图更像智利地图——北部是阿里卡，南部是蓬塔阿雷纳斯，而中间是圣地亚哥。智利是一个狭长的带状国家，在某些条件下，出于特定的目的，可以认为智利的东—西差异并不重要，甚至可以忽略不计。因此，我们认为，可以拿智利的一维地图来与美国政治进行类比，即把美国政治版图看成一个自由派—保守派连续统。用政治学的术语来说，这就意味着我们在这里运用了一个**空间模型**。空间模型是用来呈现政治冲突和政治偏好的：政治家或政客的立场以及政策都用一张地图上的点来表示；而这张所谓的"地图"，从理论上说，其实就是一个地理空间。

要说清楚我们是怎样度量意识形态的，另一个非常有用的类比是大多数美国高中学生都要参加的"学术能力评估测试"（Scholastic Assessment Test，简称SAT）。假设某位参加SAT的高中生是一个数学神童，那么尽管他在数学运算过程中肯定要调动许多不同的神经元，但是，隐藏在SAT分数后面的一个假设是，一个人的数学能力能够归结为一个一维的分数。这一测试的目的是区分不同学生（在我们所要研究的问题中，则是立法者）的能力，因此被选中的那些考点（在我们所要研究的问题中，则是需要投票决定的议案）都是有不同的难度的。最好的学生能够正确地解答所有的题目，并得到非常难得到的高于800分的成绩。中等程度的学生能够正确地解答一些相对容易的题目，但是却无法应付更难的题目。而能力很差的那些学生则只能回答最最简单的那几个问题。因此，SAT能够把参加考试的学生按从低能力到高能力的顺序排列起来。类似地，在我们的唱名投票"测试"中，低分、负分代表自由派，而高分、正分则代表保守派。当然，这只是一种打分方法，绝对没有诋毁自由派的能力的意思。

有了这样一个自由派—保守派连续统，就可以把所有政治家（政客）按从"自由"到"保守"的顺序排列在一条水平坐标轴上。像伯尼·桑德斯和南希·佩洛西这样的自由派位于左端，像奥林匹亚·斯诺和纳尔逊这样的温和派位于中间，而像吉姆·德明特和兰德·保罗这样的保守派则位于右端。我们把每个政治家（政客）在这条水平坐标轴上的位置称为他的"理想点"（ideal point）。类似地，我们也可以将各种不同的政策排列起来，例如在医疗保健这个政策领域上：单一支付方医疗保健政策位于左端，强制雇主投保健康保险的政策位于中间，而医疗保健储蓄账户则位于右端。更简单的一个例子是，规定最低工资为每小时20美元的制度位于左端，规定最低工资为每小时8美元的制度位于中间，而不设置最低工资标准的制度则位于右端。

从理论上说，对于每一个政治议题，我们都可以画出这样一幅地图或一个坐标。某些政治家（政客）在堕胎问题上可能持自由派立场，在劳资关系问题上可能持温和派立场，而在税收和最低工资标准问题上则可能持保守派立场。当然，美国政治在事实上很可能是多维的，既不像智利地图（它是一维的），也不像美国地图（它是二维的）。但是，我们的研究表明，在美国历史的大部分时间内，用一个一维的自由主义—保守主义尺度就可以解释国会中绝大多数唱名投票行为。① 尽管在美国历史上，有好几次，种族问题和地方主义也曾经作为政治冲突的第二个重要维度而凸显出来；但是，这些冲突显然都是局部性的，并且是从属于自由主义—保守主义冲突或左右冲突的——"善意时代"（era of good feeling）和内战期间是仅有的两个例外。自从进入20世纪80年代以来，美国政治领域的所有冲突都是左右冲突。

那么，我们怎样才能找到一条左—右线，并将政治家（政客）们在这条线上的位置确定下来？在这里，我们不妨考虑一下通过了《多德—弗兰克华尔街改革和消费者保护法案》的第111届美国参议院的情况。我们观察到，伯尼·桑德斯和汤姆·科伯恩这两人总是（或几乎总是）唱反调：每当桑德斯投赞成票，科伯恩就投反对票；反之亦然。所以很自然地，我们可以认为他们两人位于一条一维的线段的两个端点，这样以这两点为"锚"，就可以画出这条线。不失一般性，我们可以把桑德斯说成是左派或自由派，把科伯恩说成是右派或保守派（这种指定是任意的）。我们还观察到，拉塞尔·费因戈尔德虽然平时通常投与桑德斯一样的票，但是在这次投票时，投与科伯恩（以及其他保守派）一样的票的次数却比投与桑德斯一样的票的次数多。因此，费因戈尔德的位置应该比桑德斯稍稍靠后一些。戴安娜·范斯坦的投票比费因戈尔德更接近科伯恩，因此她的位置应该在费因戈尔德的右边。不过，戴安娜·范斯坦的位置要比奥林匹亚·斯诺更靠左一点，因为后者经常（虽然并非总是如此）投与科伯恩一样的票。而奥林匹亚·斯诺的右边则是吉姆·德明特，因为德明特几乎总是投与科伯恩一样的票。

当然，我们实际上采用的方法——即现在已经被广泛使用的动态加权提名模型——则要比上面这些方法复杂得多。我们这种方法需要考虑一位参议

---

① 请参阅基思·普尔和霍华德·罗森塔尔的著作（Poole and Rosenthal, 1997）以及诺兰·麦卡蒂、基思·普尔、霍华德·罗森塔尔的著作（McCarty, Poole, and Rosenthal, 1997）。虽然很多人都曾怀疑，这个模型是不是只适用于美国国会，但是大量研究表明，这个一维的模型的适用面非常广泛，学者们已经利用它成功地分析了几十个国家的议会、欧盟议会和美国各州的立法机关的政治活动。我们得到的结论也被运用其他研究方法的研究所证实。例如，请参阅詹姆斯·赫克曼和詹姆斯·斯奈德的论文（Heckman and Snyder, 1997）。公平地说，现在学界已经达成了共识：当前的美国政治生态在很大程度上确实是一维的。

员的全部投票模式，而不仅仅只考虑他相对于科伯恩的位置。除此之外，它还要把投票失误或投票错误等因素考虑在内。在审议通过《多德—弗兰克华尔街改革和消费者保护法案》的时候，费因戈尔德就出现了这种情况——有几次，当戴安娜·范斯坦和德明特的意见与科伯恩相左时，费因戈尔德却投下了与科伯恩一样的票。考虑到这种错误，我们决定将费因戈尔德的位置再稍稍向右移一点点。到底要移动多少，则取决于该错误是一个"大错误"还是一个"小错误"。如果费因戈尔德"错误"地投下的这一票是与共和党按党派立场投票的要求一致的，那么他的位置向右移动的距离就要小一些；如果他"错误"地投下的这一票是与最终投票结果为 90∶10 的一次投票中的少数派的投票相同的（即与最保守的 9 个共和党参议员的投票相同），那么他的位置向右移动的距离就要大一些。

我们还可以观察到，费因戈尔德和其他立法者在自由主义—保守主义线上的位置是如何随着时间的推移而变化的。为了简化，我们不妨假设，费因戈尔德在第 110 届国会投票时，与科伯恩投一样的票的次数比在第 109 届国会多了许多，那么我们就可以认为费因戈尔德变得更不倾向自由派了。然而，我们的主要发现却是，就立法者个体而言，他们的意识形态非常稳定，基本上不会随着时间的推移而变化。他们在自由主义—保守主义线上的位置的变动很小。唯一的一个例外是，当立法者改宗另一党派时，他在自由主义—保守主义线上的位置就会出现明显的变化。

我们可以把历届国会都联系起来，因为各届国会的立法者是有重叠的。因为存在着这种重叠，所以我们就能够对巴里·戈德华特和兰德·保罗的政治立场进行比较，尽管他们从来没有在同一届国会任职过。这是因为，戈德华特的任期与斯特罗姆·瑟蒙德重叠，而瑟蒙德的任期又与范斯坦重叠，而范斯坦现在正与兰德·保罗共事。在考察了这些在国会任期上相互重叠的议员的政治立场后，我们发现，在过去的 40 年里，美国国会已经变得更加两极化了。[①]（关于上述确定政治家在自由主义—保守主义坐标轴上的位置的方法背后的思想，请参阅本章的附录。）

[①] 请参阅克里斯托弗·黑尔、诺兰·麦卡蒂、基思·普尔、霍华德·罗森塔尔的论文（Hare, McCarty, Poole, and Rosenthal, 2012）。

在本书所关注的这段历史期间内，只需要运用简单的一维自由主义—保守主义空间模型就可以很好地解释国会议员的投票行为，无论投票针对的是最低工资标准还是总统的国情咨文，抑或是其他由民主、共和两党从本党利益出发提出的议案。要验证一维自由主义—保守主义空间模型的预测能力，一个直接的方法就是计算某位立法者在实际投票中，支持可选议案中更靠近他的那个议案的投票所占的百分比。计算结果表明，在1980年以来的历届国会中，这种分类方法的成功率超过了87%。

在过去30年里，我们这个意识形态模型的解释力显著地增强了。请读者看图2.1。在这幅图中，横轴代表在这30年来的每一届参、众两院的会期，图中各点则给出了每一个会期内能够用单一的自由主义—保守主义维度解释的投票决策所占的百分比。

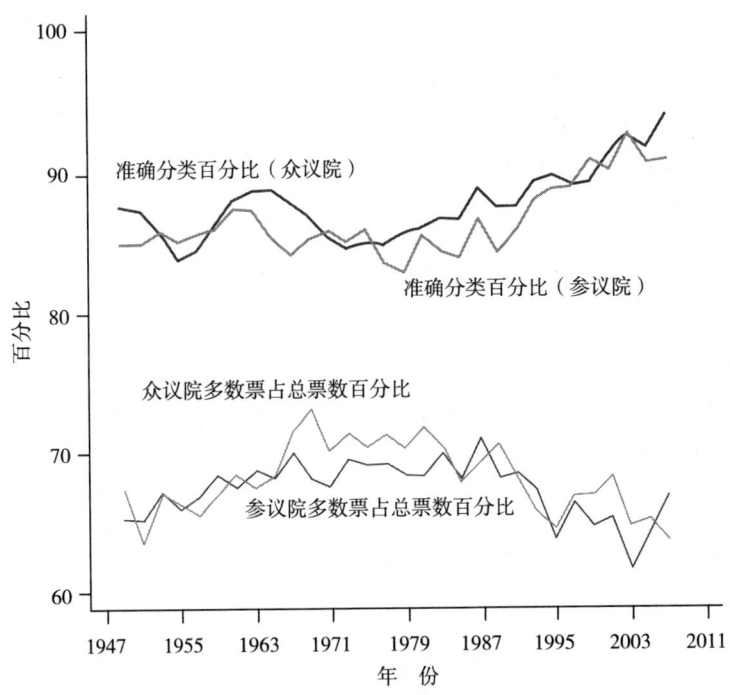

图2.1　意识形态空间模型的预测能力＊

＊图中数据表明，运用自由主义—保守主义这个尺度可以准确地把大约90%的个体投票决策分类出来，尽管获胜一方拥有的多数票所占的比例通常都会低于70%。此外，进入20世纪80年代以后，准确分类百分比稳定上扬，而多数票所占的百分比则逐渐下滑。这也就意味着，意识形态型投票在增加，而共识型投票则在减少。

为了便于比较，我们还给出了获胜一方的平均得票率。图 2.1 表明，我们给出的自由主义—保守主义模型能够很好地预测国会内的投票行为。在最近几届国会中，我们的模型可以解释超过 90% 的选票行为。此外，值得指出的是，这种成功并不是因为投票结果更加一边倒地倾向获胜一方而导致的。事实上，在过去的 20 年中，平均而言，投票给获胜一方的立法者的数量是在逐渐下降的；在这种情况下，我们的空间模型的分类的成功率却在上升。因此，用最简洁的一句话概括就是，国会内的共识更少了，而意识形态化则更严重了。

另外，还有一点也非常重要，值得在这里特别强调一下。我们在这里讨论的远远不是两个纪律严明的政党所带来的一些简单后果。虽然我们确实观察到，随着时间的推移，与共和党投一样的票的民主党议员越来越少了，但是，我们的模型还是能够准确地辨识出来，哪些温和派民主党议员会"越过界"去支持某些保守主义的政策。类似地，这个模型也能够非常成功地把温和派共和党人与保守派共和党人区别开来。①

有了这个自由主义—保守主义尺度，我们就能够确定哪些议员是最有可能坚定地支持（或反对）特定的金融监管政策的立法者，哪些议员是温和的、既可能支持也可能反对特定的金融监管政策的立法者（因而能否获得这些立法者的支持将起到举足轻重的作用）。为了说明这一点，我们在表 2.1 中列出了众议院、参议院所有最具自由主义色彩的、最保守的、最温和的议员。粗略地讲，绝对值较大的负数代表自由主义者，正数代表保守主义者，而接近零的数字则代表温和派议员。从表中可见，所有的自由主义者都是民主党人，而所有的保守主义者则都是共和党人，这一点其实毫不奇怪。其实，甚至是在那些温和派议员之间，也存在着鲜明的党派界限：温和的民主党议员总是比温和的共和党议员更具自由主义色彩（即温和派民主党议员的分数比温和派共和党议员更低一些）。表 2.1 说明，虽然我们把迈克·恩兹放在比约翰·巴拉索略微保守一点的位置上，但是他们其实是难分轩轾的，或者说，他们之间的差异在统计学上没有显著意义。从形式上看，就像恩兹毗邻巴拉索一

---

① 关于政党纪律的影响，请参阅诺兰·麦卡蒂、基思·普尔、霍华德·罗森塔尔的论文（McCarty, Poole, and Rosenthal, 2001）。

样，詹姆斯·英霍夫则与约翰·恩赛因相邻。但是不同的是，英霍夫与恩赛因之间的差异显然更加显著。当然，像恩赛因这样的保守派议员与像巴巴拉·鲍克斯这样的自由派议员之间的差异毫无疑问是非常大的。

表 2.1 第 111 届（2009 年）国会部分议员的意识形态得分

众议院，2009 年				参议院，2009 年			
众议员姓名	所属党派	所在州	意识形态得分	参议员姓名	所属党派	所在州	意识形态得分
自由派							
麦克德默特	民主党	华盛顿	-0.83	桑德斯	民主党	佛蒙特	-0.69
斯塔克	民主党	加利福尼亚	-0.76	考夫曼	民主党	特拉华	-0.66
库西尼奇	民主党	俄亥俄	-0.76	鲍克斯	民主党	加利福尼亚	-0.60
米勒	民主党	加利福尼亚	-0.71	费因戈尔德	民主党	威斯康星	-0.58
伍尔西	民主党	加利福尼亚	-0.69	贝尔雷斯	民主党	伊利诺伊	-0.58
李	民主党	加利福尼亚	-0.69	基利勃兰特	民主党	纽约	-0.57
沃特斯	民主党	加利福尼亚	-0.68	默麦克雷	民主党	俄勒冈	-0.57
菲尔纳	民主党	弗吉尼亚	-0.68	布朗	民主党	俄亥俄	-0.57
奥尔弗	民主党	马萨诸塞	-0.68	劳滕伯格	民主党	新泽西	-0.56
科尼尔斯	民主党	密歇根	-0.66	德宾	民主党	伊利诺伊	-0.56
温和派							
格里菲斯	民主党	阿拉巴马	-0.01	卡帕	民主党	特拉华	-0.27
布赖特	民主党	阿拉巴马	0.02	兰德里欧	民主党	路易斯安那	-0.24
希尔	民主党	印第安纳	0.02	贝赫	民主党	印第安纳	-0.22

续 表

众议院，2009年				参议院，2009年			
众议员姓名	所属党派	所在州	意识形态得分	参议员姓名	所属党派	所在州	意识形态得分
查尔德斯	民主党	密歇根	0.02	鲍库斯	民主党	蒙大拿	−0.20
明尼克	民主党	艾奥瓦	0.11	纳尔逊	民主党	内布拉斯加	−0.04
琼斯	共和党	北卡罗来纳	0.24	斯诺	共和党	缅因	0.01
麦克休	共和党	纽约	0.29	科林斯	共和党	缅因	0.05
洛比昂多	共和党	新泽西	0.29	沃伊诺维奇	共和党	俄亥俄	0.24
史密斯	共和党	新泽西	0.30	卢格	共和党	印第安纳	0.24
朗斯	共和党	新泽西	0.30	默尔考斯基	共和党	阿拉斯加	0.25
保守派							
亨萨林	共和党	得克萨斯	0.84	伯尔	共和党	北卡罗来纳	0.58
迪尔	共和党	佐治亚	0.85	巴拉索	共和党	怀俄明	0.62
麦克林托克	共和党	加利福尼亚	0.86	恩兹	共和党	肯塔基	0.62
弗朗克斯	共和党	亚利桑那	0.87	邦宁	共和党	肯塔基	0.63
沙迪格	共和党	亚利桑那	0.90	凯尔	共和党	亚利桑那	0.64
布龙	共和党	佐治亚	0.91	维特尔	共和党	路易斯安那	0.65
拉米斯	共和党	怀俄明	0.94	恩赛因	共和党	内华达	0.69
弗雷克	共和党	亚利桑那	0.97	英霍夫	共和党	俄克拉荷马	0.76
森森布雷纳	共和党	威斯康星	0.98	德明特	共和党	南卡罗来纳	0.81
保罗	共和党	得克萨斯	1.30	科布恩	共和党	俄克拉荷马	0.87

对于密切关注美国政治的观察家和学者来说，表 2.1 包含的这些数据并不出人意料；这也从另一个角度说明，我们的技术确实能够很好地刻画意识形态分歧。如表 2.1 所示，民主、共和两党现在根本不存在意识形态的重叠——最保守的民主党人比最自由的共和党还要更加"自由"。以往的情况并不是这样的。在 20 世纪 60 年代，许多南方民主党人（例如佐治亚州参议员理查德·拉塞尔和赫尔曼·泰尔马奇）的投票记录比许多自由派共和党人（例如代表纽约州的雅各布·贾维茨和代表马萨诸塞州的爱德华·布鲁克）还要保守得多。

奥巴马总统和他的政府中的一些高级官员都曾经在国会任职。他们的意识形态得分如表 2.2 所示。

表 2.2　奥巴马政府成员的意识形态得分

曾经在国会任职的官员	意识形态得分
希尔达·索利斯，劳工部部长	-0.45
希拉里·克林顿，国务卿	-0.36
巴拉克·奥巴马，总统	-0.34
约瑟夫·拜登，副总统	-0.33
拉姆·伊曼纽尔，白宫参谋长	-0.32
肯·萨拉萨尔，内政部部长	-0.22
雷·拉胡德，交通运输部部长	0.27

需要提请读者注意的是，几乎所有这些人都比民主党的极左翼"温和"得多。这一点之所以值得关注，是因为我们下面将会讨论到，奥巴马应对金融危机的政策在民主党内部引发了不少冲突。

然而，一个重要的问题是，我们究竟在何种程度上可以把我们估计出来的在自由主义—保守主义尺度上的点位直接说成是意识形态的反映。如果这些点位确实体现了议员的意识形态承诺，那么我们就更有理由期待它们是非常稳定的，不会随着议题的不同和时间的推移而改变。跨议题的一致性是毫无疑问的。尽管国会的议程往往包含数百个议题，涵盖了经济、社会和环境政策等领域，但是只需利用我们这个简单的左—右维度，就可以解释议会 90% 左右的投票行为。之所以如此，恰恰是因为根据议员们在税收问题上的立场就可以准确地预测他们对于监管的偏好；而从他们对监管的偏好出发，就可以很好地预测他们对于全球变暖问题的观点……依此类推。

一个与此相关的问题是，国会面临的无数议题当中，与我们这个左—右连续统关系最为密切的是哪些？虽然有许多观察家可能会强调，政治家们在种族问题和社会问题上的态度是美国政治领域中起决定作用的、最典型的分裂因素，但是，我们自己的研究结果却证明，经济问题和有关联邦政府的职能和作用范围的争论与我们的连续统之间的映射才是最重要的。① 因此，可以预计，金融监管领域将成为自由派—保守派奋力搏杀的主战场之一。现在，我们的意识形态模型的解释力大大增加了，这是因为种族问题和社会问题的立场分歧已经变得更像是经济问题上的分歧，而不是相反。② 种族问题演变成经济政策上的冲突，这种情况的一个典型的例子，是美国政府通过房利美和房地美等政府支持企业推行的促进少数族裔"居者有其屋"的政策，我们在上文中提到的房利美的年报已经充分说明了这一点。

政治家（或政客）在整个职业生涯内的意识形态立场也相当稳定。当然，作为非常突出的例外，也有少数政客的立场发生了改变。例如，从右转到左的是代表俄勒冈州的韦恩·莫尔斯，从左转到右的是代表宾夕法尼亚州的共和党人理查德·施韦克，还有先从右转到左又从左转到右的大名鼎鼎的约翰·麦凯恩。另外，还有极少数的政客的立场一直飘忽不定，典型的例子是代表威斯康星州的民主党人威廉·普罗克斯迈尔。在大多数情况下，如果立法者在我们这个自由主义—保守主义标尺上的位置发生了显著的变动，那么肯定是他的党派归属出现了变化，例如莫尔斯和代表南卡罗来纳州的斯特罗姆·瑟蒙德就是如此——当然，改宗另一党派这种情况本身就是非常罕见的。③ 一般而言，即使一个立法者的选区出现了显著变化（例如，众议员更

---

① 请参阅基思·普尔和霍华德·罗森塔尔的著作（Poole and Rosenthal, 1997）以及诺兰·麦卡蒂、基思·普尔、霍华德·罗森塔尔的著作（McCarty, Poole, and Rosenthal, 1997, 2006）。
② 当然，学界对此也有不同看法。在这方面的相反的观点，请参阅爱德华·卡麦恩斯和詹姆斯·斯廷森的著作（Carmines and Stimson, 1989）以及塔利·门德尔伯格的著作（Mendelberg, 2001）。
③ 请参阅诺兰·麦卡蒂、基思·普尔、霍华德·罗森塔尔的论文（McCarty, Poole, and Rosenthal, 2001）以及蒂莫西·诺肯和基思·普尔的论文（Nokken and Poole, 2004）。

上一层楼,成了参议员;或者,选区的划分方法有了重大的改变),他在我们的标尺上的立场也很少会发生显著变化。当然,我们既可以假设立法者在其整个职业生涯中一直保持同样的意识形态立场,也可以假设立法者在每届为期两年的国会结束后都能够自由地改变立场,从统计的角度来看,这两种假设的结果一样好。①

此外,立法者的行为大规模地、系统性地偏离了他们自己的"平均选民"或"中位选民"的偏好。一个例子是,代表同一个州的两位参议员的投票往往并不相同。这种情况在代表同一个州的两个参议员分别来自两个不同的政党时尤其明显,例如代表马萨诸塞州的约翰·克里和斯科特·布朗就分别来自民主党和共和党,他们两人追求的政策目标大相径庭。他们两人的意识形态得分充分反映了他们这种极化的意识形态立场。当然,如果两位参议员来自同一个政党,那么他们的立场肯定会更相似一些。然而,即使在这种情况下,也会出现一些差异。作为一个例子,不妨考虑一下代表加利福尼亚州的两位民主党参议员戴安娜·范斯坦和芭芭拉·鲍克斯。这两位参议员不仅代表同一个州(因此是由同一批选民选举出来的),而且他们都是在1992年的那次选举中、在同一天首次当选的。② 然而,在最近这个参议员任期内,鲍克斯的意识形态得分为-0.60——这使她成了整个参议院排在第三位的最具自由主义色彩的参议员。相比之下,范斯坦的得分则为-0.38,在参议院"自由派"排行榜中名列第三十七位。值得注意的是,这个"加州二人组"绝不是唯一的,事实上,这是一种相当常见的现象。在2009年这届国会任期内,同一个州的两位参议员都来自同一政党,而且在意识形态得分上的差异至少不小于上述这个"加州二人组"的,还有其他4个州。③

众议员的情况则有所不同,因为每个众议员都只代表自己的选区,而且每个选区只有一个众议员。这样一来,在参议院出现的那种"自然实验",就

---

① 请参阅基思·普尔的论文(Poole, 2007)。
② 芭芭拉·鲍克斯是在艾伦·克兰斯顿退休后当选参议员的,而戴安娜·范斯坦则是在彼得·威尔逊担任加利福尼亚州州长后,在一次特别选举中获胜从而接任参议员的。
③ 这几个州是佛蒙特州(桑德斯是作为一个民主党人参加初选的)、亚利桑那州、南卡罗来纳州和特拉华州。

不可能出现在众议院内。不过，我们还是可以将某位众议员的投票行为与他的继任者进行比较。即使继任者来自同一个政党，他的意识形态得分还是可能与前任众议员有明显不同。当然，一个自由派民主党众议员的继任者很可能是另一个自由派民主党人。不过，我们的研究表明，来自同一个政党的前任众议员和后任众议员的意识形态得分的差异是相当可观的——大约相当于该党内部意识形态得分总差异的一半。① 换句话说，根据即将卸任的现任众议员的意识形态得分，并不能准确地预测即将继任的众议员的意识形态得分，即使他们来自同一个政党也不例外。这就给了我们一个启示：无论是在建立自己的支持者群体方面，还是在表达自己的个人思想观点方面，国会议员都拥有相当大的自由度。当然，除了个人的意识形态倾向之外，意识形态得分还可以反映其他许多因素，其中包括：特定选区的独特性的影响、利益集团的影响、来自本党的领袖和活跃分子的压力，等等。再者，意识形态得分不可能准确地预测每一种特定情况下的每一次投票决策。因此，在某些条件下，这些"其他因素"可能会发挥特别重要的作用。至于这里所说的这些"其他因素"究竟能在多大程度上发挥作用，尤其在对金融市场的监管这个问题上，我们将在下文中展开讨论。

意识形态行为的这种一致性对于政策能否应时而变会产生重要的影响。由于从个体层面来看，立法者的行为模式是如此的稳定，以至于大部分政治层面的意识形态的转变都是通过选举（以及由此而导致的更新换代）过程来实现的。美国政治的这个特点对以往发生的金融危机和经济危机有重要的影响。在1907年大恐慌中，美国的金融体系之所以能够幸存下来，在很大程度上是因为皮尔庞特·摩根发挥了作为一个事实上的中央银行行长的权力和影响力。摩根这个辉煌的个人成就并不能作为私营部门能够通过自己的力量阻止或解决未来的危机的充分证据。但是，在这次大恐慌渐趋平静之后，反对联邦政府成立中央银行的观念却大行其道，从而断绝了它能够顺利地创建起来的可能性。美国国会只是通过了一个非常温和的、临时性的法案——《奥尔德里奇—弗里兰法案》（Aldrich - Vreeland Act），它要求实施的唯一具有实

---

① 请参阅基思·普尔和托马斯·罗默的论文（Poole and Romer, 1993）。

质意义的改革是，允许各全国性银行组团发行紧急货币。① 此后，一直等到民主党通过1910年中期选举和1912年大选，不仅夺取了总统宝座，而且分别在众议院拥有了118个席位、在参议院拥有了19个席位的优势之后，才顺利通过了《联邦储备法案》（Federal Reserve Act）。类似地，标榜"以市场为导向"和"反社会主义"等意识形态的总统赫伯特·胡佛和共和党，也限制了联邦政府对1929年10月的股市崩盘及时做出反应。因此，大萧条之后最重要的政策变化都发生在富兰克林·罗斯福于1933年3月正式宣誓就任美国总统之后（对此，我们将在第4章进行总结）。

在2008年的金融危机中，受意识形态驱动的政治仍然影响着政府对金融危机的反应。例如，乔治·布什政府的许多应对措施，特别是救助雷曼兄弟的设想和总额7 000亿美元的《问题资产救助计划》，都因国会的意识形态偏见而受阻——国会担心这会导致道德风险，并反对政府直接干预银行。2008年举行的大选使奥巴马成了美国总统，并使作为国会多数党的民主党的席位进一步增加。在这之后，经济刺激方案和《多德—弗兰克华尔街改革和消费者保护法案》才得以顺利出台。然而，2010年的中期选举又引发了一些变数，因为共和党增加了63个众议院席位。意识形态潮流的这种转变表明，金融危机所造成的任何政策变革都可能走上回头路。相比之下，罗斯福时代的政策变革（例如，《格拉斯—斯蒂格尔法案》的通过和实施），其意识形态基础则通过1934年的中期选举而得到了巩固。罗斯福时代之所以能够顺利地推进政策变革，得益于当时并不存在意识形态两极分化的态势。

极化政治

在过去的几十年里，美国政治变得越来越意识形态化（请读者回顾一下图2.1），各个政党在思想观念上的差距也不断拉大。在图2.2中，我们给出了美国众议院和参议院内民主党和共和党之间的意识形态得分之差，时间跨

---

① 根据这个法案，国家货币委员会得以创建，这个委员会的报告构成了后来的《联邦储备法案》的基础。

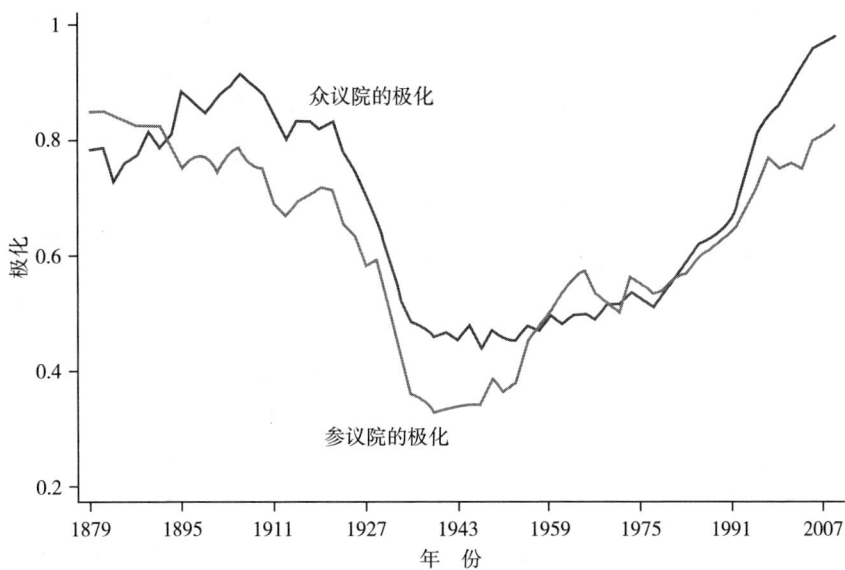

图 2.2　美国国会的极化＊

＊图中的两条曲线给出了典型的共和党人与典型的民主党人的意识形态立场之间的差距。代表众议院和参议院的两条曲线大致平行，说明决定这种极化现象的是政治本身的性质，而不是国会两院各自的具体制度和规则。我们在这里所用的自由主义—保守主义尺度的最小值为 –1、最大值为1。从图中可见，到了最后一个历史时期，共和、民主两党之间的意识形态差距已经达到了整个标尺的全长的一半左右。

度为从（美国内战结束后的）重建时期直到现在。

　　从图中可见，在最近，美国众议院和参议院内民主党和共和党之间所存在的意识形态差距——我们将这种现象称为"极化"（polarization）——达到了有史以来的最大值，甚至超过了19世纪90年代，那时还处在著名的"镀金时代"。

　　我们现在所处的这个时代，可以说是一个新的"镀金时代"。而且，我们有充分的理由认为，我们自己这个"镀金时代"的意识形态两极分化的现象看上去与19世纪90年代那个"镀金时代"如此相似，绝对不仅仅是一个偶然的巧合。这两个时代有一些共同的特点：几乎没有什么管制、经济过热、大规模的非技术劳工移民、收入和财富的日益集中，等等。而且，在这两个时期，共和党都以自由市场理念的捍卫者的面貌出现，对市场的政府调控非常有限。频繁的金融危机和金融恐慌也是这两个时代的共同特色，例如，在前一个"镀金时代"，就发生了1893年和1907年两次大危机。

在《极化的美国》一书中，我们强调，经济不平等和政治极化之间存在着非常密切的联系。① 这种联系至少体现在以下两个机制上面：第一个机制是，经济不平等往往是政治极化的原因；第二个机制是，政治极化使财富不平等和过度集中的现象更加严重。正如我们在前面已经指出过的，在美国政治生活中，最主要的意识形态问题是国家在经济调控中的作用如何。因此，在不受约束的市场能够带来巨大的经济回报的那些历史时期，支持自由市场保守主义的呼声会很高，尤其是在那些获益最大的个人和群体当中。政治学家斯查特施奈德认为，只要一个问题没有成为公众所关注的突出问题，财力雄厚的既得利益群体就总是能摆平它。斯查特施奈德声称："由于参与私人冲突的各方'参赛者'的实力是不平等的，所以最强大的特殊利益群体通常都希望'私了'，因为只要冲突仍然停留在私人领域，他们就能够轻而易举地主导最终的结果……希望将冲突发展成为社会公共事件的一般都是处于弱势的一方……"② 如果把场景换为国会和其他立法机构，他这种说法也就意味着，金钱仍然将在冲突中发挥主导性的力量，除非冲突已经演变成为足够大的公共事件而足以改变选举的结果。

然而，如果失败者试图利用国家的力量，去从市场以外的其他地方获取经济回报，那么情况又将怎样？这种可能性当然存在。不过，正如我们将在第3章中详细论述的，美国的政治制度和政治结构决定了，很难创制新的法律去管制经济行为。我们在前面已经指出，经济不平等与政治极化之间的相互联系的第二个机制是，政治极化加剧了财富集中和经济不平等。我们还讨论过，政治极化会导致政治僵局，从而使经济改革非常难以推进。因为在政治全局中，不仅经济上的失败者无法结成联盟，去重新配置资源；政府也不能采取有效措施，及时应对经济冲击和金融危机，显然，这些都进一步加剧了两极分化。

---

① 请参阅诺兰·麦卡蒂、基思·普尔、霍华德·罗森塔尔的著作（McCarty, Poole, and Rosenthal, 2006）。
② 请参阅斯查特施奈德的著作（Schattschneider, 1960: 38）。

虽然我们在《极化的美国》一书中并没有特别集中地讨论过金融政策和管制法规，但是现在已经有足够多的证据表明，政治极化与金融行业的财富和资源的集中密不可分。在一项研究中，经济学家托马斯·菲利蓬和艾瑞尔·雷谢夫比较了1908年至2006年间金融行业的员工的工资与其他行业拥有同等技能的技术工人的工资，结果发现，两者之间的工资比20世纪70年代的1.05，上升到了2006年的1.7。这就意味着，在当初，金融行业的员工的收入只比其他行业具有可比性的工人多5%，而到了2006年，则高出了70%以上。① 通过计量分析，菲利蓬和雷谢夫发现，金融部门的工资溢价的主要决定因素有两个，一是放松金融管制，二是与首次公开发行股票及信贷风险有关的各种业务。② 类似地，乔恩·巴基亚、亚当·科尔和布拉德利·海姆发现，金融行业于2005年雇用的收入水平处于最高的1%之列的员工的数量，相当于1979年的两倍。此外，在所有行业收入最高的那1%的员工中，也数就业于金融行业的人的收入增加得最快。③ 因此，在收入最高的那一小部分人在国民收入中所占的比例急剧提高的过程中，金融行业确实扮演了非常重要的角色。④

金融行业的工资水平的变化趋势与我们对20世纪的政治极化的度量结果非常一致，这也符合我们在前一本著作中讨论政治极化与不平等的关系时得出的结论。在下面的图2.3中，我们给出了金融行业的工资溢价水平和众议院的政治极化指标。在20世纪初期和20世纪末期，极化程度和金融行业的工资溢价都非常高。但是，这两个指标在20世纪中期的许多时间内都处于相当低的水平，当时正是在罗斯福新政施行之后，金融市场大力推行改革，同时中产阶层的政治经济地位也在崛起。

---

① 请参阅托马斯·菲利蓬和艾瑞尔·雷谢夫的论文（Philippon and Reshef, 2009）。金融行业的高工资也是美国总体收入不平等的一个非常重要的决定性因素，请参阅史蒂文·卡普兰和约书亚·劳的论文（Kaplan and Rauh, 2007）。
② 请参阅托马斯·菲利蓬和艾瑞尔·雷谢夫的论文（Philippon and Reshef, 2009）。
③ 请参阅乔恩·巴基亚、亚当·科尔和布拉德利·海姆的论文，特别是其中的表2和表6（Bakija, Cole, and Heim, 2010）。
④ 请参阅托马斯·派克蒂和伊曼纽尔·赛斯的论文（Piketty and Saez, 2003）。

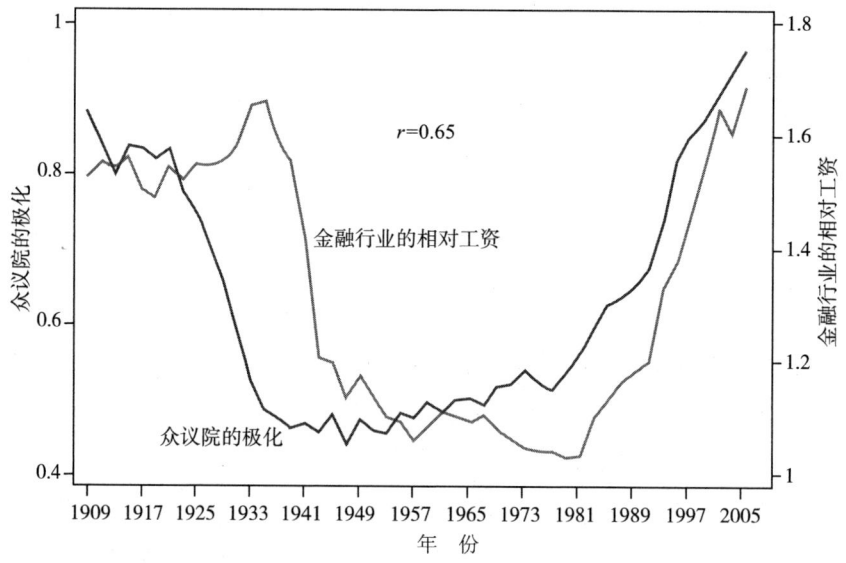

图 2.3　政治极化与金融行业的工资水平＊

＊政治极化的发展和金融行业的工资的变动一样，遵循着大致相同的轨迹，只不过政治极化的变化要领先于金融行业的工资变动十年左右。图中的相对工资是指金融行业的工资相对于经济体中的其他行业的水平。资料来源于菲利蓬和雷谢夫于 2009 年发表的论文（Philippon and Reshef, 2009）。其中关于众议院极化的有关数据是作者运用动态加权提名模型计算出来的得分，读者可以在 voteview.com 网站上下载。

当然，从图中可见，这两个指标之间也存在着一些重要的区别。准确地说，我们可以把政治极化看成是金融行业工资上涨的一个先行指标。（虽然政治极化与金融行业工资上涨之间的同期相关性只有 0.65，但是加入一个为期 10 年的滞后期后，两者的相关性就达到了 0.90。）

这一点与我们在下面将要论述的另一个论点也是一致的：政府瘫痪，即政府监管无法跟上金融创新的步伐，是 2008 年金融危机背后的驱动力量之一。

如果政治家（政客）只是简单地直接对公众当中越来越严重的分裂做出回应，那么这种极化趋势对决策过程的影响反而可能不会那么糟糕。但是，政治学家并没有发现多少证据可以表明，用公众的极化就可以解释我们在国会中观察到的极化。艾伦·阿布拉莫维茨和莫里斯·菲奥莉娜等人甚至争辩道，投票者当中是否真的存在极化现象仍然大有疑问。不管怎么说，没有什么证据可以证明，普通投票者的极化也与政治精英一样严重。① 是的，支持民主党的选民的政策偏好与共和党支持者的区别确实在变得越来越大，但是，这种情况在很大程度上是因为投票者自动加入了相互之间对比越来越鲜明的两个党派阵营的结果。②

意识形态以及在与金融有关的议题上的投票行为

接下来，我们将详细说明，我们这个用来度量意识形态的模型究竟能够在多大程度上解释国会议员们在面对与金融危机有关的法案时的投票行为。在本章中，我们关注的主要是议员们在泡沫出现和膨胀期间的投票行为，而在第二部分，我们将会讨论雷曼兄弟破产后（即泡沫破裂后）的投票行为。

我们用三个柱状图（图2.4、图2.5和图2.6）来说明2008年9月雷曼兄弟破产前意识形态对众议院在金融监管的投票中发挥的影响。在每个柱状图中，我们都用横轴来代表众议员在自由主义—保守主义尺度上的位置。左边的柱状条代表自由派，中间的柱状条代表温和派，而右端的柱状条则代表保守派。在每个图上，我们还给出了各部法案的"分界线"。如果某部法案完全适合用自由主义—保守主义这个维度来度量，那么这条"分界线"就会把投赞成票的众议员与投反对票的众议员分离出来。例如，假设面对某部法案，如表2.1所示的那些参议员当中，最"自由"的8位参议员都投下了赞成票，而第九"自由"的那位参议员（即代表新泽西州的来自民主党的参议员弗兰克·劳滕伯格）和其他91位参议员都投下了反对票，那么这条"分界线"将会落在布朗（代表俄亥俄州的民主党参议员）与劳滕伯格之间。更一般地说，分界线是在自由主义—保守主义尺度上投赞成票还是投反对票对于立法者没有差异的那一点。空间投票模型往往很难准确预测"理想点"与分界线非常接近的那些立法者的投票行为。这是因为他们的意识形态决定了他们在投票时的立场是中立的，因此更容易被选民的压力和其他因素所左右。

---

① 请参阅艾伦·阿布拉莫维茨的著作（Abramowitz，2011）以及莫里斯·菲奥莉娜、塞缪尔·艾布拉姆斯和杰里米·波普的著作（Fiorina, Abrams, and Pope, 2010）。
② 请参阅马修·莱文达斯基的著作（Levendusky, 2009）。

第一个柱状图（即图 2.4）显示的是众议院在表决通过一部旨在规范会计师事务所行为的法案时的情况。该法案由众议院金融服务委员会主席、代表俄亥俄州的共和党人迈克尔·奥克斯利提出，并于 2002 年 4 月 24 日在众议院以 334 票对 90 票的绝对多数通过（法案编号为 HR 3763）。[众议院把该法案命名为《企业及审计可问责性、担责性和透明度法案》（或《奥克斯利法案》）。后来，这部法案又与代表马里兰州的民主党参议员保罗·萨班斯起草的一部法案合并，合并后的法案被称为《萨班斯—奥克斯利法案》(Sarbanes – Oxley Act)。] 投票结果表明，在这部法案上，自由主义—保守主义分界线落在了民主党内部，并将民主党众议员分成了两半。自由派认为《奥克斯利法案》对安然公司丑闻和其他会计丑闻的应对措施的力度不足，因此投下了反对票。在图 2.4 中，各柱状条的深色阴影部分代表"正确地"投票的民主党众议员，而浅色阴影部分则代表"正确地"投票的共和党众议员；各柱状条的底部的白色区域显示的是空间模型做出了错误的预测的那些众议员。我们把这种情况称为"投票错误"或"投票失误"。在图中，分界线代表了能够最好地把投赞成票者和投反对票者分离开来的那一点。我们用这样一个柱状图来表示模型所预测的赞成票和反对票的分布位置。在图 2.4 中，模型预测反对票将分布在分界线的左侧，赞成票将分布在分界线的右侧；不过，位于分界线左边的各柱状条的白色区域则代表投了赞成票的众议员，而位于分界线右边的各柱状条的白色区域则代表投了反对票的众议员。①

在预测众议院对《奥克斯利法案》的投票结果时，空间投票模型出现了两个比较大的"错误"。两个极端保守的共和党人——分别代表亚利桑那州和得克萨斯州的杰夫·弗雷克和罗恩·保罗——投票反对该法案。罗恩·保罗是一个极端保守的众议员，他是众议院内最保守的两位议员之一；在图 2.4 中，保罗位于最右端的那个柱状条上，他所投下的反对票在图中显示为那个

---

① 柱状图还给出了误差递减比率（proportionate reduction in error，简称 PRE）。如果我们给出的事后预测是，在唱名投票中，每个人都会与大多数人一样投相同的票，那么我们的预测误差就是少数派的票数。因此，少数派的票数就是衡量空间投票模型优劣的基准。如果空间模型是完全正确的，那么 PRE 值就是 1.0；如果空间模型确实比上述基准好不到哪里去，那么 PRE 值为 0.0；如果空间模型能够使基准中的错误减少一半，那么 PRE 值为 0.5。

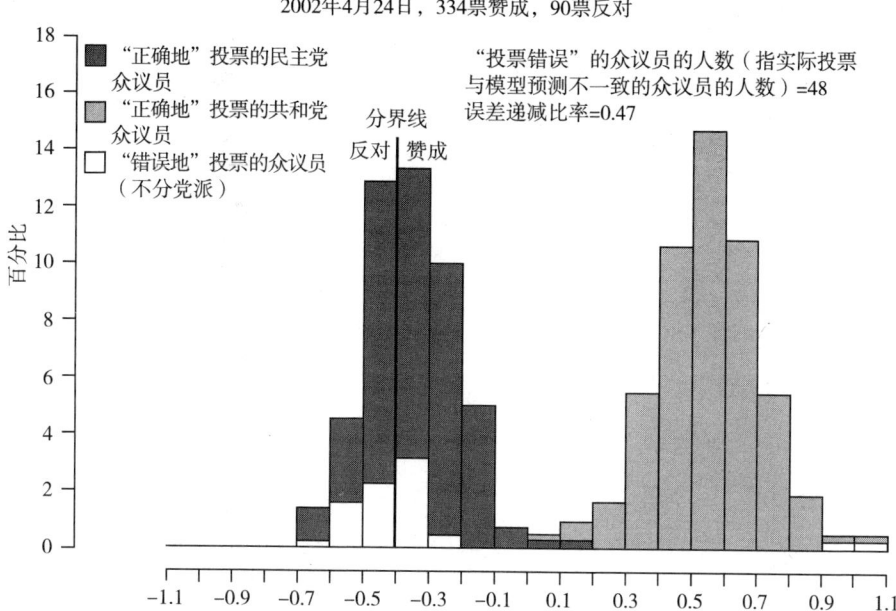

图 2.4　众议院通过《奥克斯利法案》时的投票情况＊

＊ 在图中，分界线把民主党众议员分成了两半，自由主义色彩最浓厚的那些民主党众议员投票反对这部法案。我们运用一维的自由主义—保守主义空间模型进行了预测，预测结果在图中用白色来表示。与预测结果相比，"错误地"投票的众议员集中在分界线附近。不过，在自由主义—保守主义尺度上，保守主义一端也出现了两个"错误地"投票的众议员。这两位众议员是弗雷克和保罗，他们之所以投下反对票，很可能是出于自由市场保守主义原教旨主义立场而反对任何形式的监管。

柱状条的白色部分。右端第二个柱状条的白色部分则代表弗雷克投下的那张反对票。

有两位保守派众议员投票反对《奥克斯利法案》这个事实表明，确实会出现这样的情况：有些国会议员真心偏好维持现状，他们连像《奥克斯利法案》这种极其温和的监管法案也不愿意考虑。88 位投反对票的民主党众议员坚持了自己的党派原则，他们认为《奥克斯利法案》不足以改变现状，因而投下了反对票。在这次投票中，出现了"左右两端"都反对"中间"的态势，这是相当奇怪的，在实践中也是非常罕见的，因此也出现了好几个与自由主义—保守主义划分不一致的"错误"。

第二个柱状图（即图 2.5）显示的是众议院于 2007 年 11 月 15 日举行的

一次投票的情况。这次投票所针对的是一部旨在进一步规范住房抵押贷款的法案。① 读者从图中不难看出，实际表现出来的投票模式与各位众议员在自由主义—保守主义尺度上的位置非常一致。所有民主党众议员都投票赞成推进新的改革，而共和党议员则在投票中出现了分裂——温和派共和党众议员投了赞成票，而保守派众议员则投了反对票。而且，预测模型中出现的所有"错误"都出自温和派共和党人的投票行为人，这些"投票错误"的人也都集中在分界线附近。因此，这一法案的投票模式就不能简单地归结为"两端反对中间"了。在参加了投票的421名众议员当中，我们的模型出现了归类错误的总共只有32人。

第三个柱状图（即图2.6）则给出了2008年7月23日的投票情况。在那一天，众议院投票通过了《2008年美国住房救助和止赎预防法案》（American Housing Rescue and Foreclosure Prevention Act of 2008）。制定这部法案的目的是解决当时住房抵押贷款止赎率急剧攀升的问题，它还为房利美和房地美提供了总额为300亿美元的资金，用于对抵押贷款再融资，而且还赋予了它们无限的信贷额度。如图2.6所示，这次投票使共和党内部出现了分裂。这种党内分裂现象，为我们提供了难得的机会，使我们能够衡量保守主义和自由主义在民主党和共和党内部的影响。

上面两个例子可以给我们很大的启发：利用意识形态，确实可以很好地预测国会议员们在与金融危机和经济危机有关的立法活动中的投票行为。国会议员们在投票通过这三部不同的金融监管法案时的行为，都可以用我们给出的对于各位议员的"理想点"的估计来解释（这种估计本身则源于国会的全部投票行动）。

当然，情况可能并不会总是这样。2001年，由于众议院否决了一个会议报告，破产法最终无疾而终，在那一次，众议院的投票模式就是"两端反对中间"。被否决的会议报告包括了一个由代表纽约州的民主党众议员查尔斯·舒默提出的修正案，该修正案旨在保护堕胎诊所。自由派众议员投了反对票，

---

① 该法案的主要内容包括：由联邦向抵押贷款机构发放许可证，对于不恰当地发放次级贷款的行为处以罚款，对金融机构收费和大额尾付贷款（即俗称的"气球贷款"）施加一定限制，强化创造抵押贷款支持证券的企业的责任。不过，许多更严格的规定都没有包括在该法案中。

第 2 章　意识形态　47

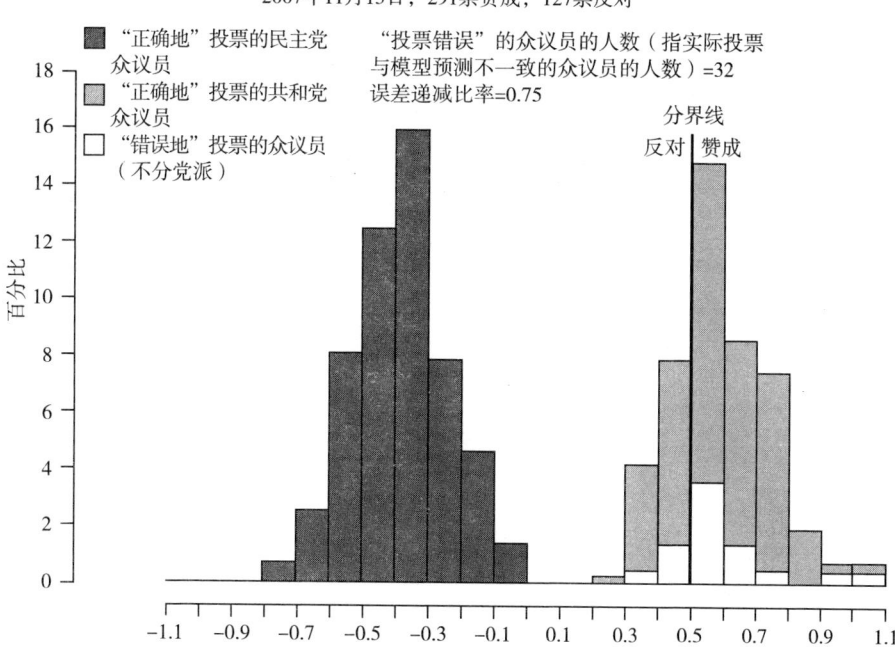

图 2.5　众议院对一部关于住房抵押贷款改革的法案的投票情况＊

＊在这次投票中，所有民主党众议员都投了赞成票，同时还有一部分温和派共和党众议员也投了赞成票。与图 2.4 类似，分类错误的情况也集中在分界线附近。

因为他们认为这一修正案是反消费者的。更多无法用一维的空间投票模型解释的投票案例发生在 20 世纪中叶。在那个时代，要不要授予非裔美国人公民权利成了一个非常突出的政治问题。不过，我们在这里所举的这些例子已经足以说明，只要从单一的意识形态维度出发，就可以解释各种各样的与金融监管问题有关的投票行为了。

当然，我们不能用意识形态去解释每一个议员的每一次投票。从选民利益至党派压力，再到特殊利益群体的影响，无数的因素都可能使我们根据立法者的意识形态取向做出的预测落空。这些因素不仅会导致立法者的实际投票偏离"纯意识形态"投票，而且还会影响投票表决的法案的内容。例如，在《问题资产救助计划》和《多德—弗兰克华尔街改革和消费者保护法案》的形成过程中，游说团体就曾经发挥了非常重要的作用。此外，什么法案能

48　第一篇　政治泡沫：为什么华盛顿听任金融危机的爆发？

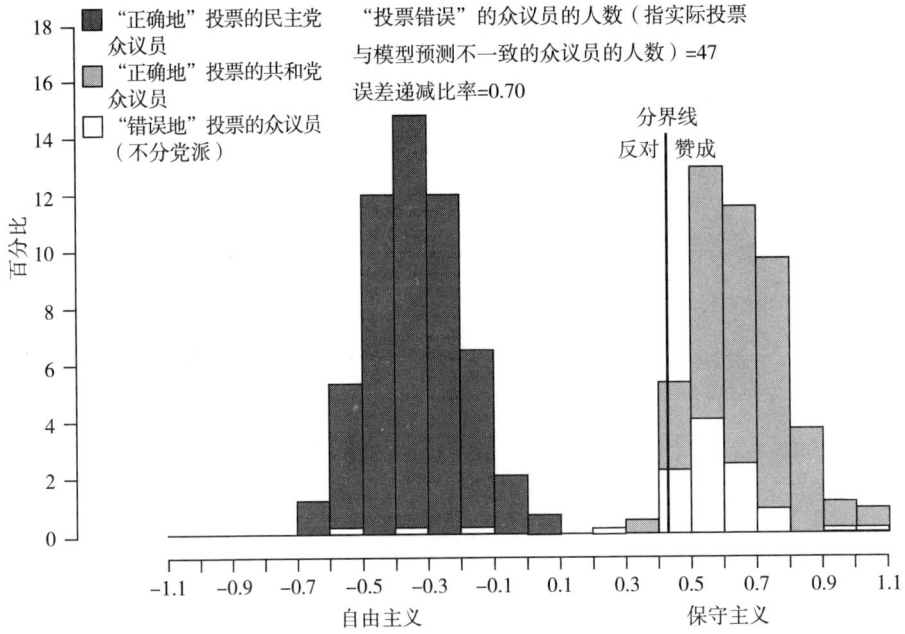

图 2.6　众议院通过《2008 年美国住房救助和止赎预防法案》时的投票情况＊

＊在这次投票中，几乎所有民主党众议员都投了赞成票，而比较保守的共和党众议员则几乎都投了反对票。这次投票还使比较温和的共和党众议员出现了分裂。

够进入投票表决程度并成为法律，不仅取决于意识形态和利益这两大因素，而且也取决于议程的设置，取决于立法过程固有的各种障碍能不能得到清除，取决于总统会不会行使否决权。也正因为如此，我们在第 3 章将讨论利益对政治泡沫的影响，第 4 章则将剖析制度对政治泡沫的影响。

在结束本章之际，我们还想提出一个警告。这个警告看上去似乎是再明显不过的了，但是仍然值得特别强调一下：有某些情况下，坚定的意识形态与唯利是图是很难区分清楚的。菲尔·格拉姆是不是真的相信"政府不是问题的答案"？或者，他是不是因为得到了来自瑞银集团和安然的不义之财才会那样做的？安杰洛·莫兹罗是一个真诚的平等主义者吗？或者，他的言行只是他为全国金融服务公司确定的那个腐败的商业模式的体现？对于那些权贵资本主义者来说，意识形态只不过是一颗烟幕弹而已。在接下来的第 3 章中，我们就要来分析这些朋党和权贵。

附录：估计意识形态地图

我们是怎样估计立法者的意识形态的？在本附录中，我们将给出更好的细节，并将揭示我们采取的方法所依据的直觉。

空间投票模型基本的假设是，给定立法者以及投票结果在意识形态地图上的位置，每位立法者究竟是投赞成票还是投反对票，取决于哪个结果的位置与他的"理想点"距离更近。读者不妨把"赞成"和"反对"想象为两家商店，并把"理想点"想象为某位购物者的住处。购物者通常会在更近一些的那家商店购物。如果更远一些的另一家商店的商品更便宜或者拥有某些购物者特别想购买的独家商品，那么购物者就可能会做出"错误"的决定——去更远一些的另一家商店买东西。类似地，立法者也可能投下"错误"的一票，使自己的投票行为偏离通常的预期，这种情况的出现，既可能是来自竞选活动的捐款人、选民的压力，也可能是出于某种特殊的坚定信念，甚至还可能是纯粹的随机性所致。

但是，如果我们假设，立法者一般都会按照空间模型提示的模式投票，而且错误不会经常发生，那么我们就可以直接从每位立法者做出的数百次乃至数千次投票决策估计出所有国会议员的"理想点"。

要想理解我们是怎样计算出这些点或位置的，不妨先来看一下如表2.3所示的3位参议员的投票行为（假设我们只需考虑桑德斯、范斯坦和德明特这3位参议员的投票模式）：

表2.3 3位参议员的投票行为（一）

投票	桑德斯	范斯坦	德明特
1	赞成	反对	反对
2	赞成	赞成	反对
3	反对	赞成	赞成
4	反对	反对	赞成
5	赞成	赞成	赞成
6	反对	反对	反对

需要注意的是，所有这些投票行为都能够用一个简单的空间投票模型来

解释。在这样一个模型中，所有参议员都对应于一个左—右标尺上的某个"理想点"；同时，在每次投票中，都可以用一条分界线把投赞成票的参议员与投反对票的参议员分离开来。例如，如果我们给定：桑德斯的"理想点"位于范斯坦的左边，而范斯坦的理想点又位于德明特的左边，那么只需用一条介于桑德斯和范斯坦之间的分界线，就能够完美地解释第一次投票；而第二次投票则可以用一条介于范斯坦与德明特之间的分界线来解释。事实上，所有这6次投票都可以用这种方式来解释。不过，需要指出的是，如果将这个标尺翻转过来，即让德明特位于范斯坦的左边、范斯坦位于桑德斯的左边，也同样可以解释这6次投票。但是，如果让范斯坦位于桑德斯的左边、桑德斯位于德明特的左边，或者让范斯坦位于德明特的左边、德明特位于桑德斯的左边，或者让德明特位于桑德斯的左边、桑德斯位于范斯坦的左边，或者让桑德斯位于德明特的左边、德明特位于范斯坦的左边，就无法很好地用一条分界线来解释他们的这些投票行为了。这也就是说，这几种排序方式都与一维空间模型不一致。

不过，这里就出现了一个问题，既然在这些"理想点"的不同排序方式中，有两种同样有效，那么我们究竟选择哪一种呢？由于桑德斯一贯信奉自由派（左派）思想，而德明特则以他的保守派（右派）观点出名，所以让桑德斯的"理想点"位于范斯坦的左边、范斯坦位于德明特左边似乎是一个合乎逻辑的选择。

然而，在现实世界中，立法者们的投票行为却很少会这样有规律性，仅仅通过6次投票行为就能够总结出他们的投票模式。现在假设，如果我们观察到德明特偶尔也会和桑德斯联合起来，一起与范斯坦对抗（如表2.4所示），那又意味着什么？显然，我们不能用桑德斯位于范斯坦的左边、范斯坦位于德明特的左边这样的排序来解释这种投票行为。

表2.4　3位参议员的投票行为（二）

投票	桑德斯	范斯坦	德明特
7	赞成	反对	赞成
8	反对	赞成	反对

如果只投了很少几次票（例如，只有第7次、第8次这两次投票，而没

有第 1 次至第 6 次投票），那么一个合理的结论便是，这种投票结果或多或少是由随机因素所决定的。不过，只要拥有了更多的、体现出一定规律性的投票数据（例如，像第 1 次至第 6 次投票那样的投票数据），那么，我们能够得到的排序都是类似于"桑德斯位于范斯坦的左边、范斯坦位于德明特的左边"这样的排序。

在本书中，我们是运用我们始创的动态加权提名模型来度量政治家（政客）的意识形态的。[①] 在政治学领域，人们通常称自由主义者为左派、称保守主义者为右派，为了与这种习惯做法保持一致，我们调整了动态加权提名模型的得分，使每位国会议员的平均得分都介于 -1 与 1 之间——-1 是最自由的，而 1 则是最保守的。

在动态加权提名模型中，"理想点"的位置是根据"出现了偏差"的投票的频率确定的。例如，如果德明特和桑德斯联合起来对抗范斯坦的情况只出现在了极少的几次投票中，那么，我们就会把德明特和桑德斯之间的距离再调远一些，以此来模仿和体现导致他们两人投一样票的随机事件出现的概率（不可能性）。相反，如果德明特—桑德斯联盟经常出现，那么我们就会把他们之间的距离调得更近一些，这与一些小的随机事件能够导致这样的投票模式的想法相一致。

要评估这个一维的空间投票模型是否成功并不困难。在我们的例子中，"分类成功率"（classification success）是指很好地得到了解释的那些投票的数量（即表中的第 1 次至第 6 次投票）占总投票数的比例。但是需要提请读者注意的是，如果出现了很多完全一致的投票（就像第 5 次投票和第 6 次投票那样），那么分类成功率就会被夸大，这是因为任何一种排序方式都可以很好

[①] 请参阅诺兰·麦卡蒂、基思·普尔、霍华德·罗森塔尔的论著（McCarty, Poole, and Rosenthal, 1997）。其他可以使用的分析技术还包括："最优分类法"（optimal classification），请参阅基思·普尔的论著（Poole, 2000）；因子分析法（factor analytic method），请参阅詹姆斯·赫克曼和詹姆斯·斯奈德的论文（Heckman and Snyder, 1997）；贝叶斯式马尔科夫—蒙特卡洛法（Bayesian MCMC），请参阅约书亚·克林顿、西蒙·杰克曼和道格拉斯·里弗斯的论文（Clinton, Jackman, and Rivers, 2004）。运用我们这个（动态加权提名）模型计算出来的意识形态得分已经被媒体广泛引用，例如，请参阅谢里尔·盖伊·施托尔伯格的文章（Stolberg, 2009a）以及瑞因·莉莎的文章（Lizza, 2012）。

地解释这种投票情况。因此,误差递减比率也是衡量分类成功的一个有用的指标。①

在某些情况下,像第 7 次和第 8 次那样的投票是如此之多,以至于我们不能再坚持认为它们只是随机出现的。在这时,另外一种可行的方法是假设德明特—桑德斯联盟之所以能够形成并稳固地维持下来,是因为存在着其他的某个政策维度,使他们紧密地联系在了一起,共同对抗范斯坦。为此,我们可以把这第二个维度上的"理想点"估计出来,来解释这种投票行为。这样一来,空间政治版图就会变得更像美国地图,而不再像智利地图了。在我们这个例子中,存在着第二个维度,在这个维度上,德明特和桑德斯有共同的立场,而且他们在这个维度上的立场都与范斯坦不同,这样就可以解释第 7 次和第 8 次投票。将这两个维度结合起来,就可以解释所有的投票。显然,如果把这个例子再扩展一下,假设有 100 个参议员,而不是只有 3 个参议员,那么只有这两个维度也将无法解释所有的投票,不过,第二个维度的解释力可能会增强。事实上,进入 21 世纪后,现实情况是,美国国会内的投票已经高度一维化,我们几乎完全不需要再考虑第二个维度。因此在本书中,我们用以上这个一维的自由主义—保守主义尺度来刻画意识形态。

---

① 关于误差递减比率,请参阅前面第 44 页的脚注。

第 3 章 利　益

那些不诚实的交易和投机性的企业，对于我们真正的繁荣来说，仅仅是偶发事件而已。

——美国总统西奥多·罗斯福，1907 年 10 月 25 日致乔治·科特柳

尽管最近一段时间以来，公众的信任被滥用了，但是从根本上看，我们的经济仍然是健全的、强大的，而且绝大多数企业界人士都是按规则行事的。然而，信心是我们经济体系的基石，所以几个坏家伙就可能足以给我们整个自由企业制度带来恶劣的影响。我们必须遵守规则和法律，重建公众对美国经济的信心。政府将全面调查有关公司诈骗的报道，揪出误导股东和员工的罪魁祸首。那些欺诈公众的公司高管将面临经济处罚，并且，一旦被法庭判定有罪，他们将面临牢狱之灾。

——美国总统小布什，2002 年 6 月 29 日的《每周广播讲话》

我们决不能再让少数人肆无忌惮地把世界金融体系——还有我国人民的福祉——置于危险之中。

——美国总统巴拉克·奥巴马，2009 年 9 月 25 日在 G20 首脑峰会上的发言

至少从上面引用的这些话来看，当金融"歹徒"的恶行昭彰于天下时，西奥多·罗斯福总统、小布什总统、奥巴马总统都在尽自己最大的努力重建金融市场的信心。西奥多·罗斯福总统是在美国联合铜业公司（United Copper）解体后说那番话的，而且仅仅 3 个星期之后，银行家查尔斯·巴尼因丑

闻败露而自杀身亡。小布什发表那次广播讲话的一个星期之后，世通公司（WorldCom）刚下台不久的首席执行官伯纳德·埃伯斯在众议院金融服务委员会接受了质询。（现在，埃伯斯这个"坏家伙"仍然在联邦监狱服刑——他的刑期长达25年。）至于奥巴马，则是在一个公众广泛反对联邦政府救助金融机构并对这些机构的高管得到巨额奖金做出了强烈的民粹主义反应时说这些话的。

这几位总统不约而同地声称，大多数人在生活中都是守规则的。对此，当然不会有多少人敢于提出质疑。公开表达如下这种观点已经成了一个禁忌：几乎每个人事实上都是不诚实的，或者，说得再好，也不过是高度自利的。这种忌讳与政治高度相关，因为它为制定和实施软弱无力的法律和监管标准提供了合法依据。

但是，上述3位美国总统以及其他人不断重复引用的这种"只有几个坏苹果"的理论，显然大大低估了那些看上去虽然合法但是在道德上非常可疑的行为在当前和以往的金融危机中的作用。在第一篇的引言中，我们提到了美国职业棒球大联盟的类固醇丑闻。这些棒球选手的行为是一般美国人的行为的缩影：从不遵守交通规则，到雇用非法园丁和保姆，到不缴纳社会保障税，到制造和贩卖毒品，到税收舞弊，到骗取伤残补助金，到超速驾驶，再到保险欺诈，等等，不一而足。毫不夸张地说，绝大多数美国人每天都会被牵涉到某种违法的事情中去。我们不应该指望商界人士和金融家的行为会有什么不同。

具体到金融危机发生的原因，前对冲基金经理迈克尔·巴里表达的观点与这几位美国总统恰恰相反。他说："与住房抵押贷款相关的这些欺诈行为既是最现代的，也是古而有之的，它们最突出的一个特点是，与我国的制度密不可分。"① 无独有偶，约翰·肯尼迪也曾经在私底下宣称："我的父亲一直都警告我，所有商人都是'婊子养的'。"②

然而，在他这句话被广泛地传播开来后，肯尼迪总统在公开场合却有所

---

① 迈克尔·巴里这段话转引自迈克尔·刘易斯的著作（Lewis, 2010: 55）。
② 请参阅小阿瑟·施莱辛格的著作（Schlesinger, 1965: 635）。

退缩了。是的，在公开场合，政治家必须坚持"坏苹果理论"。不过说到底，这种说法最多只说对了一半，另一半涉及这几个"坏苹果"是如何将"腐败菌"传播出来，从而毁掉了整篮苹果的。市场上的竞争压力迫使企业和企业家争先恐后地推平各种法律和道德上的壁垒，因为只有这样，才有可能与违法违规者竞争。这种情况在美国职业棒球大联盟丑闻中表现得再明显不过了。在美国职业棒球大联盟中，为了与已经服用禁药的棒球手"公平地"同场竞技，其他棒球手也不得不服用违禁药物。伯纳德·麦道夫利用庞氏骗局，从其他投资基金掠取了数十亿美元的资金，这虽然可能不会导致其他企业直接去模仿他的违法行为，但是却很有可能迫使其他企业将资金投向风险更高的地方，因为这样才能避免流失更多的投资者。同样，在伯尼·埃伯斯和世通公司在会计报表中进行了虚假的利润陈述之后，其竞争对手也可能为了粉饰报表，而不得不在匆忙间做出一些糟糕的投资决策。① 与金融危机的关系最密切的一个例子是，投资银行获得的高额利润是如何在新世纪的第一个 10 年诱使商业银行通过承担更多的风险这一形式尽力提高收益的。

  政治也是一条重要的传播"腐败菌"的通道。在很多情况下，某些市场参与者会利用自己的政治关系和影响，去使它们目前从事的非法行为变得合法化和正当化。在导论中，我们讨论过菲尔·格拉姆在政治、经济两界的深厚关系，它提醒我们，必须注意集中反映了这一现象的性质的最重要的一个例子：安然公司几乎完全成功地游说美国政府豁免了对能源行业的监管。② 游说活动的最大成果体现在 2000 年《商品期货现代化法案》中那个臭名昭著的"安然漏洞"上。另外，在第 2 章，我们也看到，房利美是如何强调它这家政府支持企业与全国金融服务公司首席执行官安杰洛·莫兹罗之间的关系的。接受"安杰洛友情贷款"的政要构成了一个很长的名单，他们包括代表康涅狄格州的民主党参议员克里斯·多德、代表北达科他州的民主党参议员肯特·康拉德、小布什政府的住房与城市发展部部长阿方索·杰克逊、克林顿政府的住房与城市发展部部长唐娜·沙拉拉、外交官理查德·霍尔布鲁克以

---

① 请参阅马尔文·利伯曼和浅野茂的论文（Lieberman and Asaba, 2006）。
② 关于安然公司成功的游说活动，请参阅阿西夫·伊斯梅尔的论文（Ismail, 2003）。

及房利美前总裁詹姆斯·约翰逊。詹姆斯·约翰逊还曾经先后担任过沃尔特·蒙代尔、约翰·克里和巴拉克·奥巴马的顾问。① （约翰逊正式参与奥巴马的总统竞选后，莫兹罗继续在高盛担任董事职务。）2010 年，莫兹罗同意以 6 750 万美元的代价与美国证券交易委员会达成和解，从而避免了被以欺诈和内幕交易罪审判的命运。然而，和解赔偿金的大部分都是由美国银行支付的，它于 2008 年收购了全国金融服务公司。②

像全国金融服务公司这样，承担了过高、过多的风险的那些公司最有可能去寻求政治保护，以避免可能的政府干预。在一项研究中，德尼兹·伊戈安、普拉奇·米什拉和蒂埃里·特雷塞尔证明，在次贷危机发生期间，最积极地游说反对收紧贷款规则的，正是那些风险最高的金融机构。③ 托马斯·罗默和巴里·温加斯特的研究则表明，在储蓄与贷款协会危机中，最积极地倡导放松监管的正是那些流动性最差的储蓄与贷款协会。④ 这些都是很好的例子，它们说明了企业在什么情况下最不愿意接受严格的监管标准。

在市场竞争中处于不利地位的弱势企业可能会寻求政府救助，以避免受到它们自己从事的可疑活动的不良影响。但是，它们所要求的往往不是政府加强现行法规的实施，而是降低监管标准。这些企业竭力寻找可以参与立法的机会。1999 年，规定投资银行业务必须与商业银行业务分离的《格拉斯—斯蒂格尔法案》被废止，正是金融企业积极活动的结果。在此之前，许多金融控股公司已经钻了法律和监管体系的漏洞，开始打破了商业银行与投资银行之间的壁垒。面对这种情况，大多数丢掉了市场份额的金融企业都不是要求更完善的法律和更有力的执法，而是简单地要求废除禁止混业经营的法律，以便与一体化程度更高的那些金融企业竞争。类似地，国会 2012 年通过的《创业企业扶助法案》（Jumpstart of Our Business Startups Act，简称 JOBS Act）降低了"初创的成长型"公司的信息披露要求。我们在本章开头引用的西奥多·罗斯福、小布什、奥巴马等美国总统不愿触犯禁忌，宁愿用"烂苹果"

---

① 请参阅迈克尔·贝克尔的文章（Beckel, 2011）。
② 请参阅格雷琴·摩根森的文章（Morgenson, 2010）。
③ 请参阅德尼兹·伊戈安、普拉奇·米什拉和蒂埃里·特雷塞尔的论文（Igan, Mishra, and Tressel, 2009）。
④ 请参阅托马斯·罗默和巴里·温加斯特的论文（Romer and Weingast, 1991）。

的比喻来安慰公众的那些话,很可能会促使要求放松监管的呼声更加高涨。这是因为,既然欺诈和金融机构的其他问题都是罕见的、零星的,而不是"疫情"发生的征兆,那么,金融精英们又为什么不可以尽情地坚持市场能够实现自我调节的信念并要求政府放松管制呢?!

那么,对于这种禁忌,又应该怎样来解释呢?政客们经常公开声称,贫民区充斥着骗取劳动收入所得税税收减免的骗子、"福利皇后"、毒品贩子和形形色色的暴力罪犯。政治家观察家们也往往毫不避讳地指出,某些美国人天生具有犯罪倾向。那么,为什么对金融行业的从业者就要有这么多的禁忌?毫无疑问,就是因为该行业拥有着强大的政治权力,而且能够为无数的菲尔们和温迪们发放高额奖赏。例如,正如我们在导论中已经讨论过的,在美国国际集团的董事会内,来自共和党政府和民主党政府的前官员济济一堂。此外,白宫顾问们,包括拉里·萨默斯、富兰克林·雷恩斯、彼得·奥斯泽格、拉姆·伊曼纽尔等人,都曾经多次在华尔街以及房利美等政府支持企业任职。

我们在这里要强调的是,搞清楚各种公然违法的行为的影响,对于我们理解金融危机当然是非常重要的,但是,我们更应该关注的是那些被认为合法的活动的影响。真正蕴含着巨大威力的一拳,就是在特殊利益向政治领域"诚实地移植"的过程中击出的。

特殊利益群体的威力

各种特殊利益群体——例如,金融行业的特殊利益群体——是如何影响政治决策者的?政治学家通常重点关注如下3个不同的发挥影响的渠道:动员选民、以为竞选捐款的形式直接在政治领域投资、游说活动和信息提供。接下来,我们就依次分析这3个渠道。

动员选民

正如我们已经在第2章讨论过的,国会议员们并不会简单地把他们的"典型选民"的想法和要求原封不动地贯彻到立法过程中去。在他们做出决策的过程中,他们自己的信念和思想也扮演着重要的角色。但是,这样说并不意味着选民的偏好在许多情况下都是不重要的。具体地说,在一些特别重大的问题上,如果选民中的积极分子或活动家明确地表现出了非常强烈的偏好,那么政治家(政客)们一般都会关注他们的观点和要求。

与全国步枪协会(National Rifle Association,简称 NRA)或美国退休人员协会(American Association of Retired Persons,简称 AARP)等利益集团不同,金融行业的特殊利益群体的权力的来源并不在于它们能够命令或调动大量选民。事实上,金融领域的就业者的总体规模并不算太大,但是他们都高度集中在某些地区,例如纽约市、新泽西州和康涅狄格州。从表 3.1 可以看出,没有一个国会选区有 14% 以上的劳动力就业于金融行业和保险行业。[①] 在房地产业就业的人口规模就更小了,而且也更加不集中(见表 3.2)。但是,在房地产泡沫最严重的那些地方,如佛罗里达州、加利福尼亚州和内华达州,房地产业的就业者则出现了过剩。

表 3.1 2000 年金融行业和保险行业就业人数最多的 25 个国会选区

在任众议员 (2008—2009)	所在州	选区 编号	众议员 所属党派	在金融行业和保险行业 就业的人口占所在 选区总就业人口的 百分比(%)
卡罗林·马洛尼	纽约	14	民主党	13.97
杰罗尔德·纳德勒	纽约	8	民主党	11.95
迈克尔·麦克马洪	纽约	12	共和党	11.92
约翰·拉尔森	康涅狄格	1	民主党	11.92
克里斯托弗·谢斯	康涅狄格	4	共和党	10.60
伦纳德·波斯维尔	爱荷华	3	民主党	10.38
苏·麦瑞克	北卡罗来纳	9	共和党	10.37
李·特里	内布拉斯加	2	共和党	10.10
迈克尔·卡斯特尔	特拉华	1	共和党	9.99
安德·克伦肖	佛罗里达	4	共和党	9.69

[①] 因为这些数据都源于 2000 年那个 10 年一次的人口大普查,所以很可能低估了房地产泡沫高峰期这些行业的就业人数。例如,从 2000 年到 2007 年,美国全国房地产经纪人协会(National Association of Realtors)的会员人数就从 776 580 人增加到了 1 338 001 人(National Association of Realtors,2011)。

续表

在任众议员 (2008—2009)	所在州	选区编号	众议员所属党派	在金融行业和保险行业就业的人口占所在选区总就业人口的百分比（%）
埃里克·康托尔	弗吉尼亚	7	共和党	9.42
拉什·霍尔特	新泽西	12	民主党	9.38
安东尼·韦纳	纽约	9	民主党	9.34
帕特里克·蒂贝里	俄亥俄	12	共和党	9.19
尼特·罗伊	纽约	18	民主党	9.13
卡罗林·麦卡锡	纽约	4	民主党	8.95
彼得·金	纽约	3	共和党	8.90
伦纳德·兰斯	新泽西	7	共和党	8.86
鲁德尼·费里海森	新泽西	11	共和党	8.85
埃里克·保尔森	明尼苏达	3	共和党	8.67
汤姆·坦克雷多	科罗拉多	6	共和党	8.63
丹尼·戴维斯	伊利诺伊	7	民主党	8.55
约翰·沙迪格	亚利桑那	3	共和党	8.43
斯蒂芬·林奇	迈阿密	9	民主党	8.41
马克·柯克	伊利诺伊	10	共和党	8.38
全美国平均				5.00

表3.2 2000年房地产业就业人数最多的25个国会选区

现任众议员 (2008—2009)	所在州	选区编号	众议员所属党派	在房地产行业就业的人口占所在选区总就业人口的百分比（%）
康妮·麦克	佛罗里达	14	共和党	4.48
罗恩·克莱因	佛罗里达	22	民主党	4.17
约翰·坎贝尔	加利福尼亚	48	共和党	4.10
何塞·塞拉诺	纽约	16	民主党	3.99
查尔斯·兰赫尔	纽约	15	民主党	3.93

续表

现任众议员 (2008—2009)	所在州	选区编号	众议员所属党派	在房地产行业就业的人口占所在选区总就业人口的百分比(%)
黛比·舒尔茨	佛罗里达	20	民主党	3.89
亨利·魏克斯曼	加利福尼亚	30	民主党	3.85
伊利安娜·罗斯-莱赫蒂宁	佛罗里达	18	共和党	3.73
罗伯特·韦克斯勒	佛罗里达	19	民主党	3.61
皮特·塞申斯	得克萨斯	32	共和党	3.49
里克·凯勒	佛罗里达	8	共和党	3.38
弗农·布坎南	佛罗里达	13	共和党	3.33
广野庆子	夏威夷	2	民主党	3.33
约瑟夫·克劳利	纽约	7	民主党	3.29
约翰·沙迪格	亚利桑那	3	共和党	3.23
哈利·米切尔	亚利桑那	5	民主党	3.22
约翰·科波逊	得克萨斯	7	共和党	3.17
汤姆·普莱斯	佐治亚	6	共和党	3.15
卡罗林·马洛尼	纽约	14	民主党	3.14
达纳·罗拉巴克	加利福尼亚	46	共和党	3.12
亨利·布朗	南卡罗来纳	1	共和党	3.06
约翰·刘易斯	佐治亚	5	民主党	3.04
迪娜·泰特斯	内华达	3	共和党	2.98
加里·阿克曼	纽约	5	民主党	2.96
安东尼·韦纳	纽约	9	民主党	2.96
全美国平均				1.88

然而，尽管这些特殊利益群体的规模不大，但是国会议员却对他们的意见非常敏感。首先，正如我们上面所看到的，金融行业的雇员的收入都相当高。在最近出版的一本著作中，拉里·巴特尔斯认为，参议员们对高收入群体的意见的回应要比对中等收入群体的意见的回应积极得多，而对于低收入

群体的意见，他们根本不会积极做出回应。① 另外，与其他许多行业相比，金融行业的从业者和一般员工的消息更加灵通，更加了解各种各样的法律法规是如何影响他们的行业的。一旦立法者或监管者做出了损害他们的特殊利益的决定，他们都会第一时间得到消息（而且，即使他们自己没有注意到这类决定，也会有大量的行业团体及时向他们通报）。

各大银行的政治影响力在近些年来急剧增加，这是禁止跨州设立分支银行、禁止商业银行从事证券经纪业务的限制被取消的结果。在国防工业，分散在全国各地的分包商进行的积极游说活动，令国防承包商巨头们长期受益；类似地，美国银行、花旗银行、摩根大通和富国银行等大银行都在绝大多数国会选区设置了分支机构，各分支机构的游说活动也令总行受益匪浅。电影《风云人物》(*A Wonderful Life*) 中的"贝利大楼与贷款公司"在现实世界中早已不复存在了，取而代之的则是"麦克银行"。

在许多方面，金融行业的政治影响都与其他经济部门类似。如果说金融行业游说团体对《多德—弗兰克华尔街改革和消费者保护法案》及其随后的执行施加了"不当影响"，那么也完全可以说医疗保健行业也对小布什政府的处方药改革计划和奥巴马的医疗保健法案施加了"不当影响"，因为药品零售行业和医疗行业也像零售银行业一样，越来越集中了。

与其他行业相比，金融行业的特殊之处在于，它卷入政治的程度特别深。由于认识到政治对于本行业的极端重要性，金融行业从业者一般都会积极参与政治活动。这种政治参与的一个重要方面就是积极参加选举活动。根据美国全国选举研究中心（American National Election Study，简称 ANES）的统计，88% 的金融行业和保险行业的就业者都在总统大选中投了票，而其他行业则只有 76%。② 美国全国选举研究中心的报告还揭示，金融行业的就业者更愿意：

---

① 请参阅拉里·巴特尔斯的著作的第 9 章（Bartels, 2008）。其他一些学者的观点与巴特尔斯有微妙的差异，例如，请参阅尤素夫·巴蒂和罗伯特·埃里克森的著作（Bhatti and Erikson, 2011）以及克里斯·陶桑诺维奇的著作（Tausanovitch, 2011）。
② 关于各行业的就业人数，在我们写作这本书的时候，最新的普查数据仍然没有公布。因为在投票给什么人这一类问题上，人们往往会选择说谎，所以这里的估计值可能有所夸大。当然，我们没有什么理由相信，金融行业的就业者会比其他一般的受访者更加诚实。

- 去尝试影响别人的投票（金融行业从业者的比例为53%，其他行业为48%）；
- 参加竞选会议、集会或演讲（金融行业从业者的比例为13%，其他行业为7%）；
- 为某个竞争组织工作（金融行业从业者的比例为5%，其他行业为3%）。

因此，毫不奇怪，金融行业的从业者在为竞选捐款的时候会表现得特别积极，因为在这个场合，金钱可以发挥更大的作用。美国全国选举研究中心的调查表明，在金融行业的受访者当中，有25%的人说自己在2004年的竞选活动中捐了款，而在其他行业，这个比例仅为8%。正如我们在下面的讨论中将会指出的，当我们把来自金融行业的巨额竞选捐款计算清楚之后，就会发现，出现在这里的17%的差距其实极大地低估了这个行业的政治动员能力。

另一个有利于金融行业的因素是，立法者在涉及金融事务的问题上，不太会受到来自其他行业的选民的压力。金融业务通常都非常复杂，要用到许多高深的模型，而大多数选民都不会对这些技术问题很感兴趣。尤其是对于持有的股票投资组合和买进的房子的价值都在上升的那些选民来说，要说服他们必须强化金融监管是非常困难的。作为一个例子，不妨考虑一下2003年被揭露出来的共同基金丑闻。共同基金的交易员已经形成了一个惯例，他们会以前一天的收盘价格进行所谓的"延期交易"（late trading）。从根本上说，这种交易实际上是非法地把特定的资产从共同基金的普通客户的账户转移到了盘后交易者的账户上。① 虽然这种做法违反了有关的证券法律，但是在纽约州总检察长艾略特·斯皮策和美国证券交易委员会下令对此展开调查之前，这种延期交易似乎已经相当普及了。② 这些非法交易之所以会出现，是因为原

---

① 在一篇论文中（Eric Zitzewitz，2006），埃里克·齐茨维兹估计"延期交易"使共同基金投资者每年损失4亿美元。
② 齐茨维兹发现，有证据表明，在他的研究所涉及的69个共同基金中，共有39个共同基金在从事"延期交易"。

有的法规有一个漏洞——原则上允许以收盘价进行盘后交易，但是要满足一个条件，即报价必须是在收盘之前就进入了交易系统的。但是，由于执法不严，结果出现了机构猖獗地欺骗个人投资者的现象。规范这些交易行为的监管法规极其复杂，而且这些共同基金的个人投资者也仍然在赚钱（虽然已经比以前少了很多了），这两个事实也就意味着，在斯皮策命令进行调查之前，有关的金融机构几乎不用面对任何政治压力。随后，美国证券交易委员会设置了一个"硬关闭"（hard close）规则，禁止在下午4点以后执行任何以收盘价为交易价格的交易。但是，在金融行业进行了密集的游说之后，这一规则又被取消了。

只有在金融危机发生期间和金融危机结束之后的短暂时间内，金融行业才会面临实质性的政治压力。例如，在一项研究中，阿蒂夫·米安、阿米尔·苏菲和弗朗切斯科·特雷比发现，共和党选民的高止赎率和拖欠率导致许多共和党议员支持2008年的《住房与经济复兴法案》（Housing and Economic Recovery Act），该法案的内容包括政府提供补贴，就抵押贷款进行重新协商。① 但是，在许多情况下，针对金融行业的交叉压力之所以会出现，并不是因为公众反对放松对金融市场的管制或者为金融机构提供行政补偿的做法，而是因为社会上形成了一种反华尔街的民粹主义潮流。众议院之所以决定控制金融机构高管的薪酬和奖金——例如，对美国国际集团的管理层获得的留任奖金征收90%的惩罚性税收，这种压力显然是一个重要因素。在第7章中，我们将会阐明，准备在2008年竞选连任的共和党众议员之所以不像那些已经宣布即将退休的共和党众议员那样积极支持财政部部长保尔森最初提出的《问题资产救助计划》，原因也就在这里。

资助竞选活动

金融行业特殊利益群体的第二大武器是在政治领域的"直接投资"，即为竞选议员、总统的候选人以及各个政党提供捐款。

---

① 请参阅阿蒂夫·米安、阿米尔·苏菲和弗朗切斯科·特雷比的论文（Mian, Sufi, and Trebbi, 2010）。

竞选捐款对政治决策的影响可能被夸大了,① 雷曼兄弟就是一个非常突出的例子。从 2004 年到 2008 年,雷曼兄弟的员工的竞选捐款十分可观——虽然少于高盛、花旗银行和摩根大通,但是却领先于美国银行。② 然而,这些捐款并没能拯救雷曼兄弟,最终它在 2008 年金融危机中破产了。此外,雷曼兄弟也往往被许多人说成是金融行业为了影响外部的政治变革而发生内部冲突的一个牺牲品。兰德尔·克罗兹纳和托马斯·施特拉特曼认为,《格拉斯—斯蒂格尔法案》之所以能够存续 66 年,很大程度上是因为金融行业内部长期以来一直未能就改革的根本目标达成一致的结果(因为金融行业被分割为证券业务、商业银行业务、保险业务三大块了)。金融行业内部的每一个部门为了保证自己的影响力胜过其他两个部门,而竞相向政界提供捐款。③ 在金融行业之外,最近发生在娱乐公司和互联网公司之间的关于互联网上的盗版问题的激烈争议,也凸显了跨行业竞争的重要性。但是,当各大金融控股集团都完成了整合所有不同的业务线的任务之后,金融行业内部关于政策的不同意见也就不复存在了。

另一方面,虽然任何一个行业(或任何一家企业)都不可能永远无往不利,但是毫无疑问,在每个选举周期内,金融行业洒下的巨额竞选捐款肯定是有助于提高该行业在华盛顿的影响力的。当整个金融行业"采取共同行动"时,它们确实可以通过政治献金改变政策。在这方面,最典型的一个例子是《2005 年破产法案》,它是一个名为"全国消费者破产联盟"(National Consumer Bankruptcy Coalition)的组织一力促成的。这是一个严重名不副实的组织,因为它的真正宗旨其实是协调全美国的大债权人的政治捐款。④

---

① 请参阅史蒂文·安索拉贝荷尔、约翰·德菲格雷多和詹姆斯·斯奈德的论文(Ansolabehere, de Figueiredo, and Snyder, 2003)。另外还必须指出的是,在用于政治的总资金中,竞选捐款只占了其中的很少一部分。例如,直接游说支出就非常可观。根据"响应政治"研究中心的统计,自 1998 年以来,金融行业的游说支出包括了如下几项:保险子行业特殊利益群体的 13 亿美元、房地产子行业特殊利益群体的 7.46 亿美元、证券及投资子行业的 6.36 亿美元。也请读者参阅我们在下文中对政治游说活动的分析。
② 这一计算结果是由斯坦福大学的亚当·博尼卡提供的(在与本书作者们的通信中)。
③ 请参阅兰德尔·克罗兹纳和托马斯·施特拉特曼的论文(Kroszner and Stratmann, 1998)。
④ 请参阅史蒂文·努涅斯和霍华德·罗森塔尔的论文(Nunez and Rosenthal, 2004)。

利用由"响应政治"研究中心（Center for Responsive Politics，简称CRP）提供的数据，① 我们可以更深入地考察由金融行业组织的竞选筹款活动的一些细节。从图3.1可见，从1992年至2008年，来自金融行业的竞选捐款增加了近三倍（注意，这是通货膨胀调整后的数字）。在"响应政治"研究中心跟踪的所有行业中，金融行业的竞选捐款的增长幅度仅次于法律行业，远远高于其他所有行业。

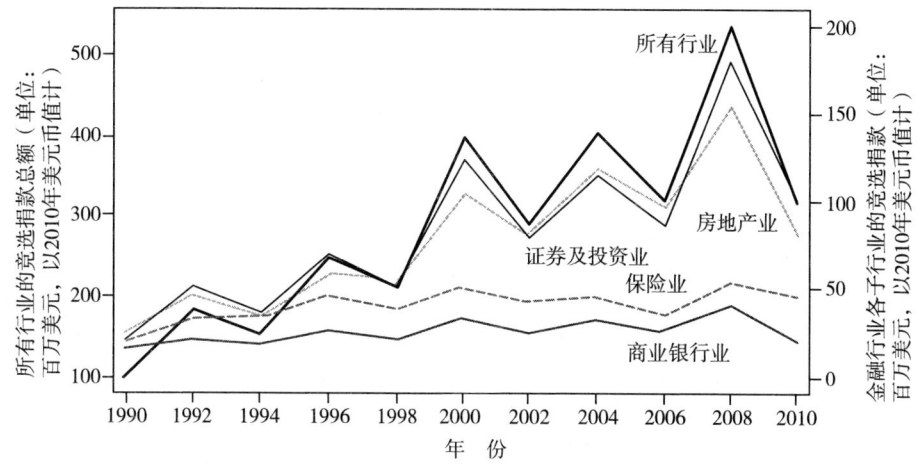

图3.1 来自金融行业的竞选捐款*

*来自金融行业的竞选捐款增长非常迅猛。在金融行业的各子行业中，又以来自证券及投资业和房地产业的捐赠的增长速度为最快，而这几个子行业恰恰是陷入次贷危机最深的那几个行业。

从金融行业捐出的现金的绝对数量来看，也十分惊人。金融行业的4个子行业（证券及投资、房地产、保险、其他金融业务）全都进入了竞选捐款最高的行业排名表的前10位。如果将这4个子行业合并起来计算，那么金融行业的竞选捐款额将远远超出排在第二位的法律行业。②

图3.1还表明，为金融行业的竞选捐款的增长做出了最大贡献的是其中的两个子行业：证券及投资业、房地产业。根据菲利蓬和雷谢夫的研究，与

---

① 这些数据是本书作者于2011年7月11日从以下网址上下载下来的：http：//www.opensecrets.org/industries。

② 2008年律师和法律服务业的竞选捐款总额为1.26亿美元。需要注意的是，这些捐款人当中有很大一部分都与金融行业有千丝万缕的联系。

商业银行业相比，证券及投资业的工资增长更快，金融行业的工资水平之所以高出其他行业，证券及投资业的超高工资是最主要的原因。① 由此可见，证券及投资业和房地产业之所以最终在 2008 年金融危机中扮演了如此重要的角色，绝对不是一个巧合。

此外，少数几家企业和行业协会又在金融行业的竞选捐款中占了大头。在 2010 年的选举周期中，商业银行业最大的政治行动委员会（political action committee，简称 PAC）的捐款人是美国银行家协会（American Bankers Association）。该协会的董事会是由全美国最大的 4 家全国性银行控制的，它们是摩根大通、美国银行、花旗集团和富国银行。这 4 家大银行和美国银行家协会总共捐献了 490 万美元，而商业银行业的全部捐款才 900 万美元。在证券及投资业，高盛、瑞士信贷（Credit Suisse）、瑞银集团分别拥有该行业第四大、第五大和第六大政治行动委员会。从竞选捐款总额来看（这既包括捐给政党的钱，也包括直接捐给候选人的钱），在 1989 年至 2012 年间，高盛总共捐献了 3 830 万美元，花旗银行总共捐献了 2 950 万美元，两者分别是全美国第二大和第三大企业捐款人（最大的企业捐款人是 AT&T 公司）。

当然，重要的不仅仅是捐款的总量，分配捐款的方式也非常重要。图 3.2 告诉我们，自 1990 年以来，金融行业是如何将自己捐出的钱分配给民主、共和两党的。图 3.2 有两个突出的特点。第一个特点是，多数党对国会的控制权是影响捐款流向的重要因素。在 1994 年以前，大多数金融行业的捐款都给了民主党，因为那个时候民主党是众议院和参议院的多数党。在 1994 年选举之后，金融行业捐款的流向发生了巨大的变化，变得越来越青睐于刚刚掌权的共和党议员。来自保险公司和商业银行的捐款尤其如此。到了 2006 年，民主党又夺回了国会多数党的宝座，金融行业捐款的流向又恢复到了 20 世纪 90 年代初的状况。而到了 2010 年中期选举之后，当共和党再次控制了国会后，流向又随之而发生了变化。

第二个重要的特点是，很早以前，甚至远在华盛顿掌握国会权力之前，民主党就已经与证券业和房地产业建立起了相当好的关系。金融行业早就成了民主党非常重要的"票仓"，尽管从表面上看，民主党倾向于自由派的意识

---

① 请参阅托马斯·菲利蓬和艾瑞尔·雷谢夫的论文（Philippon and Reshef, 2009）。

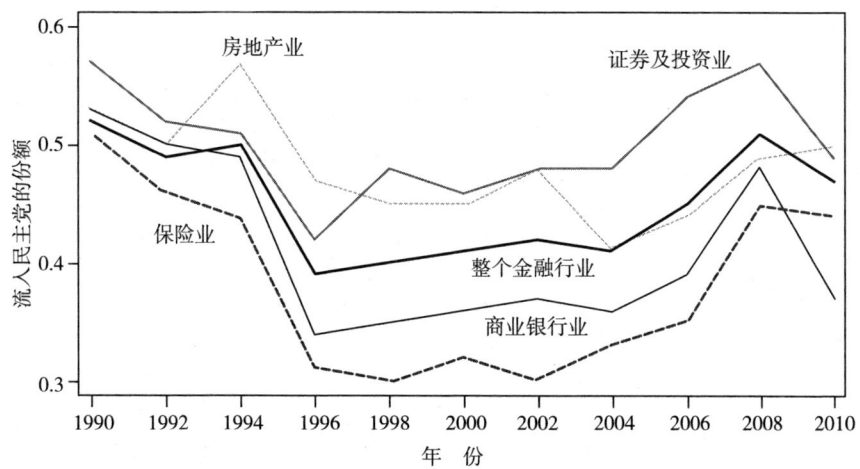

图 3.2　金融行业的竞选捐款流入民主党的份额*

* 从图中可见，在金融行业竞选捐款中，流入民主党的份额一直都相当可观，而且当民主党控制国会时，所得份额就更多一些。这个图还表明，捐款总额呈现出了周期性波动的特性，这与每两年进行一次选举的选举周期一致。在 1995 年至 2006 年间，共和党控制了国会，这个时期民主党获得的捐款较少。而在 1989 年至 1994 年间以及 2007 年至 2010 年间，当民主党控制国会时，其获得的捐款就比较多。

形态似乎与金融行业的特殊利益不完全合拍。事实上，虽然金融行业从业者数量有限，但是他们为民主党提供的大量捐款有效地弥补了这个短板。在这个联盟的形成和巩固过程中，许多因素都发挥了作用。首先，许多金融机构都位于总体上倾向于自由派的滨海城市，例如纽约、波士顿、洛杉矶、圣弗兰西斯科等等。① 因此毫不奇怪，这些地区的金融行业从业者会试图通过民主党去表达对某些社会和文化事务的支持。也许并非所有来自金融行业的捐款的目的都是为了影响民主党的金融政策，但是毫无疑问，金融行业捐款的总额已经是如此巨大，显然会使民主党对该行业的利益更加敏感。

从政党的角度来看，竞选资金是非常重要的。插上了"金钱的翅膀"，政党才能顺利地"飞翔"，这与好莱坞的娱乐行业的情况几乎完全一样。与许多其他行业不同，对冲基金和银行既不会直接污染环境，内部的劳资关系通常也不会变得很紧张，因此，金融行业的从业者与民主党的传统支持者——如

---

① 杰弗里·图宾在一篇文章中也阐述了这一点（Toobin, 2010: 50~57）。

环保主义者和工会人士——很少会发生直接的冲突。① 高盛甚至特别欢迎同性恋者加盟。② 其他民主党选民也很少会因为对冲基金披露不足而提出批评。当然,正如我们将会看到的,等到危机发生之后,这种繁荣时期结成的联盟不一定经受得住考验。

金融行业的捐款是如何在民主、共和两党之间分配的,这是一个重要的问题;不过,比这更重要的一个问题也许是,金融行业是如何为作为个体的国会议员提供资金支持的。请读者考虑表3.3。这个表总结了在2007年至2008年这个选举周期中,金融行业捐给各个现任众议员团体的平均捐款额。

表3.3 金融行业对现任众议员的捐款额(2007—2008年选举周期)

团体	捐款额(美元)
所有众议员	157 790
民主党众议员	153 921
共和党众议员	162 686
众议员金融服务委员会成员	297 883
对《问题资产救助计划》投赞成票的众议员	187 586
对《问题资产救助计划》投反对票的众议员	131 789
自由派民主党众议员	140 374
温和派民主党众议员	169 085
温和派共和党众议员	156 780
保守派共和党众议员	169 462

不同政党之间的差异其实是相当小的。民主党众议员得到的平均捐款与共和党众议员得到的平均捐款相比,只有约9 000美元的差距。这就表明,金融行业在决定捐款时,采取两边同时下注的策略的意识形态的差异显得更具实质性意义。无论是民主党还是共和党,从内部来看,都是更保守的那些众议员(即温和派民主党众议员和保守派共和党众议员)获得的捐款更多一些。当然,金融行业最关注的是众议院金融服务委员会的成员,因为这个委员会

---

① 事实上,高盛新首席执行官、美国财政部前部长亨利·保尔森就是一位活跃的环境保护主义者。请参阅安德鲁·索尔金的著作(Sorkin, 2009)。
② 请参阅卡蒂亚·瓦赫特尔的文章(Wachtel, 2012)。

的职责就是监督金融行业、创制新的金融法规。金融服务委员会成员获得的捐款几乎相当于全部众议员的平均捐款的两倍。在 2007 年至 2008 年的这个选举周期中,金融行业的捐款似乎已经见到了成效:当泡沫破裂后,支持保尔森提出的《问题资产救助计划》的众议员收到的捐款显著地高于反对这个计划的那些众议员。

信息和游说

因为立法者往往缺乏足够的时间和专业知识,同时也不可能精通与立法有关的政策领域的所有问题,所以他们必须从其他来源获得必要的信息,并向其他人征询建议。虽然国会议员们在一定程度上可以依靠国会内部的工作人员和国会专门委员会的工作人员,但是在大多数情况下,他们都是从外部游说者和利益团体那里获得关于政治决策的后果的各种信息的。几乎在所有的政策领域,政治生活的现实就是如此残酷;在金融监管这个政策领域,这一特点则具有特别重要的意义。

金融行业的业务非常复杂,无论是融资业务、银行业务还是保险业务,都是如此。由于衍生品、掉期合约以及其他复杂的金融工具的不断创新和日益普及,这种复杂性还在与日俱增。一个人必须先成为一个火箭科学家(或者至少拥有与火箭科学家相当的数学才能),才有可能搞清楚金融行业在过去一代人的时间里究竟发生了什么。① 更重要的是,如果真的拥有这种专长,那将是非常有利可图的。真正掌握金融行业的底细的人,如果为华尔街的一家金融公司工作(或为它游说),能够获得的收入要比在国会山当一个职员多得多。正因为如此,金融部门的游说者与立法者之间的"信息不对称"状况是特别严重的。当金融行业的成员能够参与政治进程、顺利进行游说时,他们所拥有的信息优势就可以发挥巨大的作用。

政治领域的这种信息鸿沟发挥其影响的原理和机制与私人市场上的信息不对称大致相同。就像股票经纪人会想方设法把几乎毫无价值的证券出售给毫无心机的买家一样,金融行业的游说者也会极力把可疑的"改革方案"兜

---

① 关于在华尔街就业的"火箭科学家",请参阅丹尼斯·奥弗拜的文章(Overbye, 2009)。

售给立法者。游说者并没有动力去推动立法者制定有利于国家长远的经济福利的法律，他们所关注的只是短期的利润和竞争优势。当经济形势一片大好的时候，不受监管的金融市场能够增进公共福祉这类"福音"会特别有市场。

金融行业与决策者之间的信息不对称也是这个行业的"负能量"的来源之一。在过去 30 年里，金融行业成了创新的广阔舞台，新的金融产品层出不穷。而这些新产品的新颖之处，往往就在于它们能够利用以前人们不知道的证券法规和监管体制的漏洞。最近的一个相对来说比较简单的例子是，2011 年，高盛聚集了一大批投资者，创建了一个"投资者池"，并由它去购买 Facebook 公司的股票，从而使 Facebook 既筹集到了资金，又规避了投资者的数量超过了 499 个的公司必须公开上市方能成为公众公司这一法律规定。（后来，Facebook 终于在 2012 年首次公开募股。）这件事情被公开揭露后，舆论哗然，高盛又利用另一个法律漏洞辩解道，这项投资仅限于外国投资者，而外国投资者是不用"计算在内的"。① 要对大量不太透明的金融创新进行细致的监管，就要求监管者对新产品的业务细节及其可能导致的后果有充分的了解。但是，这些信息都集中在金融行业内部，而且业内人士几乎没有任何动力把它们提供给决策者。事实上，只要援引保护"商业秘密"的法律条款，以此来做挡箭牌，就可能使监管机构无法获得任何有用的信息。因此，决策者手里拿着的是一个左右为难的"莫顿之叉"：要么听之任之，直到糟糕的结果出现；要么实施严苛的管制，扼杀一切创新。

作为一个例子，我们不妨来考虑一下以"高频算法"为基础的"高频交易"。② 高频交易的基本思路是，利用现有的计算机的强大分析能力，抓住市场每一次波动提供的机会，在几分之一秒的时间内就完成交易。使用这些算法确实可以提高效率，但是这种交易也可能导致不稳定的后果，因此它的合法性仍然存疑。如果根据这些算法，在同一时间发出了卖出指令，那会出现什么后果？这会不会使一次偶然的波动变成系统性的崩溃？这并非杞人忧天，2010 年 5 月 6 日发生的"闪电崩盘"显然就与高频交易有关。这一事件说明，美国证券交易委员会和期货交易委员会都缺乏监管金融交易和金融创新所必

---

① 请参阅安德鲁·索尔金的著作（Sorkin, 2011）。
② 请参阅保罗·威尔莫特的文章（Wilmott, 2009）以及汤姆·麦克金蒂和卡拉·斯坎内尔的文章（McGinty and Scannell, 2009）。

需的能力和信息。而且，直到 2010 年 9 月 30 日，这两个监管机构才对发生在四个多月前的这个事件提交了一份联合报告。① 监管能力的缺失，已经使得公众在很大程度上只能不得不依赖这个行业的自律了。②

对于金融行业来说，游说活动极其重要。这个行业的游说费用与竞选捐款大致相同。1998 年以来，游说支出须公开披露，因此我们虽然不能获得用于游说某个立法者或某个政党的具体游说支出，但是却可以分析一下游说支出总额。图 3.3 给出了 1998 年以来证券及投资业、商业银行业和房地产业的游说支出。③ 从图中可以看出，金融行业的这些子行业的游说支出在 21 世纪的第一个 10 年内一直在大幅上升，其中尤其以证券及投资业为甚。

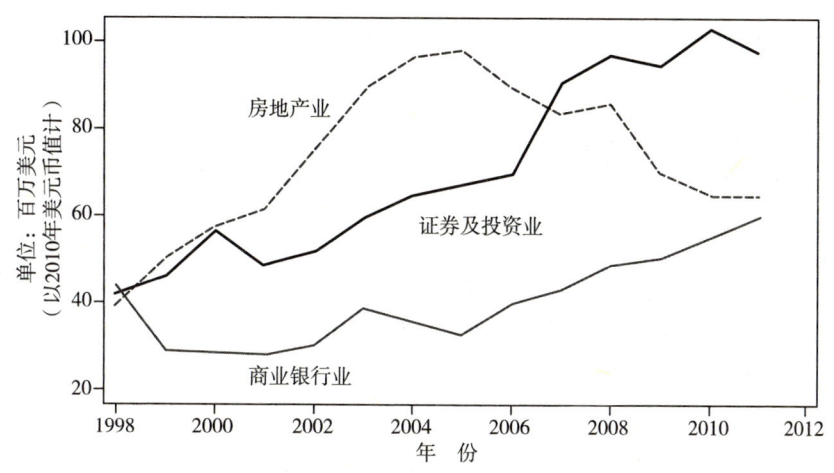

图 3.3　金融企业和房地产企业的游说支出*

*从图中可见，在泡沫膨胀期间，游说支出一直在急剧上升，这一势头甚至在泡沫破灭之后也没有任何减缓的迹象（不过房地产业是一个例外）。

在各商业银行当中，2008 年金融危机的幸存者中的四大银行（美国银行、摩根大通、富国银行和花旗银行）的游说支出大约占了所有商业银行的游说支出的 1/3。

我们在前文已经指出过，这四大银行都是美国银行家协会的理事，还都

---

① 请参阅美国期货交易委员会和证券交易委员会于 2010 年发布的联合报告。
② 对于这些观点的更详细的论述，请参阅诺兰·麦卡蒂的最新论著（McCarty，2013）。
③ 这里没有把保险子行业的游说支出包括在内，是因为近来这个行业的游说活动更多地针对医疗保险服务，而非针对金融服务。

是消费者金融协会（Consumer Banking Association）的理事会成员，而这两个行业协会则是商业银行界最大的游说团体。这两个行业协会、四大银行，再加上巴克莱银行，它们的游说支出占商业银行界全部游说支出的一半以上。另外，在证券及投资业，高盛公司是游说支出最高的公司。这个结果其实一点也不出乎人们的意料。

随着房地产泡沫的破裂，房地产业的游说支出有所下降。魔鬼总是藏于细节当中。房地产业最大的游说组织是美国房地产经纪人协会（National Association of Realtors），它的游说支出大约占该行业总游说支出的1/3。2011年，美国房地产经纪人协会的游说支出超过了2 200万美元，根据OpenSecrets.org提供的资料，这是一个全新的纪录。尽管新建住宅的销售量已经从2007年的136万套下跌到了2011年的107万套，但是美国房地产经纪人协会的游说支出反而上升了。

然而，从图3.3可以看出，房地产业的总游说支出确实出现了下滑，那么，这到底是由什么因素导致的呢？一个很大的因素是房利美和房地美在2008年被国有化后，不再进行游说活动了。它们原本一直是房地产业的第二大和第三大游说组织。另外，全国抵押贷款经纪协会（National Association of Mortgage Brokers）也大幅削减了游说支出：2009年，该组织的游说支出为2 319 485美元；而到了2011年，则只剩下210 000美元了，这是在实施了更严厉的标准后，抵押贷款业务急剧萎缩所导致的结果。另外，住房建筑业因房地产泡沫的破裂而大受打击。在OpenSecrets.org上面，住房建筑业的游说支出是单独列示的。根据这个网站的记录，这个行业的游说支出，从2009年的980万美元下降到了2011年的460万美元。这一下降显然也与房地产泡沫破灭之后住房供过于求的状况有关。由于住房建筑业的从业者认为，华盛顿不太可能推出有利于本行业的政策，而且许多建造商都陷入了财务困境，因此住房建筑业的政治游说活动陷入了低潮。

在政治领域的投资、信息不对称状况、选民的压力，所有这些因素都会与意识形态因素结合起来，对作为个体的国会议员的行为，甚至对白宫的决策产生影响。在接下来的第4章中，我们就来探讨一下政治系统内的不同个体是如何交互作用的。

第4章 制　度

> 在我们的资本市场中，通常的状况是，创新领先于监管，这往往是件好事，因为这使我们发展得更快。
> ——亨利·保尔森，转引自托德·珀德姆的文章《亨利·保尔森的不眠长夜》

根据我们给出的"三I一体"的框架，我们的解释的最后一步是要指出美国的决策制度的缺点。在前面我们已经讨论过，**利益**是如何妨碍对金融市场的充分监管和有效监管的。立法者和监管者都很容易受制于金融行业的特殊利益诉求。此外，金融行业还因本行业与政府之间的信息不对称状态而受益匪浅。但是，**利益**远远不是唯一的障碍。事实上，即使竞选资金完全来源于公共部门，即使监管机构和国会的所有工作人员都拥有金融工程博士学位，也很难建立和维持一个足以预防金融危机再次发生的金融监管体系，这是因为美国的政治制度存在着内生的缺陷。

另一个困难是，决策过程中必须要涉及特定的**意识形态**，而意识形态是天生抵制新信息的。在第2章中，我们已经说明，一个人的意识形态可以概略地用自由主义—保守主义尺度上的一个位置来表示。在那里，我们还指出过，政治决策是在特定的制度框架内完成的，当政治生活变得越来越趋于极化的时候，政治制度也会变得越来越抗拒政策变革。

在美国，由于政治权力是分散的、分立的、相互制衡的，因而政策变革需要强大的共识和全面的动员，这就使得政策变革难以出现的问题更加严重。我们这些在美国长大的人，应该在高中阶段就已经对美国的政治制度有清晰的认识了：权力被分割为行政权、立法权和司法权；国会和法院要对总统和行政分支的权力的行使进行监督和制衡；国家权力划分为联邦和州两个层次，分别由联邦和各州享有。

当然，使联邦政府的权力受到限制和约束，正是我们的国父们希望实现的目标。两百多年来，我们的宪政体制一直运行得非常稳定而且有效。不过，它难以迅速做出反应的缺点也很明显，尤其是在瞬息万变的那些政策领域内，典型的如金融监管领域。

我们的政治制度和文化的第二个重要特征是，我们必须频繁地进行全国性的选举。众议院的全部众议员每两年都要重选，参议院的 1/3 参议员也是每两年就要重选。当然，更重要的是每四年举行一次的总统大选。因此，无论在什么时候，下一次选举似乎始终是指日可待的一件事情。除了美国之外的其他发达民主国家，绝没有一个是如此频繁地定期举行选举的。① 而且自从 1788 年举行第一次全国大选以来，美国从来没有取消过任何一次选举。甚至在美国内战期间（1861—1865），选举也都照常举行。

据信，必须每季度公布盈利数据的规定会对上市公司高管的行为带来不良的影响；类似地，美国过于频密的选举周期也会诱发一系列激励扭曲，从而使政治决策过程变得更加复杂化，金融监管方面的决策当然也不能例外。在每两年举行一次选举这种制度框架下，只关注短期就能见效的解决方案，显然比关注长期才能产生效果的解决方案更加有利。这种情况还会导致偶数年份的决策工作的延误甚至瘫痪。再者，当政策分歧演变成选举的筹码之后，频繁的选举必定会加剧党派之间的分裂。

美国的选举制度的另一个重要特点是，它严重依赖于地理分区，把这作为代表性的基础。全部众议院议员都是从相对狭小的国会街区中选举出来的，而且每个选区只能选出一名代表。因此，众议员有非常强烈的动力去为当地的重要选民和企业的狭隘利益服务。在参议员身上，我们也可以看到这种倾向，不过程度要轻得多。

---

① 从理论上说，在议会民主制下，选举活动可以更频繁一些。在议会民主制国家中，一届议会的任期通常为 5 年（不过，有的国家的议会任期只有 3 年，例如澳大利亚）。在东亚和拉丁美洲一些实行总统制的国家中，议会的任期往往是固定的，但是也基本不会出现每两年就改选下议院的情况。

虽然普通美国人可能认为，地区代表制并没有什么不同寻常的地方，他们也可能不想改变它，但是事实是，美国对这种制度的运用确实是有些不寻常的。在一些发达的民主国家里，还采纳了比例代表制，即，根据各政党在全国性投票中的得票比例，分配它们在议会中的席位。这种比例代表制可以减少地方主义倾向。因为一个政治家（或政客）能否在选举中取得成功，取决于他所属的政党在全国范围内的表现。因此，政治家（或政客）照顾地方利益的激励也大为降低。比例代表制还往往有利于强化政党的纪律，因而可以降低个别立法者致力于提高本选区选民的利益的机会主义行为。在另外一些先进的民主国家里，即使没有采用比例代表制，也是通过政府去宣布解散议会而重新进行选举的。① 而在其他一些国家中（包括那些采用了一个选区一个代表的制度的国家），候选人的产生过程通常也都在全国性政党的控制之下，因此"个人票"的重要性与美国相比要低得多。当然，其他国家的选举制度也有他们自己的严重缺陷（例如在竞选资金的管理方面），但是立法者以自己所属的选区的狭隘利益为依归这种倾向，则是美国的选举制度的特有缺陷。

从历史上看，地方主义对金融行业的重要影响，首先体现在禁止跨州开展银行业务的法律上——这是1927年《麦克法登法案》（McFadden Act）明确规定的。这个禁令在1933年通过的《格拉斯—斯蒂格尔法案》中变得进一步复杂化了（对于这部法案，我们在本章后面的内容中将进行详细的讨论），然后又在1956年通过的《国民银行法案》（National Banking Act）中得到了重申。直到1994年通过的《里格尔—尼尔跨州设立银行和分支机构效率法案》施行之后，这个禁令才被完全废除。② 在此之前，即便是在一个州的内部，大银行在设立分支机构时也经常受到阻碍，政府的理由是这样做可以更好地保护当地的小银行。例如，在宾夕法尼亚州，任何银行都不得同时在3个以上的县开展业务；而在伊利诺伊州，则完全禁止银行开设分行。③ 在整个美国，

---

① 请参阅丹尼尔·迪尔迈耶和蒂莫西·费德森的论文（Diermeier and Feddersen, 1998）。
② 关于《麦克法登法案》所涉及的地方利益问题，请参阅拉古拉姆·拉詹和罗德尼·拉姆查兰的论文（Rajan and Ramcharan, 2011）。
③ 请参阅伊利诺伊州金融与专业监管部的报告（Illinois Department of Financial and Professional Regulation, 2013）。

总共只有 10 个州允许银行在全州范围内开展业务。① 因此，美国分支银行制的发展历史是非常引人注目的例子，它有力地证明了政治制度对金融制度的影响非常巨大。而在世界上大多数其他国家，包括加拿大在内，早在 19 世纪，银行就可以在全国范围内开设分支机构了。②

正如我们在第 2 章中已经指出过的，直到最近，美国金融部门的就业群体仍然主要集中在极少数的几个国会选区内。在美国的政治制度下，来自这些选区的国会议员有强烈的激励去促进金融行业的利益，即使这样做会背离他们所在的政党的宗旨也在所不惜。在当前这个时代，这种紧张关系在民主党内尤其严重，因为金融行业往往都集中在民主党占优势的那些选区。一个突出的例子是，在其他问题上一贯持自由派立场的代表纽约州的民主党参议员查尔斯·舒默，却极力捍卫税收制度中的"附股权益"（carried interest）条款，该条款允许对冲基金经理只需支付资本利得税，而不用支付更高的收入所得税。③

地方主义在金融监管过程中也发挥着重要的作用。立法者往往热衷于代表当地的经济精英，干预监管机构的活动。这种现象的一个突出例子是所谓的"基廷五人组"丑闻（Keating Five Scandal）。在这个事件中，5 名参议员被指控为了查尔斯·基廷的利益，不正当地干预了联邦住房贷款银行委员会（Federal Home Loan Bank Board）的正常监管活动。查尔斯·基廷是林肯储蓄与贷款协会（Lincoln Savings and Loan Association）主席，他在亚利桑那州斯科茨代尔精心建造了一个腓尼基格调的"您的超级豪华度假村"。因此毫不奇怪，"基廷五人组"当中，有两位正是代表亚利桑那州的参议员丹尼斯·德孔西尼和约翰·麦凯恩。与"基廷五人组"丑闻相比，不那么耸人听闻但是影响更加深远的是放松金融监管立法的压力，这是促成 20 世纪 80 年代的储蓄与贷款协会危机的一个重要因素。④

美国以地理分区为基础的国会代表制度已经根深蒂固了，除此之外还有

---

① 请参阅普雷斯顿的论文（Preston, 1927）。
② 请参阅加拿大银行的报告（Bank of Canada, 2012）。
③ 请参阅雷蒙德·埃尔南德斯和史蒂文·拉巴顿的文章（Hernandez and Labaton, 2007）。
④ 请参阅托马斯·罗默和巴里·温加斯特的论文（Romer and Weingast, 1991）以及诺兰·麦卡蒂、基思·普尔、霍华德·罗森塔尔的论著（McCarty, Poole, and Rosenthal, 2010a）。

一个非常重要的阻碍政策变革的因素是，国会参、众两院各自的地理基础存在着巨大的差异。众议院的选区每 10 年就要根据人口增长的状况重新划分；相反，每个州则都拥有 2 个参议员席位，而不管其人口如何稀少。这是一个奇异的宪法修订案造成的既成事实，现在已经几乎不可能改变了。但是，正因为如此，国会参、众两院之间长期存在着一种制度性的紧张关系。阿拉斯加州拥有的参议员席位与加利福尼亚州一样多，显然有不尽合理之处。在目前，美国人口最少的那 11 个州，只有 1 个或 2 个众议员；同时这些州的参议员却都有 2 个，因此，这 11 个州有 22 个参议员，而整个参议院也只有 100 个席位。来自某个"小地方"的参议员可以调动的资源非常有限。事实也是如此，代表小州的那些参议员很难成为公众关注的焦点。①

每位参议员所代表的选民的人口的严重失衡，再加上参议员的任期长达 6 年之久（而众议员的任期则只有 2 年），这些因素往往会导致国会参、众两院在同一个问题上表现出不同的偏好。两院制的这种缺陷，经常会造成政策变革的延迟甚至瘫痪。②我们在前面讨论过的消费者破产立法被延误的事例已经证明了这一点。在 20 世纪 90 年代中后期，代表信用卡发行者的利益的全国消费者破产联盟的代表试图推动修改消费者破产法。但是，直到 1998 年，因为参议院一直未能采取必要的行动，有关的法案仍然没有成形。到了 2000 年，这一法案总算通过了，但是为时已晚，当时的总统比尔·克林顿轻易地利用"搁置否决权"*否决了它。然后在 2001 年，这个法案在众议院投票表决时又胎死腹中，因为众议院投票否决了一个会议报告，该报告包含了一个由一位参议员提出的禁止堕胎诊所反对者破产的条款。最后，直到 2005 年，等到共和党控制了参、众两院之后，这部法案才获得通过，并由一位共和党总统签署，正式成为法律。③

---

① 每个州的代表人数都相同这个原则已经无法通过宪法修正案的形式取消了，它是永久性的。关于这个原则所导致的重要政治后果，请参阅弗朗西斯·李的论文（Lee, 1998）以及本杰明·劳德代尔的论文（Lauderdale, 2008）。
② 请参阅莎拉·宾德的著作（Binder, 2003）。
* Pocket Veto，指美国国会通过的法案送交总统签署时，如被搁置到国会休会后 10 日不签，该议案即不能成为法律。——译者注
③ 请参阅史蒂文·拉巴顿的文章（Labaton, 2005）。

"轴心政治"

为了更好地讨论三权分立和权力制衡的政治结构对金融政策的制定和实施的影响，我们在这里引入了一个简单的理论框架来帮助分析。

现在，让我们来考虑这样一个问题：我们在第 2 章中讨论过的那种简单的一维性的立法机关可能会做出什么样的政治决策？一个采取多数决定制的议会，例如美国的众议院，如果完全根据自己的偏好行事，将会根据多数规则投票决定最终选择哪一个政策选项。某个议案如果得到了简单多数支持，就可以从各种可选议案中胜出。（在美国众议院，如果 435 位众议员全都参加投票的话，那么简单多数是 218 票。）假设议程是开放的，即任何立法者可以随时提出任何方案，那么最终胜出的必然是一个再也不会被多数意见推翻的议案。当全部立法者的所有理想政策可以按顺序排成一条直线时（就像我们在第 2 章中提出的动态加权提名模型所显示的那样），我们就可以运用中间投票人定理，由此而得到的结论将是，最终胜出的政策必须是中位立法者的"理想点"。① 这里所说的中位立法者是指这样一位立法者，在他的"理想点"的左侧和右侧，各分布着一半"理想点"。任何试图将政策拉离中位立法者的"理想点"、偏向右侧的努力，都会受到他以及 217 位"理想点"位于他的"理想点"左侧的立法者的反对，并以失败而告终。类似地，任何试图使政策偏向左侧的努力，也都会被中位立法者和 217 位"理想点"位于他的"理想点"右侧的立法者击败。因此，任何一个中位立法者不喜欢的政策都将会被多数决定制击败。例如，假设目前的最低工资标准是每小时 7 美元，而中位立法者想要的是每小时 8 美元，那么中位立法者和其他所有希望最低工资标准为每小时 8 美元以上的立法者联合起来，就可以通过投票来提高最低工资标准。

当金融危机袭来时，如果一个国家采取的是一院制和多数决定制，那么就可以迅速做出反应。中位立法者的偏好一有风吹草动，就会迅速地导致政策发生变化。实现这种政策反应的途径有两个。第一个途径是，金融危机的冲击可能会改变政策在自由主义—保守主义尺度上的映射。如果金融危机导

---

① 请参阅邓肯·布莱克的著作（Black, 1958）。

致中位立法者更加偏好加强监管，那么立法机关会立即放弃对衍生品交易不进行管制的政策，转而通过和实施新的更严厉的法规。然而，意识形态刚性削弱了这第一个途径的有效性，因为一场危机可能不会使中位立法者的偏好发生重大变化。第二个途径是选举。在许多情况下，只有在选举出了一个偏好完全不同于原来的中位立法者的新中位立法者之后，政策变革才可能发生。如果立法机关对选民的要求的响应是积极的，政策也将会如此。①

当然，我们这个假想中的实行多数决定制的立法机关只能起到与物理学中的无摩擦的理想平面类似的作用，即以它为一个基准，去评估各种偏离理想条件的状况的重要性。在现实世界中，在许多情况下，采取多数决定制的立法机关都不能像上面所描述的那样发挥作用。在立法过程中，政党就是导致"摩擦"的一个重要因素。② 在上面给出的这个理想化的立法机关中，我们有一个重要的假设，即在立法过程中，任何立法者在任何时候都可以提出任何一个反建议。因此，如果政策偏离了中位立法者的"理想点"，就可以提出一个新的议案使政策重新向中位立法者的"理想点"靠近。但在现实世界中，各政党的领导人有很大的控制议程的权力，他们能够防止政策偏离自己的偏好或所属政党的大多数人的偏好。实现这一目标的方法之一就是所谓的**"负议程控制"**（negative agenda control）。所谓负议程控制，是指禁止就某些议案进行投票，在这类议案上，中位立法者有可能与少数党成员结成联盟，使最终的投票结果偏离多数党及其领导人的偏好。

在当今日趋极化的政治大环境下，负议程控制这种手段已经被运用得出神入化了。例如，2004年，众议院议长丹尼斯·哈斯特尔特宣布了一条新的规则，规定任何议案，除非已经得到了共和党多数的支持，否则不得继续进行下去。但是事实上，哈斯特尔特这样做只不过是将众议院长期以来一直就存在的一种惯例明确化了而已。③ 哈斯特尔特规则的提出，增加了"立法停顿"或"立法瘫痪"的可能性。如果中位立法者和多数党领袖不能就某项政策变革达成一致意见，那么多数党就会拒绝将拟议中的政策变革列入议事日

---

① 关于政治家（政客）及政策对于选民的偏好的敏感性，请参阅罗伯特·埃里克森、迈克尔·麦丘恩和詹姆斯·斯廷森的著作（Erikson, MacKuen, and Stimson, 2002）。
② 请参阅加里·考克斯和马修·迈克卡宾斯的著作（Cox and McCubbins, 2005）。
③ 加里·考克斯和马修·迈克卡宾斯认为（Cox and McCubbins, 2005），自从20世纪90年代里德规则（Reed Rules）确立以来，多数党就能够进行这种议程控制了。

程，这样政策就不可能出现变化。于是，政策就无法随形势的变化而灵活地做出回应。要结束这种僵局，现状或立法机关的偏好必须出现重大的变化。事实上，正如我们将会看到的，金融改革所面临的就是这种情况。在通过立法过程做出实际性的改变之前，政策可能会在某个方向上"漂移"相当长的一段时间。

利用动态加权提名模型，可以估计立法者的"理想点"，从而为衡量这个问题的严重性提供一些线索。例如，请读者看图 4.1。在图 4.1 中，我们给出了用自由主义—保守主义尺度来衡量的多数党的中位立法者的得分、最近几届国会的中位立法者的得分以及 20 世纪 60 年代的若干届国会的中位立法者的得分（在那个时期，政治极化程度要低得多）。例如，在 2005—2006 年，当共和党成为多数党后，该党的中位立法者的意识形态得分是 0.55，这个得分表明他的立场是相当保守的。而从整体上看，众议院则是较温和的——众议院的中位立法者的得分为 0.36。两个中位立法者的得分之间的差距为 0.19。差距越大，负议程控制可以发挥的作用也越显著。

从图 4.1 中，我们可以总结出以下两个非常重要的结论。第一，中位立法者的得分之间的差距可能非常大。例如，对 2009—2010 年这届国会任期而言，代表弗吉尼亚州的民主党众议员里克·鲍彻被认为是参议院的中位立法者；① 而代表肯塔基州的约翰·亚穆斯和代表罗得岛州的吉姆·朗吉文则并列为众议院民主党的中位立法者。因此，如果我们严格地实施负议程控制，那么成功的政策变革将严格地局限于这 3 个国会议员都赞成的那些议案上。这也就是说，除非众议院中位立法者（鲍彻）表示支持，否则任何法案都将无法通过；而且，除非多数党的中位立法者表示支持，任何议案都将无法进入投票表决程序。

因此，多数党中位立法者与议会中位立法者之间的差距所反映的，主要是多数党内部缺乏同质性的问题。在最近这些年，民主、共和两党之间不存在任何意识形态的重叠共识，无论是多数党中位立法者，还是众议院中位立法者，都必定全部属于多数党。在这种情况下，少数党的理想点对上述差距

---

① 当然，这里还要稍加说明，因为动态加权提名模型肯定有一定估计误差，所以我们虽然认为鲍彻是中位立法者，但是我们更加肯定的是，意识形态得分的中位数是 -0.197。

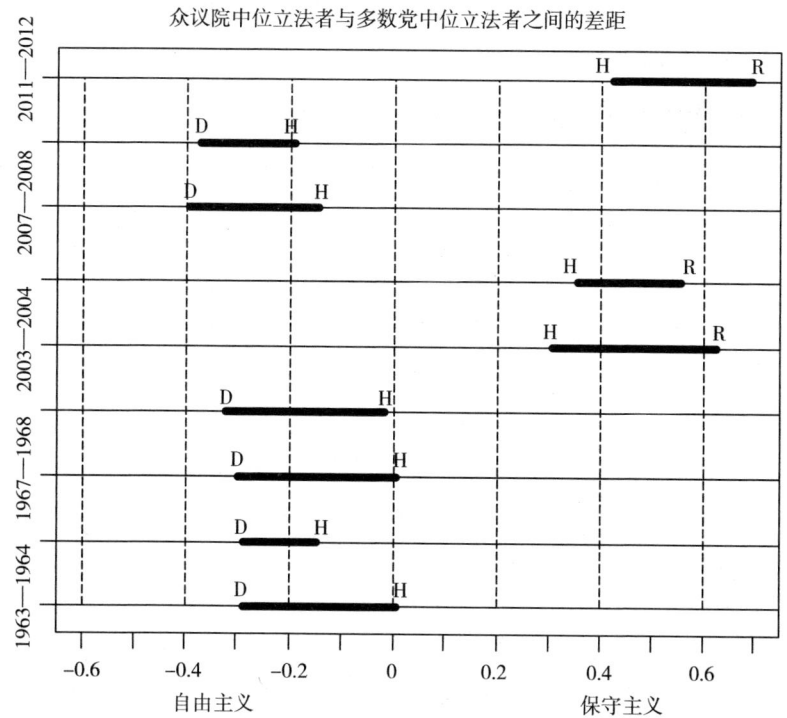

图 4.1　20 世纪 60 年代和 21 世纪的若干届国会和多数党的中位立法者的立场[*]

* 图中的粗线的长度代表负议程控制能够阻止政策变革的范围。其中，"H"代表众议院的中位理想点，"D"代表作为多数党时的民主党的中位理想点，"R"代表作为多数党时的共和党的中位理想点。

不可能发生任何影响。另一方面，由于民主、共和两党都变得越来越极端化，两党内部的同质性也越来越明显，所以今天的党内差距不如 20 世纪 60 年代时大。在更早的时代，多数党中位立法者与议会中位立法者之间的差距可以从多数党一直延伸到少数党内的温和派。对于这种规律性，第 89 届众议院（1965—1966）可以说是一个罕见的例外。当时是 1964 年，代表民主党的林登·约翰逊在与代表共和党的巴里·戈德华特进行总统竞选时，获得了压倒性的胜利。不过，紧接着，多数党中位立法者与众议院中位立法者之间就出现了巨大的差距。由于自由派民主党议员的人数非常多，结果导致众议院中位立法者的得分与多数党中位立法者的得分非常接近；换句话说，温和派民主党众议员以及与民主党有交叠共识的温和派共和党议员未能使众议院中位立法者的得分偏离多数党中位立法者的得分。如若不然，负议程控制的重要性就会减弱（与 20 世纪 60 年代相比）。虽然党内分裂可能会严重抑制政策变革（包括金融体制的改革），但是，这种影响与我们的立法机构的其他特点所造成的影响相比，其实完全不可同日而语。

程序性阻挠议事

偏离多数党的理想点最严重的那些事件的肇因可能是参议院的"终结辩论"制度。从表面上看，参议院的"终结辩论"制度是为了保护其传统的不受约束的没有时间限制的辩论。只有在正式当选并宣誓就职的参议员的 3/5 多数通过的情况下（这就是说，如果所有 100 名参议员都宣誓就职的话，那就至少需要有 60 名参议员支持），参议院才可以宣布"终结辩论"，将议案付诸表决。由于在"终结辩论"的条件得以满足之前，反对特定立法的对手们总是可以选择继续辩论，因此，必须有 60 票赞成才能"终结辩论"的这一规定实际上已经成了参议院立法时一个很难跨越的门槛。① 参议院采取的是绝对多数制，一部法案需要 100 名参议员当中至少有 60 名投票赞成才能通过；这与众议院不同，众议院采用的是简单多数制。如果参议院也采用与众议院相同的简单多数制，那么 100 名参议员中，只要有 51 人同意，就可以通过一部法案了。

为了准确地评估"终结辩论"制度对立法机关的响应能力的影响程度，② 且让我们先假设所有参议员的理想点是可以从"左"到"右"排成一条直线的。这样一来，只要给定某种"终结辩论"制度，我们就能将一个成功的联盟必须具备的特点刻画出来。因为必须有 60 票赞成才能进入表决程序，所以参议院中第 60 "自由"的那位参议员的理想点肯定是支持结束辩论的。我们不妨把这位参议员称为"参议员 60 号"。假设在"参议员 60 号"看来，当前的议案的自由主义色彩过于浓重了，那么理想点位于"参议员 60 号"的右边的那 40 位参议员必然也会认为该议案的自由主义色彩过于浓重了。因此，这 40 位参议员和"参议员 60 号"联合起来，就可以投票否决掉"终结辩论"的动议，令这个议案归于失败。③ 于是我们可以看到，在一个按自由主义—保

---

① 请参阅巴巴拉·辛克莱尔的论著（Sinclair, 2002）。
② 请参阅基思·克雷比尔的著作（Krehbiel, 1998）。
③ 如果法案实在过于保守，那么至少会有 60 位参议员反对它，这样一来，即使辩论终结了，它也不可能获得通过。

守主义标准来投票的议会中，一位"至关重要"的轴心人物是政策变革能否发生的关键。如果在"参议员60号"看来，某项政策过于"自由化"了，那么对于其他40位比这位参议员更保守的参议员来说，该政策肯定也是过于"自由化"的，在这种情况下，政策变革不会发生。但是，如果某个政策打动了"参议员60号"，那么他就可以与其他59位比自己更"自由"的参议员联合起来投票，推动这个政策的通过。毫无疑问，在这些情况下，"参议员60号"都具有举足轻重的地位。因此，只要搞清楚"参议员60号"的立场，我们就能够预测某个比当前的政策更"自由"（或更"保守"）的新政策能不能通过。类似地，"参议员41号"（参议院第41位最具自由主义色彩的参议员）也是一位"举足轻重"的轴心人物。如果他认为某个议案过于保守了，那么位于他左侧的其他40位参议员必定也会认为该议案过于保守，这样也就无法"终结辩论"了。也正因为如此，我们通常会把"参议员41号"和"参议员60号"称为**程序性阻挠议事的轴心人物**（filibuster pivots）。

因为要想结束辩论，就必须先同时获得上述两位"轴心人物"的同意（这时候，新法案很可能是这样的：在"参议员60号"看来，它并没有过于"自由"；同时在"参议员41号"看来，它并没有过于"保守"）。因此，我们不难看出，如果一个试图改变现状的新法案落在了两位"轴心人物"的"理想点"之间，那么就不可能获得通过。请读者想象一下如下这种情景。假设在金融危机爆发之前，"参议员41号"和"参议员60号"都赞成不要对金融衍生品交易进行监管；而在金融危机爆发后，"参议员41号"转变了立场，赞成实施更加严格的监管，而"参议员60号"则仍然坚持原来的立场，反对进行监管。在这种情况下，"参议员60号"就能够利用"终结辩论"制度来阻止这种政策变革。因此，从"参议员41号"的"理想点"与"参议员60号"的"理想点"之间的距离就可以衡量出，"终结辩论"制度使参议院陷入僵局的可能性有多大。

总统否决权

在美国，政策变革之难，并不仅仅难在国会山，还难在白宫。这是因为，任何一部法案，即使历尽国会立法过程的千辛万苦，成功闯关，还要面临总统的否决权的考验。当然，另一方面，坐拥"天字第一号讲坛"（bully pulpit）的总统也可以发挥自己的强大影响力，推动法案克服各政党出于党派利益而在国会内部设置的种种障碍（例如议程控制和程序性阻挠议事）。但是在大多数情况下，总统所拥有的正式立法权是偏向消极的否决权。① 毫无疑问，否决权往往更容易成为一种阻碍政策变革的工具，总统很难用它来推动改革。一部法案要想成为法律，就需要得到总统的签署；或者，在遭到总统否决的情况下，要想推翻总统的否决，就需要国会参、众两院的 2/3 多数同意。我们在上面已经分析过程序性阻挠议事中的"举足轻重的轴心人物"，利用相同的方法，我们很快就能看出，在参议院，要想通过推翻总统的否决这一动议，"参议员 34 号"和"参议员 67 号"是两个"举足轻重的轴心人物"。但是，因为推翻总统的否决需要国会参、众两院都以 2/3 多数同意，因此，在参议院，"众议员 146 号"和"众议员 290 号"也是"举足轻重的轴心人物"。在众议院和参议院的这四个"轴心人物"中，与总统的意识形态立场更加接近的那两个"轴心人物"的地位更加重要，他们被称为"否决权轴心人物"（veto pivot）。只要"否决权轴心人物"投票支持维持总统的否决，那么现状就无法改变。毫无疑问，新"轴心"的增加，会使改变现状变得更加困难，并使立法陷入僵局的可能性增大。②

　　美国总统还拥有其他一些权力。如果国会在通过一部法案后，不足 10 天就休会了（不包括星期日），那么在这种情况下，总统就可以行使"搁置否决权"。总统利用"搁置否决权"做出的否决是不能推翻的。例如 2000 年，当国会通过了一部有利于发卡人而不利于债务人的破产法后，当时的比

---

① 请参阅诺兰·麦卡蒂的论著（McCarty, 1997）、查尔斯·卡梅伦的著作（Cameron, 2000）以及查尔斯·卡梅伦和诺兰·麦卡蒂的论文（Cameron and McCarty, 2004）。毫无疑问，总统也有非常强大的控制议程的能力（尽管是非正式的），因为总统不仅可以设定议题，总统下属的各行政机构也可以提出法案。

② 如果总统的立场足够温和（即，总统的立场介于两位"程序性阻挠议事的轴心人物"之间），那么总统的否决权也不会使僵局区间进一步扩大。但是，如果总统的立场足够强硬，那么僵局区间就会扩大：从"参议员 41 号"的"理想点"，一直到"参议员 66 号"的"理想点"或"众议员 285 号"的"理想点"（取两者距离更大者）；而左翼的区间则始于"参议员 34 号"的"理想点"与"众议员 146 号"的"理想点"之间的小者，终于"参议员 60 号"的"理想点"。

尔·克林顿总统就行使了"搁置否决权"。在此之前的1981年，里根总统也曾经利用"搁置否决权"否决了一部旨在修订《1978年破产法案》的法案。①

程序性阻挠议事，再加上总统的否决权，把这两个因素结合起来，我们就可以计算出"**僵局区间**"（gridlock interval）。在自由主义—保守主义一维图上，僵局区间就是最左边的"轴心人物"与最右边的"轴心人物"之间的那条线段，它确定了会陷入僵局的政策的范围。这些"轴心人物"中的任何一个人，都可以阻止采用位于这个区间的任何政策来改变现状的法案通过——他只需不投票支持推翻总统的否决即可。因此，这个区间越大，政策变革无法实现的可能性就越高。②

在第二篇中，我们将会详细地剖析美国政府对2008年金融危机的回应。不过，在这里，为了说明上面提到的这些概念，不妨拿第111届参议院作为例子来进行一些分析。毫无疑问，第111届参议院有责任对最近这次金融危机做出积极的回应。2009年4月28日，原共和党参议员阿伦·斯派克特转投民主党，他在政治光谱上的位置也随之向左移动，在这种情况下，在自由主义—保守主义尺度上，僵局区间介于左侧的"否决权轴心"与右侧的"程序性阻挠议事轴心"之间。充当左侧的"否决权轴心"的是代表加利福尼亚州的参议员戴安娜·范斯坦，她的"理想点"为 -0.38；而充当右侧的"程序性阻挠议事轴心"的是代表内布拉斯加州的参议员本·纳尔逊，他的"理想点"为 -0.02。因此，从 -0.38 到 -0.02 都属于僵局区间。后来，到了2010年1月，当斯科特·布朗当选参议员之后，充当右侧"程序性阻挠议事轴心"的参议员变成了奥林匹亚·斯诺，因此僵局区间也就随之向右扩展到了她的"理想点"0.04。③ 这也就意味着，在布朗宣誓就职后，就只有范斯坦和斯诺都赞成的那些政策变革才有实现的可能了。

当时，巴拉克·奥巴马担任美国总统刚刚2年，在此之前，小布什连续8年担任美国总统，而且在其中的前6年，共和党还控制了国会参、众两院。

---

① 请参阅参议院图书馆保存的记录（Senate Library, 1992）。
② 当然，国会众议院也对否决权"轴心人物"有所影响。但是，在目前这届国会内，否决权"轴心人物"都是参议员，因此我们讨论的重心也放在了参议院。
③ 2010年总统大选之前出现的参议院其他人事变动对僵局区间没有影响。

在那些年间，在金融政策领域，"现状"既可能位于僵局区间内，也可能位于僵局区间的右侧。因此，可能改变现状的政策必定只能位于僵局区间的右侧。换句话说，新的政策虽然有可能位于本·纳尔逊或斯科特·布朗的左侧，但是它们必定是相当温和的，因为必须保证"程序性阻挠议事轴心"的参议员更偏好它们而不是更偏好维持现状。在这种情况下，充当"否决权轴心"的戴安娜·范斯坦的决定并不重要。但是，假设（仅仅是假设）共和党在2012年完全控制了国会，那么在这种情况下，"否决权轴心"（也许仍然由范斯坦充当）就可能是非常重要的。奥巴马可以否决任何法案，同时范斯坦和位于她左侧的另外33名参议员则可以投票支持总统的否决，这样一来，政策就会陷入僵局区间内。

此外，美国参议院还规定了一些程序，如果将它们充分地利用起来，就有可能使绝对多数的决定归于无效（或者可能使绝对多数的要求得到满足，这取决于具体情况和利用这些程序的目的）。这些程序中最重要的是预算和解程序*。虽然预算和解程序确实可以对立法辩论施加一定限制，以保证某些法案的投票不会被程序性阻挠议事所阻挠，但是，这一机制的运用也面临着许多重要的操作困难和政治障碍。首先，这种机制只适用于与预算有关的事项，即各种可以改变支出或收入的措施；它不能被直接应用于与金融监管有关的事项。其次，所谓的"伯德规则"（Byrd rule）还导致了一些额外的重要限制。根据伯德规则，预算和解程序只适用于那些能够改变支出或收入的措施，而且必须在最近一次通过的预算决议后打开的时间窗口内（通常为10年）实现。这也就是为什么2001年布什总统通过预算和解程序推出的减税政策，最终要设定为至2010年年底到期的原因。最后，多数党内部的政治斗争也会导致和解过程布满荆棘。利用多数决策制，多数党可以使政策向多数党的中位立法者的立场靠拢，而这很可能会导致政策远离多数党的温和派立法者的立场。因此，与在绝对多数赞成的情况下的"终结辩论"相比，和解可

---

* 预算和解程序是美国国会调和严重分歧的一种方法。以"奥巴马医改"为例，启动这一程序后，众议院将先通过参议院版本的医改法案，并交由美国总统签署，随后众议院将再度通过一个对医改法案的修改法案，而这一法案在参议院表决时，只需要得到简单多数即51票支持就能获得通过。——译者注

能会对多数党的温和派造成伤害。① 因为民主党内部的异质性远远超过共和党，所以民主党往往比共和党更加难以启动预算和解程序，尽管在 2010 年，民主党成功地启动了预算和解程序，通过了《患者保护与平价医疗法案》（Patient Protection and Affordable Care Act），该法案又被称为《奥巴马医改法案》。

下面的图 4.2 给出了一组僵局区间，它们分别出现于自 20 世纪 60 年代至今的其中几届国会中。从图中可见，这些僵局区间的长度远远大于因负议程控制而导致的僵局区间。这是首先值得注意的地方。

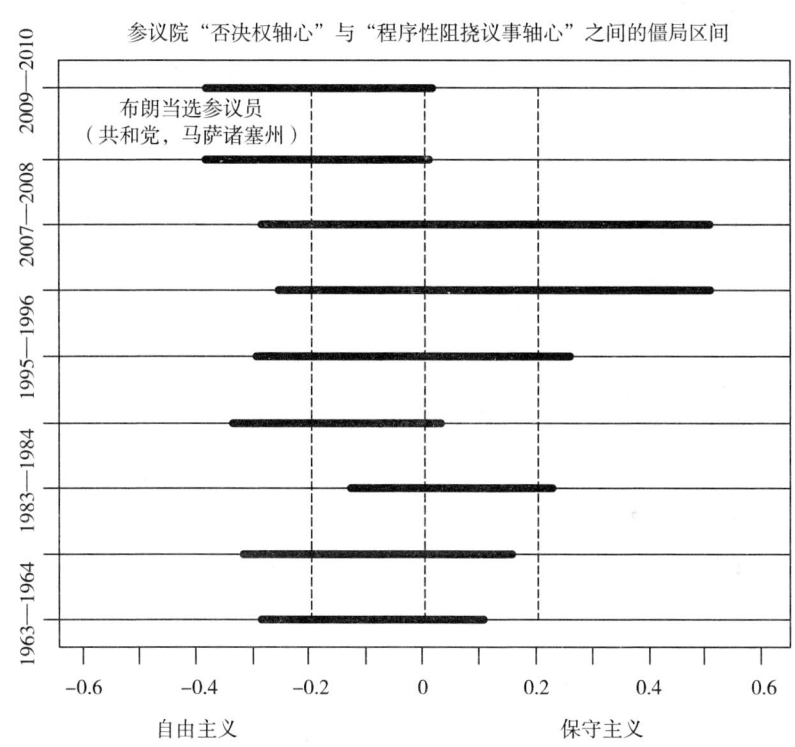

图 4.2　20 世纪 60 年代至今的若干届国会的僵局区间＊

＊图中的粗线的长度表示"否决权轴心"与"程序性阻挠议事轴心"之间的僵局区间。线段越长表示僵局区间越大。

其次，图 4.2 表明，在 2008 年大选之后，民主党在参议院的席位达到了

---

① 请参阅格雷戈里·瓦洛和埃里克·谢克勒的著作（Wawro and Schickler, 2006）。

59 席，僵局区间也随之明显缩小。我们将在第二篇中阐明，如果僵局区间没有缩小，后来通过的《信用卡问责、责任与信息披露法案》、《多德—弗兰克华尔街改革和消费者保护法案》、一揽子经济刺激计划和《患者保护与平价医疗法案》都不可能顺利通过。尽管如此，在 2009 年和 2010 年通过的一系列法案都做出了大量的妥协和让步，这表明，用历史标准来衡量的话，僵局区间仍然相当大。与历史上的各个时期相比，2009 年之后的僵局区间不仅比 20 世纪 80 年代时大得多，而且也略大于 1993 年（当克林顿在 1993 年接任美国总统时）。而且，即使实施了"终结辩论"制度，2009 年之后的僵局区间也还是与 20 世纪 60 年代相当。

直到 1975 年之前，参议院的规则规定，要想"终结辩论"，至少得有 2/3 在场参加投票的参议员表示支持"终结辩论"的动议才行。因此，如果全体参议员都参加投票，那么"参议员 34 号"和"参议员 67 号"将会成为"轴心人物"，从而导致一个较大的僵局区间。即便如此，20 世纪 60 年代的僵局区间仍然显著小于 21 世纪早期，原因在于政治极化加剧了僵局。

1975 年，"终结辩论"制度发生了变化，这在一定程度上可以抵消政治极化带来的部分影响。但是与此同时，程序性阻挠议事的另一个特点却因政治极化而得到了细化，从而加剧了僵局。在 20 世纪 70 年代之前，民主、共和两党的参议员都很少利用程序性阻挠议事这种策略来阻挠法案的通过（唯一的一次例外发生在当国会试图通过非常重要的《民权法案》时）。[①] 所以，如果要衡量 20 世纪 60 年代某部法案获得通过的难度，我们现在所用的僵局区间其实是一个略微有所夸大的指标。然而，在最近的几十年来，情况却显然已经急剧恶化了。

在第 2 章中，我们已经讨论过政党的极化现象。现在我们知道，政党的极化就意味着，各个"轴心人物"（他们几乎总是由来自不同党派的立法者充当）之间的距离在不断地扩大。近几十年来，由于运用程序性阻挠议事这种策略去挫败某部法案的意愿越来越明显，"轴心人物"之间的距离的扩大也就

---

① 请参阅莎拉·宾德和史蒂文·史密斯的论文（Binder and Smith, 1997）、格雷戈里·瓦洛和埃里克·谢克勒的著作（Wawro and Schickler, 2006）以及格雷戈里·科格的著作（Koger, 2010）。

有了非常重大的意义。① 这两个因素当然是相关的。意识形态日趋极化，使得原先的惯例——只有在特别重要的问题上，才运用程序性阻挠议事的战术——难以继续维持下去。当然，随着极化程度的加深和政策共识的消失，原先的小事现在也都变成了重大事项。在程序性阻挠议事的惯例被打破之后，参议院作为一个超级多数机构的性质得到了进一步的强化。

在以往，即当程序性阻挠议事战术只能用于重大事项这个准则仍然有效的时候，参议院多数党领袖会强迫阻挠议事者去实施这一战术，参议院则会因这种行为而连续很多天无所作为。一个例子是，在赫伯特·胡佛的总统任期即将结束的那个时期，由卡特·格拉斯起草的银行法案准备在参议院提交表决，代表路易斯安那州的民主党参议员休伊·朗领导了一场为期10天的程序性阻挠议事。② 到了现在，威胁要进行程序性阻挠议事也已经在事实上成了一种行之有效的策略，几乎在所有问题上，都会有人事先以要进行程序性阻挠议事相威胁。因为针对阻挠议事者的"终结辩论"的动议需要参议院绝对多数通过，所以实际上从来没有人提出过这种动议。

如果一位参议员宁愿维持现状也不愿意接受总统提出的方案，那么他就可以成为一名阻挠议事者，政治偏好的极化使这种可能性更容易成为现实。事实上，这确实是横在奥巴马政府面前的一道令人生畏的坎。在2010年举行的中期选举之后，民主党丢掉了不少席位，这种情况更是雪上加霜。2008年金融危机发生后，奥巴马政府推动政策变革的难度，要比大萧条时期的罗斯福政府大得多。③ 当年，在罗斯福接任总统时，政治极化的现象已经回落，而且在1934年中期选举后，民主党就在国会占据了绝对多数席位，可以完全化

---

① 诺兰·麦卡蒂证明（McCarty, 2007），从统计上看，僵局区间的宽度可以用极化程度和"终结辩论"制度来解释。
② 参议员休伊·朗反对允许全国性银行开设分支机构的法律，因为他认为这会威胁到规模更小的州内银行的生存。最终，他的意见被接纳了。请参阅哈里·威廉姆斯的著作（Williams, 1969）以及布鲁克·肯尼迪的著作（Kennedy, 1973: 72~73）。
③ 在罗斯福担任总统后的第一个100天内，国会不仅通过了《格拉斯—斯蒂格尔法案》；通过了《经济法案》，该法案决定削减政府雇员工资、暂停实施金本位制、创建公共工程管理署；还通过了《农场安全法案》，以提高农民收入；此处还创建了田纳西流域管理局……而这些只是国会在这100天内完成的工作的一部分。相比之下，奥巴马总统却只通过了一个非常有争议的经济刺激计划。

解程序性阻挠议事。但是事实上，在此之前，由于政治极化程度很低，罗斯福政府就已经成功地通过了许多加强金融监管的法案。在罗斯福担任美国总统的前两年，通过的法案有：

- 《紧急银行法案》（Emergency Banking Act）；
- 《关于取消债券合约中的黄金条款的联合决议》（the joint resolution nullifying gold clauses in bond contracts）①；
- 《格拉斯—斯蒂格尔法案》，该法案规定，商业银行业务和投资银行业务必须分离，同时在亨利·斯蒂格尔众议员的坚持下，该法案要求创立存款保险制度；
- 《1933年证券法案》（Securities Act of 1933）；
- 《1934年证券交易法案》（Securities Exchange Act of 1934），该法案要求创立美国证券交易委员会。

罗斯福的新政使美国金融行业得到了重生。相比之下，正如我们在第7章中将会指出的，奥巴马政府的前三年充其量只是完成了一些小打小闹的改革，衍生品交易的规则、商业银行的业务准则以及大型金融企业破产的处理方式等都没有出现明显的变化。

策略性地坚持不同意见

我们在上面勾勒的分析框架的要点是，当举足轻重的"轴心"立法者更偏好维持现状而不是推动政策变革时，意识形态的差异会导致僵局的出现。不过除此之外，还有另外一种机制也可以使立法机关陷入瘫痪，我们把这种机制称为"**策略性地坚持不同意见**"（strategic disagreement），它描述的是这样一种情况，即总统、政党或政治舞台上的其他演员有意拒绝与对方妥协，目的是以此来获得选举优势，并将陷入僵局的责任归咎于对方。在这方面最经典的例子是利用各种手段把有争议的立法拖延到临近总统大选的日子，迫

---

① 对于"黄金条款"，我们将在第6章中进行深入讨论。

使在任总统行使否决权（而这是不受选民欢迎的）。1992年，在通过《家庭与医疗休假法案》（Family and Medical Leave Act）时，民主党人控制的国会就是这样做的。而到了2000年大选之前，共和党人也如法炮制，让克林顿总统去否决《禁止半生产堕胎法案》（Partial-Birth. Abortion Ban Act）。所有这些在选举中玩弄哗众取宠的花招的做法不仅降低了立法能力（因为这意味着需要将大量资源投入到"非生产性"领域中去），而且使对立双方更加不愿意相互妥协，而成功的立法往往离不开必要的妥协精神。①

在本书中，我们关注的是金融监管领域的立法。与此有关的一个例子是，在1995年，美国总统克林顿否决了《私人证券诉讼改革法案》（Private Securities Litigation Reform Act）。这个法案最初源于共和党的《与美国有约》*（Contract with America），它的目标是为了结束"无休无止"的证券诉讼。国会参、众两院通过了这部法案，共和、民主两党的多数议员都投了赞成票，但是由共和党主导的委员会会议却对法案做了一些改动，进一步加强了对遭到投资者索赔的被告的保护。这些改变导致克林顿总统否决了这部法案。②共和党人乘机指责克林顿总统接受了出庭律师的游说。此外，由于克林顿否决了这部法案，共和党还成功地"离间"了他和他在高科技领域的支持者之间的关系，因为这些支持者都强烈支持该法案。代表纽约州的共和党众议员比尔·帕克森在众议院大厅发表了抨击克林顿总统的演讲，他说："我认为，总统决定否决这部法案，必定会对我们国家的经济发展的机会、就业机会和企业家精神造成沉重的打击。这个得到了民主、共和两党议员共同支持的法案的目的是为企业提供一些保护，使它们免受无休无止的证券诉讼的侵扰，这些企业往往是小型的高科技企业……然而不幸的是，这个非常有利于经济增长的立法改革却成了这个国家的某些最强大的特殊利益群体的牺牲品。这些

---

① 请参阅约翰·吉尔莫的著作（Gilmour, 1995）以及蒂姆·格罗斯克洛斯和诺兰·麦卡蒂的论文（Groseclose and McCarty, 2000）。

* 1994年美国国会中期选举前，纽特·金里奇、迪克·阿米等人将共和党330名候选人的政纲汇总成书，并致力于为所有共和党候选人提供一个统一的政治目标和一套共同的论据，这本书被命名为《与美国有约》。——译者注

② 请参阅威廉·克林顿的文章（Clinton, 1995）。

特殊利益群体的胜利，就是美国经济的损失。"① 最终，克林顿总统对这部法案的否决被国会推翻了，共和党无论在政策层面还是在公众形象层面都大获全胜。

政治极化会使这种类型的"指责游戏"愈演愈烈。这其中有好几个原因。因为各政党都已经变得更加极端化了（相对于它们自己的选民而言），所以如果能使对方看起来显得更加极端一些，那显然对本方有利。在关于如何应对金融危机的公共辩论中，各种各样的哗众取宠的做法层出不穷。共和党人试图把民主党人提出的方案描述成使美国走上了"通往奴役之路"的有毒药方，或者更糟的是，它们会把美国变成一个欧式的社会主义国家。而与此同时，民主党人则坚持认为，共和党人只不过是财阀们的利益输送者。

现代政治生活所面临的媒体环境则进一步加剧了这种倾向。尤其自从水门事件和越南战争以来，对于政治决策，媒体就像报道重量级拳王决战一样，不会放过任何一个细节，而且它们还会给胜利者和失败者一轮接一轮地打分。就在国会越来越趋于极化的同一个时期，新闻行业也出现了很大的变化。在电视新闻领域，ABC（美国广播公司）、CBS（哥伦比亚广播公司）和NBC（全国广播公司）三寡头垄断的格局已经被打破了，全新的新闻频道不断地涌现出来，其中尤其重要的是倾向右派的福克斯（Fox）新闻网和倾向左派的微软全国有线广播电视公司（MSNBC）。广播电台也出现了明显的两极分化趋势，拉什·林博所在的电台变成了一个最引人注目的电台。而最近几年来，在媒体领域，无论是新进入者还是原先的在位者，它们的广告收入都因谷歌和其他互联网企业的崛起而不断下滑，其中尤其以平面媒体的处境最为艰难。在这种情况下，能不能制造出轰动效应在很大程度上已经成了一个关系到自己能不能生存下去的问题。媒体关注着民主、共和两党的每一拳、每一掌，这使得双方都不愿意做出任何妥协，因为它们担心，一旦妥协，媒体就会说自己输了一轮。在这种情况下，最终的结果当然只能是政策制定的停滞不前。②

---

① 请参阅国会记录（第104届国会），第H15219页。
② 关于媒体环境的变化与政治极化之间的关系，请参阅马库斯·普赖尔的文章（Prior, 2007）。

法　院

　　法院也会对加强金融监管造成障碍。虽然法官的职责与立法者和总统的完全不同，但是，意识形态和党派归属等因素仍然会在司法判决过程中产生很大的影响。[①] 因此，法官在驳回有关法律和法规的时候，所依据的完全可能是政策理由，而不是法律理由。

　　主导司法机关的意识形态潮流会使监管金融市场的努力遭到挫败，其中最重要的是基于自由市场保守主义做出的司法推论。许多保守派法官都加入了联邦主义者协会（Federalist Society），他们支持对财产权利和契约权利做扩大型解释，同时，法与经济学运动的普及也起了推波助澜的作用。[②] 因为金融监管必然涉及对金融资产的使用方式、可以签订和执行的合同类型施加某种形式的限制，所以自由市场保守主义原教旨主义者所坚持的财产权利和合同权利神圣不可侵犯的原则，必定会与加强对金融行业的监管的意图产生冲突。此外，正如下面的章节将会指出的，废止某些债务合约是对金融危机的一个重要和有效的反应，但这也不符合自由市场保守主义原教旨主义者的立场。

　　第二个障碍是某些法律专业人士和法学家过于死板地致力于维护联邦制。许多银行和保险公司都是根据所在州的法律法规成立的，并且是在州一级的监管机构的监管下开展业务活动的。而要想加强金融监管，一个途径是把这些机构置于联邦的监管之下。但事实已经证明，致力于维护联邦制的那些人会给这种努力制造障碍，从而使问题变得更加复杂。州一级的金融监管往往会比较宽松，事实上，这也正是20世纪80年代之所以会发生储蓄与贷款协会危机的一个原因。[③] 但是，站在金融行业的角度来看，州的权力也有两面性。如果州一级监管机构的监管比联邦更宽松（例如在发放银行执照这个方面），金融行业或它的某些子行业就会支持"联邦主义"——要求由州一级政

---

① 请参阅凯斯·森斯坦、大卫·施卡德和丽莎·埃尔曼的论文（Sunstein, Schkade, and Ellman, 2004）；杰弗里·西格尔和哈罗德·斯佩斯的论文（Segal and Spaeth, 2002）；安德鲁·马丁和凯文·奎因的论文（Martin and Quinn, 2002）。

② 请参阅安德鲁·泰勒斯的著作（Teles, 2008）。

③ 请参阅托马斯·罗默和巴里·温加斯特的论文（Romer and Weingast, 1991）。

府来监管本行业。但是，如果州一级的监管机构的监管比联邦还要严格，金融行业就会推动由联邦政府来监管本行业。例如，纽约州前任州长艾略特·斯皮策的下台就令华尔街欢欣鼓舞，因为他试图根据纽约州的《马丁法案》（Martin Act）发起针对华尔街的调查（而小布什政府却对华尔街的所作所为完全无动于衷）。

但是，与其他政治机构——例如拥有否决权的总统和可以发动程序性阻挠议事的参议院——不同，法院本身并不会导致立法僵局。某些法院判决可能会触发非常重要的解除金融管制的潮流。当最高法院在"明尼阿波利斯马奎特国民银行诉奥马哈第一金融服务公司案"（Marquette National Bank of Minneapolis v. First of Omaha Service Corp.）中裁定，全国性的银行可以发行免受持卡人所在的州的普通法管辖的信用卡时，华尔街肯定是欢呼声一片。[①] 花旗银行成功地说服南达科他州废除了它的《高利贷法案》，然后将信用卡业务部迁到了该州。当然，从原则上说，国会可以通过立法程序，扭转法院的判决。然而由于国会存在着立法僵局，所以法院能够利用这一点。[②]

意识形态在法院发挥作用的方式也可能与在国会不同。在有的时候，保守派法官也会得出不应该支持金融行业的结论。就在最近，在"库奥默诉结算公司协会（Cuomo v. Clearing House）案"中，最高法院法官安东宁·斯卡利亚改变了原先的少数派立场，转而支持多数派意见，即支持各州加强针对掠夺性贷款的监管权力。华尔街人士对此感到惊讶和生气，实在不足为奇。[③]

立法僵局带来的影响

立法僵局所导致的最直接的一个后果是，它排除了通过立法途径对无效的和过时的政策进行调整的可能性。在金融领域，这个问题显得尤为突出。从 20 世纪 70 年代开始，出现了许多新的金融产品和服务，而在罗斯福新政

---

① "明尼阿波利斯马奎特国民银行诉奥马哈第一金融服务公司案"（Marquette Nat. Bank of Minneapolis v. First of Omaha Service Corp.），编号为 439 U.S. 299（1978）。
② 请参阅约翰·费内约翰和查尔斯·世潘的论文（Ferejohn and Shipan, 1990）以及巴勃罗·施佩尔和拉斐尔·盖雷的论文（Spiller and Gely, 1992）。
③ "库奥默诉结算公司协会案"，编号为 L. L. C., 557 U.S. 519（2009）。

实施以来的监管体系内，是不存在针对它们的监管措施的。在1990年的时候，只有不到5%的抵押贷款债务是以普通机构抵押贷款支持证券的形式持有的。而到了2004年，这个比例已经飙升至接近25%。[①] 在1996年的时候，全部已发行非优质住宅抵押贷款支持证券的总额还不到400亿美元，而到了2005年，这个市场的规模已经膨胀到了超过8 000亿美元。[②] 类似地，在这个时期，商业抵押贷款支持证券和非抵押资产支持证券也一直在以远远超过传统企业债务的速度增加。不受监管的经纪自营银行的总资产与受到监管的传统银行的总资产的比例，在1990年仅为略微高于5%，而到了2007年，就已经达到了30%。[③]

监管机构无法适应金融创新"爆炸"的形势，也很难把它们全部置于监管之下。事实上，监管机构干脆放弃了监管职责，当年，克林顿政府的官员和美国联邦储备委员会主席艾伦·格林斯潘在否决期货交易委员会主席布鲁克斯里·波恩提出的监管建议时就是这样说的。《2000年商品期货现代化法案》取消了对衍生工具的监管。随着新世纪的第一丝曙光到来的，是对这些金融产品的进一步放任自流。21世纪初的金融市场简直就是一个无法无天的位于西部蛮荒地带的赌场，完全没有任何中段修正（midcourse correction）。尽管华盛顿的一些有识之士已经看到了市场上出现的警告信号，但是立法僵局却给必须采取的行动制造了难以克服的障碍。因此，立法僵局对金融行业非常有利。而且，维持立法僵局要比打破立法僵局容易得多：一个特殊利益集团只需要找到任何一个"轴心"立法者，就可以阻止行政分支、立法分支和司法分支发动的改革。

在安然公司、世通公司、阿德菲亚通讯公司、环球电讯公司和其他一些"知名"公司纷纷破产的那个时期，美国政府准备针对会计丑闻和误导公众的分析师报告进行政策变革。但是，另一个问题出现了：许多劳动者都因这些公司的破产而遭受重大损失，因为他们的401（k）固定缴款养老金计划的资

[①] 请参阅约翰·杜卡、约翰·缪尔鲍尔和安东尼·默菲的论文中的图1（Duca, Muellbauer, and Murphy, 2012）。

[②] 请参阅约翰·杜卡、约翰·缪尔鲍尔和安东尼·默菲的论文中的图2（Duca, Muellbauer, and Murphy, 2012）。

[③] 请参阅加里·戈顿的论文（Gorton, 2010a）。

金都被集中投资在了这些破产公司的股票上。当时已经摆在桌面上的一个改革方案是，对401（k）固定缴款养老金计划的投资范围进行限制，使之不能大量投资并持有自己的员工已经参加了401（k）固定缴款养老金计划的公司的股票。1974年《雇员退休收入保障法案》（Employee Retirement Income Security Act，简称ERISA）已经制定了类似的规则，对传统的固定给付养老金和部分固定给付养老金可以持有的股票的范围做出了严格的规定。这些规定是1974年《雇员退休收入保障法案》确定的一揽子整体受托责任要求的一部分，其中就包括投资必须"多元化"的要求。在当初，1974年《雇员退休收入保障法案》的通过，原本就是史图特贝克（Studebaker）汽车公司破产的结果。作为美国第四大汽车制造商的史图特贝克公司破产后，由于养老金都被投资到了本公司的股票上，工人们失去了他们的固定给付养老金。①

因此，我们要回答的问题是，安然等美国公司是怎样创造出这样一些养老金计划的？从它们的后果来看，安然等公司就像被史图特贝克公司的死魂灵附了身一样。许多美国公司都放弃了传统的固定给付养老金计划。1974年《雇员退休收入保障法案》有一项规定，允许公司制定一个"利润共享"计划，并用该计划项下的资金投资自己公司的股票。事实上，401（k）固定缴款养老金计划作为一个创新的金融产品，最初源于福利咨询师特德·本纳在《国内税收法典》的第401（k）条款中发现的一个漏洞。而401（k）条款本身也是通过《1978年税收改革法案》添附到《国内税收法典》上去的。本纳最初设计的计划是相当简单的，但是随着时间的推移，围绕着这些计划出现的衍生工具"创新"、投资渠道"创新"，使这些计划变得越来越复杂。② 许多在安然和世通等公司工作的美国人的退休计划都因这些公司卷入会计丑闻并最终破产而落了空（2008年，同样的事情又再一次发生在了雷曼兄弟的员工身上）。

在1974年至2001年之间，美国的政治生态发生了很大的变化，政治极化现象出现了：新任美国总统小布什比理查德·尼克松还要保守；众议院也被共和党控制了。自由市场保守主义似乎已经大获全胜了。因此毫不奇

---

① 请参阅詹姆斯·伍腾的论文（Wooten，2001）。
② 请参阅杰里米·奥尔尚的论文（Olshan，2011）。

怪，新通过的《萨班斯—奥克斯利法案》并没有针对401（k）固定缴款养老金计划提出任何改革要求。不过，这种情况的出现，无疑不是公共舆论所施加的压力的结果，而是特殊利益群体施加压力的结果。从401（k）固定缴款养老金计划来看，亨利·保尔森的解释是悖谬的，也是不正确的。事实并不是创新走在了监管的前面，而是监管从来未曾出现过。类似地，正如我们将在第5章中阐述的，在泡沫横行之际，金融市场花样翻新的金融创新也从来没有受到过实质性的监管。在第7章中，我们还将看到《多德—弗兰克华尔街改革和消费者保护法案》充其量也不过是一种弱监管，在很大程度上，它是国会向代表马萨诸塞州的参议员斯科特·布朗等"轴心"立法者让步的结果。

政治极化导致的立法僵局的另一个后果是，政治决策的中心舞台将远离国会，政府的行政分支和监管机构将在决策过程中扮演更加重要的角色。而且，正如我们将在下面讨论的，这些机构一般都比国会更加倾向于放松管制。因此，在没有国会的参与或制裁的情况下，放松管制的戏剧一再上演，这也正是《格拉斯—斯蒂格尔法案》被最终废除前暗地里所发生的故事。在20世纪80年代，美国政府的行政分支和金融监管机构允许：

- 全国性银行出售互惠基金及投资信托基金；
- 全国性银行出售证券并通过子公司或附属机构从事贴现票据经纪业务（最著名的一个例子是梅隆德—雷福斯的合并）；
- 分支银行可承销商业票据、市政收入债券、抵押贷款支持证券和消费者债务支持证券，只要分支银行来自承销业务的收入不超过总收入的10%即可；
- 分支机构从事经纪业务，向机构客户提供咨询服务；
- 分支机构和联营公司提供零售贴现经纪服务；
- 证券公司进行货币市场核检；
- 所有企业都可不受限制地从事海外承销业务。

是美国政府的行政分支和监管机构促成了这些变化。要让陷入了僵局的国会在这么短的时间内通过立法途径来促成这些变化是绝对不可能的。但是另一方面，僵局也意味着，这些解除管制的措施不必担心会不会被国会否决。

到了美国国会正式废除《格拉斯—斯蒂格尔法案》的时候，金融市场的参与者和监管者全都非常清楚，这部法案的条文是不会执行下去的。其中最值得注意的一个例子是，当花旗公司和旅行者集团的合并被批准时，有关各方就已经知道，《格拉斯—斯蒂格尔法案》所要求的资产出售绝不会真的发生，因为这部法案即将被废除。①

监管机构

尽管立法者和总统承担了至关重要的决策者的角色，但是政策的细节却是授权给监管机构决定和掌控的。在通常情况下，这种授权是有理由的，因为监管部门显然拥有比立法者更多的信息。② 但是，国会之所以做出这种授权，并不仅仅是因为监管机构了解的内情比政治家（政客）更多这么简单，而是掺杂了其他一些动机。如果政策实施出了问题，那么政治家（政客）就可以责怪监管者，撇清自己的责任。③ 监管机构拥有大量的自由裁量权，但是从另一个角度来说，这也给政治家（政客）们创造了机会，使他们能够在选民面前，充当公正的裁决者的角色。④ 我们在前面提到过的"基廷五人组"

---

① 米切尔·马丁在1998年4月7日的《纽约时报》上发表的文章详细地记载了这个购并案的内情（Martin，1998）：

> 旅行者集团主席桑福德·维尔表示，他预计美国联邦储备委员会很快就会批准他的公司成为一家银行控股公司。他还声称："我认为，我们根本不需要分拆任何东西，就能够实现这个目标。"他说，现行法律要求在2年内、最多5年内将这些不被允许持有的资产剥离；"但是，我们希望，在这段时间内，法律会发生重大变化"。桑福德·维尔还补充道，公司已经与美国联邦储备委员会进行过谈判，讨论了具体的法律障碍，他说："我们的讨论很深入，我们都相信那不会成为一个问题。"花旗集团主席约翰·里德也说已经与美国联邦储备委员会和财政部讨论过了，而且在星期天晚上向美国总统比尔·克林顿进行了通报。

② 请参阅大卫·爱泼斯坦和夏林·奥哈洛伦的著作（Epstein and O'Halloran，1999）以及约翰·胡贝尔和查尔斯·世潘的论文（Huber and Shipan，2002）。

③ 请参阅莫里斯·菲奥莉娜的著作（Fiorina，1989）。

④ 请参阅马修·麦克卡宾斯和托马斯·施瓦茨的文章（McCubbins and Schwartz，1984）。

丑闻就是因立法者试图以"救世主"的姿态干预金融监管机构的活动而导致的。所以，问题不在于授权，而在于过度授权——监督金融行业、预防金融危机的重任都被压在了监管机构身上。事实上，在金融危机发生后，许多政治讨论都集中到了如何为监管机构提供足够的工具，以防止下一次危机上。然而不幸的是，金融监管制度的问题绝对不是缺乏必要的监管工具这么简单。

在一个理想的环境中，监管机构不仅拥有必要的资源和专业知识去密切地注视被监管的行业的事态发展，而且还有充分的激励去颁布和实施符合公众利益的监管政策。在现实世界中，任何监管领域都永远不可能满足这些条件。但是，在金融监管领域，监管能力缺失的问题尤为严重。

最明显的困难源于现代金融的极度复杂性。在金融行业，现在负责金融产品的创新、交易策略的制定和实施的可是一支由"火箭科学家"组成的"军队"！对于许多复杂的金融产品，即使是华尔街金融机构的高管，也没有搞清楚，更不用说外部的监管机构了。

如果监管机构也能够拥有像华尔街一样出色的人力资源库，那么这个问题可能会有所缓解。但是，薪金差距的客观存在，使监管机构很难在人才市场上与华尔街竞争。金融监管机构收入最高的职位（纽约联邦储备银行总裁和美国联邦储备委员会主席）的收入，甚至还比不上华尔街一个普遍的交易员的年度奖金的零头。即使监管机构可以聘请到一些非常了解现代金融的专业人士，他们也往往都是通过一道"旋转门"从华尔街跳槽过来的，而且通常很快就会重返华尔街。例如，根据《纽约时报》的报道，美国重组信托公司（Resolution Trust Corporation）（该信托公司是在20世纪80年代储蓄与贷款协会危机发生后成立的）的许多前高管，都在为一些企业从事收入非常可观的咨询业务，而这些企业则正在想方设法，试图从《问题资产救助计划》中获得资金。[1] "旋转门"的存在，破坏了监管机构的自主性，它们原本是应该与它们监管的行业保持一定距离的。因为这样一来，监管机构的工作人员即使不打算在未来的某个日子接受华尔街的好处，他们也可能会更加认同华尔街的世界观。[2] 此外，监管机构或许可以考虑从职业金融专家或经济学家那里引入专

---

[1] 请参阅埃里克·李普顿和大卫·柯克帕特里克的文章（Lipton and Kirkpatrick, 2008）。
[2] 请参阅詹姆斯·郭的论著（Kwak, 2013）。

业知识，但是这还是无法完全避免利益冲突。①

监管能力低下的最直接的一个政策含义是，它将削弱授予监管机构自由裁量权的理由，并使过于依赖对监管机构的授权的这种监管制度更加难以维持下去。对目前的监管机构监管能力低下的担忧与以下这个政治争论直接相关：要不要成立一个"超级监管"委员会，让它来监督金融行业新出现的系统性风险并做出有效的反应？这个委员会可以采用的工具包括提高资本要求、限制杠杆化程度、强制将或然债券转换为股权，等等。这样一种制度要求监管者不仅拥有充分的信息、足够的专业知识，还拥有积极采取行动（这种行动可能不利于金融行业）的强大激励。只要承认监管机构能力不足，就会反对这种极其复杂的监管金融行业的思路，因为它要求在自由裁量的基础上对金融行业酌情度势地进行管理，其复杂性和难度可想而知。与其如此，还不如采取一些看似寻常的"笨办法"，例如禁止系统性风险程度最高的金融产品或者对金融机构的最大规模设置上限，等等。

在令监管机构饱受困扰的监管能力不足这个技术性问题的背后，还有一些重要的政治因素，它们也是值得我们反复思量的。监管能力不足使得监管机构很难对国会和总统的监督负责，因为很难区分清楚监管失败到底是因为政策本身就存在着内在缺陷，还是因为监管机构执行政策不力。这个问题很可能导致当选的领导人不愿赋予监管机构足够的自由裁量权，因为他们实际上无法控制这些机构。

为了解决这些问题，改革者常常强调，必须加强监管机构的信息能力、健全问责机制（如国会和司法监督）。但是，我们有充分的理由相信，仅凭这些改革措施本身，并不能显著地改善金融监管。更多的信息、更完善的政策分析确实能够起到一定作用，但是如果监管机构缺乏必要的资源，根据这些信息和分析结果有效地采取行动，那么最终的效果肯定有限。当然，从另一个角度来说，如果缺乏专业知识和必要的信息，提高监管能力的努力的意义也会下降。为什么要增加一个机构的能力，让它去实施一些它自己都毫不知情的政策呢？因此，专业知识和监管能力是互补的。但是这种互补性反而导

---

① 对于这个不幸的事实，查尔斯·弗格森在他的电影纪录片《监守自盗》（*The Inside Job*）中进行了非常生动的刻画。关于这个问题的定量分析，请参阅路易吉·津加莱斯的论文（Zingales，2013）。

致了这样一个具有浓烈的官僚主义意味的**改革陷阱**（reform trap）：人们回避了加强监管能力的问题，因为缺乏必要的专业知识；而提高专业知识的努力又会因能力不足而受挫。①

在加强监督和可问责性方面也存在着一个类似的改革陷阱。只有在监管机构的政策和结果之间存在着直接的、透明的联系时，花大力气对监督机构做出的决策进行监督才是最合算的，因为在那种情况下，很容易看出哪些结果是因为国会没有授权的政策所导致的。但是，过低的监管能力会扭曲监管政策和结果之间的关系，这样一来，加强监督就不能起到很大的帮助作用了。然而，反过来，如果监督机制过于薄弱，那么提高监管能力也会显得没有多大价值，因为从政治监督的角度来看，监督者并不能因政策—结果链的透明度有所提升而获益。

监管机构面临的这些结构性问题使他们非常容易被**俘获**（capture）。所谓管制俘获是指，创建一个监管机构本来是为了监管某个行业的，但是这个行业的特殊利益却主导了政策的制定。随着监管机构越来越依赖于被监管的行业所提供的信息、专业知识和人力资本，监管机构也越来越难以维持自身的自主权。最终，这个监管机构的所有决策都将偏向被监管的行业的利益。此外，当该行业的主导企业适应了监管制度并成为这一制度的主要捍卫者后，这种政策偏向还将进一步强化。② 在最终导致了2008年金融危机的一系列监管政策中，这种温馨的关系早就已经表露无遗了。

结 论

在本章中，我们阐述了强化金融监管和推进金融改革所面临的各种障碍。这些障碍是美国政府的行政分支和立法分支在内部运转和相互作用的过程中形成的，主要根源则在于"轴心政治"和"策略性地坚持不同意见"。由于

---

① 请参阅约翰·胡贝尔和诺兰·麦卡蒂的论文（Huber and McCarty, 2004）。另外，也可以参阅诺兰·麦卡蒂的论著（McCarty, 2013）。
② 关于管制俘获理论，请读者参阅塞缪尔·亨廷顿的论文（Huntington, 1952）、马维尔·伯恩斯坦的著作（Bernstein, 1955）、罗杰·诺尔的著作（Noll, 1971）和乔治·施蒂格勒的论著（Stigler, 1971）。

政治极化，这些障碍变得更加牢不可破。而政治极化的主要标志则是，美国公众，包括美国政府的行政分支和立法分支在内，广泛接受了作为一种意识形态存在的自由市场保守主义。此外，在美国的法院中，自由市场保守主义也成了主导性的意识形态。在这种情况下，监管机构既没有能力，也不可能形成强大的制衡力量。

  当然，政治制度与美国大相径庭的许多其他国家也出现了房地产泡沫，这些国家的民众也遭受了金融崩溃所带来的苦难。我们之所以重点关注美国的政治制度，并不是因为我们试图证明，其他国家的政治制度有利于更完善地监管金融行业和更有效地防范金融危机。实现权力的分立和制衡的方式有很多种，在这一方面，美国可能会比其他国家更健康一些，否则这个国家不可能成为全球首屈一指的超级经济强国。但是，我们要强调指出的是，总体而言，加强金融监管所面临的制度性障碍，在美国相对来说要比在其他国家严重得多。可以说在任何一种情况下，发挥监管功能所面临的各种制度性障碍都会给美国比给其他国家带来更深远的影响。有人或许会争辩道，无论华尔街发生过什么事情，冰岛的金融行业从业者的行为显然都要更加离谱得多。但是，冰岛是绝对不可能把自己的问题输出到全世界并导致全球性的经济衰退的。许多国家之所以都承受着沉重的经济下行压力，是因为它们都投资了以美国住房市场为基础的某些金融创新产品。另外一些人则可能会强调，这些国家经济不景气的原因非常简单——全球对它们的产品的需求下降了。全球经济衰退就是华尔街这个庞然大物存在的结果。总之，我们刻意把本书的讨论范围限制在了美国的政治和金融领域。

  在接下来的第 5 章中，我们将阐明意识形态、利益和制度是如何结合起来，共同促成了这个最终于 2008 年突然破裂的大泡沫的。

第 5 章 2008 年金融危机中的政治泡沫

自 2001 年年初以来，房价的上涨已经使美国家庭的资产增加了超过 25 000 亿美元。现在，美国人的住房自有率上升到了 68.4% 的历史新高度。当然，一切都还有很大的改进余地。少数族裔的住房自有率仍然低于 50%。这不是一件好事。我们这个国家必须尽力改变这种状况。

——美国总统小布什在签署《2003 年美国梦首付款法案》（American Dream Downpayment Act 2003）时发表的讲话

我很高兴能够来到这里。今天和我一起来的，有白宫管理和预算办公室主任富兰克林·雷恩斯，他曾经和你们中的一些人一起共事过。还有吉恩·斯珀林以及我们的另外几位同事……现在，我们所有人都看到了，美国经济继续强劲增长的机会在显著增加。住房自有率已经达到了历史最高水平，这是一个伟大的成就；除此之外，数以百万计的美国人还能够利用抵押贷款进行再融资，并且通过这个途径获得了数以十亿美元计的家庭税收优惠，他们因此得到了更多的钱，并可以自由地用它们来进行投资或储蓄。现在，少数族裔很容易就能够筹集资本，而在以往，他们往往被隆隆前行的经济列车拒之门外……我们现在确实看到少数族裔的住房自有率在不断地提高，我希望这种势头能够一直持续下去。我们的资本市场是全世界最强劲的，它们已经发挥了重要作用，使我们的新经济蒸蒸日上。

——美国总统比尔·克林顿，1998 年在美国抵押贷款银行家协会（Mortgage Bankers Association of America）上发表的演讲我们在前面已经指出过，美国的"三I一体"——意识形态、制度和利益——助长了泡沫的不断膨胀，泡沫的破灭则导致了 2008 年金融危机和随之而来的经济大衰退。事实上，制造泡沫的大锅早在 40 年前就已经开始烧火了。一切都要从房利美在 1968 年的私有化开始说起。不过，最后一种"主料"则是在 2000 年才投下的，那就是当年通过的《商品期货现代化法案》。我们已经详细叙述过，这个"三I一体"是如何导致人们犯下了各种各样的有意的错误（例如，不断放松的管制和糟糕的监管体制）和无意的错误（例如，未能监管新的金融产品、没有贯彻原有法律）的。接下来，我们要强调的是，泡沫之所以能够不断膨胀，是因为左派所强调的平等主义的意识形态、作为右派自由市场保守主义一翼的"所有权社会"思想，再加上权贵资本主义，所有这些东西都融合到了一起之后，形成了强大的推动力量。这样一种两党政策共识是历史上罕见的，同时也是不正常的。

在新旧世纪之交，当巨大的泡沫刚刚开始出现时，主要的"吹泡者"是被《时代》杂志戏称为"拯救世界委员会"的艾伦·格林斯潘、罗伯特·鲁宾和拉里·萨默斯。不过事实上，这个委员会所扮演的角色与莎士比亚的名著《麦克白》中的女巫别无二致。他们把无穷无尽的繁华、富丽堂皇的麦氏别墅都变成了毫无价值的蝾螈的眼珠和蟾蜍的脚趾。小布什总统无比珍视的数万亿美元的财富迅速蒸发了。到了 2012 年年初，美国的住房自有率又回落到了 1996 年的水平，黑人的住房自有率甚至还在此期间出现了小幅下跌。西班牙裔民众的境况稍好一些，但是他们的住房自有率还是回落到了 2001 年的水平。无论按什么标准来分类，美国各社会群体都未能从克林顿和小布什多年的政策中受益。（请参见下面的图 5.1。）

"投资者社会"的另一个理念是，只要进行股权投资，美国人就能坐享繁荣。但是，美国人真的能通过买入并持有全美国最大的保险公司、最大的商业银行、最大的投资银行或者两家最大的已经私有化了的政府支持企业（即房利美和房地美）的股票而获利吗？① 这些公司的股票似乎是非常安全的投资标的。毕竟，在它们的董事和高级管理人员当中，就包括了一些最受人尊

---

① 约翰·杜卡和杰森·萨维因认为（Duca and Saving, 2008），共和党赢得的支持者越来越多的一个原因是，20 世纪 70 年代以来，民众的权益投资额变得越来越大。

敬的国家公职人员，如罗伯特·鲁宾、理查德·霍尔布鲁克、富兰克林·雷恩斯和马丁·费尔德斯坦，等等。

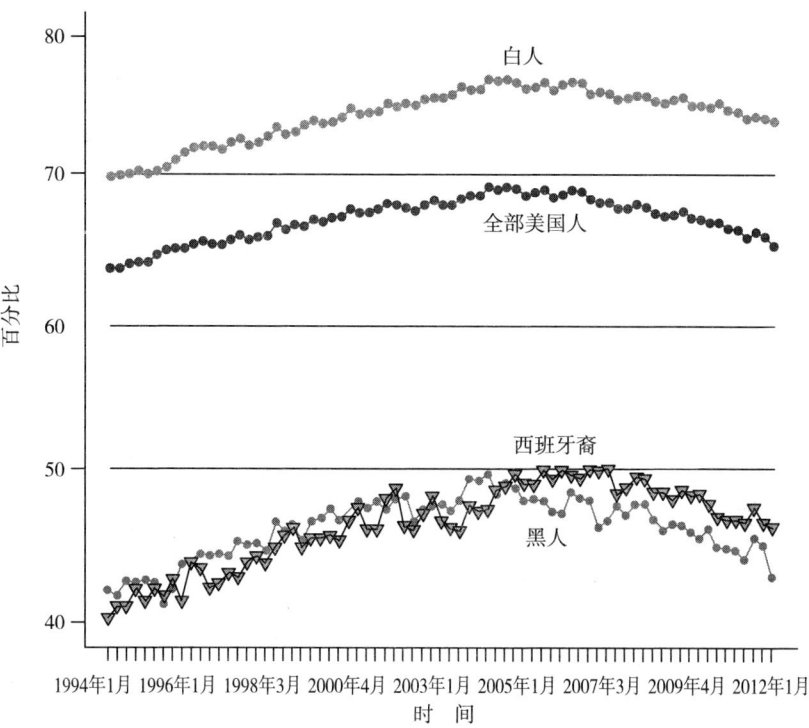

图 5.1　美国的住房自有率（按种族和民族列示，1994—2012 年）*

*2007—2009 年经济衰退告一段落后，住房自有率继续下滑。所有组别 2012 年的住房自有率都远较 2002 年为低。西班牙裔美国人的住房自有率则出现了特别急剧的下降——回落到了 20 世纪 90 年代中期的水平。资料来源：人口现状调查/房屋空置率调查，系列 H–111，人口普查局（Bureau of the Census）。

当然，除了那高高在上的 1% 的人口之外，普通美国人是没有什么机会投资私人股权和对冲基金的。因此，购买这些大型金融机构的股票似乎就成了"水管工乔"这样的普通美国人从金融行业分一杯羹的唯一途径。

接下来请看表 5.1。在表 5.1 中，我们设置了两种不同的评估基准。首先，我们计算了 1999 年年底至 2011 年年底的投资回报率（这是因为高盛于 1999 年年底才公开上市，它也是最后上市的一家大型投资银行）。其次，我们把起始日期再往前倒推 10 年，即倒推到 1989 年年底，然后计算了 1989 年年底至 2011 年年底的投资回报率。此外，我们度量投资回报率的方式也有两种。

表 5.1　若干金融公司的回报率

公司	1989 年 12 月 31 日至 2011 年 12 月 31 日		1999 年 12 月 31 日至 2011 年 12 月 31 日	
	普通股价格上升百分比（％）	股票加股息上升百分比（％）	普通股价格上升百分比（％）	股票加股息上升百分比（％）
美国国际集团	－84	－7	－98	－92
美国银行	－52	128	－78	－17
花旗集团	19	604	－93	－61
摩根大通	234	440	－36	－10
富国银行	879	1256	36	80
美联银行	－46 **	187 **	－83 **	－40 **
华盛顿互惠银行	－100 **	315 **	－100 **	－30 **
高盛集团	不适用	不适用	－4	7
摩根士丹利	－44 *	265 *	－74	－56
标准普尔 500	256	不适用	－14	不适用

* 摩根士丹利为 1993 年 12 月 31 日至 2011 年 12 月 31 日的数据；
** 华盛顿互惠银行、美联银行为截至 2008 年止的数据。

首先，我们计算了普通股价格的平均增长率——当然，这种增长率可能是负的。我们把负的投资回报率的下限设定为 －100％，因为它意味着所投资的公司被彻底清盘了——比如说，华盛顿互惠银行（Washington Mutual，简称 WAMU）的情况就是如此。其次，我们把股息也加了进来。我们假设，股息不会被用于再投资。当然，如果投资者把股息用于再投资，那么很显然，对于绝大多数公司来说，投资回报率只会更加糟糕。表 5.1 中的数据已经把股票拆细和合股的情况都考虑进去了（其中，为了避免让自己成为一家"仙股公司"，花旗集团将 10 股合并为 1 股）。

如果投资的时机选择在 20 世纪 90 年代末，那么投资者面临的将是一场大灾难（只有投资富国银行的幸运者例外）。除了富国银行之外，所有其他公司的回报都是负值，同期回报远远落后于标准普尔 500 指数。虽然投资者在这段时间内获得了一些分红，但是总投资收益仍然为负值（除了富国银行和高盛集团之外，后者的回报率为 7％，如果按年率计算，则是微不足道的

0.75%）。那么钱究竟到哪里去了呢？以高盛集团为例。高盛集团的合伙人通过首次公开募股赚到了很多钱。此外，高盛公司的合伙人和其他员工在此期间也获得了大量的工资收入和奖金。因此，是"投资者社会"的普通成员们为高盛集团那1%的内部人提供了融资服务。与高盛集团相比，摩根士丹利则稍有不如。至于其他两家主要的投资银行——贝尔斯登和雷曼兄弟，以及那两家政府支持企业——房利美和房地美（它们都没有出现在表5.1中），当然更加糟糕了。

从更长一些的时间期限来看，即从1989年年底到2011年年底的投资回报率来看，情况似乎要好一些，这主要是因为各金融企业在20世纪90年代的业绩要更好。然而，即使在这个更长的时间期限内，这些公司的投资回报率依然落后于标准普尔500指数（富国银行再次成了唯一的例外）。加入了股息之后，除了美国国际集团之外，这些公司的回报率都为正值，但是回报率并不算高。以花旗集团为例，从1989年年底到2011年年底的总投资回报率为604%，但是按年计算则只有9.28%。美国银行的年均回报率则更加小，只有区区3.82%。

20世纪90年代以来，大型金融企业的规模迅速增大，但是，它们对"投资者社会"的贡献则极其有限。为什么持有它们股票的投资者被伤害得遍体鳞伤，而它们作为组织者却能幸存下来？它们的高管和董事会成员肯定知道答案。

在金融危机爆发后，一直投资这些金融企业的长期投资者的美梦也破碎了。与此同时，住房自有率也回落到了20世纪90年代中期的水平。如果普通美国人拥有其他一些投资渠道，他们也许可以获得一些收益。可惜这不是事实。

从1972年到1999年，美国家庭收入的中位数（经通胀调整后）一直在稳步增长，虽然中间也有一些小小的波动，但是整体向上的趋势非常明显（如图5.2所示）。然而，在20世纪的最后20年内，收入不平等的状况急剧恶化。收入最高的那1/5的美国人的平均收入的增长速度远远超过了收入中位数。不过尽管如此，收入的增加仍然是一种普遍现象。从1972年至1999年，家庭收入中位数（经通胀调整后）从大约45 000美元上升到了53 000美元。

但是，21世纪的第一个10年却成了失落的10年。到了2010年，平均收入仍然没有恢复到1999年的水平——仍然低于5万美元。

在新世纪到来之前,几乎全体美国人的收入都有所上升;而在过去的10年内,停滞和损失也几乎同样普遍。即便是共和党的核心选民,即高收入白人阶层,也在这个长达10年的不受任何限制的金融资本主义实验中遭受了损失。① 如图5.2所示,收入最高的那1/5的白人的收入也因金融危机的爆发和随之而来的经济衰退而大幅下滑。不过尽管如此,2010年国会中期选举的结果表明,这种损失并没有促使这些选民改变初衷,他们仍然一如既往地支持共和党和自由市场保守主义。

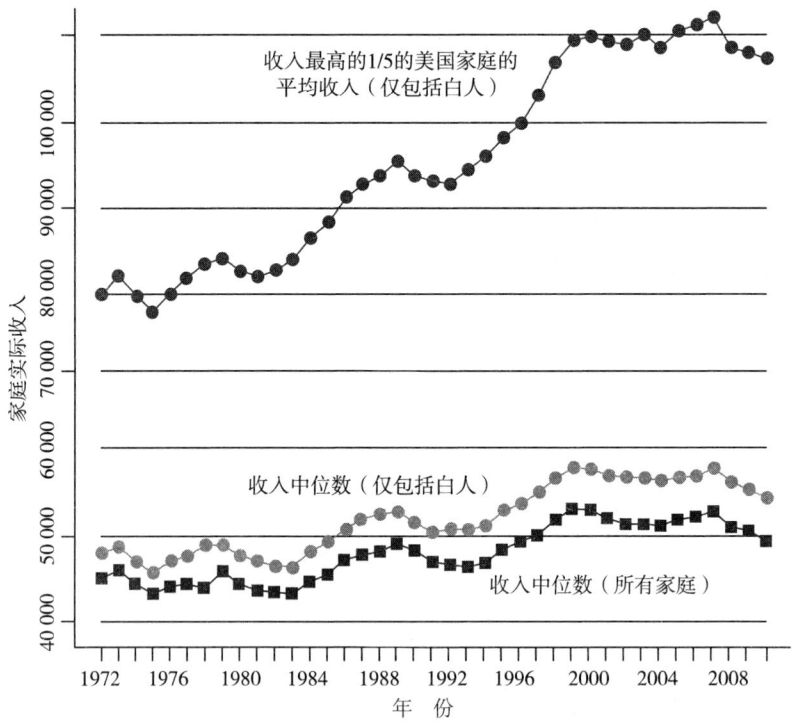

**图5.2 美国家庭收入中位数以及收入最高的1/5的美国家庭的平均收入
(1972—2010年,按2010年美元币值计算)** *

* 从总体上看,收入一直没有恢复到20世纪末曾经达到过的水平(当时担任美国总统的是比尔·克林顿)。在小布什的8年总统任期中(2001—2008),收入水平有所恢复,但是在奥巴马总统任期的头2年马上出现了大幅下跌。资料来源:美国人口普查局,人口现状调查,社会和经济年度附录(Annual Social and Economic Supplements)。

---

① 请参阅诺兰·麦卡蒂、基思·普尔、霍华德·罗森塔尔的著作的第3章(McCarty, Poole, and Rosenthal, 2006)。

摧毁了"投资者社会"、导致民众生活水平普遍恶化的这副"致命补药"共由五味"药物"组成,每一味"药物"都与我们强调的那个"三 I 一体"密不可分。一是放松管制,放任金融工具创新,而不进行任何有实质意义的监管,例如各种花样翻新的抵押贷款产品、抵押债务分级证券化、信用违约掉期等。二是允许金融公司从事风险更大的经营活动。三是削弱监管机构的监管能力。这又有两种做法:其一是通过故意的忽视(例如,艾伦·格林斯潘在担任联邦储备委员会主席时,哈维·皮特和克里斯托弗·考克斯在担任证券交易委员会主席时,就都采取了这种做法);其二是通过不让监管机构的人员和预算随被监管的市场规模的扩大而增加。四是改变竞争政策,允许金融机构变得"大而不倒"(其实是因为政治力量强大而不倒)。五是通过房利美和房地美将政府提供资金的抵押贷款私有化,从而又多创造了两个"大而不倒"的机构。

关于这副"致命补药",我们可以讲一个我们自己亲身经历的故事,来说明它是如何在 2007 年至 2009 年间摧毁了经济的。在 1993 年,我们中的一位作者搬到了新泽西州普林斯顿市。出于便利性的考虑,他在新泽西国民银行(New Jersey National)的一个与他办公室最近的分支机构开立了一个支票账户。在当时,由于已经建立了存款保险制度,而且拥有全国性的 ATM 机网络的银行也很少,因此并没有精心挑选银行的必要。然而,到了 1994 年,《里格尔—尼尔跨州设立银行和分支机构效率法案》的通过,促发了一股银行合并的浪潮,总部位于特伦特市的新泽西国民银行被总部位于费城的核心州银行(CoreStates)兼并,而核心州银行在不久之后又被第一联合银行(First Union)兼并。最后,到了 2001 年,第一联合银行又成了美联银行的囊中之物。这样一来,这个本来在微不足道的小银行新泽西国民银行开立的账户就变成了在全美国第四大商业银行开立的一个账户。

除了商业银行之外,美联银行还收购了许多其他性质的金融企业,例如保诚证券(Prudential Securities)。不久之后,美联银行就遇到了麻烦,而麻烦的根源则在于其抵押贷款业务。在收购了金色西部金融公司(Golden West Financial)之后,美联银行就不得不面对抵押贷款市场的巨大风险了,因为金色西部金融公司正是一种特殊的抵押贷款——借款人可以选择"负还款"的"多选一还款"抵押贷款——的首创者。("负还款"是指,借款者可以选择支付比应付利息还要低的还款额,当然,本金则会相应增加。)。

另外,在购并之外,美联银行还多方积极寻找其他利润来源。它为窃取他人身份信息的人兑现支票提供便利,还为国际贩毒集团洗钱,并操纵了市政债券的投标。① 它还参与了非法的远程市场交易。② 当然,美联银行的高层管理人员声称,对于这些活动,他们不必承担任何责任,因为所有渎职行为、所有恶行都是少数几个"烂苹果"或"鲁莽的新手"所为,与成千上万勤劳和诚实的员工相比,他们实在微不足道。在象征性地罚了一点款之后,联邦政府就重新拥抱了美联银行。随着规模变得越来越大,美联银行也变得"大而不倒"了。华尔街与政界之间的"旋转门"是永远不会停止转动的。在保尔森就任财政部副部长之后,他在高盛的旧友鲍勃·斯蒂尔出任美联银行的总裁,不过他只在这个位置上呆了6个月,因为6个月之后,美联银行本身也将不复存在了。与规模较小的华盛顿互惠银行不同的是(华盛顿互惠银行的股东失去了一切),在富国银行于2008年收购了美联银行之后,美联银行的原股东可以收到每股7美元的补偿。在2008年年初,美联银行的股价是每股37美元;在更早一些的2007年年初,则更是高达每股56美元以上。美联银行的股东们被剃了个光头,不过总比华盛顿互惠银行的股东要好一些——他们都被"斩首"了。

在富国银行收购美联银行的那段时间里,PNC银行也收购了国家城市银行(对于这次收购,我们已经在导论中讨论过)。到底是什么因素让富国银行觉得美联银行颇有吸引力呢?个中奥妙在于,在保尔森的斡旋下,就在那个节骨眼上,美国国税局关于收购后承继下来的亏损的税收政策出现了重大变化。③ 于是,那个本来在微不足道的小银行新泽西国民银行开立的账户又变成了在富国银行开立的一个账户。

美联银行的陨落以及随后的救助原本或许都是可以避免的——如果像金色西部金融公司这样的企业没有获准发放利率可以浮动且只需支付利息的抵

---

① 2012年,购并了美联银行的富国银行为此支付了1.48亿美元的和解金,详情请参阅克里斯·伊西多尔的报道(Isidore, 2012)。
② 见美国有线电视新闻网的报道(Wachovia Settlement Checks Real, 2012)。
③ 对于美联银行这个案例,古汉·萨勃拉曼尼亚和尼西亚斯利·夏尔马进行了深入细致的探讨(Subramanian and Sharma, 2010)。

押贷款，或者监管部门不允许美联银行收购金色西部金融公司的话；或者，如果监管机构阻止美联银行收购第一联合银行，那么美联银行的规模就不会变得过大；又或者，如果监管部门对美联银行的业务进行了更好的监督，那么身份盗窃和洗钱这类案件可能就不会发生。至少，如果美联银行建立了必要的内部控制制度，那么它肯定能够卖得一个更好的价钱。象征性的惩罚只能起到使风气变得更坏的效果——它告诉被惩罚者，同类事件已经变得非常普遍了，因此只能法不责众。最终，在泡沫破灭、美联银行倒闭后，决定它被富国银行接手的，也不是市场，而是政治。在当时，对美联银行有意的至少还有花旗集团。

不过，说到底，美联银行的故事并没有多少特别之处。其他几十家金融企业也重复着同样的故事。就像美联银行因收购金色西部金融公司而导致失败一样，美国银行也因收购了全国金融服务公司和美林公司而背上了沉重的包袱。当金融行业充斥着像美联银行和美国银行这样的企业的时候，单纯依靠市场纪律和行业自律的真实理由也就昭然若揭了。

那么，在泡沫膨胀的过程中，政治因素究竟是怎样刺激美联银行和其他金融企业大肆进行扩张的呢？

关于泡沫和金融危机的起源的争论，很快就变得意识形态化了，这与我们在《极化的美国》一书中得出的结论也是一致的。即使是由国会和总统共同领导的、以"查清当前的金融危机和经济危机的原因"为宗旨的金融危机调查委员会（Financial Crisis Inquiry Commission），也很快就卷入了意识形态之争。民主党任命的多数委员将金融危机和经济危机归咎于私营部门市场的失败，说它们在抵押贷款的发放、证券化等各个环节都出了问题；这也就是说，是美联银行这样的企业导致了金融危机和经济危机。而由共和党任命的少数委员提交的少数派报告则淡化了放松管制对于危机发生的影响，转而强调一切都是全球金融失衡降低了信贷成本所致。在共和党任命的少数委员中，还有一个坚持个人意义的"持异议者"，他就是彼得·沃利森，他将金融危机和经济危机归咎于政府支持企业房利美和房地美，以及自由派推行的各种政策，例如《社区再投资法案》（Community Reinvestment Act）。

我们自己的观点是，仅仅责怪过去肯定是不足够的，而且毫无疑问，华尔街是最大的罪魁祸首。然而，要想真正理解泡沫，我们就必须把政府所有影响住房市场的政策变化都考虑进去。因此，接下来我们就从政府的住房政策开始讨论。

住房市场的预算外补贴

粗略地说，政府可以通过以下两种途径支持本国公民解决住房问题。首先，政府可以直接投资建设房屋，然后将它们出售或出租给民众；其次，政府也可以补贴私营部门，让私营部门去建造房屋。发放住房补贴的方式有两种。一种方式是直接发放给个人，我们在食品、社会保障、失业保险等领域就是这么做的。这些支出将列入财政预算，国会则将给它们安排适当的资金。另一种方式是给个人购房者和参与房屋建造、从事抵押贷款发放和房屋租赁等业务的企业发放预算外补贴。上述两种解决公民住房问题的途径，美国政府都曾经使用过；但是总体而言，美国政府的政策取向是逐渐放弃公共住房，转向私人补贴。而私人补贴，由于公众讨厌再分配和高税负，大部分都采取了预算外的形式。毫无疑问，这种政策转变本身也说明，政府兴办的住房项目是有重大缺陷的。但是，如果没有深厚的政治基础，这种向一个基于补贴的、以落实所有权为重点的住房政策的全面转变，是不可能发生的。这种政策转变不仅是对房地产业的经济**利益**的回应，而且它的持续也依赖于平等主义**意识形态**和"所有权社会"观念的联姻，而后者正是自由市场保守主义的支脉之一。①

参与房地产业的，不仅包括那些直接参与住房融资的机构和个人，而且包括房地产代理商和房地产开发者。长期以来，他们一直都是一股非常强大的政治力量。房地产业早就已经成功地从政府那里得到了巨大的（直接的和间接的）支持。最大的住房补贴是，住房抵押贷款利息和房产税可以从所得

---

① 由此也可以看出，对于美国政府的住房政策在金融危机中起的作用，我们的观点处于两派著名经济学家之间。芝加哥大学教授、国际货币基金组织前首席经济学家拉古拉姆·拉詹（Raghuram Rajan，2010）认为，房地产泡沫是美国政府用来应对日益加剧的收入不平等问题的一系列政策的后果。而麻省理工学院教授、克拉克奖获得者达龙·阿西莫格鲁则对拉詹的观点提出了批评（Acemoglu，2012），他强调，政策的变化是行业发展推动的。

税中抵免。为了说明房地产业所拥有的巨大政治影响，只需要举一个例子就足够了：当《1986年税收改革法案》被通过后，消费者支付的所有其他利息的所得税抵扣政策都被取消了，唯一继续保留下来的就是住房抵押贷款利息所得税抵扣政策。① 在那以后，住房补贴陆续催生了一系列新的金融产品，例如房屋净值贷款和信贷额度（贷款）。在泡沫破灭之后，许多房主之所以会遭到"灭顶之灾"（指抵押贷款债务超出了他们的家庭资产），很大一个原因就是他们以房屋净值贷款的形式承担了过多债务。

房地产业的政治力量的一个重要来源是，预算外补贴的性质和数量从来都是不透明的。② 房地产业的游说力量并不局限于联邦政府，它们在州一级政府也拥有很大的影响力。在许多州，尤其是得克萨斯州和佛罗里达州，还通过个人破产等形式保证家庭净值不受债权人追索。在这些授予家庭净值破产豁免权的州里，房地产业的游说团体竭力诱导州政府对抗全国性的破产法规。像抵押贷款利息税收补贴制度一样，家庭净值破产豁免也扭曲了住房市场，因为这使购房比其他权益投资更有吸引力。③ 房地产业也因纳税人在美国许多州发动的抗税运动而受益。1978年，抗税运动最早出现在加利福尼亚州，以要求减税的"第13条款"为号召，紧随其后的是发生在马萨诸塞州——该州又被称为"苛税诸塞州"（Taxachusetts）——的"$2\frac{1}{2}$提案"运动。这些抗税运动导致的结果是，财产税的征收受到了限制。不久之后，财产税被改为销售税，这相当于再一次为房地产业提供了补贴。

政府实施的其他一些政策也刺激了对住房的需求，从而使泡沫迅速增大。为了应对2001—2002年的经济衰退，美国联邦储备委员会降低了利率，从而降低了抵押贷款的成本。发放贷款时所依据的标准——收入标准和贷款—价

---

① 此外，与大多数税收减免不同，住房抵押贷款利息所得税抵扣也不受替代性最低税（alternative minimum tax）应税义务的影响；不过，房产税抵免则未能享受到这一优待。

② 关于透明度不足是如何有利于特定的政治决策的出台的，请参阅道格拉斯·阿诺尔德的著作（Arnold, 1990）以及斯蒂芬·考特和斯蒂芬·莫里斯的论文（Coate and Morris, 1995）。

③ 请参阅莱因特·格洛普、约翰·卡尔·肖尔茨和米歇尔·怀特（Gropp, Scholz, and White, 1997）的论文，以及赖莎·巴切伊娃、苏珊·沃切特和伊丽莎白·沃伦的论文（Bahchieva, Wachter, and Warren, 2005）。

值比标准——也都降低了,从而使抵押贷款的总量大幅增加。但是,美国政府在房地产领域最具争议的、与金融危机发生关系最密切的政策则涉及政府支持企业房利美和房地美所扮演的不光彩的角色。关于这两家企业的性质和特点,我们将在下文中详细讨论;在这里只需要先指出其中一点,即它们通过从贷款人手中购买抵押贷款的形式补贴住房市场。而贷款人则利用出售抵押贷款所得款项再去发放更多的抵押贷款,这就降低了借贷成本,刺激了住房需求。房利美和房地美的作用之所以如此之大,与一个预期密切相关(这个预期最终被证明是正确的):政府为它们的债务提供了担保。这种担保使它们的借贷成本远低于其他企业。[1] 也正因为如此,住房抵押贷款行业才会为这些政府支持企业站台,其中一个标志就是,2003 年的房利美的年报上,刊登了全国金融服务公司首席执行官安吉洛·莫兹罗的整版彩色照片。

总而言之,许多政府政策都有利于房地产业,而各种特殊利益群体也都竭力捍卫这些优惠政策。

政府的住房政策也是特定的**意识形态**的反映。这种意识形态的一条脉络源于各种各样的平等主义观念——它们通常与政治上的左翼联系在一起。平等主义者把住房看成公民的应得权利,就像基本营养、教育和医疗一样。当然,住房问题也可以直接通过公有房屋出租或发放预算内房租补贴等方式解决。事实上,这也正是联邦政府面对住房问题的第一反应。最早的联邦住房计划源于 20 世纪 30 年代经济大萧条时期,当时税率相对较高,不过政治极化程度却很低,而且大多数公众都相信政府是有效率的。然而,在过去的 30 年中,按照经通胀调整后的美元币值来计算,联邦预算内的实际住房支出一直保持在一个几乎不变的水平上,尽管在同一时期,美国的人口已经增加了很多。[2] 预算内住房补贴增长乏力,既是公众越来越不支持加税政策的反映(因为只有在税收收入增加后,才能提供更多的预算内补贴),也是许多公共住房街区内暴力和毒品犯罪活动泛滥的结果。后者的一个典型例子是位于芝加哥的臭名昭著的卡布里尼—格林住宅区(Cabrini - Green project),在许多

---

[1] 对此,请参阅维勒尔·阿查里雅等人的著作(Acharya et al., 2011: 27~30)。
[2] 不过,公共住房也没有退出历史舞台。在今天,仍有超过 60 万常住居民生活在公共住房当中。请参阅纽约市住房管理局的报告(New York City Housing Authority, 2011)。

人看来，它已经成了罪恶的代名词。①

影响美国政府住房政策的意识形态的第二条脉络则来自于传统的政治右翼，它也推动了联邦政府转而采取提高住房自有率的政策。许多保守派人士都认为，拥有自己住房的人是比租房者更优秀的公民，因为他们与自己的社区有更大的利害关系。② 所以，杰克·肯普等主张"所有权社会"的政治家们相信（杰克·肯普是鲍勃·多尔于1996年参加总统竞选时的副总统竞选搭档，他还曾经担任过美国住房与城市发展部部长），政府应该致力于提高住房自有率，并积极推动公共住房的私有化。

政府为什么要采用那些住房补贴形式，其实并没有什么特别令人信服的理由。从原则上来说，从以出租公共住房为主转变为以住房自有为主，本来是可以通过一种透明的预算内的方式实现的。例如，可以给每一位公民发放50 000美元的住房首付补贴（当然，每位公民一生只能享受一次），并辅以严格的贷款标准，这样就可以在很大程度上消除策略性违约的激励。但是，无论是左派还是右派，都试图避免这种直接的再分配，因此联邦政府只能采取预算外的补贴住房市场的政策，即，主要通过一个监管非常宽松的抵押贷款市场去支持公民拥有自己的住房。正如我们在下文中将会看到的，以预算外途径提高住房自有率的政策催生了各种各样的拜占庭式金融产品，从而打开了通往危机之路。

政府支持企业

将住房补贴转移到预算外，这种做法始于1968年。就是在那一年，房利美实现了彻底私有化。房利美的私有化与其说是因为相信由私人经营的房利美将会更有效率，还不如说这是林登·约翰逊总统的政府玩的一个会计把戏。房利美实现私有化后，它欠联邦政府的债务也就一笔勾销了。③

最初，房利美只能从事由政府提供担保的联邦住房管理局（Federal Hous-

---

① 请参阅尼古拉斯·莱曼的著作（Lemann, 1991）。
② 当然，倡导者们会把另一种政治上的好处也计算在内：他们相信，拥有自己住房的人比租客更倾向于支持保守派的政策。
③ 请参阅维勒尔·阿查里雅等人的著作（Acharya et al., 2011: 17~19）。

ing Administration，简称 FHA）的住房抵押贷款回购业务。但是，到了 1970 年，政府开始允许房利美直接从私人抵押贷款发放者手中购买抵押贷款。与此同时，美国国会又创建了房地美，让它与房利美竞争。

为了实现让少数族裔更容易获得抵押贷款这一目标，吉米·卡特总统推动国会通过了《社区再投资法案》。该法案要求由联邦存款保险公司（Federal Deposit Insurance Corporation，简称 FDIC）承保的各金融机构立即停止**划红线**（redlining）——这里所说的"划红线"是银行的一种传统做法，即对少数族裔的贷款申请予以区别对待或干脆不予受理。但是，《社区再投资法案》并不要求政府支持企业和其他金融机构向少数族裔发放高风险贷款。

到了 20 世纪 90 年代，国会开始推动政府支持企业为低收入者购买住房提供资助。1992 年，老布什总统推动国会通过了《住房和社区发展法案》（Housing and Community Development Act），该法案还在克林顿执政期间得到了进一步的扩展。这部法案要求美国住房与城市发展部部长为各政府支持企业制定购买低收入和中等收入家庭的抵押贷款的目标。《住房和社区发展法案》的第八卷，即通常所称的《联邦住宅企业金融安全和健全法案》（The Federal Housing Enterprises Financial Safety and Soundness Act），还鼓励人们借入更多的贷款——只需支付 5% 的首付款即可。① 在这里，我们要再强调一次，这种扩张都是属于预算外的。随着时间的推移，房利美和房地美的贷款组合的风险变得越来越高。有识之士多次提出警告，但是却都被监管部门忽视了，很大一部分原因是这些政府支持企业通过操纵会计隐匿了风险。政府的隐性担保，再加上亮丽的会计报表，为这些政府支持企业吸引了大量的私人投资者。在 2000 年，房利美的股价上涨到了每股 86 美元多，在这之后，其会计欺诈才东窗事发。到了 2007 年，它的股价又恢复到了每股 67 美元（虽然没能完全收复失地）。但是现在，房利美已经被政府接管了，剩下的少数仍然可以交易的股票也只能在柜台交易，每股价格不到 0.25 美元。

---

① 另外，《1992 年住房和社区发展法案》（编号：102 - 550）的第十三卷规定了政府支持企业的监督和控制形式，其"杂项"也涉及许多支持个人拥有住房的内容。关于这些条款的影响，请参阅维勒尔·阿查里雅等人的著作（Acharya et al.，2011：31 ~ 36）。

许多观察家争辩道，房利美和房地美尽管有这样那样的问题，但是它们在自己的业务中所冒的风险与许多发放抵押贷款和抵押贷款证券化的非政府支持企业相比，并不算太大。① 但是，他们没有看到，房利美和房地美被私有化后，从很多方面促发了金融危机。第一，其他金融机构可以随意增持房利美和房地美的股份，例如，在2006年和2007年，花旗集团持有房利美6.3%的普通股；② 虽然提交给美国证券交易委员会的文件没有披露这项投资到底是花旗集团代表它的客户持有的还是花旗集团直接持有的，但是无论如何都不会对它们的流动性产生什么重要影响，因为这两家公司都在走下坡路。

第二，即使房利美只从安杰洛·莫兹罗的全国金融服务公司和其他金融企业购买相对来说比较优良的抵押贷款，但是，这种购买行为也会为这些金融企业提供资金，使它们能够发放更多贷款，然后流入私人抵押贷款支持证券市场。

第三，政府支持企业也为私人抵押贷款支持证券市场直接提供了许多资金，因为它们越来越多地回购自己的抵押贷款支持证券。房利美和房地美这两家政府支持企业的最初的利润来源，是它们针对私人持有的抵押贷款支持证券收取的担保费。但是，随着时间的推移，它们的利润的主要来源变成了它们回购抵押贷款支持证券的利率和它们因政府的隐性担保而享受的低借贷成本之间的利差。正如德怀特·贾菲早在2003年就已经正确指出的，这种策略使房利美和房地美面临着极大的利率风险。③ 这种赌博性行为显然是导致这两家政府支持企业崩溃并最终被国有化的一个重要原因。纳税人在未来还需要不断地为它们的错误买单。

第四，房利美的借贷成本较低（这是因为它享有隐性的政府担保），这使它在购买风险较低的抵押贷款时，与私人抵押贷款支持证券发行者相比，拥

---

① 请参阅杰夫·马德里克和弗兰克·帕特诺伊的文章（Madrick and Partnoy, 2011）。
② 这些资料源于房利美的报告，可以从以下网址获得：http://www.sec.gov/cgi-bin/browse-edgar? company=fannie+mae&match=contains&action=getcompany。美国资本研究集团（Capital Research）的持股量比花旗集团还要多，它在这个时期的平均持股量高达房利美的股本总数的20%；另外，法国保险业巨头安盛集团（AXA）则是房地美的重要投资者。
③ 请参阅德怀特·贾菲的论文（Jaffee, 2003）。

有一定的竞争优势，但是，这种竞争优势并不会扩展到风险更高的次级抵押贷款上去，因为法律规定政府支持企业不准购买这些贷款，而这反过来又可能会鼓励普通的证券化机构专注于这部分市场。①

在过去的那些美好时光里，房利美和房地美还受到特定的**制度**的保护，而这些制度则是嵌入在权贵资本主义体系中的，是由特殊利益群体精心培育的。因此，在这个问题上，民主党也反对改革，其实这一点也不值得奇怪。值得一提的倒是，代表佐治亚州的老资格共和党人、众议院议长纽特·金里奇，和众议院金融服务委员会主席、代表俄亥俄州的迈克尔·奥克斯利也会联合起来，利用他们手中的**制度**力量阻止共和党控制的国会推动改革。在20世纪90年代中期，众议院议长金里奇阻止了一部法案的通过，该法案试图向各政府支持企业收费，以支付政府在储蓄与贷款协会危机中花费掉的救助费用（后来，这些费用被转嫁到了普通纳税人头上）。② 在2002年，众议院金融服务委员会资本市场小组委员会主席、代表加利福尼亚州的共和党议员理查德·贝克推出了一部改革法案，但是由于未能获得奥克斯利的支持，这部法案很快就无疾而终了。③ 2005年，众议院和参议院也试图进行改革，但是没有任何法案能够送到总统的办公桌上。退休后，奥克斯利成了纳斯达克证券交易所和私营部门的一个自我监管机构——金融行业监管局（Financial Industry Regulatory Authority）的游说者。2012年，金里奇参加了总统候选人提名竞选，但是，因为他的金里奇集团被揭露曾经从房地美接受过160万美元的"好处费"，他很快就败下阵来。

政府支持企业内部的特殊利益群体也对维持僵局发挥了积极作用。在1991年至2004年间，在詹姆斯·约翰逊和富兰克林·雷恩斯掌管下的房利美简直就是民主党职业政客的提款机。当然，丹尼尔·穆德取代富兰克林·雷恩斯之后，房利美也没有变成一块净土。2011年12月，穆德和另外2个房利美高管与3个房地美高管一起，被美国证券交易委员会以证券欺诈为由告上

---

① 关于这些政府支持企业在资本市场上的优势是如何导致监管"放松到底"的，请参阅维勒尔·阿查里雅等人的著作（Acharya et al., 2011）。
② 请参阅埃里克·利希特布劳的文章（Lichtblau, 2012）。
③ 请参阅格雷琴·摩根森和约书亚·罗斯纳的著作（Morgenson and Rosner, 2011）。

法庭。① 而且，尽管这两家政府支持企业与民主党的关系盘根错节，但是它们也一直在争取同时得到民主、共和两党的支持，而且总是能够与共和党的重要决策者建立起良好的关系。

支持房利美和房地美的重要人物不仅包括民选的决策者，也包括知名学者。2002年，三个坚定的民主党人，即诺贝尔经济学奖获得者约瑟夫·斯蒂格利茨、乔恩·奥斯泽格和彼得·奥斯泽格，联合为房利美出具了一份报告，声称房利美崩溃的机会低于五十万分之一。更有意思的是，这份报告事实上重复发表了两次，第一次是由美国联邦存款保险公司总裁希拉·贝尔撰写序言，第二次则由房利美高级副总裁保拉·克里斯琴森撰写序言。而这两个序言竟然完全一样，一字不差！② 此外，格伦·哈伯德在自己的一项研究中，也对房利美大唱赞歌。哈伯德也非等闲之辈，他现在是哥伦比亚商学院院长，还曾经担任过小布什的总统经济顾问委员会主席和总统候选人米特·罗姆尼的顾问。③

这些报告似乎都挺真诚。事实上，可以说它们的结论都是建立在最高水准的经济学分析的基础上的。（不过另一方面，斯蒂格利茨和两位奥斯泽格的报告出笼后不久，就遭到了加州大学伯克利分校哈斯商学院教授德怀特·贾菲的猛烈抨击。④）不过，对于这些研究，我们所关注的是，它们都有意淡化

---

① 不过，美国证券交易委员会提起的是一个民事诉讼，它并没有采取刑事行动。有意思的是，对于那些与金融危机脱不了干系的金融行业高管，不但政府没有采取强有力的行动（例如，提出刑事检控），而且私营部门也似乎很愿意为这些高管提供退路。在房利美灾难之后，丹尼尔·穆德很快就再度出山，担任了一家私募股权投资公司——堡垒投资集团（Fortress Investment Group）——的联合总裁；而另一位联合总裁则是兰德尔·纳尔多，他在瑞银集团有非常深厚的根基。2011年12月21日，穆德宣称"休假"，堡垒投资集团在纽约证券交易所当天的收盘价为每股3.37美元，而在2007年，其股价曾经高达每股31美元（以上股价数据是本书作者2012年9月21日从富达投资公司的网站上获得的：http://www.fidelity.com）。穆德的前任詹姆斯·约翰逊的"第二春"也同样非常精彩：他一直是高盛集团的董事会成员（请参阅高盛的年报）。
② 请参阅约瑟夫·斯蒂格利茨、乔恩·奥斯泽格和彼得·奥斯泽格的报告（Stiglitz, Orszag, and Orszag, 2002, 2004）。
③ 请参阅格雷琴·摩根森和约书亚·罗斯纳的著作（Morgenson and Rosner, 2011: 75~76）。
④ 请参阅德怀特·贾菲的论文（Jaffee, 2003）。

或忽视了政治背景。这些"诚挚的祝福"进一步增强了房利美等政府支持企业积极进取的底气，因为它们更加相信自己必定能够从政府干预中获益。

很久以来，房利美和房地美的半私有化状态就成了政治风险的一个源头。当初，在房利美被私有化的时候，自由市场保守主义和解除管制的思想还没有在美国扎下根来。（以戈德华特为代表的自由市场保守主义者在1964年大选中遭到了惨败，说明当时美国公众的主流立场是明确反对自由市场保守主义的。）房利美的私有化只是为了把住房补贴从预算内转移到预算外而展开的一系列行动的一个组成部分。但是，这些政府支持企业一旦成立之后，由于政治僵局的存在，对它们进行改革就会非常困难。虽然泡沫的破灭迫使它们被重新收归国有，但是这些政府支持企业的最终结局究竟会是怎样，现在仍然还不清楚，因为《多德—弗兰克华尔街改革和消费者保护法案》并未触及这个问题。在当前这个严重极化的政治环境中，有效的改革几乎不可能发生。

解除管制及私营部门的创新

不过，虽然美国的住房政策千头万绪，但是，如果过去几十年内金融市场从来没有出现过解除管制运动的话，那么泡沫很可能还是不会出现。最主要的解除管制政策都集中在放权对家庭抵押贷款产品的限制上面，其中最值得一提的包括如下这些政策：取消利率上限并允许发放浮动利率抵押贷款、允许最终使金融行业变得非常集中的收购兼并、彻底放开金融衍生品市场——包括抵押贷款支持证券市场和信用违约掉期市场。与此同时，监管力量大大削弱了，新的金融产品也都未经事先审查就可以直接上市。

必须承认，金融行业解除管制运动也有一定的意识形态合理性基础。作为一个类比，不妨考虑一下电子市场——这个市场几乎没有任何管制，而且运行得非常良好。消费者都自由地进行决策，不会给他人造成损失。即使某些企业在竞争中失败了（例如数字设备公司、Gateway 公司、RCA 公司，等等），整个电子经济也不会遭受多大损失。竞争对消费者有利的信念，是自由市场保守主义的核心。在各行各业的解除管制运动中，都可以看到这个信念的影响。解除管制运动始于卡特担任美国总统的那些年间，之后很快席卷了几乎所有行业，在交通运输业和电信业中似乎尤为成功。此外，即使解除管制会使某个行业只剩下少数几家大公司，提高效率所带来的收益也有可能超过垄断所导致的成本。例如，以1980年《斯塔格斯铁路法案》（Staggers Rail Act）的通过为标志，铁路行业的解除管制似乎就是一个巨大的成功——尽管今天美国东部和西部都只有两条主要的铁路干线。在罗纳德·里根宣誓就任美国总统之前，保守主义的意识形态早就蓄势待发了。许多人都坚信，不受管制的市场才是好的，而且行业集中本身也并不是一件坏事。①

不过，接下来再让我们比较一下电子行业和医疗保健行业。现在暂且假设，在医疗保健行业内，我们或许仍然会任由消费者自行做出决策——这样一来，就不再需要处方了，而制药企业也可以不受监督，食品及药物管理局（Food and Drug Administration）也被取消了，因此所有东西都可以随意出售。这样一来，肯定会有一些超级企业（比如说"美国医院"或"花旗医疗"什么的）来经营一些医疗设施，而任何一个庸医都可以随便租个场地便为病人做手术了。学校也不会要求孩子接种疫苗。极端自由主义者或许会支持这样一个完全不受任何约束的医疗市场，但是大多数美国人应该不会。首先，关于医疗质量的信息是很难获得的，因此我们大多数人都希望有一个可靠的、没有利益冲突的第三方来告诉我们药物是否安全、外科医生的水平是否足够高。其次，有的个人可能做出一些很"坏"的个人决定，危害他人健康，甚至可能导致流行病爆发，产生系统性风险。

在这里，不妨回顾一下能源市场解除管制的过程和后果，它很有启发性。1992年《能源政策法案》（Energy Policy Act，简称EPACT）获得通过后，原来的《电力公用事业控股公司法案》（Public Utility Holding Company Act，简称PUHCA）被废除。《电力公用事业控股公司法案》在电力行业的地位相当于1935年通过的《格拉斯—斯蒂格尔法案》在金融行业的地位，该法案被废除带来了极大的政治风险。根据《电力公用事业控股公司法案》的规定，原先的大多数公用事业企业都是垂直一体化的，从发电到输电，再到配电等所有业务都由同一家企业运营。《能源政策法案》则允许电力行业进行重组，这样一来，上述三项业务往往就会被分割开来，分别由独立的公司来运营。

---

① 当然，在另一方面，杰斐逊式的强调行业集中的代价的传统在美国政治中也有很强的生命力，它是19世纪后期以来出台的反垄断政策的推动力。

美国加利福尼亚州的能源行业"重组",虽然得到了共和党州长皮特·威尔逊和控制议会的民主党的支持,但是结果却证明它是行不通的。当地的公用事业企业,如太平洋天然气公司(Pacific Gas)和电力公司(PG&E),被迫卖掉了它们的发电厂。但是政治因素却人为地增大了风险,因为加利福尼亚政府不允许电力分销企业签订长期合同,相反,它们必须到"现货"市场上,从能源批发商那里购进电力。同时,电力分销商还被迫以低价售电。现在臭名昭著的安然公司就是在那个时候进入能源批发商行列的。市场完全放开、不受任何有效监管之后,安然公司通过有选择性地以设备维护为名关闭发电厂的方法,精心地操纵着电力现货市场。① 在整个加利福尼亚州,停电事故不断发生(但是,依然保留了垂直一体化的"社会主义"公共电力运营模式的洛杉矶市和萨克拉门托市,则幸运地不在其内)。不久之后,电力公司被迫申请破产。在这种情况下,极化政治的特产之一——指责游戏正式登场。保守派指责民主党州长加里·戴维斯,但是事实上,他不过是接手了一个已经完成了重组的市场。自由派则指责安然公司。加利福尼亚州的实验遭到了惨败后,许多州都搁置了重组能源行业的计划。在此之后,已经完成重组的那些州已经很难再回到解除管制前的状态了,而此前没有开始重组的另外一些州则再也无法推动重组了。这种结果再一次证明了,在美国的政治制度下,"现状"的力量是非常大的。

在我们看来,与金融市场更接近的是医疗保健市场和电力市场,而不是电子市场。决定购买一部智能手机的经济意义,显然不能与决定购买一幢房子的经济意义同日而语;另一方面,消费者在购买纸巾时,可以不断试错、不断学习,但是在做一个膝盖手术或者申请住房抵押贷款时,却几乎没有什么学习的机会。从一个贪婪的放贷人那里申请了一笔抵押贷款的后果,无异于让庸医做了一个不必要的大手术。金融市场失灵可能导致系统性风险——就像电网故障导致停电一样,整个经济都可能陷入黑暗。

当白宫、国会和独立的监管机构开始着手解除金融市场的管制时,它们似乎都觉得这个市场更像电子市场,而不像医疗保健市场。此外,自由市场

---

① 请参阅贝瑟尼·麦克莱恩和彼得·艾尔金德的著作的第17章(McLean and Elkind, 2003)。

保守主义作为一种意识形态，本身就不承认这些市场之间存在着根本的差异。当这些观念背后又有强大的利益推动力量时，金融市场解除管制也就成了一个不可避免的结果了。

在金融监管领域，第一个有利于泡沫生成的政策变化的动机与房利美的私有化一样，也是为了将一个重大的预算内问题转换为预算外问题。这个问题就是出资救助20世纪80年代发生的储蓄与贷款协会危机。这些经营储蓄与贷款业务的非银行金融机构——即人们所称的储蓄与贷款协会——原来受到了严格的监管。在这个行业刚刚兴起时，储蓄与贷款协会在很大程度上其实可以说是一种不以盈利为目的的机构，因为它们只能接受存款并发放固定利率住房抵押贷款，而且存款利率和贷款利率都受到严厉的管制。但是，到了20世纪70年代末期，由于储蓄业务开始面临越来越激烈的竞争（主要来自货币市场互惠基金），绝大多数储蓄与贷款协会都变成了完全以追求盈利为目的的企业。与此同时，由于保罗·沃尔克领导的美国联邦储备委员会为了结束20世纪70年代以来的通货膨胀，收紧了货币政策，导致这些储蓄与贷款协会的盈利能力又受到了进一步的打击。随着利率的急剧攀升，储蓄与贷款协会不得不以很高的利率支付存款利息，而它们已经发放出去的贷款却只能以更低的利率给它们带来回报。储蓄与贷款协会危机爆发了。

面对危机，联邦政府却没有通过对储蓄与贷款行业进行审慎改革来回应。因为这样的改革必定需要该行业的存款保险人，即联邦储蓄和贷款保险公司（Federal Savings and Loan Insurance Corporation，简称FSLIC）的参与，因为将破产的储蓄与贷款协会关闭后，必须由它来清偿对存款人的债务。然而，当整个储蓄与贷款行业陷入偿付危机时，联邦储蓄和贷款保险公司却没有足够的资金。要满足它的资金需求，联邦预算赤字就会大幅上升，而这在政治上是非常不受欢迎的。因此，当时的国会和总统的决定是，解除对该行业的管制，让这些储蓄与贷款协会自行为"起死回生而下赌注"。

国会于1980年通过《存款机构放松管制和货币控制法案》（Depository Institutions Deregulation and Monetary Control Act）是解除管制的一个重要步骤。这部法案在国会通过时出奇地顺利：最终投票时只有39名众议员反对，而对其会议报告，也只有14名众议员反对，而且反对者的意识形态立场也是分散的。类似地，这部法案在参议院通过时，也只有9名参议员投票反对。

1980年《存款机构放松管制和货币控制法案》确实反映了各地选民与华尔街之间的紧张关系，对于这种紧张关系，我们在第4章中已经进行过描述。一方面，参议院在该法案中添加了一个修正条款，该条款明显增加了那些已经获得了联邦保险的金融机构的道德风险。该修正条款剥夺了美国联邦储备委员会强制不属于联邦储备系统的银行建立法定准备金制度的权力，而这些银行绝大多数都是小型的地方性银行。另一方面，1980年《存款机构放松管制和货币控制法案》不仅取消了利率管制，而且凌驾于所有州一级的有关监管法规之上且肆意践踏之。

利率管制取消后，偏好风险的那些贷款人就会通过支付比自己的竞争者更高利息的方法来吸引存款。但是，因为这些存款是有保险的，故存款人的存款并没有风险。因此，存款保险制度给了一些原本已经破产的"僵尸储蓄与贷款协会"一个机会，使它们能够运用新吸收的存款去进行风险更高的投资。由于缺乏适当的监管，取消对利率的管制后，联邦储蓄与贷款保险公司面临的道德风险增加了。与此同时，不受监控的贷款人也有强烈的激励去以更高的利率向风险更高的贷款人发放贷款。这样一来，住房抵押贷款发放人的行为方式就变得更接近于发薪日贷款人了，而与利率受到管制的那个时期的保守行为相去甚远。

在当时，重新进行利率管制的想法非常不受欢迎，但是，设置利率上限、禁止高利贷至少可以实现两个重要的经济目的。第一，这些管制措施会改善信贷配置，因为低收入的、高风险的借款人将不会进入住房抵押贷款市场。当然，这种"贷款配给"可能会损害穷人的利益，但是要帮助穷人、减少穷人的债务，更好的办法多得是。第二，正如经济学家爱德华·格莱泽和何塞·施可曼曾经指出过的，在一定意义上，利率上限和反高利贷法可以说是对穷人的一种社会保障。在一个不受任何管制的市场中，如果穷人的贷款需求上升了，为了获得贷款，那么他们就得相互竞争，而这会促使利率进一步提高。反高利贷法能够约束这种竞争，是防止利率上升的一个制动器。①卡特总统及其领导的政府之所以急于解除利率管制，主要的动机在于帮助相关行业，而不是出于消费者利益的考虑。1980年《存款机构放松管制和货币

---

① 请参阅爱德华·格莱泽和何塞·施可曼的论文（Glaeser and Scheinkman, 1998）。

控制法案》很可能增加了储蓄与贷款行业的风险。在储蓄与贷款协会危机中，已经在联邦存款保险公司投保的储蓄被大量用于高风险的投资，这一点与 2008 年金融危机如出一辙。因此，这部法案筑就了通往次贷危机的第一个台阶。

就在储蓄与贷款协会危机愈演愈烈的时候，1982 年《加恩—圣杰曼存款机构法案》（Garn – St. Germain Depository Institutions Act）又为储蓄与贷款协会（以及其他贷款人）提供了一些新的冒险机会。与 2008 年金融危机关系最大的一个"机会"是，金融机构可以发放浮动利率抵押贷款了。从理论上说，浮动利率抵押贷款应该是一个可以保证借贷双方都能够获得一定好处的产品。抵押贷款利率实现了指数化之后，一方面，贷款人从发放出去的长期贷款中获得的利息不会再少于支付给存款人的利息，从而有效化解了所谓的利率期限不匹配风险；另一方面，愿意承担未来利率上升的风险的借款人也能够以较低的预期利率获得抵押贷款。

但是，由于对浮动利率抵押贷款合约几乎没有任何监管，所以贷款人很快就创造出了大量复杂的抵押贷款产品，速度之快简直令人目不暇接。每个抵押贷款产品都包含了一些使人眼花缭乱的条款，但是，设计它们的目的根本不是保证贷款人和借款人双方可以适当地分担风险，而完全就是为了迷惑经验不足的借款人的。例如，许多浮动利率抵押贷款产品都把最初的两三年的利率定得很低（这是一个"诱饵"），然后突然把利率调高许多。这些钓饵式贷款不仅对一些专业人士颇具吸引力，他们"自信"自己的工资收入将会随着时间流逝而不断上升；对那些策略性买家——即希望在不断上涨的房地产市场中倒腾房子的投机客——也非常有吸引力（或者，至少在房地产泡沫破灭前是如此），但对于那些经验不足且无法承担这种长期贷款合约的后果的借款人来说，它们就是灾难性的了。金色西部金融公司所创造的所谓"多选一还款"抵押贷款也与此类似。再者，在进入 20 世纪 90 年代之后，贷款人纷纷不正当地调高了利率，这实际上相当于肆无忌惮地欺诈借款人。

诸如此类的钓饵式抵押贷款，其实只是导致泡沫不断膨胀的花样翻新的抵押贷款中的一种。贷款人在没有证实借款人的收入和资产状态时，也会发放贷款。他们还发放了大量首付比例非常低的贷款，以致当房价下跌时，贷款资产比非常高的借款人纷纷选择策略性违约。① 但是从总体上看，许多被愚弄、被唆使购买了房子的购买者，当初都是在这些钓饵式抵押贷款合约的低利率或无利率还款的诱惑之下，进入房地产市场的。如果这种新奇的浮动利率抵押贷款从来没有出现过，那么次贷危机的危害将会小得多。

在20世纪80年代发生在金融行业的诸多变化中，越来越复杂的抵押贷款可能是对房地产泡沫影响最大的一种，不过尽管如此，金融监管环境的其他变化对于泡沫的生成和扩大也发挥了很大作用，它们包括：

1. 为了让那些实质上已经破产的储蓄与贷款协会继续运行下去，使联邦预算不至于被这些乱七八糟的东西所玷污，金融行业的会计标准被大大地放松了。

2. 为了保证储蓄与贷款协会能够更好地为自己的"起死回生而下赌注"，联邦政府允许它们在经营传统的住房抵押贷款业务之外，向其他领域扩张。到了20世纪80年代末，它们的业务范围就已经"无所不包"了。

3. 鼓励私营部门参与抵押贷款支持证券业务，而关于这类证券的州一级的管制法规则完全被漠视了。②

4. 作为对储蓄与贷款协会危机的总结性回应，联邦政府通过了《1989年金融机构改革、复兴和强化法案》，并根据这一法案创建了一个监管机构——储蓄机构监理局。后来的事实表明，这是一个非常弱小的监管机构。华盛顿互惠银行、因迪美银行（IndyMac）、美国国际集团等都选择了储蓄机构监理局来作为自己的监管者，以此来规避美国联邦储备委员会的监管。

---

① 请参阅克里斯托弗·杰拉迪、亚当·黑尔·夏皮罗和保罗·威伦的论文（Gerardi, Shapiro, and Willen, 2008）。

② 国会于1984年通过了《次级抵押贷款市场促进法案》，在当时，抵押贷款支持证券市场上95%的这类证券都是由政府和政府支持企业发行的。特别值得注意的是，大卫·布莱克纳（Bleckner, 1984）在第一时间就准确地预测到了后来出现的与这个市场的私有化有关的几乎所有问题，包括把私人评级机构当作可靠的信息源，认为它们会保障投资者的利益。当时，解除管制的呼声非常强烈，以至于1984年《次级抵押贷款市场促进法案》在众议院和参议院都是以口头表决形式通过的。请参阅以下网页的内容：http://thomas.loc.gov/cgi-bin/bdquery/z?d098:SN02040:@@@R（本书作者于2012年2月8日登录过）。

面对储蓄与贷款协会危机，美国联邦政府的反应是解除管制，对那些"害群之马"却没有进行实质性的惩罚。在 21 世纪初，当一系列会计丑闻被曝光后，联邦政府依然因袭了这种做法。虽然为安然公司提供服务的会计事务所阿瑟·安德森宣告破产，并被彻底清除出了会计和审计行业，但是其他四大会计师事务所却都"大而不倒"，尽管它们也卷入了那些丑闻。作为对会计丑闻的回应的《萨班斯—奥克斯利法案》，对金融行业的威慑力也严重不足。因为最严重的会计丑闻涉及的是安然公司、世通公司以及其他一些非金融行业的企业，所以《萨班斯—奥克斯利法案》所针对的并不是金融行业的问题。不过尽管如此，如果监管者真的愿意，那么他们还是可以在这部法案中强化公司会计标准的。这些标准当然也适用于金融行业的公司。安然问题的实质是将亏损隐藏在资产负债表外的"特殊项目"内。类似地，在金融泡沫中，银行也发明了许多资产负债表不能反映的工具，它们发挥了极大的杠杆作用，并有效地规避了巴塞尔协议关于银行资本金的要求。一切都没有变：华尔街创新什么，华盛顿就接受什么。

除了解除管制之外，金融创新也在金融危机中发挥了关键性的作用。如果住房抵押贷款证券化的形式没有出现后来出现的那些变化，那么住房抵押贷款市场的各种问题本来是不会发展成为一个严重的危机的。这个方面的金融创新主要包括以下一些：私人发行抵押贷款支持证券，对这些普通机构抵押贷款支持证券进行分级，创建为这些证券提供保证的信用违约掉期市场，等等。但是，最重要的创新则与上述这些工具被杠杆化的程度有关。在其他一些国家（例如在德国和新西兰），抵押贷款的证券化是以资产担保债券的形式实现的。与美国不同，这些资产担保债券的发行者必须拥有足够的资本——足以弥补作为所发行的债券的基础的抵押贷款可能发生的全部损失。此外，在这些国家，万一出现了违约情况，投资者不仅可以起诉发行银行，而且可以申请冻结作为所发行的债券的基础的抵押贷款。①

不过，在对这些金融创新的细节进行深入分析之前，我们必须首先强调一点，那就是，它们之所以能够出现，除了要归功于华尔街人士的"聪明才智"之外，至少还要在同样大的程度上归功于**意识形态、利益和制度**的有效

---

① 请参阅维勒尔·阿查里雅等人的著作（Acharya et al., 2011: 118）。

互动。在第3章中，我们已经指出，在泡沫不断发展的十几年间，金融行业——尤其是与泡沫高度相关的那些子行业——的竞选捐款一直在急剧地增加。我们还证明了，提供高风险的金融产品的金融企业和行业组织在院外游说活动中也表现得特别活跃。当比尔·克林顿、鲍勃·鲁宾和拉里·萨默斯阻止布鲁克斯里·波恩对衍生品进行监管时，他们的行为显然不仅仅反映了他们坚信市场能够实现自我调节的自由市场保守主义信念，而且也反映了他们在华尔街的支持者的意愿。在克林顿结束了总统任期之后，他们3个人仍然能够从金融行业获得不少好处——鲍勃·鲁宾和拉里·萨默斯甚至直接在华尔街谋到了新职。

在一定意义上，导致泡沫产生的各种金融衍生品都部分地依赖于掠夺性的抵押贷款。好几个州，甚至连传统的"红州"、一直坚定支持共和党的北卡罗来纳州，都决定对抵押贷款进行监管。但是，直到2005年，国会内外的各种势力却使国会走向了另一个方向。共和党议员鲍勃·奈伊和民主党议员保罗·坎乔斯基起草了一部法案，试图"先占"所有关于掠夺性抵押贷款的州法律。*民主党议员布拉德·米勒也提出了一部法案，该法案将会把北卡罗来纳州制定的严格标准推广到全国。但是，由于立法僵局的存在，这两部法案都未能获得通过。事实上，在2000年至2006年间，国会议员们提出了16部与米勒的法案类似的法案，但是没有一部最终变成了法律。强大的游说力量，尤其是由高风险贷款人进行的游说活动，已经使这些制度障碍变得牢不可破了。①

在这样一个年代里，华尔街可以非常有把握地预期，华盛顿不可能加强监管，因此新的金融产品层出不穷也就丝毫不值得大惊小怪了。事实上，由于联邦政府对每个警示信号——长期资本管理公司、安然公司、世通公司、

---

* "先占"，指法律优先适用。根据美国宪法，当州法律和联邦法律存在冲突或不相一致时，联邦法律优先适用。另外，在普通法系中，根据"依循先例原则"（stare decisis），一个案件的判决也被视为对未来有法律影响的先例（precedent），这在法源上被称为普通法（common law），也是"先占"的一种形式。在本书中，"先占"主要指前一种情况。——译者注

① 请参阅德尼兹·伊岗、普拉奇·米什拉和蒂埃里·特雷塞尔的论文（Igan, Mishra, and Tressel, 2009）。

奥兰治县的破产——几乎都没有做出任何反应,华尔街确实有理由认定,金融"创新发展"将会一路绿灯。

普通机构抵押贷款支持证券是 1977 年率先由所罗门兄弟公司(Salomon Brothers)和美国银行发行的,发明这种证券的刘易斯·拉涅利因而名噪一时。在这种证券刚问世的时候,全美国只有 15 个州认为它是合法的投资对象。① 到了 21 世纪初,在金融行业锲而不舍的努力游说下,这种创新被成功地逐渐推广到了全国。

当投资者在购买某种抵押贷款支持证券时,他们会希望,作为该证券的基础的抵扣贷款的质量是有一定保证的。但是,在一个不受管制的金融市场中,至少有三种途径都会导致虚假陈述。第一,如果抵押贷款的发放者的利益与他们发行的抵押贷款能否提供稳定的利息无关,他们就有动机提供不真实的贷款质量信息和欺诈性的贷款文件。第二,如果抵押贷款证券的创造者的目的是将它们出售给他人,那么他们也就没有很大的动力尽职尽责地对抵押贷款发放者提供的文件进行核查。② 第三,受雇对这些证券进行评级的信用评级机构有很强的激励去保证客户满意,因而它们对有关的风险往往陈述不足,或者轻描淡写,或者大而化小之。

私人发行的抵押贷款支持证券存在的上述问题又因证券分级而进一步复杂化了。1997 年,摩根大通的信用衍生品部门设计出了两种金融创新产品,其中一种是可以将各种不同的公司债券汇集到一个证券池中,组成一种统一的证券,然后再将这种证券划分为几个系列,即划分为几级。最低一级违约风险最高、现金流最差,这一部分证券只拥有对现金流的索取权但没有对资产的求偿权。如果评级机构给出的评级不准确,持有基于次级债券的债务抵押债券的投资者就会面临极大的风险。③ 等级最高的那个系列最不容易受抵押

---

① 请参阅麦克·麦克纳米的文章(McNamee, 2004)。
② 2012 年年初,瑞士信贷(Credit Suisse)的 3 位交易员被起诉,原因是他们在抵押贷款支持证券交易中有欺诈行为。起诉书称,他们的诈骗动机是争取更高的年度奖金。这又是一个是否与自身利益相关的激励问题:交易员的奖金是由短期业绩而不是长期业绩决定的。详情请参阅彼得·莱特曼和彼得·伊文思的报道(Lattman and Eavis, 2012)。
③ 请参阅克里斯托弗·富特、克里斯托弗·杰拉迪和保罗·威伦的工作论文(Foote, Gerardi, and Willen, 2012)。

证券的价值下降的影响。因此，最高一级即优先级被认为基本上是没有风险的。但是，为了保证投资真正地没有任何风险，美国国际集团又同意发行信用违约互换合约，为这些投资提供保险，以换取微薄的收益。到了1999年，创新进一步延伸到了消费者债务，其中最主要的是消费者抵押债务。在这方面，摩根大通的眼光高出同侪，它认为抵押贷款的风险比企业债券更高，所以几乎没有参与这种对抵押贷款进行"分割组合"的业务。① 但是，其他金融机构则积极地参与了进来，并且一路狂奔下去。

　　面对金融市场的层出不穷的产品创新，华盛顿是如何应对的？它几乎什么都没有做——只要这些创新没有违反现行法律，又何必多事呢？！而且，如果现行法律不便于金融创新，游说者会保证它们得到"适当的"修订。这个过程与自由市场保守主义的意识形态非常契合——无论什么产品，只要受到市场欢迎就行：如果人们心甘情愿地掏钱买票去看查理·辛的电影，或者购买由"鲁莽的少数"人，例如罗杰·克莱门斯和玛莎·斯图尔特代言的产品，那就由他们去吧，因为"萝卜白菜，各有所爱"嘛，这不会造成多少损害的！但是，新药物是不能直接拿到消费者有"选择自由"的市场上销售的。这是因为，一种药物在上市之前首先要经过一个复杂的审批程序，需要对它进行严格的测试。像能够被用来生产冰毒的盐酸伪麻黄碱这样的药物，受到的监管则还要更加严格一些。虽然很多人可能对医疗保健领域针对新药的各种具体法规有所不满，但是基本上不会有人会要求完全放弃对新药的监管。医药产品的质量问题往往会导致不可逆的严重后果。沙利度胺会导致婴儿畸形，这种产品可能造成非常严重的危害，而没有多少人青睐的"苹果牛顿"（Apple Newton）牌掌上电脑是不可能造成类似的危害的。然而不幸的是，自由市场保守主义者认为金融产品更像消费类电子产品，而不像药物。

　　更糟糕的是，《2000年商品期货现代化法案》在很大程度上取消了一切有关衍生工具的监管的法规。当然，最糟糕的是，这部法案还规定，在破产清算时，衍生品持有者的受偿权优先等级比债务持有人更高，因此，投机成性的投资银行家更容易比债券持有人获得补偿。在比尔·克林顿签署了《2000

---

① 请参阅吉莉安·泰特的著作（Tett, 2009）和唐纳德·麦肯齐的文章（MacKenzie, 2009）。

年商品期货现代化法案》和《格拉姆—里奇—比利雷法案》后，衍生品市场趋于狂热，这种趋势在小布什担任美国总统后更加明显。达拉斯联邦储备银行最近发表的一篇工作论文表明，非优质住房按揭贷款支持证券和信用违约掉期合约的"爆炸"，都出现在《2000年商品期货现代化法案》被通过之后。①

除了放松对衍生品的监管之外，国会还采取了其他一些促进抵押贷款发放的"小"举措。2000年，国会通过了《美国促进住房自有和经济机会法案》（American Homeownership and Economic Opportunity Act）。该法案的目的是为抵押贷款（包括反向抵押贷款）提供资金支持，帮助穷人、老人和残疾人获得抵押贷款，使其拥有自己的住房。这部法案在众议院是以口头表决的形式通过的，而在参议院则获得了一致同意。此后，《2003年美国梦首付款法案》也被参议院一致同意通过（它在参议院也没遭到任何反对）。② 时任美国总统的小布什在签署这部法案时显得豪情万丈，他说，这部法案将成为建设"所有权社会"的一个有力的手段，因为每年联邦政府都将提供"2亿美元的首付款补助"，帮助"至少40 000个低收入家庭"获得自己的住房。③ 在这个政治严重极化的时代，平等主义者和自由市场保守主义者终于在住房问题上走到了一起。

不过说到底，在涉及政府支出的真金白银时，这些法案其实都是夸夸其谈的成分居多，它们对于预算的影响实际上非常有限。根据美国国会预算办公室的估计，《2000年美国促进住房自有和经济机会法案》的预算净成本为1亿美元。④《2003年美国梦首付款法案》提供了每年2亿美元的首付款补助，但是国会真正的拨款却远远没有这么多——最多的一年是2004年，当年国会的该项拨款为8 700万美元。而到了2008年之后，每年的拨款额更是下降到了1 000万美元左右。⑤ 华盛顿也许真的愿意为穷人解决住房问题提供帮助，

---

① 请参阅约翰·杜卡、约翰·缪尔鲍尔和安东尼·默菲的论文（Duca, Muellbauer, and Murphy, 2011）。
② 一些保守派团体（例如传统基金会）反对这部法案，说它"在财政上是不负责任的"。请参阅罗纳德·厄特的文章（Utt, 2003）。
③ 请参阅小布什签署法案后的讲话（Bush, 2003）。
④ 请参阅国会预算办公室的报告（Congressional Budget Office, 2001）。
⑤ 请参阅美国住房与城市发展部的报告（U. S. Department of Housing and Urban Development, 2011）。

但是它所愿意付出的，与华尔街从债务抵押债券和住宅抵押贷款支持证券所获得的收益相比，实在微不足道。这两部被冠以"美国"大名的法案放宽了贷款人的标准，从而为泡沫提供了更多的热空气。

新的金融产品的开发，因金融市场上计算机技术的普及和互联网的引入而变得更加便利。1998年，长期资本管理公司破产时，纽约联邦储备银行认为有必要进行干预，因为不然的话，可能会出现系统性风险。长期资本管理公司所追求的商业模式涉及高深的数学模型和复杂的交易策略，而如果没有高速计算机，这些都是不可能的。2010年5月出现的"闪电崩盘"事件也是由高频交易策略失误造成的，这种交易策略也依赖于极高的运算能力。然而，政府却允许这样的交易策略无须审批就可以直接投入运用。正如美国证券交易委员会主席玛丽·夏皮罗所公开承认的，政府甚至没有能力迅速搞清楚到底发生了什么事。

互联网和高速运算能力的普及也有助于金融全球化。美国国际集团的救助资金的很大一部分最终是由许多外国银行落实的，它们包括巴克莱银行、德意志银行、瑞士信贷银行和瑞士联合银行集团。这也就是说，由次贷危机引发的系统性风险扩展到了全球，而不再仅仅局限于美国。美国市场的全球化的一个影响是，许多人会据此争论道，必须放宽金融监管，不然商业活动就将转移到美国国外。然而，在嘈杂的政治争论中，全球化的另一种可能影响是，有朝一日，美国政府会不会必须求助外国银行，这种担忧却鲜有人提及。

行业集中与监管萎缩

如果少数几家巨型金融企业主宰了整个金融市场，系统性风险就会进一步增加。当美国最大的保险公司美国国际集团垄断了信用违约市场时，监管机构几乎完全不加关注。类似地，通过收购高风险资产，商业银行的规模也变得越来越大；在这一方面，美国银行兼并全国金融服务公司、美联银行兼并金色西部金融公司，都是很好的例子。自由市场保守主义者对政府干预的反对以及他们出于维持预算平衡考虑而限制政府关闭实际上已经破产的银行的做法，都有利于银行业的合并。在2005年的《环球金融》(*Global Finance*)杂志全球大银行排行榜上，共有8家美国银行跻身前50名，它们是花旗集团、摩根大通、美国银行、美林、高盛、美联银行、富国银行和所罗门兄弟。而到了2009年，上述8家银行当中已经有3家不复存在了。在2005年，美联银行原本是美国第四大商业银行。此外，美国第六大商业银行华盛顿互惠银行也被兼并了。

在金融行业过度集中的情况下，一家或几家巨型企业的崩溃很容易拖累整个经济。由于抵押贷款市场已经完成了从大部分抵押贷款都由小机构分散持有向几乎所有抵押贷款都被证券化为抵押贷款支持证券的历史转变，这种危险变成现实的可能性更大了。无论身处何地，抵押贷款发放人实际上都成了国内和国际的证券市场的参与者。在对历史数据进行相关性分析的基础上，人们在用数理模型来为这些证券定价时假定，各地的房地产价格变化的地理差异是不显著的。但是，这些模型却没有考虑到，证券化的流水线作业已经从根本上改变了整个市场。

这条流水线的一个重要组成部分是证券的评级。所有证券的评级都是由穆迪、标准普尔、惠誉这三家评级机构决定的。如果这三家评级机构所出具的报告全部都是有偏差的，那么所有抵押贷款支持证券包含的错误信息就肯定是高度相关的；所以，只要有一个人出了差错，那么所有人就非常有可能都难以置身其外。再者，虽然抵押贷款证券化的基本思想是利用不同抵押贷款来分散风险，但是，最终出现在市场上的却是数以百万计的债务抵押债券，它们不仅是高度相关的，而且从统计学的角度来看，几乎是完全等价的。因此，任何一家公司，如果试图通过大量投资于抵押贷款支持证券来分散风险的话，都肯定会事与愿违，因为那只能使它自己面临的风险更加集中。

泡沫在不断地膨胀，华盛顿却听任金融行业变得越来越集中；而且，对于新的金融产品和新的金融市场结构，它也采取了袖手旁观的立场。监管失败的一个直接原因是监管资源不足。新市场一直在爆发性增长，但是监管资源的扩张却跟不上它的脚步。从联邦存款保险公司、美国联邦储备委员会、美国证券交易委员会和美国期货交易委员会等监管机构的预算和工作人员的增长情况中，可以非常清楚地看出这一点。

图5.3可以很清楚地说明这个问题（这张图复制自美国期货交易委员会的2012年预算）。美国期货交易委员会指出，在泡沫肆虐期间，该"机构的全职等效雇员人数一直在减少——从1999财政年度的567人下降到2007财政年度的

437人,下降幅度高达23%;而在同一时期,期货和期权市场却扩大了5倍"。①这种下降趋势在很大程度上是自由市场保守主义者认为市场可以实现自我监管、反对扩大税收的信念的反映。在2010年,美国证券交易委员会和美国期货交易委员会两大监管机构的总雇员人数仅为大约4 400人,同时联邦存款保险公司的雇员大约为7 000人。相比之下,美国食品和药物管理局,再加上美国疾病控制和预防中心(Centers for Disease Control and Prevention)拥有的员工超过25 000人。事实已经证明,"有毒资产"对国家的健康是极其有害的(直到最近,"有毒资产"这个标签才被应用于各种新的金融产品上)。然而可惜的是,只有在泡沫破灭之后,人们才能看清楚它们的毒性。

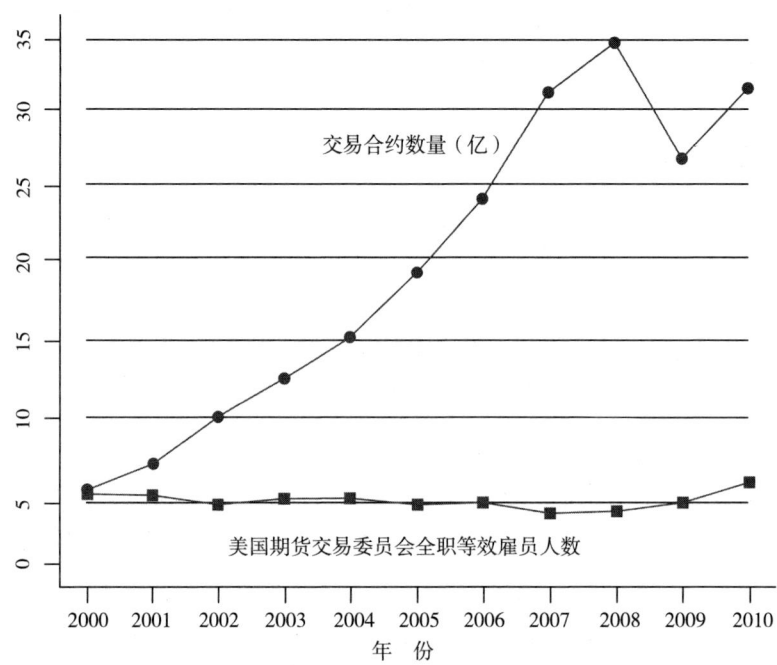

图5.3 期货合约和期权合约数量的增长与美国期货交易委员会全职等效雇员人数的增长的对比＊

＊图中给出了美国期货交易委员会全职等效雇员人数(FTE)与期货合约和期权合约的交易量(百万)。从图中可见,期货合约和期权合约的交易量一直在急剧扩大,而美国期货交易委员会全职等效雇员人数却几乎没有任何增长。
资料来源:美国期货交易委员会(2011)。

---

① 请参阅美国期货交易委员会的报告(Commodity Futures Trading Commission,2011:4)。

表 5.2　金融市场解除管制大事记

年份	内容
1978 年	最高法院放宽了对消费者信用卡利率的管制；缅因州允许总部位于其他州的银行在本州开展业务，到了 1992 年，除了夏威夷之外，全部州都通过了类似的法律；
1980 年	《存款机构放松管制和货币控制法案》通过，利率管制被取消；
1982 年	《加恩—圣杰曼存款机构法案》通过，它允许发放浮动利率抵押贷款，允许跨州收购陷入困境的银行；
1983 年	美国联邦储备委员会允许银行控股公司收购折扣证券经纪商；
1984 年	《次级抵押贷款市场促进法案》通过，它推动普通私人机构发行抵押贷款支持证券；该法案先占了州一级的监管法律；
1987 年 1989 年 1996 年	美国联邦储备委员会扩大了银行的证券承销业务的范围；
1989 年	为了解决储蓄与贷款协会危机，《金融机构改革、复兴和强化法案》获得通过，金融监管制度开始向弱监管制度转化；
1994 年	《1994 年里格尔—尼尔跨州设立银行和分支机构效率法案》通过，它允许银行在本州兼并其他银行，允许银行跨州设立分支机构；
1999 年	《格拉姆—里奇—比利雷法案》、《金融服务现代化法案》通过，《格拉斯—斯蒂格尔法案》被废除，投资银行业务和商业银行业务之间的樊篱被拆除；
2000 年	《商品期货现代化法案》通过，衍生品市场管制被解除；《美国促进住房自有和经济机会法案》通过；
2003 年	《2003 年美国梦首付款法案》通过；
2004 年	美国证券交易委员会允许投资银行扩大杠杆；
2005 年	国会在是否立法限制掠夺性贷款的问题上陷入僵局：共和党人试图取消国家管制，民主党人则寻求加强监管。

﹡**资料来源**：桑多梅罗（Santomero, 2001）、斯特拉汉（Strahan, 2002）、阿特拉斯（Atlas, 2007）。

表 5.3　针对少数族裔和低收入群体的住房问题的立法大事记

1977 年	《社区再投资法案》通过，禁止"划红线"的传统做法，以增加低收入群体贷款为重点业务的银行要求批准合并；
1990 年	《克兰斯顿—冈萨雷斯国家保障性住房法案》（Cranston – Gonzalez National Affordable Housing Act）通过，该法案又被称为《家庭投资合伙企业法案》（HOME Investment Partnerships Act）；
1992 年	《住房和社区发展法案》第八卷《联邦住宅企业金融安全和健全法案》通过，降低了首付要求；
1996 年	《1996 年住房机会项目拓展法案》（Housing Opportunity Program Extension Act of 1996）通过；
2000 年	《美国促进住房自有和经济机会法案》通过；
2003 年	《2003 年美国梦首付款法案》通过。

* **资料来源**：美国住房与城市发展部，《保障性住房》，请参见如下网页：http：//www.hud.gov/offices/cpd/affordablehousing/；作者的笔记。

第二篇

泡沫破裂：为什么
华盛顿拖延化解金融危机？

引 言

正如我们在第一篇中已经看到的,政府几乎没有采取行动去防止泡沫失控。在第二篇中,我们要回答的问题是,如果到最后,泡沫真的失控了,政府的表现会更好一些吗(会积极采取有效的应对措施吗)?要是它真能这样,那该多好啊!

令包括我们在内的许多观察家感到非常惊讶的是,整个金融系统对于2008年金融危机发生后的反思是如此不充分,意识形态、利益、制度全都走错了方向。

正如我们将在第7章中阐明的,2008年之前就已经当选的那些国会议员的意识形态立场在金融危机爆发前后几乎毫无变化。而且更吊诡的是,在2010年的中期选举中,由于一些茶党成员被选入了国会,共和党不但成了国会的多数党,而且该党的整体立场也变得更加向右倾斜了。正如我们将会在第8章中看到的,意识形态层面对于金融危机的反应表现为一种软弱无力的民粹主义的愤怒。虽然"占领华尔街运动"的失败在很大程度上要归因于它太"左"了,但是,显得非常"右"的茶党运动却造成了相当大的影响。原因在于自由市场保守主义原教旨主义精英为"右翼"茶党指明了方向,并且提供了资金资助,比如说前得克萨斯州国会议员理查德·阿梅与增长俱乐部。

在泡沫破灭后,由于政府的紧急救助与在政府指导下展开的企业并购,又涌现出了一系列新的极具危险性的利益集团。在导论中我们已经提到过,PNC银行利用《问题资产救助计划》的资金兼并了国家城市银行。在第5章中我们也描述过,在富国银行收购了美联银行之后,在新泽西州的一个小小的银行开立的账户最终是如何"水涨船高",变成了一个大银行集团的账户的。在摩根大通收购了贝尔斯登公司和华盛顿互惠银行、美国银行收购了全国金融服务公司和美林证券之后，金融行业便变得更加集中了。另外，雷曼兄弟破产后，许多有价值的业务也被巴克莱银行接管了。结果是，金融行业变得更不具有竞争性了，许多金融机构现在甚至已经变得比"大而不倒"还要"大而不倒"了。

在最高法院就"公民联盟诉联邦选举委员会案（Citizens United v. Federal Elections Commission）"做出判决后，① 金融部门又获得了一个新的机会，可以利用它的资金来直接影响政治运动。② 由于行业已经高度集中，所以各商业银行、投资银行和保险公司能够消除所有旧分歧，使整个行业拥有共同的政治偏好，因而能够在游说过程中，始终保持一个口径，只发出一种声音。③

在泡沫破灭时，现存的政治制度严重限制了政府通过立法手段进行及时、适当的应对的可能性。在下面的第7章中，我们将阐明，奥巴马总统打算在经济领域实施的一揽子经济刺激计划和国会通过的《多德—弗兰克华尔街改革和消费者保护法案》之所以表现出了极大的局限性，很重要的一个原因在于，面对着参议院的"轴心政治人物"将以程序性阻挠议事方式进行阻挠的威胁，议程设定者不得不做出了大量妥协。在我们看来，《多德—弗兰克华尔街改革和消费者保护法案》太复杂了，为监管部门留下了太多的自由裁量权。而无孔不入的游说活动又必然会进一步扩大由于给监管部门留下太多的自由裁量权时所需要付出的代价。在这方面，最著名的两个例子是，美国期货交易委员会主席加里·金斯勒被曼氏全球金融集团的总裁、他的前高盛同事乔恩·科尔辛成功游说；摩根大通公司总裁杰米·戴蒙通过游说活动削弱了试图限制金融衍生品和外汇掉期交易的规则。在共和党人试图限制或废除《多德—弗兰克华尔街改革和消费者保护法案》的部分条款时，政治制度也表现得相当软弱无力。程序性阻挠议事的威胁也排除了提名伊丽莎白·沃伦为新

---

① 参阅美国"公民联盟诉联邦选举委员会案"（编号：558 U. S. 50, 2010）。
② 然而，截至2012年7月，金融机构和其他公司仍然没有利用这个新出现的机会，大规模地运用公司资金去进行独立的竞选活动。亚当·博尼卡估计，在假设所有未公开披露的独立政治开支都由公司承担的前提下，2010年公司用于独立政治活动的资金的上限为2.05亿美元，这一数额仅仅相当于联邦一级的全部竞选支出的5.6%。请参阅亚当·博尼卡的论文（Bonica, 2012）。
③ 马修·克利福德发现（Clifford, 2009），《格拉斯—斯蒂格尔法案》废除后，金融行业各子行业的竞选捐款变得更加一致了。

成立的消费者金融保护局局长的可能性,这迫使奥巴马总统不得不避开参议院,在参议院休会期间任命理查德·科德雷为该局的局长。① 无法达成共识还使房利美和房地美的前途问题悬而未决。

这个"三Ⅰ一体"使华盛顿在应对金融危机时变得毫无效率。其实这并不是一件值得我们惊奇的事情,因为近几十年来一贯如此,这一次当然也没有什么不同。在第6章中,我们将阐明,在历史上,这个"三Ⅰ一体"是如何决定了政府应对泡沫破灭的政策的。我们还将论证,这个"三Ⅰ一体"有助于我们解释美国政府处理金融危机时所采取的行为的一些规律性特征。然后,在第7章中,我们将会阐明,在美国政府于2008年金融危机期间及其后所采取的各种应对措施里,这个"三Ⅰ一体"是如何使这些规律性特征再一次表现出来的。而在第8章中,我们要探究的是,为什么对金融危机的民粹主义反应未能推动政治家们跨越这个"三Ⅰ一体"所造成的障碍。第9章则是一个简短的结论。

---

① 请参阅海伦·库珀和詹妮弗·斯坦哈尔的报道(Cooper and Steinhauer, 2012)。美国宪法允许总统在参议院休会期间任命一些职位(否则这些任命都需要得到参议院的认可)。

第 6 章　应对泡沫破裂的历史教训

>　　清算劳工、清算股票、清算农民、清算房地产……［一场大恐慌］将会清洗掉现行体制内的所有腐朽的东西。高额的生活费用会降下来，奢华的生活方式也会随之而去。人们将会更加努力地工作，过上更有德性的生活。社会价值观会得到矫正，人们将会远离游手好闲，变得更加积极上进。
>
>　　　　　　　　　　　——**安德鲁·梅隆，引自赫伯特·胡佛的回忆录**

美国的历史表明，政府应对泡沫的措施有 4 个共同的特征，它们分别为：

　　1. 用立法来应对金融危机和经济衰退，但通常都是有限的、滞后的。

　　2. 通常要在政治权力更迭之后才会做出应对措施。这种因政党政治而导致的政策滞后折射出了这样一种观念：引发危机的原因通常根植于现任政党的意识形态当中。

　　3. 未来的政治权力的更迭通常会改变最初用来应对金融危机的立法，而这种改变又会引发下一场危机。这一点是至关重要的，它决定了金融危机的"不可避免性"。

　　4. 美国总统、国会议员任期的短期性削弱了寻找长期解决方案的积极性。

所有上述这些特点都是我们在前面所描述过的"三 I 一体"（制度、意识形态和利益）的直接副产品。制度、意识形态刚性、特殊利益集团反对派决定了政策应对的滞后性与有限性。意识形态刚性再加上极化的政党意味着，要想推动改革，就必须实现权力更迭；而未来的权力更迭又往往会导致最初的改革措施被压缩。我们的短视往往是由我们对频繁选举的嗜好所诱发出来的。

根据这种规律性，我们提出了两个重要的假说。第一，在一个民主政治体制内，滞后性似乎是与生俱来的，或者说至少在美国这样的实施民主政治体制的国家是这样的。我们在前面讨论过，许多动机和激励因素会造成僵局，从而削弱政府干预泡沫的政策；这些动机和激励因素并不会随着金融体系的崩溃而消失不见。实际上，这些动机和激励因素反而会随着金融危机的出现而变本加厉，因为在这种情况下，"指责游戏"型政治将会大行其道。

第二，权力更迭的重要性表明意识形态严重地阻碍了对危机的及时反应。无论是赫伯特·胡佛政府被富兰克林·罗斯福政府取代，还是总统之位从小布什手中转移到巴拉克·奥巴马后所发生的事实，都证明了这一点。如果政客们确实是解决现实问题的实用主义者，那么根据目前所掌握的有关金融危机的成因的最佳证据，应该很容易对政策进行调整。但是，由于分属不同党派的政客各自恪守自己的意识形态立场，他们很难根据同样的证据得出同样的解释，这样也就阻碍了政策的调整。而且，要是新的政策违反了执政的核心理念或改变了它的惯常做法，那么选民就会这样理解：执政的政党承认自己的意识形态立场对金融危机难辞其咎。

我们认为，从美国的历史来看，上述4个特征是具有普遍性的。但是，我们也注意到，负面影响的大小直接与政党的极化程度有关。在极化程度较低的时期，比如从20世纪30年代到20世纪70年代这个历史时期（请读者回忆一下前面的图2.2），政策反应的滞后性和不适当性并没有那么明显。只要实现了政治权力的更迭，新政府就能出台大量的、相对持久的应对措施。但是，在极化程度很高的时期，例如在19世纪末期和今天，上述负面影响就会扩大。

层出不穷的泡沫：一个政治史分析

在展示上文所述的规律的历史证据之前，我们首先来简要概述一下美国的信贷市场以及可以用来应对这些市场上的泡沫的政策工具。不管是信贷市场还是政策工具，其早期的表现都非常不同于次贷危机发生时的表现。

早期的信贷市场与政治

在18世纪和19世纪，美国联邦政府很少制定宏观经济政策。在当时，人口的主要构成是农民，而农民利益的代表是民主共和党人以及他们的继承者——民主党。自1801年托马斯·杰弗逊宣誓就任总统时起，直到1861年亚伯拉罕·林肯就任总统为止，民主共和党（和民主党）一直执政，中间只有8年是例外。农民的首要的政策目标就是限制联邦政府的权力，比如在杰斐逊和安德鲁·杰克逊任职期间。① 其中最重要的一个例子是，杰克逊阻止了中央银行和全国性的银行体系的发展。当然，到了今天，利益群体已经完成了重组，主张国家干预主义的政党变成了民主党。

从1789年乔治·华盛顿当选美国的第一任总统开始，一直到1900年，美国经历了许多次严重的经济衰退（或者说是经济恐慌）。暂且先抛开美国内战及其导致的后果不论，美国在1792年、1797年、1819年、1837年、1857年、1873年与1893年都曾发生过经济恐慌。

十八九世纪的信贷市场明显不同于在2008年崩溃的"影子"银行体系。在那时候，没有一家公司会因为太大了而不能倒闭。不过，在19世纪的后半个世纪，铁路公司的发展是唯一的一个例外。如果铁路公司破产，那么它的客户将没有任何实用的可替代的交通工具可以选择，那对经济的影响将是比较严重的。因为现代《破产法案》第11章关于公司重组的规定在当时还没有出台，一旦铁路公司出现了问题，那么债权人行使自己的权利的行为就可能会导致危机的爆发。有担保的债权人可能会分别冻结火车头、车辆与铁轨，那么全国交通就会瘫痪。在这种情况下，保护铁路公司的完整性就是保护"公众利益"。事实上，铁路公司的重组工作确实都是秘密进行的，大部分兼并活动都是在摩根大通与它的竞争对手库恩—勒布财团的雅各布·希夫的主导下完成的。② 然而，摩根大通与希夫需要找到一种方法来迫使顽固的债权人

---

① 请参阅约翰·格林的著作（Gerring, 1998）。
② 库恩—勒布财团最终被雷曼兄弟兼并了。

接受重组计划。他们利用联邦法院来推动重组的步伐。① 因此实际上，摩根大通需要政府来干预私人合约，允许它支持一些私人投资者，也允许它牺牲另外一些私人投资者。当然，在重组过程当中，当有利害关系的人发生争斗时，私人寻租行为也有可能损害公共利益。因此，如果说摩根大通打碎了这些"鸡蛋"，那么它做出来的大"煎饼"是可能更加有利于公共利益的。

然而，大部分早期的信贷市场都与铁路系统不一样，它们都集中在相对较小、短期的交易上，通常不涉及金融中介机构。与2008年一样，那些年间发生的金融危机至少可以部分归因于房地产投机，尤其是发生于1797年、1819年与1837年的金融危机。房地产信贷合同都是短期性的，并不涉及中介机构。这些合同要么是在私人当事人之间签订的，要么是在私人借款者与政府之间签订的。并没有什么大型的金融机构会从某些发放并出售抵押贷款的不良之徒手中买断所有的抵押贷款，从而把市场风险集中起来。

同样，企业与消费者信贷主要表现为贸易信贷的形式。而贸易信贷的形式则表现为进口商或制造商对批发商、批发商对零售商、零售商对消费者的短期信贷。不过，消费者与金融中介机构并不存在什么信用卡债务，因为他们都是直接向杂货店与五金店赊账的。当经济生活中普遍出现了短期债务违约行为时，整个经济都会陷入困境，就像对全球经济造成了严重威胁的2008年隔夜回购资金市场风潮一样。

虽然在贸易信贷与抵押贷款市场中并不存在"大而不倒"的公司，但是，宏观经济上的金融危机还是可能会导致联邦政府和各州政府在执行政策时忽略掉道德危机。发生了3次金融危机之后，国会通过了《破产法案》，允许法院宣布个人债务人破产，从而豁免其个人承担的债务。②

《破产法案》并不是早期泡沫破灭时唯一被使用的政策工具。在1819年，房地产的债务人基本上都是那些贷款购买联邦土地的人。民主共和党人詹姆

---

① 请参阅彼得·图法诺的论文（Tufano, 1997）。
② 请参阅查尔斯·沃伦的著作（Warren, 1935）。关于债务合约的不完全性问题，请参阅帕特里克·博尔顿和霍华德·罗森塔尔的论文（Bolton and Rosenthal, 2002）。他们的理论分析表明，如果债务合约是不完全的，那么政府对债务合约的干预就是最优行为，即使当经济主体是完全理性的并且已经预期到政府将会干预的情况下也是如此。

斯·门罗就任总统时，并不想实施宪法已经授予联邦政府的宣告破产的权力。然而，他们确实也在寻找减轻他们的投票人的基础债务的方法。当时的国会也显得颇有作为（今天许多人也建议国会这样做，不过没有被采纳），它介入了债务合同，建议要么允许债务人延期还款，要么以打折的形式立即付清——折扣率为37.5%。① 这也就是说，国会投票提议联邦政府为债务人打折。国会议员在这些措施上产生了严重分歧。很少有土地债务人的那些州（这些州主要分布在大西洋沿岸）的代表，以及有许多持有大量联邦债券的民众的那些州的代表，都强烈反对这些措施，并试图阻止这些措施的实施。具体来说，通过禁止联邦政府在未来以土地信贷的方式出售土地，国会终结了联邦政府在房地产金融方面所扮演的角色，这种情况一直持续到大萧条（the Great Depression）的到来。（《1862年宅地法案》直接规定，土地可以免费使用。）

在1819年的经济恐慌期，虽然联邦政府并没有制定什么政策来解决私人债务问题，但是许多州政府却介入了此事。具体地说，许多州（特别是那些边疆州）都制定实施了冻结法（stay law）——即规定延期偿付债务的法律——以及其他一些救济债务人的措施。这些措施被最高法院裁定为是违宪的（但那已经是经济恐慌期结束之后的事情了）。② 不过，当1893年经济恐慌再次袭击美国的时候，无论是州政府还是联邦政府都没能迅速地进行干预。

总之，在十八九世纪，应对泡沫的主要政策包括：通过了全国性的《破产法案》；州政府采取了救济债务人的措施，包括延期偿付债务；联邦政府对房地产债务加以重组。另外，可能是由于运输体系的崩溃而导致的金融危机，也因实现了有利于铁路公司重组的司法创新而得以避免。

上述的其中一些政策也出现于20世纪30年代的大萧条时期。25个州通过了暂停偿付农场抵押贷款的法规。③ 在联邦一级，农场信贷管理局（Farm Credit Administration）为所有农场抵押贷款中的1/5提供了再融资援助。到1939年，联邦土地银行持有了40%的农场抵押贷款债务。联邦政府直接购买与再融资的住宅抵押贷款也达到了100万美元之巨。④ 这些抵押贷款的重组事

---

① 请参阅默里·罗斯巴德的著作（Rothbard, 1962）。
② 见"布朗森诉坎齐案"（Bronson v. Kinzie），编号：41 U.S. 311, 1 How. 311 (1843)。
③ 请参阅李·阿尔斯通的论文（Alston, 1983）。
④ 请参阅大卫·韦洛克的论文（Wheelock, 2008: 133）。

件发生在一个当时只有 3 000 万家庭且自有住房率不到 50% 的国家内。不过除此之外，在大萧条时期，还出现了一种截然不同的救济债务人的方式。在大萧条之前，几乎所有工业债券都包括一个黄金条款：允许债权人要求债务人用黄金而不是用美元来支付债务。当富兰克林·罗斯福总统决定让美元贬值的时候，这样的条款可能会导致企业的负债急剧地增加。因此，当国会同意罗斯福总统的请求，取消债务合同中的黄金条款时，就在实际上大大减少了企业的实际债务——大约减少了 31%。①

第二次世界大战之前所使用的这些政策工具，如今没有任何一项被使用。在 1981 年的经济衰退期间，政府对于农场抵押贷款延期偿付的要求视而不见，其实当时是自第二次世界大战以来最严重的一次经济衰退。[1987 年的《农业信贷法》(The Agricultural Credit Act) 是一个严重滞后的救济债务人的尝试。] 在 2008 年的总统竞选中，巴拉克·奥巴马曾经主张将抵押贷款的止赎期延长 3 个月。不过，等他正式上任后，却没有推动此项立法。参议院的民主党人想通过立法来允许破产法院预防丧失抵押品赎回权（止赎）的努力也没有获得成功。因此，住房抵押贷款的重组事宜基本上都留给了私营部门去处理。然而，正如我们将会在第 7 章中看到的，实际上几乎没有什么抵押贷款得到了重组。在 2008 年的金融危机中，华盛顿匆匆忙忙地去救助商业银行、投资银行与美国国际集团，但是它却完全不去救济小型债务人。

反对减免抵押贷款的那些人认为，减免抵押贷款会导致道德风险，在这一点上，他们与自由市场保守主义者站到了一起。他们强调，如果减免了借款人由于购买了自己永远也买不起的房子而承担的抵押贷款债务，那么，这些借款人将来也就不可能偿付其他应该支付的债务了。但是历史事实已经证明，政府对经济的干预并不会导致美国经济的崩溃。很明显，在房地产市场和股票市场出现投机泡沫后，针对债务合同的政治干预并不会永久性地损害信贷市场。对债务人来说也好，对作为整体的经济来说也好，债务重组都意味着一个全新的开始。

《1841 年破产法案》为整个经济体按下了"重启"按钮，当时的破产申请数量相当于美国白人成年男性人口的 1%。因为《破产法案》并不触及

---

① 请参阅兰德尔·克罗兹纳的论文（Kroszner, 1999）。

69%的农业劳动者,也很少涉及工薪阶层,所以这1%的人主要来自于工商业界。同样,在1930年的时候,仍然有21%的劳动力在从事农业劳动,农场抵押贷款减免有利于相当大的一部分人口。从美国以往的历史经验中,自由市场保守主义原教旨主义信徒几乎找不到什么证据来支持他们所谓的"因为道德风险,最好什么也不要做"的信念。正如我们在前面已经指出过的,住房抵押贷款减免是非常重要的。而且,在大萧条时期,当联邦政府购买住房抵押贷款的时候,紧急救助之手并非首先伸向华尔街。在20世纪30年代,商业银行仅仅持有5%的住房抵押贷款,而且那时候商业银行业的集中度也远远没有达到像现在这样的高水平。在20世纪30年代,联邦政府干预住房市场是在拯救这个市场,而不是在扼杀抵押贷款市场。同样,在取消了黄金条款后,企业债券市场实际上不但没有失败,反而变得更强大了。① 投资者并不喜欢"减记",但是他们最痛恨的是受到经济崩溃的威胁。如果说在散兵坑里没有无神论者,那么在发生金融危机的时候也应该不会有"空想家"。

通过抵押贷款减记、取消企业债券黄金合同条款、通过临时性的《破产法案》豁免整个经济体内的债务,这些措施在大萧条时期或更早之前发生金融危机的时候都被采用过,但是在2008年金融危机中却没有继续被采用。不过另一方面,亨利·保尔森与本·伯南克运用得非常得心应手的另一种政策干预措施——由政府购买银行证券——也不是什么新生事物,它在很早之前也被采用过了。在美国宪法生效后不久,美国就出现了历史上第一次经济恐慌,而美国的第一任财政部部长亚历山大·汉密尔顿就使用过同样的购买银行证券的方法,其中购买得最多的是纽约银行的证券。

对于如上所述的美国政府在泡沫破裂之后积极进行干预的历史,像肯塔基州参议员吉姆·邦宁这样的21世纪激进的自由市场保守主义者可能会感到非常惊讶。在美国联邦储备委员会介入了摩根大通收购贝尔斯登的事件,以及联

---

① 请参阅兰德尔·克罗兹纳的论文(Kroszner,1999)。考虑到作者在政治上的隶属关系,这一结果应该更加可信一些:兰德尔·克罗兹纳是小布什政府的经济顾问委员会的成员,他还是小布什任命的美国联邦储备委员会的理事。兰德尔·克罗兹纳在论文中指出,取消工业债券合约中的黄金条款能够带来广泛的经济利益。当最高法院以5:4的比例裁定维持原判后,债券和股票价格都出现了上涨。市场后来的反应与国会的意识形态斗争并没有直接的关系,而共和党议员都强烈反对取消这个条款。

邦政府接管了房利美与房地美之后，邦宁说自己觉得"一觉醒来，就到了法国了"。① 但是，邦宁所不知道的是，在以前，肯塔基州政治家（政客）们对于政府干预自由市场完全觉得无所谓。例如，在1819年的经济恐慌发生之后，肯塔基州的立法机构就通过了一部《冻结法》（该法律现在已经被废除），使债权人很难再收回债务。

相反，当政府为了应对破灭的泡沫而紧缩信贷的时候，经济发展往往会受到阻碍。在1819年的经济危机发生之后，联邦政府禁止以信贷方式出售土地，而只允许用现金买卖土地。在接下来的几年，联邦土地的销售就明显地放缓了。在美国南部，再也没有恢复到1818年的水平，而在西部也只有在1835年超过了那一年的水平。我们前面提到过的开发新边疆运动也明显地放慢了脚步。自从1820年缅因州与密苏里州以独立州的身份加入联邦之后，一直到1837年密歇根州与阿肯色州的加入，中间再也没有其他新州加入了。除了1821年限制用信贷的方式销售未来的联邦土地之外，一般说来，在十八九世纪的时候，所采取的应对宏观经济的危机的措施对债务人还是相当友好的。在危机中宽容对待债务人并没有阻止美国成为世界上经济最强大的国家，而且从1892年开始一直到21世纪都是如此。

应对泡沫破裂：滞后性与有限性

滞后性

根据我们在上面给出的第一个规律，在联邦一级，应对危机的措施的出台总是比较滞后的。《破产法案》是在经济崩溃好几年后才颁布的。1797年出现的经济恐慌实际上在1796年就已经初见端倪了，但是国会直到1800年才通过了《破产法案》；1841年的《破产法案》是直到1837年的经济恐慌发生4年后才颁布的；1898年的《破产法案》是1893年的经济恐慌发生5年后才颁布的；进入20世纪之后，这种滞后性依然如故。1907年发生了经济恐慌，而《奥尔德里奇—弗里兰法案》直到1908年才获得通过；而且这种应对措施也是相当有限的，因为协调货币政策的职权仍然被私营部门控制。而直到1913年，美国政府才对中央银行进行了重大改革，并且通过了《联邦储备法案》。

---

① 请参阅安德鲁·索尔金的著作（Sorkin, 2009：200）。

对20世纪30年代的大萧条的应对举措的滞后性表现得最为严重。股票市场是在1929年的10月崩溃的，当时赫伯特·胡佛就任总统才刚刚7个月。胡佛的财政部部长是来自匹兹堡的银行家安德鲁·梅隆，面对大萧条，他所采取的对策是静观其变，希望它能够淘汰掉那些效率低下的企业。事实上，主要的应对措施都是等到罗斯福就任总统后才做出的，包括：通过了《1933年银行法案》（Banking Act of 1933），该法案的官方名称为《格拉斯—斯蒂格尔法案》，它强制实现了商业银行与投资银行的分离；推行了存款保险制度；成立了证券交易委员会；通过了《公共事业控股公司法案》（Public Utility Holding Company Act，简称PUHCA）与《1940年投资公司法案》（Investment Act of 1940）。罗斯福总统之所以能够推动这些变革，与以下两个因素密切相关。首先，萧条异常严重，1933年罗斯福就任总统时，经济进入了一个长期的衰退期，传统银行体系的经营状况给人的感觉非常糟糕，经济的紧急程度与2008年通过《问题资产救助计划》以及2009年实行一系列刺激计划时相类似。其次，罗斯福所在的党派占据了绝对优势。从罗斯福首次就任总统之后所选举出来的四届国会（1933年到1941年）来看，在435个众议院议席中，共和党人所获得的席位从未超过169席。① 在最后的那三届国会上，在96个参议院席位中，共和党人也从未超过25席过。②

罗斯福首次就任总统之后当选的第一届国会，也就是第七十三届美国国会，历时只有短短的100天。除了进行金融立法之外，第七十三届国会还制定了许多"经济刺激"计划，从田纳西流域管理局（Tennessee Valley Authority）到民间资源保护队（the Civilian Conservation Corps），一应俱全。在1935年的时候，尽管在席位上没有占到绝对优势，但是罗斯福总统提出的这些法案还是在没有受到程序性阻挠议事的阻挠的情况下顺利地被国会通过了。在1933年，罗斯福面对的是这样一个参议院：在总共96个席位中，有36个被共和党占据，民主党未能占据足以挫败任何程序性阻挠议事的2/3多数；而且，在那个时候，国会也无法运用和解程序来达成妥协，因此罗斯福的处境也许比奥巴马还要困难。（在奥巴马担任总统后，参议院内共有40位共和党参议员，不过参议院的规则已经发生了变化，只需3/5多数通过就可以"终

---

① 请参阅美国众议院的记录（U. S. House of Representatives, 2012）。
② 请参阅美国参议院的记录（U. S. Senate, 2012）。

结辩论";同时,在采用和解程序的情况下,只需简单多数就可以通过法案。)① 那么,富兰克林·罗斯福为什么能够取得比巴拉克·奥巴马大得多的成就呢?

第一个可能的解释是,金融部门在 2009 年比在 1933 年更具政治影响力。毕竟,1933 年的改革是金融体系崩溃后的第 4 年才开始进行的。旷日持久的金融危机已经削弱了金融行业的影响力。相比之下,始于 2007 年的经济不景气却很快就结束了,《多德—弗兰克华尔街改革和消费者保护法案》油墨还未干,美国的银行业所赚得的利润就创了新纪录。此外,在大萧条时期,由于佩科拉委员会(the Pecora Commission)的渎职行为严重地伤害了金融行业的公众形象,所以,它的影响力进一步减弱了。② 但是这些可能只是一方面,因为其他指标显示,金融行业仍然具有强大的政治力量。金融行业从业者的工资数据(请参见图 2.3)表明,金融行业的工资溢价水平直到 1936 年才达到最高值。所以该行业的**相对**经济状况在罗斯福新政实施之前并没有恶化。金融行业对民主党的影响在 1933 年的时候也大致与 2009 年类似。奥巴马政府一直受到指责,说他们与华尔街抱成一团,而富兰克林·罗斯福也严重依赖于诸如伯纳德·巴鲁克、约瑟夫·肯尼迪与赫伯特·雷曼等这样的金融家。(是的,这个雷曼就是雷曼兄弟的一个合伙人。)那时候,总统竞选的财务记录的预披露制度还不是很完善,但是仍然有证据表明,在 1932 年的总统竞选中,罗斯福与民主党从金融部门筹集到了大量的资金。③

---

① 根据《1974 年预算法案》,某些有关预算的立法可以采取一种被称为"和解"的程序(当然要受到一些限制)。和解程序的主要好处是辩论的时间是有限的,因此,以这种形式进行的立法往往很难被某些议员以程序性阻挠议事的方式破坏。
② 请参阅迈克尔·佩里诺的著作(Perino, 2010)。当然,2009 年和 2010 年针对金融行业提起的损害赔偿诉讼案件并不少见。从政治的角度来看,意义最重大的是美国证券交易委员会对高盛集团操纵的以抵押贷款支持证券为基础的债务支持债券的指控。
③ 根据路易丝·欧弗洛克的研究(Overacker, 1932),在 1928 年至 1932 年,民主党全国委员会的负责人是约翰·拉斯科布,他是金融行业的一名高管,也是纽约帝国大厦的建造者。在 1928 年和 1932 年这两次总统大选中,民主党全国委员会获得的竞选捐款有大约 25% 来自"银行家和经纪人"。共和党全国委员会收到的来自"银行家和经纪人"的捐款所占的比例也大致相同。而到了罗斯福新政实施之后的 1936 年,在民主党全国委员会获得的竞选捐款中,来自"银行家和经纪人"的捐款所占的比例却只有区区 3.3%(Overacker, 1937)。

那时候，美国的最高法院是一个相当保守的机构，不过，它也提供了另一个重要的线索。债权人不仅受到罗斯福废除黄金条款的影响，还受到了被 25 个州所通过的中止用于购买农场的抵押贷款偿付的法律的影响。① 各州政府规定中止偿付用于购买农场的抵押贷款的做法似乎违反了宪法中的契约自由原则。事实上，19 世纪的法院确实认为这种取缔行为是不符合宪法规定的。然而，20 世纪 30 年代的法院——虽然非常不喜欢罗斯福所实施的《全国工业复兴法案》（the National Industrial Recovery Act）和其他措施——最终还是认可了这种做法。由于宏观经济面临着极其紧急的状况，法院决定在解释法律时不再拘泥于国父们的狭隘"原意"。② 毫无疑问，大萧条的紧急状况使共和党变得更宽容了，它已经因为胡佛和梅隆的愚蠢行为付出了巨大的代价。

由于那时候参议院还没有出现政治立场两极分化的现象，所以参议员们对大萧条的危机感基本上是一致的。我们主要是通过民主党人与共和党人的意识形态领域的得分来衡量他们之间的差异的。数据表明，从 20 世纪初开始，两党的意识形态平均得分之间的差距就已经开始减少了，而且在富兰克林·罗斯福和哈里·杜鲁门担任总统的那 16 年间减少到了历史最低水平。两极分化的瓦解不仅反映了北方与南方的民主党内部的极端自由主义者越来越少（民粹主义者也越来越少了），共和党内部也是如此。所有的北方各州也都变得不那么保守了，这是因为共和党内部出现了进步派的结果。进步主义者长期以来都在坚持不懈地传播自己的观念。所有这些，并非全部都是大萧条的直接结果。

当然，在 20 世纪 30 年代，民主、共和两党也就有关金融改革的问题不断地进行辩论，但是，从某种程度上说，这些辩论都是为了解决金融行业内部的问题而展开的。考虑一下《格拉斯—斯蒂格尔法案》吧。当国会通过这

---

① 请参阅李·阿尔斯通的论文（Alston, 1983）。
② 有关的案例包括：在抵押贷款方面，如 1934 年的"家居建材与贷款协会诉布莱斯德尔案"（Home Building & Loan Association v. Blaisdell, 编号：290 U. S. 398）；在黄金条款方面，如 1935 年的"诺曼诉巴尔的摩和俄亥俄铁路公司案"（Norman v. Baltimore and Ohio Railroad, 编号：294 U. S. 240）、"美利坚合众国诉银行家信托公司案"（United States v. Bankers Trust Co., 编号：294 U. S. 240）、"佩里诉美利坚合众国案"（Perry v. United States, 编号：294 U. S. 330）以及"诺兹诉诉美利坚合众国案"（Nortz v. United States, 编号：294 U. S. 317）。

部法案时，争议的焦点并不在要不要将商业银行与投资银行分离开来这个根本问题上，而在全国性银行可否设立分支机构、存款保险制度如何建立以及加入存款保险体系的银行必须具备什么资格等问题上。在1932年选举结束后举行的"跛脚鸭"会议上，《格拉斯—斯蒂格尔法案》被第一次送达参议院讨论。这部法案允许全国性银行在各州开设分支机构，也允许各州银行设立分支机构。这一条款导致民粹主义民主党人休伊·朗决定实施程序性阻挠议事，于是他在1933年年初做了一个长达10天的冗长发言。① 1933年3月，新一届国会组建成功之后，保守派共和党人阿瑟·范登堡成功地修正了再次提出来的法案，加快了建立存款保险基金的速度。范登堡修正案遭到了罗斯福总统行使否决权的威胁，与范登堡同属共和党的财政部部长威廉·伍丁也反对存款保险制度。② 此外，这部金融法案还受到了其他一些人的反对，直到允许各州银行也加入存款保险计划当中之后，这些威胁才最终解除。与《多德—弗兰克华尔街改革和消费者保护法案》不同的是，所有这些争议和冲突都没有严格按政党和意识形态立场划分阵营。事实上，这种缺乏组织性的冲突可以促进双方的妥协，加快立法的进程。富兰克林·罗斯福所面对的是能够向他妥协的一些政治家，这使得他的许多措施最终都能付诸实践。相反，正如我们在第一部分已经讨论过的，奥巴马所面对的则是一大群根本不愿意妥协的"空想家"。

大萧条之后的半个世纪，也就是在20世纪80年代，面对储蓄与贷款协会危机，政策应对也同样出现了滞后性（在第5章我们已经讨论过了）。③ 由于保罗·沃尔克领导下的美国联邦储备委员会突然提高了利率，随之而来的便是1981—1982年严重的经济衰退，储蓄与贷款协会的短期储蓄利率与长期贷款利率严重不匹配，损害了它们的财务状况。房地产价值也随之严重缩水，尤其是在那些石油工业区与农业地区，从而进一步损害了储蓄与贷款协会。

---

① 请参阅苏珊·肯尼迪的著作（Kennedy, 1973：73）。虽然休伊·朗宣称他要捍卫各州的小型银行的利益，但是卡特·格拉斯参议员还是指责他其实是为华尔街的银行家服务的。
② 请参阅联邦存款保险公司的报告（Federal Deposit Insurance Corporation, 1984）。
③ 关于储蓄与贷款协会危机发生的原因，请参阅诺兰·麦卡蒂、基思·普尔、托马斯·罗默和霍华德·罗森塔尔的论文（McCarty, Poole, Romer, and Rosenthal, 2010a），这篇论文发展了托马斯·罗默和巴里·温加斯特的观点（Romer and Weingast, 1991）。

因此，储蓄与贷款协会不仅在它们一向都有良好回报的抵押贷款业上丢掉了许多钱，而且违约事件也如雪花般地纷至沓来。到了 1982 年，已经有 2/3 的储蓄与贷款协会无法盈利了。从当时的资本监管标准来看，储蓄与贷款行业作为一个整体已经是资不抵债了，因为这个行业的总负债已经超过了该行业的总资产。该行业的监管机构——联邦住宅贷款银行理事会（Federal Home Loan Bank Board，简称 FHLBB）对这种情况也早已心知肚明。然而问题在于，联邦储蓄和贷款保险公司由于资金不足，因此无法关闭资不抵债的储蓄与贷款协会，因为那样的话，就得由它自己来偿还储户的存款。

而联邦政府也没有向联邦储蓄和贷款保险公司注入资金，以关闭资不抵债的储蓄与贷款协会（这种做法在政治上是不受欢迎的）。相反，联邦政府实行的应对措施是，放松监管标准，扩大允许储蓄与贷款协会可以拥有的资产种类。这样一来，联邦储蓄和贷款保险公司没有获得额外的融资，就成了对经营不善的储蓄与贷款协会放松监管的理由。

在短期内，一些储蓄与贷款协会的盈利能力得到了提高。但是，由于在宽松的监管政策鼓励下，它们采取了过度承担风险的经营策略，这些机构很快就又付出了新的代价。到了 1987 年，该行业资不抵债的问题变得更加严重了，具有破产危险的储蓄与贷款协会急剧增加。然而，《1987 年储蓄贷款行业复兴法案》（Thrift Industry Recovery Act）又进一步放松了监管要求，这一次是降低了储蓄与贷款协会的会计标准和资本标准。同时，国会重申，它"完全信任"由政府支持的联邦储蓄和贷款保险公司的保险存款制度，但是却仍然没有授予联邦储蓄和贷款保险公司额外的融资监管权，因此它也无法对这些实际上已经破产的储蓄与贷款协会采取更加激烈的措施。[1] 这样一来，这些实际上已经破产的机构的股权持有人与管理层也就不必承担真正意义上的经营风险了。这是所谓的道德风险的一个典型例子：只要这些储蓄与贷款协会仍然被允许正常运行，那么它们就会继续冒险赌博下去，一旦成功，它们就能够恢复盈利能力；即使失败了，它们也不会再受到什么实质性的损失。[2] 当这些"僵尸储蓄与贷款协会"为了复活而奋力一搏的时候，就会出现更多的

---

[1] 《储蓄贷款行业复兴法案》是《银行公平竞争法案》的第五卷。请参阅 http：//thomas. loc. gov/cgi－bin/bdquery/z？d100：HR00027：@@@D&summ2＝m&。

[2] 请参阅大卫·派尔的论文（Pyle，1995）。

风险投机活动。

到了1989年年初，关闭破产的储蓄与贷款协会、调整存款保险基金的资本结构已经成了刻不容缓的第一要务了。在这种情况下，国会通过了《1989年金融机构改革、复兴和强化法案》，并在当年8月由老布什总统签署生效。投保的存款终于付清了。那些破产的储蓄与贷款协会的资产则由一个全新的机构——重组信托公司（Resolution Trust Corporation，简称RTC）——来接手管理。另外一部分紧急救助资金则来自于重组信托公司发行的债券。① 在今天，联邦住宅贷款银行（Federal Home Loan Banks）20%的净利润都是用来支付这笔债务的利息的。② 20世纪80年代的政策滞后所付出的代价一直延续到了21世纪的今天。

有限性

我们在本章开篇部分所提到的4个特征中的第一个特征还指出，政府应对泡沫的举措通常还具有另外一个特征，即有限性。这是指这些政策都不能实现对经济系统的某些部门进行根本性重组的目标。不过，在一定程度上，大萧条时期政府采取应对措施是一个例外。20世纪30年代通过的《格拉斯—斯蒂格尔法案》把商业银行与投资银行分离开来了，并且建立起了存款保险制度；《公用事业控股公司法案》则把个人投资者拥有的电力工业分拆成了许多相对较小的公司，并且禁止它们进行合并与收购（在通常情况下）。但是，大多数危机发生后出台的应对措施都达不到这个标准。

让我们考虑一下新世纪初的会计丑闻吧，它的结果只不过是导致了一部非常温和的改革法案——《萨班斯—奥克斯利法案》的出台而已。如果政府在安然公司丑闻和世通公司丑闻被揭露之后能够出台与《格拉斯—斯蒂格尔法案》或者《公共事业控股公司法案》相类似的法案，那么就有可能会使整个会计行业的面貌发生根本性的变化。然而事实却是，正如我们在第5章中

---

① 人们认为，目前的重组信托公司运行得相当不错，虽然它也曾经经历过一段艰难的岁月，这是因为，在处置破产的储蓄与贷款协会的资产的过程中，重组信托公司面临着一系列相互冲突的政治任务（包括在保证少数族裔有房可住等社会政策目标的同时，确保资产以最高价值出售）。具体细节请参阅李·戴维森的论文（Davison，2006）。

② 请参阅联邦住房贷款银行的报告（Federal Home Loan Banks，2012）以及标准普尔的报告（Standard & Poor's，2011）。

已经指出过的,既得利益并没有受到很大的触动,会计行业反而变得越来越集中了。

在会计丑闻发生后,政策所错过的另一个改革良机与401(k)固定缴款养老金计划有关。正如我们在第4章中所讨论过的,国会原本是可以趁此机会重新调整401(k)固定缴款养老金计划、限制公司将自己公司的股票作为养老金投资标的的。然而,事情并没有发生任何改变。

因此也毫不奇怪,在次贷危机中,各投资银行与各会计公司都没有被揭发出来。饶具讽刺意味的是,全球四大会计事务所之一的安永(Ernst & Young)会计师事务所曾经作为《问题资产救助计划》的签约审计机构效力于政府。① 而到了2010年,它就被指控曾经为雷曼兄弟粉饰资产负债表。② 并且在雷曼兄弟破产后,它的退休金计划也被冻结了。

我们认为,像出台《萨班斯—奥克斯利法案》这样极度温和的法案的改革已经成了一种常态,而像出台《格拉斯—斯蒂格尔法案》那样具有根本性的法案的改革却成了一种例外。当然,以立法手段推动的变革的有限性也表现在了早期的破产法中。农民是受到保护的,他们不会受到强制破产的危害。③《1800年破产法案》包含了一个日落条款(sunset provision,指规定本法案在一段时间后就自动失效的条款)。④《1898年破产法案》则为各州保留了制定豁免条款、确定优先清偿顺序的权力,还允许各州法院可以针对欺诈性的资产转移行为(旨在把资产转移到债权人能够控制的范围之外的地方的行为)提起诉讼。⑤ 虽然到了后来,什么行为构成"欺诈性转移资产"最终是由联邦来立法规定的,但是,关于优先清偿顺序(谁能够最先得到清偿)与豁免权(什么资产是债权人无权处置的)的规定则仍然被保留在州一级。

---

① 请参阅史蒂夫·舍费尔的文章(Schaefer, 2010)。
② 请参阅利兹·拉帕波特和迈克尔·拉波波特的文章(Rappaport and Rapoport, 2010)。另外,帕特里夏·乌尔塔多和琳达·桑德勒报道说(Hurtado and Sandler, 2012),2009年,安永会计师事务所"为投资者支付了1.09亿美元的赔偿,因为他们指责它未能发现案值高达27亿美元的南方保健公司欺诈案(HealthSouth Corp)"。
③ 请参阅大卫·斯基尔的著作(Skeel, 2001)以及沃伦的著作(Warren, 1935)。
④ 请参阅布鲁斯·曼的著作(Mann, 2001)以及埃里克·伯格夫和霍华德·罗森塔尔的论文(Berglöf and Rosenthal, 2006:396~414)。
⑤ 请参阅大卫·斯基尔的著作(Skeel, 2001)。

很显然，这不能不说是一种"时代错误"了。例如，在佛罗里达州与得克萨斯州，房屋资产净值是受到保护的，债权人无权过问。这是当地的房地产行业连同他们的国会代表，一起为维护这些州的豁免权而誓死力争之后所取得的成功果实。然而，在1900年的时候，其他一些州的政治局面则被掌控在债权人的手中，他们极力继续限制房屋资产净值的豁免权。在这些州里，如果你没有支付信用卡账单，那么，你的住房就不能再成为你的藏身之地了。美国没有全国统一的豁免政策，同时各州的政策之间又存在着极大的差异，这在很大程度上反映的是19世纪晚期的经济与政治状况。这种情况有力地证明了，地方经济利益与制度僵化两者结合在一起，就会导致经济政策上的现状偏差。

1907年的经济恐慌之后，联邦政府决定创办联邦储备委员会；大萧条之后，联邦政府打算对抵押贷款市场实施统一监管，在这些场合，地方利益群体也都同样试图限制全国性的监管法规的出台。与作为单一的国家机构且有效运行的社会保障事务管理局（Social Security Administration）不一样，美国联邦储备委员会是由12家地区储备银行组成的。只有在根据《1935年国民银行法案》成立了理事会之后，权力才真正转移到了华盛顿。在胡佛政府时期成立的联邦住宅贷款银行理事会也由12家地区性银行组成。在这12个城市中，只有6个城市既在美国联邦储备委员会的监管之下，也在联邦住宅贷款银行理事会的监管之下。这个事实表明，以政治分肥为目标的"猪肉桶"投票结果影响了选址决策。（卡特·格拉斯是一位来自弗吉尼亚的众议员，他在1913年的时候促成国会通过了《联邦储备法案》。在今天，在里士满只有一家联邦储备银行，但是没有联邦住宅贷款银行。）

授权给各地区性的联邦储备银行，而不是国家中央银行，既是"猪肉桶"式的政治分肥的结果，同时也反映了不信任华盛顿与华尔街的民粹主义思想（当然，这是1913年特有的民粹主义）。但是，纽约联邦储备银行并非民粹主义的产物，它的目标是直接对华尔街施加影响。

纽约联邦储备银行所扮演的这个角色反映了紧随1907年恐慌之后所出现的政治紧张局势。恐慌之后，参议院的主心骨是纳尔逊·奥尔德里奇，他是小约翰·洛克菲勒的岳父，而小约翰·洛克菲勒是当时世界上最大的银行大通国民银行（Chase National）的最大股东（大通国民银行是大通曼哈顿银行的前身，后来更名为摩根大通公司）。他的叔叔威廉·洛克菲勒持有詹姆斯·斯蒂尔曼国民城市银行（James Stillman's National City Bank）的大部分股份，詹姆斯·斯蒂尔曼国民城市银行则是花旗银行的前身。因此，奥尔德里奇试图进一步限制联邦政府制定和实施货币政策的权力，并将之留在私人银行家手中，其实是一点都不足为奇的。1910年，当华尔街富豪们举行哲基尔岛会议（Jekyll Island meeting）时，奥尔德里奇的提议得到了进一步的细化；不过，它最终没能变成法案。① 当美国联邦储备委员会于1913年成立的时候，它被当作了一个政府机构。

美国联邦储备委员会成立于一个政治极化程度极其严重的时期——其政治极化的严重程度史无前例，只有最近几年才差可比拟。因此毫不奇怪，当民主党提出成立一个作为公共机构的中央银行的计划时，遭到了来自共和党保守派的反对。当众议院在1913年12月12日批准会议报告时，民主党众议员除了两人之外，其他全都投了赞成票，大部分共和党人都投了反对票。如图6.1所示，投票结果非常符合一维的自由主义—保守主义模型的预测。保守的共和党人反对这部法案，而温和的共和党人与民主党人却赞成这部法案。参议院在12月23日批准这项会议报告时，投票也按自由主义—保守主义一维尺度分布：几乎所有的民主党人都站在了同一战线上，但是只有3个共和党人支持这项报告。如果现任众议员罗恩·保罗——他自称为美国联邦储备委员会的"骚扰者"——乘坐时间机器，回到了1913年的话，他肯定会很乐意加入到少数派的行列。1907年经济危机发生后国会在改革问题上的分歧，很好地预示了一个世纪之后高度极化的意识形态分裂现象。

随着《1935年银行法案》的通过以及位于华盛顿的理事会的成立，美国联邦储备委员会作为联邦政府的一个独立的监管机构的地位终于完全确立了。不过，虽然中央银行的权力已经转移到了华盛顿，但作为唯一的一家在美国联邦公开市场委员会拥有稳固席位的地区联邦储备银行，纽约联邦储备银行还是保留了某种特殊的地位。而且，时至今日，奥尔德里奇当初的计划仍然影响着各地区的联邦储备银行理事会的组织和运作方式。它们的理事会成员

---

① 关于这次会议的详情，请参阅迈克尔·怀特豪斯的文章（Whitehouse, 1989）和埃尔默斯·维克的著作（Wicker, 2005）。

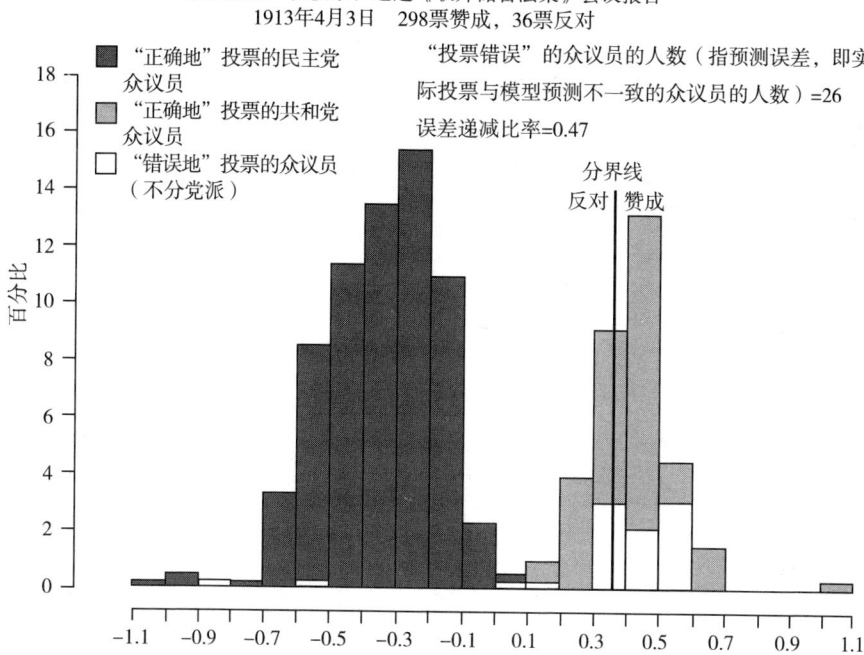

图6.1 众议院批准《联邦储备法案》会议报告时的投票情况*

＊投票分为赞成票与反对票,反对票来自于反对该法案的保守的共和党人,赞成票来自于温和的共和党人与民主党人。请读者们注意,位于分界线"赞成"那一侧的共和党人都像预测那样投了赞成票。图中白色部分指的是错误的预测——位于分界线的"赞成"那一侧的反对票与位于"反对"那一侧的赞成票。

依然来自于各金融机构,仍然面临着与一个世纪之前的奥尔德里奇时代一样的利益冲突。

如果奥尔德里奇今天还在世,那么他可能对纽约联邦储备银行理事会特别满意。在雷曼兄弟破产之前,纽约联邦储备银行理事会的执行总裁迪克·福尔德一直都是美国联邦储备委员会的理事会成员。① 现在的纽约联邦储备银行的理事会成员包括杰米·戴蒙,他的摩根大通公司在收购贝尔斯登公司时

---

① 在金融危机爆发之前,迪克·福尔德曾经被《机构投资者》(*Institutional Investor*)评为最佳首席执行官;而当雷曼兄弟破产后,美国广播公司的财经频道却把他称为"有史以来最糟糕的首席执行官"。

曾经获得了政府的援助。前理事会成员包括花旗集团的桑迪·威尔、高盛的斯蒂芬·弗里德曼与约翰·怀特海德。理事会还专门为一些非营利机构保留了席位，这些机构分别为哥伦比亚大学（Columbia University）、纽约大学（New York University）、普林斯顿大学（Princeton University）与大都会艺术博物馆（Metropolitan Museum of Art），它们都派各自的管理人员或者杰出人物来担任理事。这些机构都获得了来自于金融公司与它们的高管们的大量捐赠。

在1907年的恐慌中，政府所采取的应对措施是非常有限的，而且试图建立一家更不依赖于华尔街与地区银行利益的中央银行的企图也遭到了失败。今天的金融监管仍然受限于此。此外，在1907年的恐慌之后，国会完全通过了一项证券市场法规。导致1907年的恐慌的根本原因之一为证券投机。尼克伯克信托公司（Knickerbocker Trust）的查尔斯·巴尼试图垄断美国铜业公司的股份。信托公司产生于19世纪90年代，是作为受托人为大额的个人投资者、企业与房地产服务的。在最初的时候，信托公司从事的业务与银行类似，而且也接受商业性的存款。由于它们面临着更宽松的法定存款准备金要求，所以信托公司能够向存款人支付比一般银行更高的回报。此外，在那时候，与全国性银行不同，信托公司可以直接持有证券。① 《格拉斯—斯蒂格尔法案》的目的就是为了防止证券投机的影响波及商业银行；而且证券交易委员会也是为了监管证券交易而建立的。不过，在始于1929年股票市场崩溃的那个更加严重的经济危机之前，这两者却都被认为是无足轻重的。

虽然《格拉斯—斯蒂格尔法案》与《公共事业控股公司法案》给证券交易监管领域带来了一些重大的变化，但是，应对大萧条的其他措施却仍然是非常有限的。与美国联邦储备委员会不一样，美国证券交易委员会没有独立于国会的资金来源。美国证券交易委员会也从来没能得到监管期货市场的权力，因为在国会历史上，对农产品交易有管辖权的是农业委员会，而不是银行委员会。猪肉仍然留在猪肉桶里。如果不通过司法部门，美国证券交易委员会是没有追究违法者刑事诉讼的权力的。根据《1938年钱德勒法案》，美国证券交易委员会可以参与到公众公司的破产程序当中，但是，这些公司很

---

① 请参阅罗伯特·布鲁纳和肖恩·卡尔的著作（Bruner and Carr, 2007: 67）。

快就找到了法律的漏洞,把美国证券交易委员会拒之门外。《1978年破产改革法案》废除了美国证券交易委员会在破产领域的所有权力。① 其实,美国证券交易委员会早就屈从于证券行业及其他在国会内的支持者了,因为直到1975年前,它一直都听任纽约证券交易所来决定经纪人的佣金。② 如果伯纳德·麦道夫的客户认为,美国证券交易委员会将会保护他们,那么他们就是一些非常不成熟的投资者。

大萧条结束后,接下来发生的一次金融危机主要起源于各储蓄与贷款协会的崩溃。我们看到,在那次危机中,政策变革更加有限。《1989年金融机构改革、复兴和强化法案》解散了联邦住宅贷款银行理事会,成立了一个新的监管机构——美国储蓄机构监理局,这代表着一种温和的改革。到了21世纪初,许多抵押贷款机构都选择储蓄机构监理局作为自己的监管者,以便逃避美国联邦储备委员会更严厉的监管。因此,1989年美国储蓄机构监理局的成立实际上是对该行业的一次让步,特别是近几年来,它更是为诸如华盛顿互惠银行、印地麦克银行、美国国际集团以及许许多多其他的机构提供了方便。也就是说,《1989年金融机构改革、复兴和强化法案》所采取的这些所谓的改革措施实际上不仅仅是不充分的,而且还带来了更加糟糕的结果。它们促成了下一次金融危机。

对《1989年金融机构改革、复兴和强化法案》的上述评价无疑是正确的,对20世纪80年代早期所采取的宽松管制政策的评价也是如此。当时采取的解除利率管制,允许抵押贷款可调整利率,准许储蓄与贷款协会投资房地产、垃圾债券以及其他高风险资产等政策,都为金融危机埋下了种子。对于爱冒险的消费者来说,解除利率管制意味着鼓励他们利用更高的利率去投资于次级产品。可调利率抵押贷款甚至更为复杂。20世纪80年代的权贵资本主义遮蔽了自由市场保守主义的优点,直接导致了2008年的金融危机。由此可见,对于当前发生的危机的应对措施如果不到位,会使未来的危机变得更

---

① 关于美国证券交易委员会在公司破产事务中的作用,请参阅大卫·斯基尔的著作(Skeel, 2001)。
② 请参阅巴里·温加斯特的论文(Weingast, 1984)。值得指出的是,有人认为,无法再从股票交易中获取垄断利润,是华尔街转向风险过高的抵押债券业务的一个因素,例如,请参阅约翰·加普的文章(Gapper, 2008)。

加严重。

继储蓄与贷款协会危机之后,在1998年,长期资本管理公司的失败又引发了一次小小的危机。简而言之,在长期资本管理公司这杯鸡尾酒里掺杂进了许许多多政治与经济佐料,使它变成了一杯催生2008年金融危机的致命的"酷爱"饮料。纯粹从经济角度来说,长期资本管理公司的问题在于以极高的杠杆在衍生品上投下了过高的赌注。公司聘用了一些世界上最优秀、最杰出的金融工程师,这些人包括诺贝尔奖得主迈伦·斯科尔斯与罗伯特·默顿。在它的合伙人当中,有5位(包括斯科尔斯与默顿)都曾经担任过哈佛大学或斯坦福大学的教授。但是,聪明的大脑有时候也会犯巨大的错误。长期资本管理公司的各种交易是通过贝尔斯登公司进行的,投资者是由美林证券公司招募来的,这两大公司在2008年的金融危机里也未能幸免于难。长期资本管理公司的危机所揭示出来的问题远非道德风险一词可以概括。它的执行总裁约翰·梅里韦瑟曾被逐出所罗门兄弟公司,当时,所罗门兄弟公司在美国国债投标中被发现违反了政府的规定。然而,华尔街和私人投资者很快就给了他一个重新开始的机会,并且大力支持他以及长期资本管理公司。该公司的资产很快就一路膨胀到了46亿美元。合伙人斯科尔斯曾因为长期资本管理公司在税收问题上采取的一些做法而遭到纽黑文市一名联邦法官的起诉。

而从政治方面来说,前财政部部长助理、美国联邦储备委员会副主席大卫·马林斯也成了长期资本管理公司的一名合伙人。他是在自己的任期结束前推开华盛顿—华尔街"旋转门"而加入长期资本管理公司的;在他进入长期资本管理公司之后不久,它就崩溃了。而在此之前,人们在提起马林斯时,甚至还经常把他说成是美国联邦储备委员会主席艾伦·格林斯潘的合适继承人。①

那么,面对长期资本管理公司事件导致的这个小型金融危机,美国政府又做了些什么呢?虽然纽约联邦储备银行把主要的华尔街公司都召集到了一起,组织安排它们给长期资本管理公司注资,以实现一次"有序的清算";但是总的来说,在这个事件中,无论是在立法层面还是在监管层面,政府的应

---

① 请参阅罗杰·罗文斯坦的著作(Lowenstein, 2000: 37)。

对措施都是非常有限的。因此，危机结束后，一切都"安然无恙"。长期资本管理公司的危机与次贷危机并没有实质上的区别，所不同者无非是，在次贷危机中，大多数大型的投资银行和商业银行都下错了赌注，而在这次危机中，失败的只是其中一家公司而已。

长期资本管理公司的危机是一个警告，它告诉我们，衍生品的大量运用会导致潜在的系统性风险。我们本应该高度重视这个警告的，但是政府并没有为此出台新的管制规章。事实上，纽约联邦储备银行之所以如此急切地组织了一次救援行动，一个很重要的原因恰恰在于，衍生品合约拥有豁免权，在银行破产时也不会被自动冻结。① 当这种豁免权被写进法律时，共和党参议员和未来的总统候选人鲍勃·多尔曾经把它吹捧为是防止系统性风险的一种手段，但是，经验证明事实恰恰相反——正如美国联邦储备委员会主席艾伦·格林斯潘与纽约联邦储备银行董事长威廉·麦克唐纳所公开承认的那样。② 破产并不能阻止交易对手试图冻结抵押品的疯狂冲动。自动冻结豁免不仅不能减轻系统性风险问题，还会使系统性风险问题变得更加严重。③ 但是，在长期资本管理公司经营失败之后，仍然没有出现试图补救这个问题的立法。国会和监管机构本来是可以采取一些改革措施，以便取消自动冻结豁免权或者加强对衍生品市场的监管的，例如，把场外衍生品交易转移到场内进行。但是，国际互换与衍生品协会却极力游说国会议员，阻止了任何可能的变革。④ 甚至这种经营模式导致雷曼兄弟以及其他一些公司在2008年的金融危机中破产之后，以《多德—弗兰克华尔街改革和消费者保护法案》为核心的所谓金融改革也没有对衍生品合约的自动冻结豁免权做出任何更改。⑤

因此，一切都照旧。在长期资本管理公司的危机结束5个月后，《时代周刊》杂志刊登封面文章，对艾伦·格林斯潘、罗伯·鲁宾和拉里·萨默斯大加恭维，称他们组成了一个"拯救世界的三人委员会"。在这次危机中，纽约联邦储备银行又帮了自由市场保守主义者一把，使他们继续坚持到了2008年

---

① 自动冻结豁免（automatic stay exemption）可以使债权人免受破产企业资产冻结的牵连。
② 请参阅富兰克林·爱德华兹和爱德华·莫里森的文章（Edwards and Morrison, 2005）。
③ 同②。
④ 请参阅格伦·摩根的论文（Morgan, 2008）。
⑤ 请参阅大卫·斯基尔的论文（Skeel, 2011）。

金融危机爆发的时候。就像巴纳姆一样，梅里韦瑟知道每天都会有一大批新的"笨蛋"进入市场。所以，他又与另外 4 个来自学术界之外的人合伙成立了一个新的、更小的对冲基金，这个对冲基金叫作 JWM 合伙公司（JWM Partners），它在 2008 年金融危机中也未能幸免于难，于 2009 年的时候关闭了。

2001 年网络科技公司股票泡沫的破灭是我们政策滞后性的又一个例子。在那个时期，只有当事件变得极其糟糕、连自由市场倡导者们都不得不出面呼吁干预时，美国政府才提出应对措施。网络科技公司股票泡沫的形成，与评级机构的错误评级、分析师的浮夸推荐以及过于宽松的会计政策和审计准则有关。金融市场上的虚假信息已经极度泛滥了，网络科技公司股票泡沫的破灭显然再一次提出了一个重要的警告。安然公司的丑闻曝光之后，在 2001 年至 2002 年间一直担任参议院银行业委员会主席的马里兰州民主党参议员保罗·萨班斯试图对金融行业加强监管。但是，当时的众议院金融服务委员会却以自由市场保守主义倡导者迈克尔·奥克斯利为首。奥克斯利阻止了一切变革，直到由于世通公司破产，舆论压力增强而不得不采取行动为止。在雷曼兄弟破产之前，世通公司的破产是美国历史上规模最大的一次破产事件。[①] 世通公司的破产迫使奥克斯利很不情愿地采取了一点改革措施——不过，真的只有那么一点点。

过渡时期

规范证券、金融衍生品与信贷市场的立法的有限性与滞后性是有根本性的政治原因的。这也就涉及了我们在前面总结的第二个特征，那就是要采取行动来解决危机，通常都需要先实现权力更替。这个特征很可能反映了这样一个事实：在位者的意识形态承诺变成了障碍，使他们无法采取相应的行动。政客们极少会根据有关金融部门的结构性问题的新信息调整自己的意识形态立场。只有当选民们用选票把一些在位者赶下台之后，这种僵局才会被打破。

以破产法为例。在破产法的立法过程中清晰可见，再没有任何比政治偏好更重要的东西了。前四部破产法都是在"商业党"人——1800 年的联邦党人、1841 年的辉格党人、1867 年与 1898 年的共和党人——控制了参、众两院并且担任总统时通过的。"商业党"人不仅要统一控制参、众两院，而且还

---

① 请参阅新生代研究公司的报告（New Generation Research，2012）。

要担任总统,这一点是非常必要的,因为"重农"的民主党本身是坚决反对联邦干预的。在美国南北战争前的那个时代,民主党反对派折射出的是杰弗逊的小政府的意识形态,杰弗逊非常高兴看到英国的债权人无法通过联邦法院去追讨他们的个人债务,他不愿意开创联邦干预的先河,而且这种干预可能会引致对奴隶制的干预。

以杰弗逊为首的民主共和党以及他们的继任者杰克逊民主党(Jackson Democrats)相继成功地阻止了1819年恐慌之后的破产法和1857年恐慌之后的破产法的通过。而《1841年破产法案》和《1898年破产法案》之所以获得通过,也并不是因为之前所发生的1837年恐慌和1893年恐慌的结果,而是因为控制政府的政党发生了更替所导致的结果。在1840年的时候,辉格党全面控制了联邦政府。另外,共和党之所以能够在1898年通过破产法,也只是麦金莱在1896年的大选中获胜后,政府处于共和党人的统一控制之下的结果。

1893年的恐慌摧毁了民主党人对联邦政府的行政分支和立法分支的控制。这次恐慌帮助共和党人在1894年的中期选举中大获全胜,他们不仅在众议院获得了绝大多数席位,而且也在参议院占据了微弱多数。① 此外,克利夫兰则仍然担任美国总统。1894年的《贝利法案》(Bailey Bill)是一次非常认真的破产法立法努力,但是,它最终未能成为一项正式的法律。再者,《贝利法案》也有一定的局限性,在这部法案里还包含了一项日落条款,它保留了早先的破产法的临时性措施,即把在宏观经济出现危机时形成的坏账核销掉。而民主党人则总是对作为一项永久性制度的破产法表现得格外谨慎,在1898年他们又试图在破产法中加入一项日落条款,但是最终没有获得成功。

《1898年破产法案》受到了商业债权人的拥护,主要是在意识形态上信奉保守主义的议员们的支持下投票通过的。② 在这次立法过程中,还出现了第二个维度——这一维度在当前的美国政治生活中已经不复存在了。来自于大西洋沿岸中部地区的温和的"华尔街"民主党人支持该破产法;而农业共和党人则反对它。在这里,显然是利益集团政治发挥了极大的作用。分析还表

---

① 在当时,民粹主义者和主张自由铸造银币者(Silverites)都为主要政党服务。
② 请参阅布拉德利·汉森的论文(Hansen, 1996)。

明，邓恩与布雷兹特里特征信公司（Dun and Bradstreet）认定的43个以金融业为中心的城市选出来的代表更有可能支持破产法。① 体现在《1898年破产法案》的立法过程中的意识形态方面的分歧，与贯穿了19世纪后半期的经济政策上的分歧完全相同。在此之前，在通过旨在监管铁路的《1887年州际商务法案》（Interstate Commerce Act of 1887）时，国会内部的纷争实际上是自由主义农业集团与保守主义城市集团之间的对抗。在那时，左翼的民主党代表的是美国南部各州的利益。在众议院，《1887年州际商务法案》由来自得克萨斯州的约翰·里根法官负责，他是美国南部的前邮政大臣。② 当政治权力从一个集团转移到另一个集团时，经济政策也随之发生了改变。

那么，当后来权力又再一次转回到民主党人手中时，《1898年破产法案》为什么没有像《1803年破产法案》那样被废除呢？为什么这部破产法最终成了一部永久性的法律呢？著名的破产法学者大卫·斯基尔认为，共和党连续执政16年，为破产法树立起了一道牢固防护栏。考虑到自身的利益，他们支持破产法成为一部永久性的法律。当1913年民主党重新夺回权力并且由伍德罗·威尔逊担任总统时，这部法律已经变成了一种稳固的制度。当政治极化形势减弱时，制度化意味着破产政策已经变成了一个不再具有争议性的问题了。后来，对《1898年破产法案》做出了全面修正的《1938年钱德勒法案》（Chandler Act of 1938）以及完全代替了《1898年破产法案》的《1978年破产改革法案》，都是在参、众两院以无记名投票的形式获得通过并成为正式法律的。

随着信用卡的创新，在一个更加极化的时代，政治权力的变更对破产法的重要性又重新显现了出来。在20世纪90年代，信用卡发卡机构总是利用信用卡广告对你的信箱进行"狂轰滥炸"；在大学校园里、在飞机场内、在城市和乡村，到处竖立着引诱你去购卡的巨型广告牌。当消费者发现他们可以利用破产法从信用卡债务中脱身时，金融机构便坚定不移地要求"改革"破产法，他们的态度就像今天他们不允许"没有收入、没有工作、没有财产"（no income, no job, no asset，简称NINJA）的抵押权人保护他们的家园不受

---

① 请参阅埃里克·伯格夫和霍华德·罗森塔尔的论文（Berglöf and Rosenthal, 2005）。
② 关于《1887年州际商务法案》，请参阅基思·普尔和霍华德·罗森塔尔的论著（Poole and Rosenthal, 1994）。

丧失抵押品赎回权的侵害一样的坚定不移。虽然在比尔·克林顿总统的第二个任期内,由共和党控制的众议院连续两次都通过了"改革"法案,但是两次都没有成为正式法律。在小布什任总统的头两年里,当民主党控制参议院的时候,这个领域的立法同样也遭到了失败。直到2005年,参、众两院都完全由共和党人控制时,新的破产法才最终被通过了。

只有当政治权力发生了变更之后,才能制定新的破产法,这种滞后性使历史上的美国民众付出了昂贵的代价。制定破产法主要基于以下两个目的:一是清算债务,从而可以防止各个债权人参与到债务人的具体经营中;二是重新开始,它允许债务人重新开始创业活动。正如风险资本市场所公认的,对于偶尔出现了一次无法还债的情况的人,不应该永久禁止他借贷,更不用说将他送进监狱了。如果没有一个永久性的法律机制,那就意味着要放弃这些好处。在危机发生之初,这种制度对宏观经济尤其有益。因此,如果要再等上几年(等政治权力完成了更替之后)才制定破产法,那么代价将会是极其昂贵的。

严重滞后、缺乏永久性的法律制度往往还意味着,已经变得非常严重的那些问题都必须由一批新当选的、没有什么经验的官员来解决,当这种情况出现时,付出的代价将会更加高昂。政府本身的能力是相当有限的,政府还缺乏专业知识和专门人才,而且容易变得腐败。在金融危机时期,所有这一切都将变得更加严重。历史学家爱德华·巴雷森仔细研究过《1841年破产法案》的实施过程,他发现,整个司法体系都充斥着腐败:曾经申请过破产的人成了别的准备申请破产的人的法律顾问;在破产过程中,欺诈性的转移资产的行为普遍存在;给书记员和法官支付报酬也成了惯例。[1]

《1841年破产法案》的经验表明,当预期到政府将会干预时,将会出现道德风险。在《1841年破产法案》的实施过程中,滥用"申请破产权"的弊端表现得尤其突出。尽管与很多欧洲国家相比,美国的破产法既显得效率不高,又被公认为对债务人太过于友善,但是,它还是取得了成功。因此,如果政府干预真的是有意义的,那么我们应该尽早让政府采取措施,而不能让它迟迟无所作为。

---

[1] 请参阅爱德华·巴雷森的论文(Balleisen,1996)。

进入20世纪之后，政治权力的变更仍然是政策变化的必要条件。1907年的经济恐慌中，大部分应对危机的措施都可以在很大程度上归功于摩根的个人努力，政府反而只起到了次要的作用。正如我们在前文已经提到过的，政府应对恐慌的主要措施——《联邦储备法案》——是在1913年权力转移到民主党人手中之后才得以通过的。

当然，大萧条是一个最典型的例子，它充分证明了我们的观点，即当经济泡沫破灭后，适当的应对措施必须要等到政治权力完成变更之后才会出台。不过，在这个时期，后来终于得以出台的那些滞后的应对政策却比以往任何一次危机后出台的应对政策都要更加广泛、更加有力，从而变成了一个真正意义上的新政。对于大萧条的应对措施既反映了危机的严重性，同时也表明，当时的政府是一个强有力的统一的政府，而且在意识形态上也不存在极化现象。在本章的开头部分，我们已经对罗斯福新政的改革举措做了一些概括。在新政实施之前，胡佛政府也做出了一些努力来应对经济危机，例如，它创建了复兴金融公司与联邦住宅贷款银行理事会。但是这两种措施都不足以遏制住危机，更加无法修复好已经崩溃的银行系统。当罗斯福上任时，他被迫宣布银行歇业。

胡佛政府的财政部部长梅隆属于一个赤字鹰派。他所主张的联邦政府应该采取的做法，与后来2007—2009年经济大衰退中各州政府被迫采取的应对措施相类似。他采用削减开支的方法来弥补因税收收入减少而导致的损失，而没有采取任何形式的财政刺激政策。预算平衡原本是美国各州的宪政目标，如今却变成了胡佛政府的意识形态承诺。这种意识形态的影响还延伸到了政府的各个行政机构，甚至还影响了罗斯福本人。在1932年的竞选活动中，预算平衡是罗斯福竞选演讲内容的一部分。一般认为，罗斯福对赤字的厌恶是1937年妨碍经济复苏的原因。

强调预算平衡的意识形态盛行于20世纪30年代这个事实还说明了一个更一般的问题，那就是某个政党的核心意识形态往往会把另一个党派拉向同一个方向，并且使政治权力更迭能够带来的影响变得不那么显著，当政治极化程度相对较低的时候尤其如此。20世纪30年代的情况恰恰就是如此。即使在政治极化程度提高后，这种牵引力也依然存在。在1992年的总统竞选活动中，罗斯·佩罗传递了民众的反赤字信念，最终导致比尔·克林顿推行了增加税收的政策,而这又使得经过1994年的中期选举后,共和党人在国会中占据了优势地位。① 增加税收政策违背了自由市场保守主义原教旨主义者的意识形态——无论如何,增加税收肯定总是不好的。对于自由市场保守主义原教旨主义者来说,低税收政策似乎比预算平衡更好,尽管它会导致赤字的上升。同样,自由市场保守主义所内含的解除管制的思想也获得了民主、共和两党内的许多议员的一致支持,从而助长了20世纪80年代的储蓄与贷款协会危机、新旧世纪之交时的会计丑闻危机以及最终于2008年爆发的金融危机。

虽然应对危机的最大的政策变化似乎几乎都是在政治权力发生更迭之后才发生的,但是,当危机非常严重、事态已经变得足够糟糕的时候,即使没有发生政治权力的变更,某些必要的应对措施还是有可能出台的。当储蓄与贷款协会危机发生后,在整个里根总统的任期内,由于联邦政府各分支分别被共和、民主两党控制,因此有效的应对措施一直被延误了。而当老布什就任总统后,华盛顿的联邦政府虽然仍然处于"分立状态",但是却无法再拖延下去了,因此应对危机的政策很快就出台了。温和的《1989年金融机构改革、复兴和强化法案》未能加强监管力度。同样,《萨班斯—奥克斯利法案》通常也被认为只是发生会计丑闻之后向公众舆论所做出的最低限度的让步。在会计丑闻爆发后,如果整个联邦政府都在民主党的统一控制之下,那么接下来出现的法律规章可能会有所不同。但是,要实现这一点,就不仅要求阿尔·戈尔在2000年的总统竞选中获得成功,而且还要求在同期选举中民主党能够控制众议院,巴尼·弗兰克能够控制众议院金融服务委员会。

然而,我们关注的重点并不是在没有发生政治权力变更的情况下出现的相对较小的政策调整。我们所要强调的是,只有当出现政治权力更迭后,重大的政策变革才可能变成现实,19世纪通过的破产法、20世纪初颁布的《联邦储备法案》以及在新政时期采取的那些重大变革都是如此。

逆转

我们总结出来的第三个特征是,所制定的政策往往会随着政治权力的更迭而被逆转。虽然政策上的这种逆转很少会马上发生,但是我们这里要讨论

---

① 请参阅大卫·布雷迪、布兰迪斯·凯内斯—朗和约翰·科根的论文(Brady, Canes - Wrone, and Cogan, 2000)。

的却正是这样一个快速发生逆转的例子。《1841年破产法案》是在那年的8月通过的。它是作为对1837年经济恐慌的一个严重滞后的应对措施而出现的，然后又很快就被当初通过这部法案的国会废除了。早在1842年的时候，许多议员就开始出于竞选方面的考虑而试图废除《1841年破产法案》了；最后，该法案是被一个"跛脚鸭"国会于1843年2月正式废除的。法院在处理破产申请问题时的腐败和低效大大削弱了人们对破产法的支持。不过，破产法实施过程中出现的问题并没有阻止国会当中最保守的那些成员——新英格兰与大西洋沿岸中部地区的辉格党——投票反对废除该法案。废除该法案的结果导致了更多的农业——美国南部与中西部——辉格党人的倒戈。当经济危机慢慢平息下来的时候，对这些辉格党人来说，各州的权利可能比一项永久性的联邦法律更加重要。无论是通过该法案时的投票结果，还是废除该法案时的投票结果，都可以划分成壁垒分明的一左一右两个阵营。不过，形势的发展使得分界线向右侧移动，从而使左翼阵营的得票数增加了。

据我们所知，《1841年破产法案》是唯一的一部被原先通过它的同一个国会废除的法案。① 这是一个非常突出的例外。一般来说，要废除一部法案，通常都以政治权力的更迭为前提。例如，《1800年破产法案》是在1800年由联邦党人制定的，但是很快就在1803年被杰弗逊领导的民主党废除了。不过，原有的法案在通过后又在如此短暂的时间内便被废除的情况也是非常罕见的。通常而言，只有在"三个I"的相互作用下，经过一个相当长的时期之后，才能将某部法案废除；也就是说，一般只有在国会、总统与法院的权力都发生了更迭，政治信念也出现了变化，再加上现实的行政干预、司法干预措施已经使金融监管环境出现了重大的转变之后，才能考虑废除原有的法案。我们在第5章中已经总结过，开始于20世纪70年代末的那些转变是如何改

---

① 在某种情况下，特定的某部法案会引发广泛的公众抗议。例如，1988年6月通过的《医疗保障大病保险法案》（Medicare Catastrophic Coverage Act）提高了中高收入老年人的保费，从而引发了大规模的抗议。在这次抗议活动发展到高潮时，"灰豹党"（Gray Panthers）成员掀翻了众议院筹款委员会主席丹·罗斯坦克沃斯基的座驾。然而，尽管如此，这部法案也是等到新一届国会产生后，才于1989年11月被废除的。2009年通过的《卫生保健法》规定，纳税人必须申报任何一笔超过600美元的营业支出（填写国税局第1099号表格）。这又一次掀起了轩然大波，民众的抗议导致这一规定最终于2011年4月被废除。不过，这些例子都不涉及金融市场。

变了监管环境的，从某种程度上讲，它为 2008 年金融危机的爆发创造了条件。因此在这里，我们将集中关注在这段时间内所发生的联邦机构控制权的转移。

在表 6.1 中，我们把自富兰克林·罗斯福任总统以来的 80 年分成 4 个时间段（时期），每个时间段为 20 年。在每一时间段里，我们都标明了民主党人任总统的年数、民主党控制众议院的年数、民主党控制参议院的年数以及多数最高法院法官由民主党总统任命的年数。我们还标出了民主党在参议院占据了能够有效地防止程序性阻挠议事的多数席位的年数。

表 6.1　民主党对联邦政府的控制（1933—2012 年）*

	1933—1952 年	1953—1972 年	1973—1992 年	1993—2012 年
民主党人任总统年数	20	8	4	12
民主党为众议院多数党年数	18	18	20	6
民主党为参议院多数党年数	18	18	14	9
民主党在参议院占据了能够有效地防止程序性阻挠议事的多数席位的年数	10	2	2	0
多数最高法院法官由民主党总统任命的年数	14	19	0	0

*在第 111 届国会中，民主党在参议院占据了能够有效地防止程序性阻挠议事的多数席位。

如表 6.1 所示，在第一个时期，民主党牢牢地控制了联邦政府。到 1939 年，由罗斯福任命的法官已经占据了最高法院的多数席位。从 1935 年开始的这个时期的一半时间里，由于民主党在参议院也占据了能够有效地防止程序性阻挠议事的多数席位，罗斯福受益颇多。在第八十届国会中（1947—1948 年），虽然参、众两院的控制权曾经短暂地落到了共和党人手中，但是，大多数时间内依然是民主党占据优势。在接下来的那个 20 年的时期内，即从 1953 年至 1972 年这段时期内，情况大致上也是如此。只有在 1972 年尼克松任命了两个法官之后，共和党人法官才在最高法院里占到了大多数。然而，民主党人在很大程度上失去了挫败程序性阻挠议事的能力。这让保守主义者越来越容易阻止那些偏离了自由市场保守主义的金融监管政策。从那以后，共和党一直拥有着这种"败事有余"的能力，即使在1975年"终结辩论"所需的票数额从67票减少到了60票时也是如此。在最后一个时间段里，主要是从克林顿担任总统到奥巴马担任总统的这段时间内，民主党人在总统选举中显然更成功了。不过，这种成功无法掩饰共和党人继续控制最高法院的事实。还有一个同样重要的事实是，在国会选举中，民主党也遭受到了席位下降的命运。在2010年的中期选举中，虽然民主党可以将选举失利归咎于不受欢迎的医疗改革方案、茶党以及持续高企的失业率，但是，从上表可以看出，从长期的角度来看，众议院重新被共和党控制其实是大势所趋，根本不足为奇。

此外，当共和党的保守主义倾向比民主党的自由主义倾向更强烈时，共和党更能够从这些选举中获益。共和党的这种更趋于保守的倾向是驱动政治极化程度不断提高的主要力量。他们的"右"移进一步使他们的天平向反对政府以任何形式干预金融市场的方向倾斜。如果从20世纪60年代以来，选民的偏好一直保持不变，那么共和党人的"右"移对他们的选举来说肯定会是一场灾难——将会使他们再次面临1964年巴里·戈德华特曾经遭遇过的大溃败。然而事实却与此相反。在第9章中，我们将会再回到这个主题上来，讨论政治风向的转变——转向自由市场保守主义。现在，我们只需要指出一点，政治风向背离民主党的这种趋势是与这段时间内通过的一系列法案完全吻合，它们消解了20世纪30年代构建起来的金融管制环境，而且未能对层出不穷的新金融产品进行有效的监管。

选举问题

在上文中，我们总结的最后一个特征是，应对泡沫的措施会被短期的选举问题所延误与影响。金融企业的高管们常常因只关注短期利益而进行风险过高的投资而受到公众的抨击。类似地，政客们也往往只关注短期的焦点问题。正如企业的高管们只关心他们公司下一年的股票价格一样，政客们可能只关心如何赢得下一届选举。

很明显，如何应对储蓄与贷款协会危机这个问题被短期改选问题所延误了。直到1988年选举结束之后，这个问题才被正式提上日程。解决储蓄与贷款协会危机需要对联邦储蓄和贷款保险公司进行一次重大的资产重组。如果关停那些经营不善的储蓄与贷款协会并且偿还所有的已投保存款,那么光凭联邦储蓄和贷款保险公司向储蓄与贷款协会收取的保险费肯定是不够的。为了弥补这个缺口,国会需要拨付一大笔款项。虽然大多数政府开支都是效率低下的,例如国防采购、到处修建道路桥梁等等,但是这些都是正常的年度预算的一部分。与这些常年开支不同,对联邦储蓄和贷款保险公司注资需要一笔巨大的、额外的政府支出。民主、共和两党的在位者都担心,这种应对危机的措施更像是一种紧急救助行为,在1988年11月的选举中,可能会引起选民的反感。任何注资行动都可能会被认为象征着银行业解除管制与宽松的监管体系的失败,而这些正是民主、共和两党共同支持的。因此,尽管金融行业与非金融行业的专家都一致认为,在这次危机中,储蓄与贷款行业的形势非常严峻,但是,从根本上讲,在这次选举运动中,各个候选人并未论及这次危机。在这个由共和党的总统与民主党的国会组合而成的"分裂政府"时期,这种保护在位者的措施对两党都是有价值的。毫无疑问,政府对储蓄与贷款协会危机的反应可以说是一种"历史的先声",预示着在雷曼兄弟破产、美国政府接管了美国国际集团之后,许多国会成员都会逃避及时应对危机的责任。

在竞选活动中,如果应对泡沫破裂——比如说在储蓄与贷款协会危机中——的措施会直接引起公众的极大反响的话,那么这种担心就会导致政客们回避与危机有关的问题。但是,还有一个间接的途径甚至可能更加重要:竞选捐款。在第4章中,我们已经给出了很多证据,证明在竞选捐款中,金融行业的捐款所占的比例一直呈上升趋势。而且,金融行业的捐款是"不分党派"的,民主、共和两党都得到了来自金融行业的大量捐款。国会成员很可能会意识到,一旦危机结束,他们仍然需要金融部门提供资金,支持他们参与竞选活动。结果,他们可能并不会利用强制立法来解决目前的危机,虽然这些立法有可能会减少未来发生危机的可能。当国会通过《1989年金融机构改革、复兴和强化法案》,以此作为解决储蓄与贷款协会危机的措施时,我们就已经看到了这种影响。根据这部法案,不但欠下的钱是可以核销的,而且还将会出现一个非常宽松的监管体系。正如我们在前面已经指出过的,在新的监管体系下,金融机构可以选择自己的监管机构,这是导致次贷危机爆发的一个重要原因。

更糟糕的是，政府行政部门与国会任期的短期性，不仅表明了选举的重要性，而且还为官员们提供了大量的退出政府、另谋高就的机会。共和党人菲尔·格拉姆和温迪·格拉姆这对夫妻离开华盛顿政府后分别加盟瑞银集团和安然公司；罗伯特·鲁宾则是先从高盛公司来到财政部任职，再由财政部去花旗集团的；拉姆·伊曼纽尔和拉里·萨默斯从克林顿政府离职后都去了华尔街；彼得·奥斯泽格离开奥巴马政府后去了花旗集团。他们不仅拥有了为竞选活动筹集资金的机会，还拥有了坐享华尔街高额薪金的机会，这很可能会遮蔽他们的眼睛，使他们弄不清楚哪些措施适合于预防金融泡沫的形成、膨胀和破灭。

结　论

在这一章中，我们阐明了各种政治因素是如何导致了政府应对泡沫破灭的举措的滞后性和有限性的。政治权力的更迭与政治人物的短期激励结合在一起，决定了应对泡沫的政策的范围、强度和时机。在接下来的几章中，我们还会再回到这些主题上来，并详细阐述它们对2008年金融危机的影响。

第 7 章 2008 年的泡沫破裂

引 言

我们已经看到，在美国历史上，应对泡沫破灭的举措是有限的、滞后的。在最近的这次危机中，这种情况依然存在。房价在 2006 年的时候已经开始下滑了，金融市场泡沫也在 2007 年的时候已经开始出现破裂的迹象了，但是，通过立法途径进行的严肃的政府干预却一直被拖延着，直到 2008 年 9 月，当美国国际集团在雷曼兄弟破产后的第二天也轰然倒塌为止。在那一年的 4 月，财政部官员尼尔·卡斯卡里和菲利普·施瓦格尔经研究后提出了一个计划，建议向已经陷入困难的银行注入资金。[①] 然而，在美国国际集团破产之前，用立法来支持这样一项计划是不可想象的事。国会里不仅有许多自由市场保守主义者，而且还充斥着各种各样的反对以任何形式紧急救助华尔街的自由主义者——尤其是如果这个计划是由共和党政府提出的话，他们将会激烈地进行阻挠。但是，自从美国国际集团破产后，这项计划便变得势在必行了。它被提上了日程，并且演变成了《问题资产救助计划》。然而，在政党之间的权力轮换实现之前，金融系统的监管改革一直都被拖延着。

然而，即使在政治权力变更后，巴拉克·奥巴马政府的所作所为也已经表明，金融监管方面的改革将会是非常有限的。政府之所以如此谨慎为之，很可能是为了稳定金融市场。尽管在 2008 年 9 月通过了《问题资产救助计划》，但是在这项新的政策实施之后的头几个月内，市场仍然信心不足，让人

[①] 请参阅安德鲁·索尔金的著作（Sorkin, 2009）。

感到不安。在2009年年初的时候，道琼斯工业平均指数仍然还在9 000点以上，但是在那年3月初骤然跌至了6 600点。无论是为了确保市场稳定，还是为了留住那些"像长了翅膀一样的钱"，抑或是出于意识形态方面的考虑，总而言之，奥巴马政府又恢复了"旧制度"，并重新起用了一大批前政府官员，他们都曾经在20世纪90年代的克林顿政府时期负责制定解除管制政策、实施紧急救助计划。前财政部部长劳伦斯·萨默斯回到白宫，蒂莫西·盖特纳则成了财政部部长。盖特纳曾经在萨默斯手下担任副部长，后来以纽约联邦储备银行董事长的身份组织了对贝尔斯登公司的并购活动和紧急救助美国国际集团的有关事务，他还参与制定了小布什政府在最近的2008年金融体系崩溃时所采取的其他应对措施。跟彼得·奥斯泽格一样，萨默斯与盖特纳都是克林顿政府的第一任财政部部长、花旗集团的副总裁罗伯特·鲁宾的"门徒"。彼得·奥斯泽格则出任美国行政管理与预算办公室（the Office of Management and Budget）主任。① 奥巴马团队对稳定市场所采取的措施是值得赞赏的。他们对19家大型银行进行了严格的压力测试。结果表明，这些银行的金融健康状况要比预期的好。这个结果可能对恢复金融市场的信心和秩序做出了重要的贡献。但是与此同时，奥巴马政府的这个团队无疑暗示着，这个政府根本没有打算去推动任何重大的结构性变革。

奥巴马总统本人与金融行业的各个头面人物之间的政治联系也表明，政府将不会惩罚那些行为不端的个人与公司。在2008年的总统竞选活动中，奥巴马任命了房利美公司的前总裁、高盛集团的现任董事会成员詹姆斯·约翰逊担任他的副总统竞选团队的主席。在选举结束后，也就是在2009年夏天，奥巴马与瑞银集团北美地区总裁罗伯特·沃尔夫在玛莎葡萄园（Martha's Vineyard）一起打高尔夫球，并与他一起合影留念。罗伯特·沃尔夫是奥巴马的主要资金筹措人之一。瑞银集团在因隐藏了数以千计的美国人的银行账号而被罚了7.8亿美元之后，却又立即通过救助美国国际集团收到了数十亿美元的资金。奥巴马还任命投资公司四方集团（Quadrangle Group）的合伙人史蒂文·拉特勒负责汽车业的救助工作。拉特勒后来由于卷入了纽约州公共退休基金的丑闻而被迫离开了四方集团，同时，拉特勒还同意支付民事罚款，

---

① 请参阅《鲁宾的关系》一文（"The Rubin Connection"，2008）。

并且被禁止进入证券行业两年。

我们之所以要在这里强调奥巴马与金融部门的关系以及他精挑细选出来的顾问的背景，并不是质疑他们的能力、专业知识或者他们的人际交往能力。我们只是要表明，奥巴马并没有像他在竞选总统时所承诺的那样，大力推进金融市场的高道德标准与根本性的改革。就任总统后，奥巴马深思熟虑的结果是，用一些"不那么鲁莽的"内行人取代"少数几个鲁莽的家伙"，以稳住华尔街。

奥巴马政府同时也发出了信号，暗示奥巴马的政策偏好实际上与实质性的改革不相一致。2009年3月，在"库奥默诉结算公司协会案"（Cuomo v. Clearing House）中，奥巴马政府与小布什政府一样，继续支持大银行。① 这种做法也使奥巴马政府站在了最高法院的4个自由派最高法官、消费者组织以及纽约州前民主党司法部部长艾略特·斯皮策与他的继任者安德鲁·库奥默的对立面上。而且，在保罗·沃尔克提出了"沃尔克法则"（Volcker Rule）之后，奥巴马政府最初也是与华尔街站在一起表示反对的，直到民主党人国会议员对政府不断施加压力之后，才使得它最终改变了立场。另外，奥巴马政府还有意与改革的倡导者伊丽莎白·沃伦保持了距离，伊丽莎白·沃伦曾被国会指控在《问题资产救助计划》实施过程中玩忽职守。不过，在民主党人国会议员的再次施压下，政府决定根据《多德—弗兰克华尔街改革和消费者保护法案》成立一个由沃伦领导的消费者金融保护局（Consumer Financial Protection Bureau）。

《多德—弗兰克华尔街改革和消费者保护法案》是利用立法监管来应对2008年金融危机的"重头戏"。该法案在2010年7月21日由奥巴马总统签署生效，这恰好是在美国联邦储备委员会被迫资助摩根大通公司收购贝尔斯登公司两周年之后，而且此时距政府接管房利美和房地美也已经快两年了。虽然《多德—弗兰克华尔街改革和消费者保护法案》的篇幅长达数千页，但是，它还是给联邦监管机构留下了非常大的制定规则的空间，这导致了更进一步的政策延误。许多规则直到现在连草案都还尚未公布（到2012年年底写作本

---

① "库奥默诉结算公司协会案"，编号 L. L. C., 557 U. S. 519 (2009)。也请参阅安德鲁·索尔金的著作（Sorkin, 2009）。

书时)。

信用风险自留规则的制定过程就是这种政策延误的一个例子。直到 2011 年 3 月 28 日，相关机构才公布了一个初步的规则，要求抵押贷款发放者和证券化者必须在多大程度上保证与自己的产品"风险共担"。① 而且，这些规则只有在经过一段时间的公众评论之后才会最终成文——当然，所谓的"公众"指的就是那些金融行业的游说者。现在看来，信用风险自留规则的最终文本是不可能在 2013 年年底之前完成的，而且它的生效则更是要等到最终文本被公开颁布的一年之后。监管规则的制定被延误的形式多种多样，而滞后的严重程度更是触目惊心。来自达维·波尔克律师事务所（Davis Polk）的一份报告显示，截止到 2012 年 6 月 1 日，《多德—弗兰克华尔街改革和消费者保护法案》规定的必须由各监管机构按期完成的全部立法任务中，67% 以上都已经超出了最后期限。②

对房利美和房地美的善后工作则肯定会被拖延得更久。《多德—弗兰克华尔街改革和消费者保护法案》没有确定应该如何处理政府支持企业，而具体的处理规则直到 2012 年年底还未出台。

金融改革的滞后性正是党派政治的本质的反映，这在历史上已经被一再证明了。《多德—弗兰克华尔街改革和消费者保护法案》是历经 2006 年、2008 年两轮大选之后才最终被通过的，在这些年内，美国也从由共和党统一控制行政机构和立法机构变成了由民主党统一控制行政机构和立法机构。毫无疑问，如果共和党仍然掌握着行政机构或立法机构，那么《多德—弗兰克华尔街改革和消费者保护法案》的结果就会截然相反。能够证明这种假设的一个很好的例子就是，在 2010 年的中期选举中，当众议院重新被共和党人控制后，许多共和党人就迫切希望废除《多德—弗兰克华尔街改革和消费者保护法案》的部分内容。而作为《多德—弗兰克华尔街改革和消费者保护法案》的一个必然结果，在 2012 年的总统竞选活动中，华尔街已经在很大程度上不

---

① 拟议中的这个规则是将要实施的《多德—弗兰克华尔街改革和消费者保护法案》的第 941 节。这种延迟可能会对抵押贷款市场产生不利影响。不再设定保证金标准的"合格住宅抵押贷款"的定义迟迟无法确定所造成的影响就是这样的一个例子。哪种贷款最容易被证券化？关于这个问题的不确定性可能会阻碍家庭贷款。
② 请参阅达维·波尔克律师事务所的报告（Davis Polk, 2012）。

再支持巴拉克·奥巴马了，转而去支持米特·罗姆尼。虽然《多德—弗兰克华尔街改革和消费者保护法案》充其量不过是一个非常有限的改革，但是，取消这种改革的压力依然存在。

《多德—弗兰克华尔街改革和消费者保护法案》授予监管部门广泛的规章制度制定权，这进一步限制了金融改革。各监管机构将面临来自金融行业（与众议院的共和党人）的巨大压力，要求它们必须考虑华尔街的利益。作为一个例子，让我们来看看规定抵押贷款发放者和证券化者必须与他们的产品"有切身利害关系"的规则吧。在2011年3月提出的一项规则中，金融机构将不会被要求保留部分抵押贷款，并且在如何满足其他抵押贷款的要求时，允许它们拥有相当大的灵活处置权。在实施《多德—弗兰克华尔街改革和消费者保护法案》过程中出现的大量不严谨行为的另一个例子是，美国财政部部长盖特纳决定取消外汇掉期的交易结算要求和外汇平衡要求，而这些原本是《多德—弗兰克华尔街改革和消费者保护法案》对其他衍生品合约的基本要求。① 一项理想的改革应该严格限制监管机构的自由裁量权的范围，以避免出现优先考虑华尔街利益的现象。但是，这种法案是不可能获得通过的，因为在第111届参议院中，民主党未能占到防止程序性阻挠议事的多数席位。此外，一些民主党人，比如说内布拉斯加州的参议员本·纳尔逊，也很难被归类为"进步人士"。在关键的修正案中，往往会有10个或者更多的温和派民主党人偏离进步主义立场，转而投票支持共和党人。

奥巴马政府应对金融危机的举措的其他两个局限性也非常重要。第一个我们在前面已经提到过了，即两家由政府支持的企业房利美和房地美的问题仍然悬而未决；第二个，面对止赎潮，政府几乎完全无所作为。

确实，国会已经在2008年的时候通过了一部针对抵押贷款止赎问题的法案——《美国住房救助和止赎预防法案》。但是，由于该法案一方面寄希望于私营企业的自愿参与，另一方面却几乎没有着眼于对私营企业的激励做出什么改变，因此根本没有发挥实际作用。然后在2009年2月，奥巴马总统宣布了一项住房可偿付调整计划（Home Affordable Modification Program，简称HAMP）。正如前任《问题资产救助计划》监察长尼尔·巴洛夫斯基所总结的

---

① 请参阅美国财政部的报告（U. S. Department of the Treasury，2011）。

那样，这次努力仍然没有什么效果。① 在美国 1.17 亿户家庭中，2/3 的家庭都拥有自己的住房，但是到 2011 年年底为止，只有 60 万户家庭的抵押贷款通过住房可偿付调整计划被重新协商。

重新协商的抵押贷款的数量如此之低其实一点都不足为奇。住房可偿付调整计划所依赖的那些私人金融中介机构，就是那些通过次级贷款及其衍生品来寻求利润的机构。② 在再融资过程中，如果违约的可能性真的降低了，这些放贷者可能会得到好处；但是更重要的是，如果能够阻止再融资计划，那么抵押贷款的持有人就可以继续以很高的利率——比在重组抵押贷款中所能获得的利率高得多——获得利息偿付。为了满足或迎合放贷者的利益，政府还采取了折中的方法，允许抵押贷款服务机构签订关于止赎权和抵押贷款调整的折扣同意协议。③ 但是，止赎情况进一步恶化，截止到 2011 年 4 月，已经有 670 万户家庭被取消了抵押品赎回权，另外还有 330 万户家庭的抵押品赎回权预计将在 2012 年被取消。④ 因此，奥巴马政府又推出了住房可偿付再融资计划（Home Affordable Refinance Program，简称 HARP 2.0），它是住房可偿付调整计划的另一个版本。在 2012 年的第一季度，住房可偿付再融资计划似乎加快了抵押贷款重组的进程。⑤ 但是，到了 2012 年夏天，自从各银行与各州检察长就有关滥用抵押贷款的诉讼达成了和解之后，抵押贷款发放者面临的法律不确定性问题得到了解决，因此止赎风险又再一次上升了。⑥ 如图 5.1 所示，取消抵押品赎回权是美国住房自有率下降的一个主要原因。

在泡沫破灭后，意识形态保持不变

尽管奥巴马政府与民主党控制下的国会所通过的《多德—弗兰克华尔街

---

① 请参阅尼尔·巴罗夫斯基的文章（Barofsky, 2011）。耶鲁大学著名经济学家约翰·吉纳科普洛斯公开呼吁政府加大力气推动抵押贷款减免，但是收效甚微。请参阅约翰·吉纳科普洛斯和苏姗·科妮亚克的文章（Geanakoplos and Koniak, 2008, 2009）。
② 请参阅丹娜·米尔班克的文章（Milbank, 2010）。
③ 请参阅布莱恩·柯林斯的文章（Collins, 2011）。
④ 请参阅《银行再次成了脱缰野马》一文（"Banks are Off the Hook Again", 2011）。
⑤ 请参阅薇琪·埃尔默的文章（Elmer, 2012）。
⑥ 请参阅安娜·萨斯曼的文章（Sussman, 2012）。

改革和消费者保护法案》以及它们所采取的其他政策措施存在着许多不足之处，但是，之所以能够出台这些应对泡沫破灭的政策措施，政治权力的更迭，即由一个"分裂"的政府转变为一个"统一"的政府，仍然是一个重要的因素。正如我们接下来要阐明的，这种政治权力的变更远远比任何政客在个人层面上的意识形态的转变更重要。事情之所以发生改变，是因为民主党在选举中的胜利，而不是因为立法者在信仰上的变化。几乎没有国会议员像第七巡回上诉法院的首席法官、芝加哥大学法学院教授理查德·波斯纳那样，① 公开表示自己改变了以往的自由市场保守主义信念；或者，像艾伦·格林斯潘那样在向国会作证时声明，自己是被他所信仰的意识形态误导了（请参见第2章）。

为了阐明国会中的意识形态的稳定性，我们计算出了两组新的意识形态得分，来刻画由金融危机所诱发的意识形态立场的转变情况。② 这两组意识形态得分是完全独立的。第一组得分是根据2008年9月15日雷曼兄弟破产之前的第110届国会上的所有投票表决结果计算出来的；第二组得分是根据第110届国会上的其他投票表决结果与第111届国会的所有投票表决结果计算出来的，《多德—弗兰克华尔街改革和消费者保护法案》就是在2010年由第111届国会通过的。③ 结果如图7.1和图7.2所示。这是一个散点图，在图中，每个国会议员都有一个标记，D代表的是民主党议员，R代表的是共和党议员。④ 图中横轴表示的是雷曼兄弟破产之前的意识形态立场情况，而纵轴表示的是雷曼兄弟破产之后的意识形态立场情况。

很显然，没有任何迹象可以表明，众议院内部的意识形态出现了重大的改变，所有这些标记几乎都落在了同一条线上。如果在雷曼兄弟破产之前与

---

① 请参阅理查德·波斯纳的著作（Posner, 2009）。
② 这些得分都是运用动态加权提名模型计算出来的，详情请参阅以下网站：http://voteview.com/wnominate_in_R.htm。
③ 我们在估计这些指标的时候，考虑了所有唱名投票，而不是仅仅考虑与金融改革有关的投票。在下文中，我们将阐明，除了《问题资产救助计划》之外，在金融危机发生之后，几乎所有投票的结果都不受已经发生了金融危机这个事实的影响。
④ 比较是针对这样一些立法者的，他们不仅在雷曼兄弟破产前至少投了25次票，而且在雷曼兄弟破产后也至少投了25次票。这种选择也就意味着，我们将只服务于第111届国会（而没有服务于第110届国会）的那些议员排除在外了。

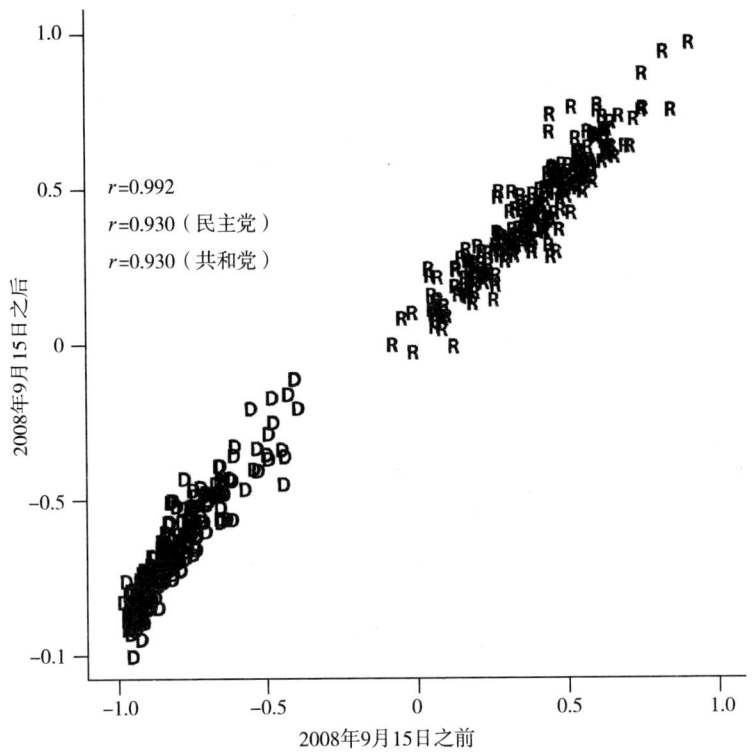

图 7.1　众议院在雷曼兄弟破产前和破产后的意识形态得分＊

＊在图中，每一位众议员都用一个标记来表示（D 代表民主党，R 代表共和党）。标记所在的位置代表了众议员在雷曼兄弟破产前后的意识形态得分。这些标记大体上位于一条直线上，这说明金融危机并没有改变国会内部的意识形态分野。

破产之后的得分是毫不相干的，那么它们的相关系数就是零；如果这些标记完美地聚集在一条线上，那么相关系数就是 1。实际相关性为 0.99。甚至在每个政党内部，相关系数都是大于 0.92 的。换句话说，共和党议员没有改变他们的自由市场保守主义立场，民主党人也没有改变他们自己的意识形态立场。

参议院的情况也是如此，只有一点与众议院不同，即民主党参议员内部的相关性比较低。这种松散的关系在很大程度上要归因于拉斯·费因戈尔德的异常行为，他从一个极端自由主义民主党人转变为了一个温和派民主党人。费因戈尔德的举动一定程度上反映了他会投票反对《多德—弗兰克华尔街改革和消费者保护法案》。如果没有费因戈尔德，那么民主党的相关系数会从

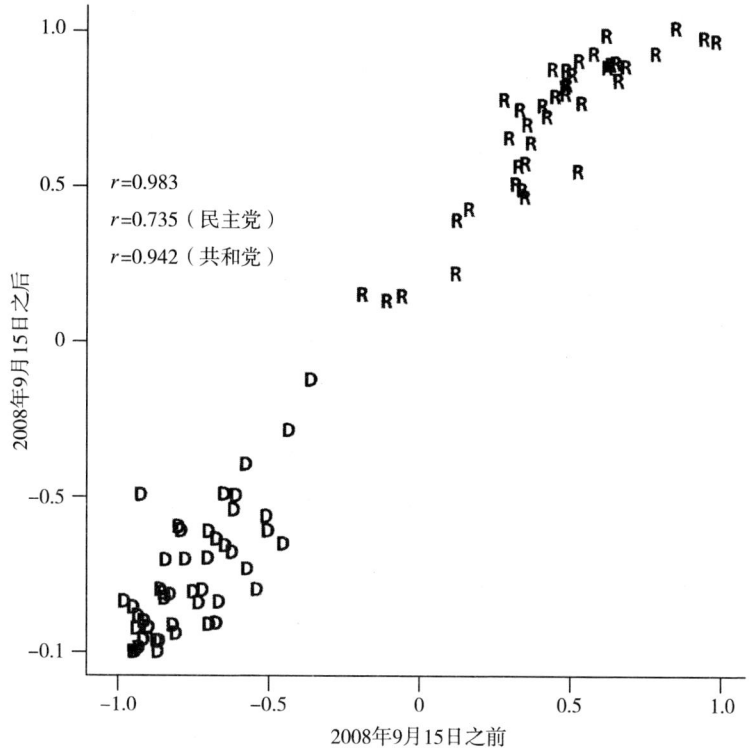

图 7.2　参议院在雷曼兄弟公司破产前和破产后的意识形态得分

0.74 上升到 0.79。参、众两院的得分之所以会产生一些差异，是因为用来计算意识形态得分的参议院的累计投票数（在雷曼兄弟破产之前为 641 票，在破产之后为 712 票），要大大少于众议院（在雷曼兄弟破产之前为 1 765 票，在破产之后为 1 747 票）。

我们发现，在雷曼兄弟破产前后，这些标记的位置排序情况基本上没有什么变化，这个事实表明，金融危机与高失业率并没有显著改变国会内部已经内化了的自由市场保守主义立场。共和党人尤其如此。当然，纯粹从技术的角度出发，有人也许会这么说：旨在加强金融监管的政策的出台，反映的正是意识形态的改变。或许所有议员的立场都左移了——全都偏离了纯粹的自由市场保守主义立场。但是，这样的事情几乎是不可能发生的，因为到了 2011 年，众议院共和党人就已经开始试图废除《多德—弗兰克华尔街改革和消费者保护法案》的大部分内容了。

不过，图 7.1 和图 7.2 中所显示出来的稳定性也掩饰了一些重要的政治变化，因为它仅仅是根据第 110 届国会与第 111 届国会的议员投票情况来得出结论的。当民主党在 2008 年赢得竞选时，自由市场保守主义者并没有退出国会，也没有完全被泰德·肯尼迪与拉斯·费因戈尔德之类的自由主义者所取代。

恰恰相反，在这次选举中，民主党之所以能够在选举中获胜，主要得益于那些更温和的民主党候选人在自己的选区中取得的胜利，这些选区的意识形态色彩更接近于"紫色"，而不是"蓝色"。

与民主党因"变得更温和"而赢得选举不同，共和党之所以能够在 2010 年中期选举中获胜，是因为共和党急剧偏向了保守主义方向所致。

其中的一个例子是，坚定的自由市场保守主义的支持者、增长俱乐部的前主席帕特·图米取代了宾夕法尼亚州参议员阿伦·斯佩克特。斯佩克特是一个温和派，他的支持对一系列经济刺激措施和《多德—弗兰克华尔街改革和消费者保护法案》的通过非常重要。自由市场保守主义反而由于金融危机与随后发生的经济衰退得到了加强，这实在是一件非常悖谬的事情。正如图 7.1 和图 7.2 所显示的，从个人层面看，金融危机发生后，意识形态立场并没有重新排序。

代表北卡罗来纳州的民主党议员布拉德·米勒提出了一部旨在监管掠夺性抵押贷款的法案，对围绕这一法案的两次投票结果进行研究后，我们所得出的结论是，议员们的信念并没有发生改变。第一次投票发生在 2007 年（雷曼兄弟破产之前），第二次投票发生在 2009 年（雷曼兄弟破产之后）。在本章的稍后部分我们将会详细地讨论该法案。在这里，我们先来讨论投票过程本身的特点。在我们所关注的这个自然实验中，前后两次投票所针对的是同一部《米勒法案》（全称是《2007 年抵押贷款改革和反掠夺性贷款法案》，请参见第 5 章）。由于掠夺性抵押贷款被认为是次级贷款的主要来源，人们或许会预计，金融危机发生后，议员们对待这部法案的态度将会出现巨大的改变。然而，实际上几乎没有发生任何转变。从统计学的角度来看，两次投票的分界点是根本无法区分开来的（"分界点"这个概念详见第 2 章）。① 所有的民主党

---

① 在 2009 年为 0.544，而在 2007 年则为 0.536。

人，还有一些温和的共和党人在两次投票中都支持该法案，而极端保守主义共和党人则在两次投票中都反对该法案。意识形态立场的改变主要发生在那些中间派众议院共和党人身上。共有132位共和党议员既参加了2007年的投票，也参加了2009年的投票，在这132位共和党议员中，有23人改变了投票；但是，来自共和党的全部支持票只增加了5票。支持《米勒法案》的总体票数之所以增加得比较多，主要是因为在2008年的选举中，民主党的席位有了大幅度的增加。2008年泡沫的破灭并没有说服共和党人，让他们觉得需要加强对掠夺性的抵押贷款的监管。

总的来说，国会的意识形态并没有转向支持大力加强政府监管市场的立场。奥巴马总统也是如此。因此，在讨论美国政府对于泡沫破灭所导致的金融危机的应对政策时，我们有充分的理由去集中关注选举结果的变化和美国政府的制度结构，我们也有充分的理由去忽略任何意识形态转变所带来的影响。

金融泡沫破灭后的立法应对

应对金融泡沫破灭的立法措施主要由2008年10月通过的《问题资产救助计划》、2009年2月通过的《经济复苏法案》（"一揽子经济刺激计划"）、2010年7月通过的《多德—弗兰克华尔街改革和消费者保护法案》组成。这一个计划和两部法案的立法过程充分说明了应对危机的滞后性、有限性，也说明了政治权力的更迭和选举动机对应对危机的政策的影响。在本章的讨论中，我们运用了我们在前文（第2章、第4章）提出的理论框架。这个理论框架的核心是一个一维的自由主义—保守主义政治模型，在这个模型中，议程设定者需要获得重要行动者——例如程序性阻挠议事者和拥有否决权的轴心人物——的支持。

值得指出的是，在2008年大选中，总统候选人巴拉克·奥巴马最初是以一种与轴心政治模式截然相反的模式参加竞选活动的。作为一名候选人，奥巴马宣称，"不管你属于哪个政治党派，每一个美国人都渴望……一种新的政治"，一种能与反对派相妥协而制定出合理的公共政策的政治。[①] 但是，极化

---

① 请参阅巴拉克·奥巴马的竞选演说（Obama, 2008）。

阻碍了这种新的两党合作的政治模式的形成。如果奥巴马从一开始就决定坚持采取这种新的政治模式，或许会对他更有利，他提出的法案在参议院从来都没有获得过超过60票的赞成票。① 但是，基础广泛的两党妥协从来没有发生过，轴心人物们仍然决定着一切。

对于奥巴马政府所采取的刺激经济的一揽子计划和《多德—弗兰克华尔街改革和消费者保护法案》，轴心政治模式可以提供近乎完美的解释。对它们的投票把自由主义者与保守主义者彻底区分开来了。在被参议院通过的每一部法案中，民主党人都是"侥幸"地获得成功的，他们提出来的法案必须让能够发起程序性阻挠议事的轴心人物满意。对于刺激经济的一揽子计划，程序性阻挠议事的轴心人物是来自缅因州的奥林匹亚·斯诺。她要求整个刺激计划削减2 000亿美元，以此来作为妥协的条件。她的要求得到了满足。爱德华·肯尼迪的离世使代表马萨诸塞州的斯科特·布朗成了通过《多德—弗兰克华尔街改革和消费者保护法案》时的程序性阻挠议事的轴心人物。布朗也"收获"了一个重要的让步——取消190亿美元的银行税。然而，用轴心政治的"故事"很难解释国会针对亨利·保尔森提出的《问题资产救助计划》的投票。对《问题资产救助计划》的投票结果反映了共和党的选举顾虑。该计划是在一个失败的总统任期和"指责游戏"政治的阴影下推出的，而且违背了共和党的意识形态的核心元素，因为《问题资产救助计划》不仅代表着政府对经济的干预，而且还意味着巨额政府支出。接下来，我们先用轴心政治模式来分析一揽子刺激经济的计划和《多德—弗兰克华尔街改革和消费者保护法案》，然后再回过头来说明《问题资产救助计划》确实是一个例外，但是这个例外恰恰可以证明上述规律。

---

① 奥巴马所表现出来的热衷于两党合作的姿态，一开始可能是策略性的。与我们在第4章中描述过的"指责游戏"式的讨价还价过程类似，奥巴马可能是想做这样的尝试：在明知共和党极端派不会接受的情况下，向他们提出一些充满妥协色彩的方案，这样当无法达成一致时，他就可以指责共和党。但是，如果这真是一种策略，那么2010年的选举结果表明，它并没有见效。请参阅诺兰·麦卡蒂的论文（McCarty，2009）。

在第111届国会上的经济刺激与金融监管法案

第111届国会的连场大戏完全是按照轴心政治的剧本上演的。奥巴马政府的立法议程主要由以下三个方面的法案组成：刺激经济的一揽子计划、医疗保障改革和金融改革。在所有这三个方面的法案中，国会内支持奥巴马政府的立法同盟都是以最小的优势获胜的。这也就是说，在参议院中，它们控制的票数刚刚好可以避免出现程序性阻挠议事。这三个方面的法案不仅都是以最小的优势获得通过的，而且它们所获得的支持票也几乎完全一模一样。在参议院通过与金融危机相关的两部法案时，它们所获得的支持是几乎完全相同的60票；另外，在斯科特·布朗当选之前，参议院版的医疗改革法案也获得了60票。这些投票结果表明，自由主义者与保守主义者之间严重对立，不过这一点都不足为奇。拉斯·费因戈尔德是一个极端自由主义的参议院议员，当他投票反对《多德—弗兰克华尔街改革和消费者保护法案》时（他的理由是这部法案还远远不够），这个模式出现了一点小小的偏差。但是，在奥巴马总统任期的头两年里，奥巴马政府的"政治剧本"的主要任务是说服参议院内60个自由派参议员和温和派参议员，以保证压倒另外40个保守派参议员。总的来说，这个目标基本达到了。众议院也分为自由主义者与保守主义者两个阵营，不过在那里，民主党占据了绝大多数席位，并不存在程序性阻挠议事问题。很少有人会在投票时偏离既定的轨道，危及法案的通过。

题外话：如何刻画复杂的立法过程

在我们证明这些重要法案的投票表决确实都符合轴心政治模型之前，我们还得回答如下这个问题：怎样才能把像一揽子经济刺激计划和金融监管这么复杂的问题纳入政治学的研究范围？为什么可以用一个简单的一维自由主义—保守主义模型来描述它们呢？

立法过程是非常复杂的。立法者们要面对的，并不是一些简单地回答"是"或"否"就行的问题，而且即使是这类问题——例如，"是否同意把信用卡的逾期费确定为每月最高不超过10美元"——也会导致立法者分裂为自由主义、保守主义两个阵营。事实上，要完成某个立法议程，首先要形成某种立法同盟，而这就必然伴随着层出不穷的修辞、阴谋和操纵，也就是说，政治领域古已有之的那些不择手段的伎俩是非常重要的。由此而导致的一个结果是，现在国会的任何一部法案的篇幅都长达几百页甚至几千页，其中每个句子都代表着对某个人的某种妥协。而作为国家普通公民的我们，不仅不想知道这些与老太婆的裹脚布一样又臭又长的法案里每个句子背后的意思，而且即使想知道，我们也没有时间去了解。事实上，立法同盟之所以能够维持下去，很大程度上就是因为它缺乏透明度。

这些冗长的法案显然涉及了众多的维度。乍眼一看，有的人或许会认为支持这些法案的联盟是不稳定的。他们的理由是，反对者可能会设法提出另外的方案，以便"收买"一些立法者。例如在通过一揽子经济刺激计划的时候，奥林匹亚·斯诺要求大幅消减用于维持州一级及地方一级公共部门雇员的工作职位的资金（她这个要求得到了满足）。难道比斯诺更自由主义的国会议员不会因为某个进一步削减公路建设资金的提议而倒向反对派吗？这不太可能。那么他们会不会因为增加公路建设资金的某个提议而倒向反对派呢？同样也是不可能的。一部法案由许多部分组成这个特点，实际上可能会使这个自由主义—保守主义联盟更加稳固。更容易让斯诺接受的策略可能是，允许她删减法案当中她最不喜欢的那部分内容，而不是去限制她对法案进行全面的删减。

此外，"猪肉桶"的不断增多，不一定是导致法案的复杂性急剧上升的主要因素。使某部法案变得更复杂的那些条款可能旨在把有资格设定议程的那个政党的核心意识形态融合进法案当中，从而扩展了法案的内容；因此，这些条款有助于该法案的定性。金融危机催生出了《多德—弗兰克华尔街改革和消费者保护法案》。从金融的角度来看，该法案的核心问题肯定是如何解决系统性风险问题。

但是，系统性风险并不是一个自由主义—保守主义问题。任何一个具体的监管措施都涉及复杂的监管权衡。例如，如果设定首付款和贷款价值比的法案标准，那么就可以降低违约率，从而起到限制风险的作用。但是另一方面，这种规定会把低收入人群排除在抵押贷款市场之外。另一个例子是，各大型金融机构非常希望在未来它们可以继续毫无顾忌地进行投机活动；但是，社会上的其他人，无论是自由主义者还是保守主义者，肯定都不希望启动另一个《问题资产救助计划》。

一方面，过度管制是危险的。当建立起了一个自由主义联盟时，人们会如何处理系统性风险呢？（要通过像《多德—弗兰克华尔街改革和消费者保护法案》这样的法案，这样的一个联盟是必需的。）考虑到金融监督权衡的复杂性，要建立这种联盟是非常困难的。另一方面，自由主义者的核心意识形态信念——平等主义——要求进行重新分配，消除因为民族、种族与性别等先天因素导致的差异。有鉴于此，这部法案要求在国会控制之外利用专门的预算建立一个消费者金融保护局，就一点都不足为奇了。同样不足为奇的是，当共和党占据了众议院的多数席位后，对这部法案最不满意的就是这部分内容。

此外，在代表加利福尼亚州的非裔民主党女议员玛克辛·沃特斯的敦促下，《多德—弗兰克华尔街改革和消费者保护法案》还把根据该法案新设立的少数族裔和妇女就业参与办公室（Office of Minority and Women Inclusion）也算作金融监管机构。这部法案甚至还包括了一些看似与金融监管无关的条款，它们旨在消除各种与武装冲突以及刚果的矿产贸易有关的侵犯人身权利的行为。所有这些条款都有可能会提高自由主义者对作为一个整体的法案的支持率，当然，也有可能会降低保守主义者对它的支持率。

总之，法案越冗长，越有可能导致立法者按自由主义—保守主义尺度分裂为不同阵营，而且，法案越冗长，对法案的投票结果在这个一维尺度上的映射也越准确。

一揽子经济刺激计划通过时的政治：与轴心人物好好相处

在 2007 年年底，经济增长速度已经开始显著放缓，为此，小布什政府在 2008 年 1 月提出了刺激经济增长的一揽子计划。这一计划的核心是一次性退还个人所得税与减免营业税。虽然保守主义者早已不再支持自由裁量型财政政策，但是，为了尽可能不偏离正统的意识形态，这个计划还是把重点放在了减税上面。

民主党人虽然支持扩张性的财政计划,但是,他们并不支持小布什总统提出的这个单纯依赖于税收减免的经济刺激计划。民主党立法者强烈主张,这个一揽子刺激经济计划还应该包括增加支出,尤其是在失业保险、对各州的救助以及公共工程等领域。当时呼声很高的民主党总统候选人希拉里·克林顿提出了一项总额为700亿美元的政府支出计划,主要用于住房、取暖补贴、州一级援助等方面;而且,如果情况进一步恶化,则还要再追加一个总额为400亿美元的退税计划。意识形态方面的另一个冲突是,政府的行政分支和共和党议员们都拒绝向那些没有交纳过联邦个人所得税的工人退税,他们认为,如果非个人所得税纳税人也可以获得退税,那实际上就蜕变成了一项福利。

要想对小布什总统的这个经济刺激一揽子计划做出适当的回应,民主党领导人首先必须解决如下两个问题。第一,在2006年的选举中,民主党之所以能够在国会占据多数席位,是因为有许多财政保守主义者加入了他们的行列,而这些人非常可能会反对为了刺激经济而扩大支出。第二,民主党领导人还要考虑本党在财政问题上的形象。民主党利用小布什任内不断攀升的财政赤字,为自己树立起了"一个在财政问题上相当负责的政党"的形象。这个名声不仅稳固了独立选民对民主党的支持,也稳固了"有钱人"对民主党的支持。因此,在扩大政府支出的问题上,民主党的领导人不能表现得比小布什总统还要慷慨得多,否则他们会被再次冠以挥金如土的坏名声。更复杂的是,无论民主党人控制下的国会通过什么刺激经济的计划,都不得不放弃他们趁着自己控制国会时确立的"量入为出"的预算规则。①

最终的结果是,尽管对于经济刺激计划的结构,民主、共和两党仍然存在着一些重大的分歧,但是众议院还是很快就通过了一项总额为1 640亿美元的一揽子计划,这个计划基本上遵守了小布什政府确定的优先事项排序。但是,参议院的民主党领导人又推出了一项更加庞大的总额为2 040亿美元的经济刺激计划。根据这个计划,政府将进一步扩大在失业保险、家庭取暖补贴

---

① 请参阅史蒂芬·韦斯曼和大卫·赫曾霍恩的文章(Weisman and Herszenhorn, 2008)。"量入为出"(pay as you go)原则要求,要增加一项新支出,就必须先削减同样规模的另一项支出。

和煤炭开采行业补贴等领域的支出。① 虽然这个更庞大的支出计划赢得了 8 个共和党参议员的支持,民主党领导人最终还是未能成功地"终结辩论",这个计划被扼杀了。② 参议院在众议院通过的法案中增加了一个条款,即增加对社保受益人与伤残退伍军人的补贴支出,这个条款在参议院的投票中,以 81 票对 16 票获得了通过。众议院则以 380 票对 34 票通过了参议院版的法案。③ 小布什总统最终签署了总额为 1 680 亿美元的一揽子经济刺激计划。

虽然民主、共和两党表现出来的非同寻常的高水平合作(尤其是在众议院中)使这个刺激经济一揽子计划很快就获得了通过,但是这个经济刺激计划还是不可避免地带有许多政治权谋留下的印迹,这大大削弱了它的有效性。该法案坚持用支票方式实施退税,而没有采用直接调整预扣税款的方法,这就意味着退税刺激经济的效果的实现将要多花上好几个月的时间。④ 此外,由于退税是以所得税额抵免的形式进行的,而没有采取抵消工资税的形式,因此许多低收入美国人(那些最有可能把退税款全花掉的人)无法得到资助。同时,由于该计划不包括对各州的资助,也不涉及对失业人员的援助,因而只能听任各州的金融形势日益恶化、失业人士的生活每况愈下。此外,在对要不要将小布什总统的减税政策永久化这个问题进行辩论的过程中,政治极化现象变得非常严重,从而排除了税法出现永久性改革的可能性,尽管这种税制改革会带来更显著、更长期的经济效果。⑤

这部法案也预示着,民主、共和两党通过财政政策来刺激经济的共识即

---

① 民主党内部存在的另一个裂痕是,它不仅仅是坚定的环保主义者的"家园",也是产煤各州的"宠儿"的宝地。巴拉克·奥巴马本人在担任州参议员和美国参议员时,都是煤炭产业的坚定支持者。关于这方面的内容,请参阅肯·迪兰尼安的文章(Dilanian, 2008)。

② 请参阅大卫·赫曾霍恩的文章(Herszenhorn, 2008b)。一些观察家认为,参议院多数党领袖哈里·里德之所以极力推动更庞大的救助计划,目的是想在选举年使参议院内的部分反对专门救助计划的共和党人留下"不良"的记录。

③ 请参阅大卫·赫曾霍恩的文章(Herszenhorn, 2008a)。

④ 请参阅迈克尔·库珀的文章(Cooper, 2010)。与此形成了鲜明对照的是,在 2009 年的经济刺激计划中,个人的减税是通过改变代扣表来实施的。但是,这种做法对民主党来说,也有一个不好的影响:它反而影响了奥巴马总统在减税问题上的政治信誉(因为一般民众觉得没有"减税")。

⑤ 请参阅史蒂芬·韦斯曼和爱德蒙·安德鲁斯的文章(Weisman and Andrews, 2008)。

将宣告终结。随着2008年竞选的逼近,民主党人对实施第二轮经济刺激的呼声越来越高,而共和党人则坚决予以抵制。于是下一轮经济刺激计划被推迟了,一直要等到2008年秋季的总统选举和国会选举之后才能提上议事日程。大选过程中的党派辩论沿袭了传统的以意识形态划界的模式:约翰·麦凯恩和共和党人认为,任何未来的刺激计划都应该集中于个人所得税和企业所得税的减免上(通过让小布什总统时代的税收减免政策永久化来实现这个目标);而奥巴马和民主党人则主张,政府的财政支出应该进一步向低收入者、失业者、为保住自己的住房而苦苦挣扎的人倾斜。民主党人还强调,必须要对那些"可以立即上马"的基础设施增加投入。

奥巴马在2008年11月赢得总统大选之后,许多人都认为他可能会立即着手推动"跛脚鸭"国会会议通过一些刺激经济的举措。但是,由于小布什仍然是美国的总统,可以确定的是,这类举措很可能因为小布什的反对而受到很大限制。这样一来,刺激经济的法案就被进一步延误了,这种情况一直延续到了2009年1月新一届国会召开会议之前。因为当时的人们普遍预期,在奥巴马总统宣誓就任总统之前,刺激经济的法案是不可能被通过的。①

虽然奥巴马在竞选总统时就提出过一个总额达1 750亿美元的经济刺激计划,但是,不断恶化的就业形势和经济状况表明,有必要实施一个更庞大的一揽子经济刺激计划。到11月底,民主党领导人提出了一个总额接近3 000亿美元的一揽子经济刺激计划。而到了12月,这个一揽子经济刺激计划的总额进一步扩张到了6 000亿美元。但是这还不够,许多经济学家(其中既有共和党人,也有民主党人)都认为,新的一揽子刺激经济计划的规模应该是上述设想的两倍之巨(即1.2万亿美元)。

这就是拟议中的2009年一揽子经济刺激计划,它的正式名称是《美国经济复苏与再投资法案》。这部法案的形成过程非常复杂,许多因素都起到了不可忽视的作用。最重要的一个因素是,经济局势的紧迫性和总统权力交接期的特殊情况(奥巴马政府的大部分经济顾问都还未就职)意味着,在一揽子经济刺激计划的许多细节问题,行政分支不得不依赖国会。这就为国会议员

---

① 这种拖延导致美国只能在其他国家采取行动几个月之后才实施经济刺激计划。

们往这部法案里塞入许多他们所钟爱的、但是却很难用纯粹的宏观经济理论去证明其合理性的项目打开了方便之门。①

在某种意义上,一部法案总会被加入一些"猪肉",这几乎是不可避免的。经济学家们试图推动的是一项非常庞大的政府支出计划,虽然他们希望所有的钱都能花到点子上,但是这种特别庞大的政府支出计划可能会使公众觉得新政府财政纪律混乱,从而给选民留下不好的印象。共和党人会利用民众对新政府的这种不良印象破坏奥巴马构建"两党合作型政治"的希望。在当时,跨党派合作被认为是非常重要的,这不仅是因为奥巴马曾承诺要在华盛顿培育出一个超越党派偏见的政治环境,还因为这能够让他避免别人指责他只知道推行左派的政纲。

到2009年1月,这个拟议中的一揽子刺激经济计划的规模已经达到了7 750亿美元。到了这个月的月底,这个数字又进一步增加到了8 250亿美元。不过,这个数字还是远远小于一些共和党经济学家所建议的规模。(当然,这些经济学家的建议基本上影响不了共和党的政客们。)此外,税收减免规模与社会支出和基础设施投资规模之间的相对比例应该如何?关于这个问题,民主党内部也出现了意见分歧。② 共和党人则开始攻击这个计划,说它过于庞大,同时减税力度又过小。共和党人与民主党温和派都公开表示了他们对赤字和债务的担忧。

2009年2月13日,参、众两院都批准了一揽子经济刺激计划的会议报告。我们接下来就来分析这两次投票。先讨论众议院的投票,具体情况如图7.3所示。

因为众议院严格执行简单多数规则,因此不存在程序性阻挠议事问题。在众议院的435个议席中,民主党人占据了其中的255席,所以在众议院通过民主党提出的法案相对就比较容易。这份会议报告一边倒地以246票赞成、183票反对被通过了。③

除了少数几位投票反对一揽子经济刺激计划的民主党人士外,这次投票

---

① 请参阅瑞因·莉莎的文章(Lizza, 2012)。
② 请参阅彼得·贝克和大卫·赫曾霍恩的文章(Baker and Herszenhorn, 2009)。
③ 有6位议员没有参加投票。

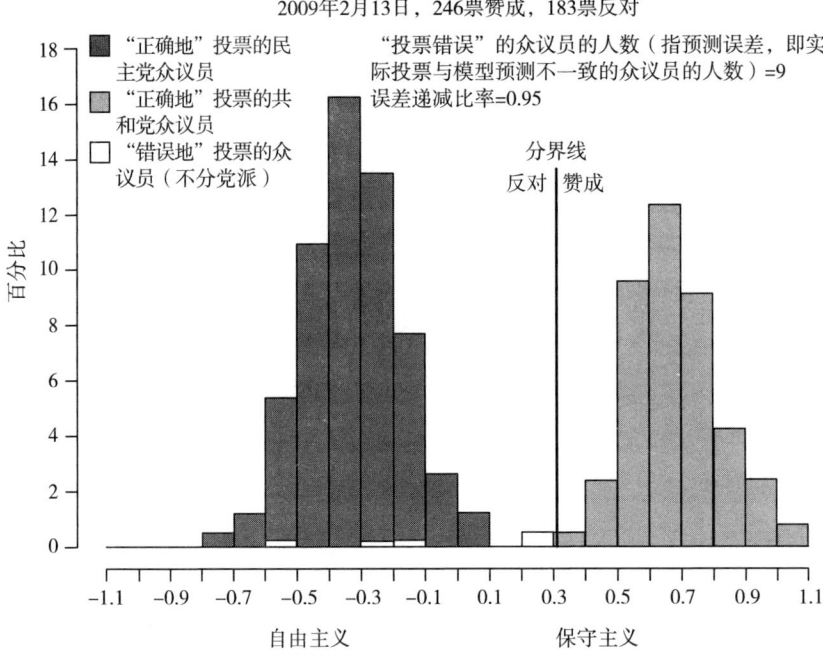

图 7.3 众议院对一揽子经济刺激计划的会议报告的投票

结果完全符合按政党路线投票的原则。① 投反对票的这 7 位民主党众议员是代表亚拉巴马州的博比·布赖特、代表俄勒冈州的彼得·德法兹奥、代表亚拉巴马州的帕克·格里菲斯、代表艾奥瓦州的沃尔特·明尼克、代表明尼苏达州的科林·彼得森、代表北卡罗来纳州的希思·舒勒和代表密西西比州的吉恩·泰勒。在这 7 位民主党众议员当中,没有一个人的席位是稳固的:在 2010 年的中期选举中,他们中有 4 个人遭到了失败,其他 3 个人也只是勉强获胜(获得的票数只有 55% 或者更少)。而且,除了德法兹奥之外,其他 6 个人的意识形态立场都靠近投票分界线。换句话说,他们几乎都对这个问题漠不关心。

出现这种情况的一个原因可能是,他们已经开始倾向于保守派了。在 2009 年 9 月,像斯特罗姆·瑟蒙德一样,亚拉巴马州的帕克·格里菲斯也改

---

① 在第 111 届国会众议院中,我们没有对两位投支持票的民主党众议员进行意识形态打分。

变了意识形态立场，由南部民主党转向了共和党。当格里菲斯改变党派归属时，他在动态加权提名模型当中的得分一下子就从温和派的中心跳到了保守派（数值从 -0.01 变为 0.54）。这样一来，格里菲斯也就不再是一个轴心人物了。政党纪律并不能保证他和其他的"叛变者"不脱离本阵营。

如图 7.4 所示，参议院有关一揽子经济刺激计划的会议报告的投票则为我们叙述了一个不一样的故事。为了能够得到 60 张赞成票，奥巴马政府必须保证所有 56 位民主党参议员都投赞成票，还要保证独立参议员伯尼·桑德斯也投赞成票。（泰德·肯尼迪由于病重无法参加投票，明尼苏达州的艾尔·弗兰肯也由于选举时竞争激烈而未能获得席位。）除此之外，奥巴马政府还需要从共和党人那里挖到 3 张赞成票。我们估计，这 3 张赞成票，最有可能来自共和党内最具自由主义色彩的 3 个参议员——代表缅因州的奥林匹亚·斯诺和苏珊·柯林斯以及代表宾夕法尼亚州的阿兰·斯派克特（他后来干脆从共和党转投民主党了）。① 实际投票结果表明，民主党确实以最小优势获得了胜利。这个"获胜者联盟"完全吻合一维的自由主义—保守主义地图。投票结果如图 7.4 所示。唯一的一个预测错误是乔治·沃伊诺维奇（代表俄亥俄州的共和党参议员），他的意识形态得分比斯佩克特高一点（在后者的右边），但是这种差异在统计学上是没有任何意义的。民主党最终确实获得了最温和的 3 个共和党人的投票。沃伊诺维奇投票反对一揽子经济刺激计划代表着我们的统计模型出现了小小的错误。②

这 60 票究竟是如何拼凑起来的？媒体的注意力集中在了参议员斯诺的要求上，她要求，民主党的一揽子经济刺激计划必须削减 2 000 亿美元，这样她才会投赞成票。人们猜测，许多其他的支持者也肯定都提出了他们自己的要求，因为该法案从最初由众议院通过到最后颁布，有所变化的地方达到了 3 000 处之多，每一处变化都是给某些人的"一根小小的棒棒糖"。投票结果完全符合我们提出的自由主义—保守主义的一维模型，因为自由主义者比保

---

① 阿兰·斯派克特改变党派归属之后，他的意识形态得分从 0.11 变为 -0.39，即从温和的中间派变成了民主党中的右翼。
② 细心的读者应该已经发现，如果我们把分界线向左移动一些，就可以消除沃伊诺维奇这个"误差"。但是，这将是一种误导性的做法。进一步的技术细节请参阅基思·普尔和霍华德·罗森塔尔的著作的"附录 A"（Poole and Rosenthal, 1997）。

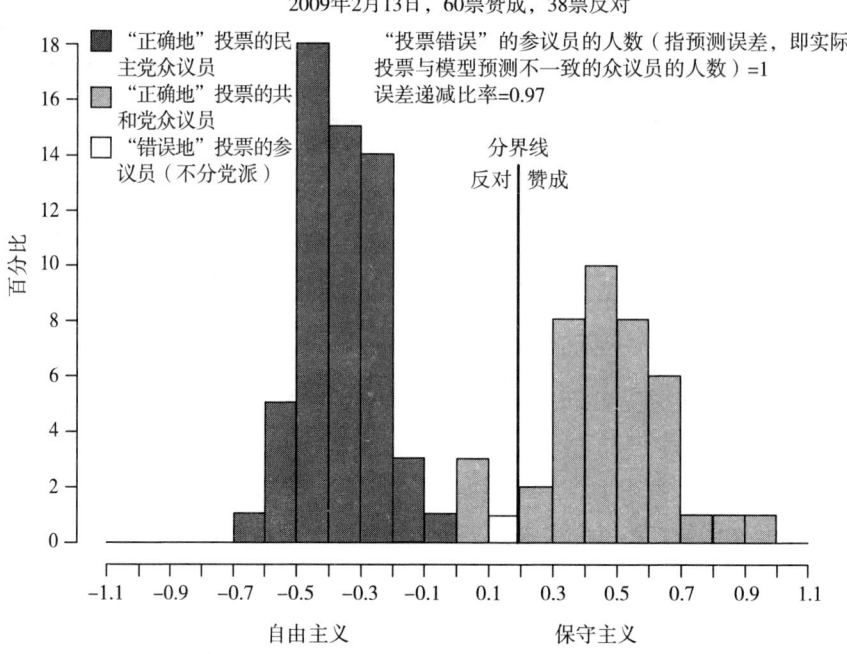

图7.4 参议院对一揽子经济刺激计划的会议报告的投票*

*在参议院的投票结果中，预测误差只有一票（沃伊诺维奇的投票）。

守主义者更不需要"棒棒糖"。

在签署了这个总额达7 870亿美元的救助法案后，奥巴马总统并没有排除推出第二轮一揽子经济刺激计划的可能性。① 但是公众从未表达过对这些一揽子经济刺激计划的特别强烈的支持。民意调查结果表明，在该计划获得通过时，支持它的人只占全部受访者的微弱多数。② 不过，绝大多数人认定，在这个一揽子刺激经济计划中，减税部分将比增加支出部分更有效。③

当失业率并没有因为该计划的实施而下降时，不仅经济复苏法案的公众

---

① 请参阅谢里尔·施托尔伯格的文章（Stolberg，2009b）。
② 这是哥伦比亚广播公司新闻频道2009年2月2—4日举行的民意调查的结果，具体数据可以从以下网页获取：http://www.ropercenter.uconn.edu/。
③ 同②。在回答"在您看来，采取哪种方法能够更有效地帮助美国摆脱当前的经济衰退：是增加政府支出，还是减少税收？"时，只有16%的人表示应该增加支出，高达63%的人都赞成降低税收。

支持率下降了，而且支持民主、共和两党的选民也变得更加泾渭分明了。最重要的是，那些曾经对奥巴马的当选起到了关键作用的独立选民也开始接受共和党的说法，认为一揽子经济刺激计划不利于经济的健康发展。表 7.1 可以说明这一点。这个表给出了不同党派的受访者在 2009 年 7 月对以下问题的回答的基本情况：

（1）到目前为止，您认为政府所采取的一揽子经济刺激计划是让经济变得更好了还是变得更糟了，或者对经济没有影响？

（2）从长远来看，您认为政府所采取的一揽子经济刺激的计划将会让经济变得更好还是变得更糟，抑或根本就对经济没有影响？

民意调查还发现，有 65% 的公众反对出台新的一揽子经济刺激计划，绝大多数人都觉得应该优先考虑削减赤字。①

表 7.1 截至 2009 年 7 月，选民对于奥巴马政府所采取的一揽子经济刺激计划对经济的影响的态度

身份期限	变得更好了	变得更糟了	没有影响
所有选民：到目前为止	24.7	12.5	57.3
所有选民：从长期来看	44.3	21.9	28.1
共和党选民：到目前为止	15.1	26.2	51.6
民主党选民：到目前为止	35.6	3.7	55.5
独立选民：到目前为止	22.0	12.4	61.0
共和党选民：从长期来看	22.7	37.4	33.7
民主党选民：从长期来看	59.7	10.2	25.6
独立选民：从长期来看	44.1	22.2	6.6

当公众舆论开始转而反对新的经济刺激计划时，再把新的一揽子经济刺激计划兜售给温和派民主党人就变得更加困难了。在 2010 年，那些面临着激烈的改选竞争的国会议员尤其不愿意支持更多的政府支出。② 因此，奥巴马政

---

① 这是哥伦比亚广播公司新闻频道和《纽约时报》于 2009 年 7 月 24—28 日联合举行的民意调查的结果，具体数据可以从以下网页获取：http：//www. ropercenter. uconn. edu/。
② 请参阅休厄尔·陈的文章（Chan，2010a）。

府拒绝了来自于左派的实行第二轮财政扩张的要求。

话说回来,在前述一揽子经济刺激计划当中,有几个措施还是很得选民的欢心的,尤其是延长失业者领取救济金的期限。所以奥巴马政府的策略从注重宏观经济刺激转向了有针对性的转移支付和基础设施支出,以及旨在促进就业的减税政策。① 但是,即使是这些颇为温和的措施也是有争议的。共和党人对一部延长失业者领取救济金的期限的法案进行了为期好几周的程序性阻挠议事。一直到新当选的温和派共和党人斯科特·布朗投了赞成票之后,这部法案才得以通过。

意识形态和高度极化的政治究竟在多大程度上抑制了通过财政政策应对金融危机的可能性?要对此进行准确的评估是一件非常复杂的工作。在各发达国家当中,美国的经济刺激计划的规模是最大的。② 但是这并不意味着,高度极化的美国政治环境对经济刺激法案的通过没有任何影响。

首先,因为导致全球经济衰退的金融危机主要集中在美国,如果假设其他条件不变,那么人们有理由预计美国必定会采取补偿性的财政应对措施来防范危机进一步升级。其次,在美国,虽然政治方面的约束非常严重,但是经济和金融方面的约束则要少一些。在金融危机发生期间,美元是国际储备货币,其他国家的投资者则争先恐后地购买"最安全"的美国国债,这使美国拥有了很大的优势,并使得美国的赤字开支变得更便宜。相比之下,欧洲人更关心的是财政支出对他们的共同货币(欧元)的价值的影响,这种担忧一直持续到了2012年,其间爱尔兰、希腊、西班牙、葡萄牙和意大利等国相继出现了政府危机和银行危机。最后,7 870亿美元这个"总标价"其实极大地夸大了《美国经济复苏与再投资法案》的刺激性,事实上,这个一揽子经济刺激计划中的许多措施都是用来抵消州一级政府和地方政府的支出的下降的。③

一揽子经济刺激计划中的许多规定都单独作为一项立法通过了。例如,

---

① 请参阅谢里尔·施托尔伯格的文章(Stolberg, 2010)及杰基·卡尔梅斯的文章(Calmes, 2010a, 2010b)。
② 请参阅本·安塞尔的文章(Ansell, 2011)。
③ 罗伯特·霍尔的计算(Hall, 2010)表明,在2010年第一季度,联邦、各州以及各地方政府的购买支出总额比通常水平下低了大约250亿美元。

一揽子经济刺激计划中政府支出的 10% 是用来调整替代性最低税的，这与在过去的 10 年里国会一而再再而三地做过的事情并没有什么实质性的区别。正如奥巴马总统现在不得不承认的，基础设施支出的落实则非常缓慢，因此设想中的经济刺激作用迟迟没有表现出来。① 最后，美国一揽子经济刺激计划的规模之所以变得更大了，还因为总统选举与权力过渡使经济刺激计划延迟了几个月。相比之下，大多数其他经济合作与发展组织（Organisation for Economic Cooperation and Development）国家的一揽子经济刺激计划都是在 2008 年 11 月就获得通过的。

总而言之，规模、滞后性和具体内容等各个因素，都限制了一揽子经济刺激计划的作用的发挥。斯坦福大学经济学家罗伯特·霍尔——他同时在保守派智库胡佛研究所工作——估计，在经济衰退期间，一揽子经济刺激计划仅仅使美国在陷入经济衰退时的国内生产总值少降低了 2%，即从下降 10.2% 减为下降 8.2%。②

总之，美国应对危机的财政措施受到了政党制度的意识形态结构和选民结构的重要影响。虽然在经济衰退初期，适度的两党合作是可能的，但是随着危机的进一步加深以及 2010 年选举的临近，这个合作的窗口迅速地关闭了。两大政党之间的意识形态分歧以及民主党内部的分裂，很快就使政府会采取快速的、连贯的应对措施的希望变成了泡影。

金融市场改革

在经济刺激法案通过之后、《多德—弗兰克华尔街改革和消费者保护法案》通过之前，国会还通过了另一部法案，为金融行业制定了一些新的规定，这就是 2009 年 5 月由奥巴马总统签署生效而正式成为法律的《信用卡问责、责任与信息披露法案》（Credit Card Accountability Responsibility and Disclosure Act）。事实上，对于民主党来说，这项立法是志在必得的，因为制定一部亲

---

① 请参阅彼得·贝克的文章（Baker, 2010）。当然，其他国家的救助计划的多样性也可能是有所夸张的。
② 请参阅罗伯特·霍尔的文章（Hall, 2010）。国会预算办公室的估计也八九不离十，请参阅国会预算办公室的报告（Congressional Budget Office, 2010）。

消费者的法规在很多年前就已经提上民主党的立法议程了。① 在金融行业，像对借记卡的小额透支进行重复罚款这种滥用权力的行为已经引起了广泛的关注。这部法案在众议院很轻松地就被通过了——仅有 7 票反对。在这 7 票反对票中，除了 1 票之外，其余 6 票全部来自共和党，而这些人通常都是最保守的国会议员。该法案经修改后，最终在参议院以几乎全体一致的投票结果获得了通过——95 票赞成，5 票反对。

但是，参议院对该法案的一个修订——即第 512 条款——却使它一度面临被否决的危险。第 512 条款允许个人在诸如国家公园这样的公共场合携带武器。如果众议院把参议院修改后的法案作为一个整体进行投票表决，那么它很可能会被"枪毙"，因为自由主义者将投票反对携带枪支武器，而保守主义者则将投票反对经济干预。众议院的领导巧妙地把该法案分成两次进行投票。第一次，对除了第 512 条款之外的所有条款进行投票，结果只有 64 票反对。再一次，在这 64 票反对票当中，除了 1 票之外，其他 63 票反对票全部来自共和党。然后是对纳入了第 512 条款的法案进行投票，在这一轮投票表决过程中，绝大多数民主党众议员都投了反对票（在 147 位民主党众议员中，有 145 人投下了反对票）。最终的结果是，这部法案被通过了，这让代表消费者的游说团体与反对管制枪支的游说团体都很满意。《信用卡问责、责任与信息披露法案》的投票过程表明，在对更重大的有关金融改革的法案进行投票时，很可能会出现自由主义者—保守主义者壁垒分明的情况。要想顺利通过《多德—弗兰克华尔街改革和消费者保护法案》，就得设法解决这个问题。

2009 年 6 月，奥巴马政府颁布了一份长达 89 页的重点改革项目大纲，并开始着手推动以金融改革为主要内容的立法。奥巴马政府的计划有以下 4 个重点：成立金融稳定监管委员会（the Financial Stability Oversight Council），它将致力于协调各监管机构，从宏观层面进行审慎的监管；对银行监管架构进行适度的改造；强化政府接管和重组经营失败的金融公司的能力；构建一个新的、能够保护消费者和投资者的监管体系。但是，这个建议刚一出台，立刻遭到了来自意识形态光谱左、右两端的攻击。

---

① 2001 年，在通过破产法时，参议院民主党议员提出了一个与信用卡业务有关的修正条款。请参阅史蒂文·努涅斯和霍华德·罗森塔尔的论文（Nunez and Rosenthal, 2004）。

来自左派的批评主要集中在这个建议的内容太不全面上，遗漏了太多的东西。具体地说，左派认为，奥巴马政府没有提出什么能够规范高管薪酬制度的有力举措。（而许多人都认定，不合理的薪酬制度是金融企业承担了过高的风险的原因。）此外，他们还认为，奥巴马政府提出的这个方案对各种衍生品和证券化市场的监管力度不足。另外，这个方案也基本没有涉及信用评级机构的改革——它们为那些以次级抵押贷款为基础的证券给出的 AAA 评级是触发金融危机的一个重要因素。

保守主义者关注的却是其他两个方面。第一，他们一般都反对过多的监管，尤其是在所谓的消费者保护和投资者保护领域。第二，保守主义者担心，政府先把失败的企业集中接管过来，然后解散它们进行重组，这将会使道德风险进一步恶化，并导致更多的政府救助。在此之前，保守主义者在反对《问题资产救助计划》时也曾经表达过这种担忧。对于奥巴马政府夸大美国联邦储备委员会的作用的做法，左、右两派则异口同声地提出了批评。左派指责美国联邦储备委员会对危机视而不见，右派则指责它太急于实施紧急救助计划。正如我们将在第 8 章中叙述的，这种难得的"共同意见"集中体现于，在 2010 年 1 月，当奥巴马总统任命本·伯南克连任美国联邦储备委员会主席时，参议院内出现了 30 票反对票。

在 2009 年的秋天，参议院与众议院内各委员会开始为《多德—弗兰克华尔街改革和消费者保护法案》的立法而忙碌起来。尽管有人一度担心众议院内的进步主义者可能会试图把该法案拉向左边，但是，众议院金融服务委员会拟就的法案其实是与奥巴马政府制定的蓝图十分接近的。当该法案被提出来后，两个最具实质性意义的修改都出自巴特·斯图帕克（代表密西西比州的民主党议员）之手，它们旨在加强衍生品合约的中央结算规则和资产证券化规则。① 这两个方面的修改得到了来自民主党左翼的压倒性的支持，他们还支持对华尔街实施更严格的监管。最后，众议院的法案（编号 4173）于 2009 年 11 月以一个比较小的优势获得了通过——223 票赞成，203 票反对。所有的共和党众议员都投了反对票，此处还有 27 位民主党众议员也投了反对票。

---

① 中央结算是指这样一种规定：从事衍生工具交易的所有交易方都要加入同一家结算公司，该公司将保证交易各方履行合约。

正如人们所预料的那样，民主党"叛变者"大部分都属于民主党内的温和派（根据动态加权提名模型计算出来的得分）。此外，还有几位极端自由派民主党人也反对该法案，他们声称该法案做得还远远不够。

参议院对这部法案的修正意见也是于 2009 年 11 月公之于众的。参议院银行委员会主席克里斯·多德提议，彻底改变美国联邦储备委员会监管银行业的权力。这些改变将会大大削弱美国联邦储备委员会在消费者保护与系统性风险监管中所起的作用。因此，可以认为多德的提议比奥巴马政府的建议和众议院的法案更雄心勃勃。多德与他的工作团队可能认为，在做出这样的修正后，该法案应该能够吸引民粹主义者以及反对美国联邦储备委员会的共和党人。①

但是，实际上，共和党人是反对多德的这个计划的。随着布朗在马萨诸塞州的参议员特别选举中的胜利，情势变得很明朗了：这部法案要想得到通过，必须得到一些共和党参议员的支持，否则就不能确保"终结辩论"所需的 60 票。为此，参议员多德花了几个星期的时间，努力与参议院银行委员会的共和党成员进行协商，希望能够实现某种程度的两党合作。在与被划入少数派的理查德·谢尔比——代表亚拉巴马州的共和党参议员——的谈判破裂后，多德又约见了代表田纳西州的共和党参议员罗伯特·考克。这几次谈判的核心议题都是拟议中的消费者金融保护局的结构问题。② 支持成立消费者金融保护局的人坚持认为，要想让这个机构变得有效，就必须让它完全独立出来，使其具有完整的制定规则和执行规则的权力。持反对意见的共和党参议员则认为，任何一项新的权力都应该授予已经存在的机构，而最合适的机构就是美国联邦储备委员会。这些谈判最终都以失败告终。

2009 年 3 月 15 日，参议员多德公布了他的最终草案。该草案在许多方面都更接近于众议院的法案，而先前提出的许多条款则都遭到了缩减。它还采纳了共和党人提出的一些要求，希望能够以此来获得"大老党"的支持。不过，更重要的是，多德的法案还包含了所谓的"沃尔克法则"，即禁止从事存

---

① 2010 年 1 月，17 位共和党参议员投票反对再次任命伯南克为美国联邦储备委员会主席，请参阅第 8 章。
② 在最后通过的法案中，消费者金融保护署变成了消费者金融保护局。

款业务的银行进行自营交易。① 虽然美国联邦储备委员会前主席保罗·沃尔克在很早之前就已经推出了这个"处方",但是在 2010 年年初之前,奥巴马政府一直没有对它表示支持。如今这部法案采纳了"沃尔克法则",这至少部分地回应了左派对政府的批评——他们认为政府的提议不具有任何威慑力。

当代表阿肯色州的民主党参议员布兰奇·林肯支持的一项措施被添加进了这部法案时,这个参议院版的法案向加强监管的方向靠拢的倾向就变得更加明显了。林肯提出的条款要求最大的那些商业银行剥离有利可图的衍生品交易业务。② 最初的时候,这项提议不仅遭到了共和党内部的反对,还遭到了政府以及来自纽约的民主党人的反对。

因此,最终呈现在公众面前的金融改革法案完全体现了轴心政治的"特色"。它得以通过的过程与之前的一揽子经济刺激计划如出一辙:不但投票的分布非常符合自由主义—保守主义尺度,而且整个过程也非常惊险——在通过会议报告时,得到的票数刚好足够击败程序性阻挠议事的企图。众议院在 2010 年 6 月 30 日以 237 票赞成、192 票反对通过了会议报告。由于民主党在众议院占了绝大多数,因此在这个问题上参议院又一次成了关键。与一揽子经济刺激计划相比,在通过这部法案时,众议院内各党派的"叛变者"变得更多了——有 19 位民主党成员投票反对该法案。

对于这次投票,我们的预测出现了 21 个错误,其中包括 3 位投了赞成票的共和党众议员(请参见图 7.5)。这 3 位共和党众议员中,有两位属于最温和的共和党人,他们分别是代表北卡罗来纳州的沃尔特·琼斯与代表路易斯安那州的约瑟夫·曹③;第三票来自共和党的赞成票是代表特拉华州的迈克尔·卡斯特尔投下的,他是众议院金融服务委员会的共和党成员中的二把手。

---

① 请参阅布雷迪·丹尼斯的文章(Dennis, 2010b)、休厄尔·陈的文章(Chan, 2010b)和本雅明·阿贝尔鲍姆的文章(Appelbaum, 2010b)。
② 请参阅布雷迪·丹尼斯的文章(Dennis, 2010a)、本雅明·阿贝尔鲍姆的文章(Appelbaum, 2010a)、爱德华·怀亚特的文章(Wyatt, 2010)。
③ 在对一揽子经济刺激计划的大会报告进行投票时,约瑟夫·曹和沃尔特·琼斯也是"误差",不过他们这两个误差出现在了相反的"方向"上。根据预测,他们本应对一揽子经济刺激计划投赞成票,结果却投了反对票。

卡斯特尔的意识形态立场更接近于共和党内温和的中间派。① 他一直试图更上一层楼,成为一名参议员,但是在2010年的共和党人初选中被茶党推出的克里斯汀·奥唐纳击败了。曹是在击败了有贪污嫌疑的新奥尔良的威廉·杰弗逊之后才刚刚当上众议员的。在2010年中期选举中,曹所在的选区选举一名非裔民主党人为众议员,所以曹没有在2011年的时候重新回到众议院中来。

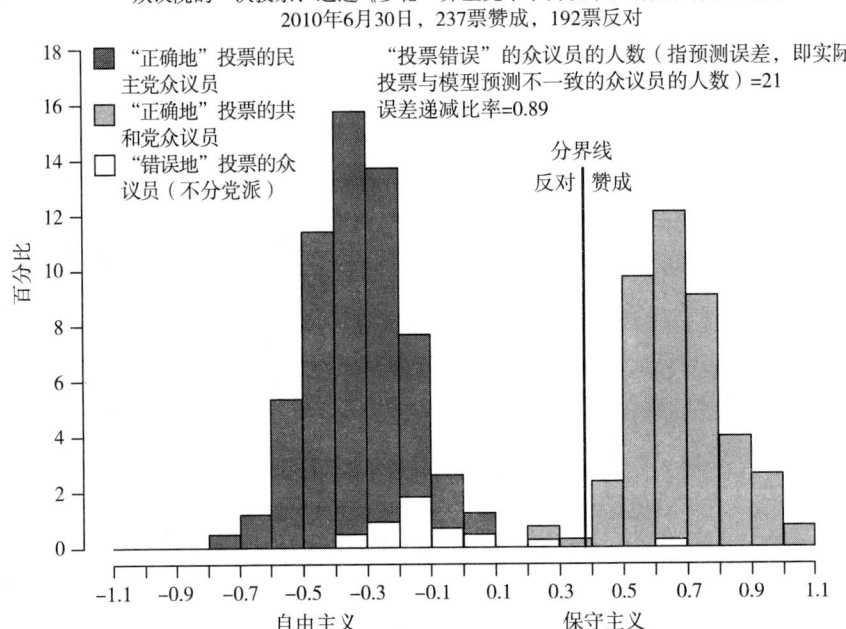

图7.5 众议院就《多德—弗兰克华尔街改革和
消费者保护法案》的大会报告的投票

偏离自由市场保守主义立场、转而支持《多德—弗兰克华尔街改革和消费者保护法案》的3名共和党众议员当中,有2名议员现在已经退出国会了。国会议员的这些小小变化只不过是政治越来越极化这个更大的趋势当中的一个小插曲而已。即使共和党人重新统一控制了白宫与国会,那么这个极化过程同样会让《多德—弗兰克华尔街改革和消费者保护法案》显得非常脆弱。卡斯特尔败于茶党之手使奥巴马想与形形色色的政客们达成妥协的幻想破灭

---

① 迈克尔·卡斯特尔的主要损失似乎并不是与他在通过《多德—弗兰克华尔街改革和消费者保护法案》时的投票有关,而是与茶党对国会内的温和派议员的清洗有关——这种整肃得到了像吉姆·德明特这样的保守派共和党参议员的支持。

了。参议院对《多德—弗兰克华尔街改革和消费者保护法案》的会议报告进行投票时的情势与对一揽子经济刺激计划投票表决时完全相同。再一次,民主党人需要3票来自共和党的赞成票——虽然现在艾尔·弗兰肯已经宣誓就职了,而且阿兰·斯派克特已经转而投入了民主党。民主党还面临着一个困难,那就是罗伯特·伯德的去世使西维吉尼亚州的一个席位空了出来。

与"完美"的自由主义—保守主义模型相比,参议院这次投票出现了4个例外情况,其中最有意思的一个例外来自代表威斯康星州的参议员费因戈尔德。在图7.6中,费因戈尔德的"出错"是用最左边的那个白色方块表示的。费因戈尔德一直是最具自由主义色彩的民主党参议员之一,在这次投票中,他决定坚持自己的原则,拒绝投票支持"终结辩论"。这样一来,以斯科特·布朗为代表的3张来自共和党的赞成票就显得非常重要了。

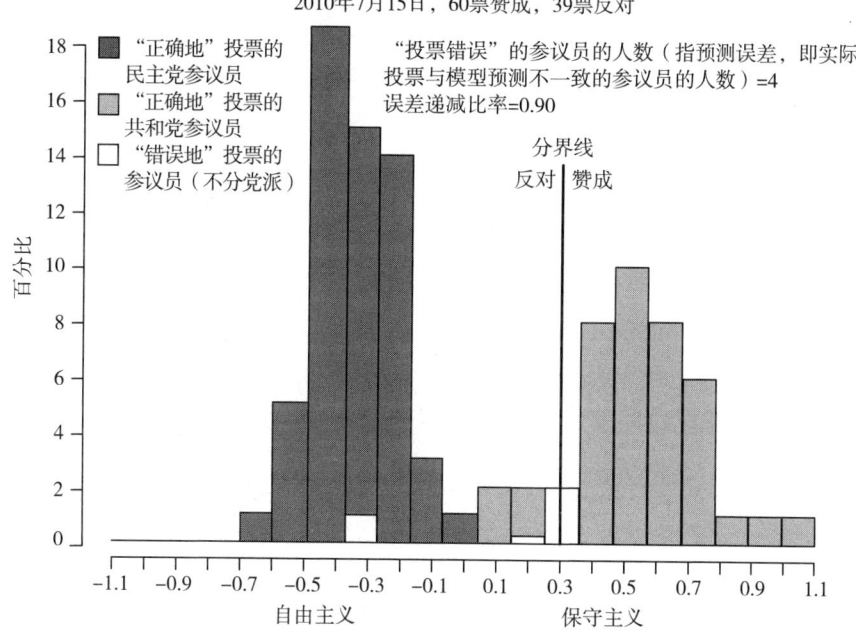

图7.6 参议院就《多德—弗兰克华尔街改革和消费者保护法案》的大会报告的投票*

* 在参议院投票中,预测误差出现在费因戈尔德(他从右翼转向左翼)和位于中间的沃伊诺维奇、默尔考斯基和卢格身上。出现在中间的预测误差都与分界线很接近,这说明这部法案对这3位参议员来说基本上是无差异的。不过,出现在费因戈尔德身上的误差则显然不同。

事实证明，最终的结果是，费因戈尔德把布朗推到了轴心人物的位置上，而这又导致了一系列后果。其中的一个例子是，众、参两院联席大会曾经提出过一个条款，决定对大型金融机构征税以支付金融监管的成本。

这个条款很快就以"银行税"的形式确定了下来。结果这个条款使支持原先的参议院版法案的布朗开始动摇了，因为他一贯的意识形态立场是，反对任何形式的增税，这个条款不仅与他的意识形态立场背道而驰，而且还会让他所代表的州的大型金融机构付出巨大的代价。

伯德的去世以及布朗的叛变，使民主党必须努力争取反对最初的参议院版法案的那两位民主党参议员的支持，他们就是代表威斯康星州的费因戈尔德和代表华盛顿州的玛丽亚·坎特韦尔。

坎特韦尔在最终投票时转变了立场，但是费因戈尔德却没有，因此征收银行税的条款不得不删除。取消了这项规定后，190亿美元的负担也就从由银行承担转变为了由全体纳税人承担。费因戈尔德在这次立法过程中扮演的角色，与拉尔夫·纳德在2000年总统大选佛罗里达州的选举争议中扮演的角色十分相似：投下了坚持自己的原则的一票，却得到了自己最不想要的结果。①

在图7.6中所显示出来的另外3个例外的重要性则要小得多。代表俄亥俄州的共和党参议员乔治·沃伊诺维奇、代表阿拉斯加州的共和党参议员丽莎·默尔考斯基和代表印第安纳州的共和党参议员理查德·卢格都投票反对该法案，而他们的意识形态得分"要求"他们投的却是赞成票。他们的理想点很接近分界线，因此在我们这个空间投票模型当中，这只是一些很微弱的误差。总之，除了中间部分出现了一点随机扰动以及因费因戈尔德的"叛变"投向左翼之外，这种壁垒分明的投票结果是完全符合自由主义—保守主义尺度的。

第110届国会通过了《问题资产救助计划》

与一揽子经济刺激计划和《多德—弗兰克华尔街改革和消费者保护法案》

---

① 关于拉斯·费因戈尔德的故事，请参阅诺兰·麦卡蒂、基思·普尔、托马斯·罗默和霍华德·罗森塔尔的论文（McCarty, Poole, Romer, and Rosenthal, 2010b）。

相比,《问题资产救助计划》通过时的投票结果并不符合我们这个自由主义—保守主义投票模型。那是为什么呢?下面这几种彼此互补的解释可以说明这个问题。

1. 在第110届国会上,《问题资产救助计划》是一项违背了设定议程的政党——共和党——的核心意识形态的紧急措施。议程的设定者是美国总统小布什任命的财政部部长保尔森和美国联邦储备委员会主席伯南克,不是小布什本人,也不是共和党领袖。作为一名学者,伯南克对大萧条进行了深入的研究,几乎可以肯定地说,他的动机是尽量避免出现第二次经济大萧条。这部法案允许7 000亿美元的额外支出,而且保尔森至少对首期投入的3 500亿美元拥有完全的自由裁量权——这等于是打了自由市场保守主义者一记响亮的耳光。在雷曼兄弟破产前的一个星期,房利美和房地美实际上已经被国有化了。在那个时候,"末日博士"努里尔·鲁比尼就写下了《布什同志、保尔森同志与伯南克同志,欢迎你们来到美利坚社会主义合众国》一文,对此大加嘲讽。① 缺少核心意识形态的支持是导致《问题资产救助计划》与标准的轴心政治故事不相符合的其中一个原因。

2. 这项议程的设定者是保尔森与伯南克,而不是小布什,因此缺少了总统的领导。在雷曼兄弟破产、政府对美国国际集团实施紧急救助之后,小布什的支持率下降到了20%以下。② 当时,共和党总统候选人约翰·麦凯恩和各共和党国会议员候选人都不太愿意提起小布什的名字。实际上,麦凯恩的行为只能削弱白宫的影响力。在美国政府开始紧急救助美国国际集团后,麦凯恩宣布他将暂停竞选活动,回到华盛顿参与解决金融危机的工作。两天后,保尔森就提出了《问题资产救助计划》。小布什呼吁国会的共和党议员为了国家利益支持《问题资产救助计划》,但是人们对这个失败的总统的呼吁置若罔闻。

---

① 请参阅努里尔·鲁比尼的文章(Roubini, 2008)。
② 请参阅《小布什总统的总体表现评价》一文("President Bush Overall Job Rating", 2012)。

3. 当时，离总统大选只有几个星期的时间，在选举的这个紧要关头，这些立法者担心如果他们投票支持《问题资产救助计划》，那么就会遭到民粹主义者的反对。

4. 支持《问题资产救助计划》只能体现代表纽约的议员和竞选活动捐助者们的地方利益。

这 4 个因素结合起来使通常的意识形态地图出现了断裂面。不过，在我们阐明这种断裂面的本质特性之前，我们将会首先阐明，在雷曼兄弟破产之前，对于与金融领域有关的各种问题，第 110 届国会确实是按照意识形态路线投票的；而在《问题资产救助计划》之后，国会还按意识形态路线投票通过了对汽车工业的紧急救助。意识形态在《问题资产救助计划》前后都发挥了强大的力量，这就表明，《问题资产救助计划》所显示出来的偏差只是一个小小的插曲而已，这种投票结果只不过是发生在房地产市场崩溃之后的恶劣情势下的一个例外。

房地产市场的危机始于 2006 年，但是华盛顿对房地产价格下降的反应非常迟钝。美国联邦储备委员会主席艾伦·格林斯潘表示，美国联邦储备委员会不会对资本市场的泡沫实施干预。在房地产市场接近崩溃之时，小布什钦点了伯南克来接替格林斯潘担任美国联邦储备委员会主席。在 2005 年 11 月 15 日批准伯南克任命的参议院听证会上，伯南克的说辞也正是共和党控制的国会希望听到的那些东西："当务之急是，我必须与格林斯潘领导下的美国联邦储备委员会所采取的政治和政策战略保持连续性。"① 在 2007 年的夏天，圣路易斯美国联邦银行的一份文件也声称："（伯南克时代的）联邦储备委员会已经成功地与格林斯潘时代的联邦储备委员会保持了连续性。"② 无论是美国联邦储备委员会还是小布什政府，抑或是国会，都不想急着去处理房地产泡沫突然破灭所带来的后果。

在 2006 年的中期选举中，民主党大获全胜，这是他们自 1994 年以来第

---

① 请参阅本·伯南克的说明（Bernanke, 2005）。
② 请参阅贾斯汀·豪克和爱德华·纳尔逊的文章（Hauke and Nelson, 2007）。

一次控制国会。他们也做了一些尝试，试图防止次级抵押贷款市场出现最糟糕的情况。在众议院，代表北卡罗来纳州的民主党议员布拉德·米勒起草了《2007年抵押贷款改革和反掠夺性贷款法案》。① 这部法案模仿了米勒所在的北卡罗来纳州于1999年颁布的一部类似的法律，它进一步巩固了《1994年房屋所有权与权益保护法案》的成果。到了2007年，大约有30个州以及哥伦比亚特区都颁布了改革抵押贷款、反对掠夺性贷款的法律。米勒的法案的目的是在联邦层面上加强对抵押贷款市场上的消费者的保护。2007年11月15日，这部法案以291票对127票的结果在众议院获得了通过。在这291张赞成票中，包括了所有的民主党众议员以及6位共和党众议员。这次投票体现了高度的意识形态化的特点，更温和的共和党人加入了民主党人的行列（支持该法案）。正如图2.5所表明的那样，这次投票中只有32票出现了预测错误，这些误差全部位于分界线附近，发生在对这部法案"漠不关心"的那些共和党人身上（即这部法案能否获得通过，对于这些共和党众议员来说是没有差异的）。那时，正是政治泡沫破灭前不到一年的时间。这部法案未能闯过参议院那一关。直到第111届国会组成后，这部法案才再一次被提上议程，并且于2009年5月7日在众议院以300票对114票的结果获得了通过，其中只有3位民主党众议员投下了反对票。再一次，共和党温和派从保守派中分裂了出来。然而，参议院又一次未能最终通过这部法案。到最后，米勒的法案是作为《多德—弗兰克华尔街改革和消费者保护法案》的第十四卷才终于变成了法律的。

以前的反掠夺性贷款法规非常软弱。例如，《1994年房屋所有权与权益保护法案》规定，利率和费率达到一定高度，就会触发保护条款，但是这个标准定得非常不现实，结果导致只有不到1%的次级抵押贷款适用这部法案。② 此后，民主、共和两党的总统都颁布了一些规章，先占了更严格的州级监管法规。1996年，即在克林顿执政时期，美国储蓄机构监理局——这是根据《1989年金融机构改革、复兴和强化法案》创建的一个很弱的监管机构——

---

① 我们对于掠夺性贷款的分析得益于伊丽莎白·迪博德的研究甚多（DeBold, 2010）。
② 请参阅拉斐尔·博斯蒂克等人的文章（Bostic et al., 2008）。

规定，所有在联邦注册的储蓄与贷款协会都不受各州的监管法规的约束。2004年，在小布什执政期间，美国货币监理署办公室豁免了所有全国性银行接受各州政府监管的义务。2005年，代表俄亥俄州的共和党众议员鲍勃·耐伊和代表宾夕法尼亚州的民主党众议员保罗·坎乔斯基还想"更上一层楼"，他们联名提出了一部法案，试图先占所有州级监管法规。这部法案没有获得通过，因为鲍勃·耐伊卷入了杰克·阿布拉莫夫丑闻，并且在监狱服了17个月的刑。

最高法院曾经试图解决联邦立法机构和监管机构先占各州的监管法规的问题。美国货币监理署办公室曾经出面反对州一级的检控机关以违背州一级的公平贷款法规而对全国性银行提出指控的做法。我们在本章前面的内容中讨论过的"库奥默诉结算公司协会案"就是一个例子。在这个案件中，保守派最高法官安东宁·斯卡利亚投票支持了自由派最高法官强化州级政府的监管权力的立场。① 不过，各州的监管权力是直到金融危机爆发后才开始得到强调的，除了最高法院的上述判决之外，《多德—弗兰克华尔街改革和消费者保护法案》也认为，在这个领域，联邦的监管法规只是设定了监管强度的下限，而不是监管强度的上限——就像联邦关于最低工资标准的规定一样。

虽然政界在泡沫破裂之前根本没有什么人关注掠夺性贷款问题，但是，当房地产价格的大幅下跌导致大量房主面临止赎威胁后，第110届国会就面临很大的政治压力。虽然有一些房主选择了策略性违约，但是大部分房主确实无力按月偿还贷款，这或者是因为他们失业了，或者是因为他们承担的贷款的利率突然提高了（因为适用钓饵利率的还款期间已经结束），当然也可能是因为他们从一开始就不具备还款能力。

前美国财政部官员菲利普·斯瓦格尔观察到，在各种类型的浮动利率抵押贷款的利率重置期（例如，2+28型抵押贷款满2年时，3+27型抵押贷款

---

① 保守的法学家通常认为，对于各州的自主权，应该予以高度尊重。安东宁·斯卡利亚的投票是与这种立场相一致的。其他保守派大法官的投票则似乎表明，他们为了照顾金融行业的利益而牺牲了意识形态的纯洁性。

满 3 年时），抵押贷款的违约率并没有显著上升。① 斯瓦格尔据此得出结论，问题的很大一个症结在于许多借款人的收入原本就太低（从一开始就不具备长期还款能力），而且缺乏信用。② 当然，这些借款人当中有很大一部分是被居心不良的抵押贷款发放人"骗"进抵押贷款市场的。不过无论如何，就像华尔街和汽车行业都寄望于政府提供救助一样，这些面临止赎风险的房主也都渴望得到政府的援助。值得指出的是，许多借款人都来自低收入的少数族裔选区，而且支持民主党。

到 2008 年夏天，政府终于对止赎风潮做出了回应。6 月 30 日，美国总统小布什收回了先前发出的将会行使否决权的威胁，签署了国会通过的《2008 年住房与经济复兴法案》。这部法案最广为人知的是其中关于住房问题的那一部分，即《美国住房救助和止赎预防法案》，它的目标是通过减少抵押贷款的本金和罚息，来防止止赎潮的蔓延。但是，因为贷款人是否参加这个计划完全由他们自己决定，所以该法案帮助贷款人的实际效果非常有限。另外，该法案还给房利美、房地美以及其他联邦住房机构开了一张空白支票，让它们扩大信贷；它还包括一些旨在改善按揭信息披露水平的条款，并决定要给抵押贷款发放人发放许可证。

在《美国住房救助和止赎预防法案》获得通过的那段时间里，要出台一个更加激进的止赎救助计划是不可能的（这样的救助计划将包括动用更多的政府法定支出，还包括强制贷款人"打折"），这里面最重要的是因为总统小布什本人就是一个关键的轴心人物。当时的人们同样不可能想象得到的是，不到两个月之后，政府就接管了房利美和房地美。相比之下，政府当初给这些私有的政府支持企业的信贷补贴，只不过是"小菜一碟"而已！

因为《美国住房救助和止赎预防法案》是在雷曼兄弟倒闭之前和 2008 年选举之前问世的，所以当时的选项其实相当有限，因为任何决策都必须与自由市场保守主义者的立场保持一致。在金融危机爆发之前，抵押贷款市场几

---

① 2+28 型抵押贷款是这样一种总期限为 30 年的贷款：前 2 年为固定利率，后 28 年为浮动利率；3+27 型抵押贷款则是 3 年后重定利率的抵押贷款。
② 请参阅菲利普·斯瓦格尔的工作论文（Swagel, 2009）；此外，也可以参阅克里斯托弗·富特、克里斯托弗·杰拉迪和保罗·威伦的工作论文（Foote, Gerardi, and Willen, 2012）。

乎是完全私有化的。正如我们在第 5 章中已经叙述过的那样，政府的活动被严格限制在以预算外手段向私营部门提供补贴上面。通过《社区重建法案》（Community Redevelopment Act）的实施，政府还推动私营企业进入以穷人和少数族裔为目标客户的抵押贷款市场。政府的所有政策都是间接的。几乎所有的抵押贷款合同都是由以营利为目的的金融中介机构拟定的。大萧条时期曾经采取过的暂停偿还抵押贷款或者由政府接管私人持有的抵押贷款等做法，则完全不在考虑范围内。因此，《美国住房救助和止赎预防法案》仍然是以私人市场为依托的。然而，尽管如此，当该法案于 2008 年 4 月第一次被提出时，小布什还是表示将否决该法案。

止赎救济的立法议程是由民主党设定的，同时，民主党在众议院和参议院都占据了多数席位。早在 2007 年 4 月，参议院就已经把一部原本规范能源问题的法案——HR3221——转化成了一部止赎预防法案。在整个立法过程中，参议院一直都能以很大优势通过法案。2007 年 4 月 10 日，参议院以 84 票对 12 票通过了该法案；待众议院将该法案的修订版返回参议院后，参议院在很短的时间内（从 6 月 25 日到 7 月 11 日）就再次以 79 票对 16 票通过了法案，并返回给了众议院。最后，参议院以 72 票对 13 票通过了该法案的最终版本，并在 7 月 26 日把它提交给总统签署。2007 年 4 月，代表伊利诺伊州的民主党参议员理查德·德宾提出了一个修正案，目的是允许裁决破产案件的法官采取措施防止止赎。

德宾的这个修正案可能会使许多家庭避免丧失抵押品赎回权，但是它也意味着对自由市场保守主义的重大偏离，因此遭到了所有共和党参议员的反对。投票结果是 58 票对 36 票，因此这一修正案被搁置了。其中 11 名温和派民主党参议员与共和党参议员一起投了反对票（请参见图 7.7）。不过，《美国住房救助和止赎预防法案》的各个版本则都获得了民主、共和两党的支持，从而以大比例优势通过，只有少数共和党参议员投了反对票。

与参议院相比，众议院在通过《美国住房救助和止赎预防法案》时则显得更加分裂。2007 年 5 月 8 日，众议院修正了参议院提出的法案——为那些愿意与借款人重新协商抵押贷款本金的贷款人提供总额为 3 000 亿美元的贷款担保。对于众议院提出的这一修正案，总统小布什威胁将行使总统否决权。

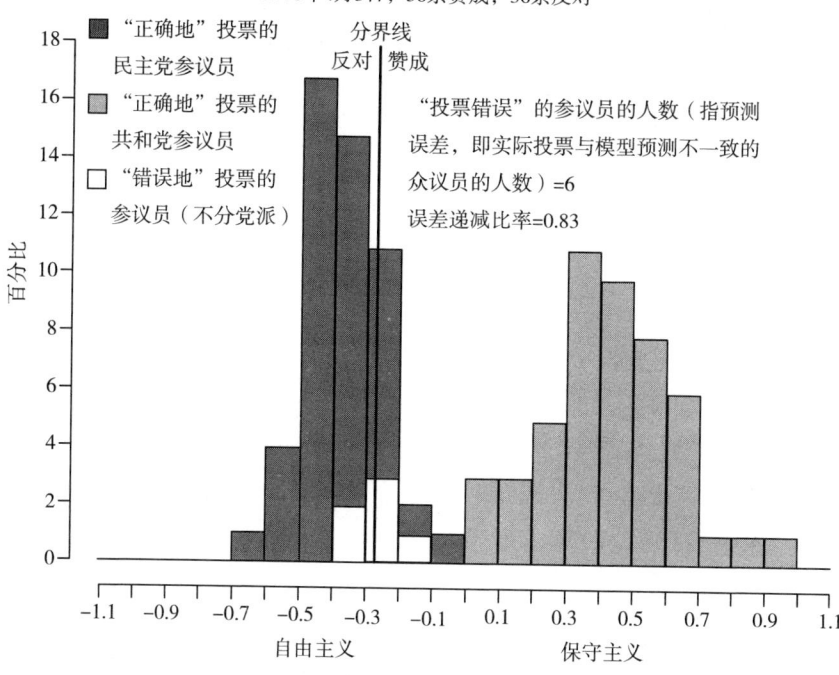

图 7.7 参议院就德宾提出的修正案的投票情况*

*投票结果分布符合自由主义—保守主义一维模型的预测,预测误差对称性地出现在分界线的两侧。这个投票结果还进一步表明,在雷曼兄弟破产前夕,国会内部在金融改革问题上已经出现了分裂。此外,从这个投票结果还可以看出,民主党将不会作为一个团结一致的多数党推动金融改革。

不过,众议院还是以 266 票对 154 票表决通过了这一修正案,所有的民主党众议员都投了赞成票,而共和党则出现了分裂,在 154 名共和党投票反对的同时,也有 39 名共和党众议员投票支持。在一项研究中,阿蒂夫·米安、阿米尔·苏菲和弗朗切斯科·特雷比证明,保守派共和党众议员的反对更加坚决。在他们这项研究中,用来度量保守程度的正是利用我们提出的动态加权提名模型计算出来的得分。① 如图 7.7 所示,动态加权提名模型在预测参议院对《美国住房救助和止赎预防法案》的投票结果时,也出现了一些误差。对

---

① 请参阅阿蒂夫·米安、阿米尔·苏菲和弗朗切斯科·特雷比的论文(Mian, Sufi, and Trebbi, 2010)。

此，阿蒂夫·米安、阿米尔·苏菲和弗朗切斯科·特雷比的解释是，如果共和党参议员来自止赎率很高的选区，那么他们就有可能支持《美国住房救助和止赎预防法案》。民主党参议员的投票决策对所属选区的抵押贷款止赎率不敏感，因为他们只要坚持自己的意识形态立场，就一定会支持修改抵押贷款合约。共和党参议员则承受了双重压力：一方面，修改抵押贷款合同对他们的选民（包括支持共和党的选民）有利；另一方面，联邦救援计划违背了自由市场保守主义立场。

2007年5月的这种投票模式再一次出现在了众议院于7月23日举行的最终投票中。这次投票结果是272票对152票，在所有民主党众议员中，只有3人投了反对票，同时也有45名共和党人投了赞成票。很显然，共和党众议员投票的时候，忠于自由市场保守主义立场的倾向还是占了上风，因为只有不到1/4的共和党众议员投票支持《美国住房救助和止赎预防法案》（投票结果请参见图2.6）。需要指出的是，虽然在这次投票结束之后不到两个月雷曼兄弟就倒闭了，但是投票结果仍然是高度意识形态化的。不过，对这次投票的预测的误差比以往的投票更大。正如米安、苏菲和特雷比等人正确地指出的，投票预测误差的扩大与部分国会选区的止赎率上升有关。这一小部分共和党众议员对利益的考量压倒了自己的意识形态倾向。

与奥巴马和民主党在经济刺激计划和《多德—弗兰克华尔街改革和消费者保护法案》中发挥的作用不同，小布什没有参与预防止赎立法的议程设置，改变现状是民主党的要求。而且在这次立法过程中，参议院内的共和党人也没有打出程序性阻挠议事这张牌，这或许是因为大多数参议员所属的州的大多数选区也都出现了止赎问题。民主党是参、众两院的多数党，但是其席位数离推翻总统的否决所需的绝对多数还差得很远。因此，在这种情况下，总统的支持而不是60位参议员的支持才是最关键的。幸运的是，总统小布什似乎也不愿意多加阻挠，这可能是出于以下两个原因。首先，在2008年4月到7月，房地产危机进一步恶化了，面对不断上升的止赎率，总统以及共和党众议员都变得敏感起来。据报道，美国联邦储备委员会主席本·伯南克在2008年9月公开宣称："在散兵坑中不会有无神论者，在金融危机中也不会有意识形态死硬派。"① 伯南克的说法与共和党内部支持《美国住房救助和止赎预防法案》的议员的做法正可相互映衬。其次，正如我们在本章前面已经指出过的，《美国住房救助和止赎预防法案》是一只"没有牙齿的老虎"。总统小布什的支持是共和党人承认止赎危机的一个象征。虽然这部法案有贷款担保条款，但是参议院的共和党人也没有大惊小怪，小布什也签署了该法案。当真金白银处于险境时，共和党在国会中的理论家是无法帮到伯南克的，后来在《问题资产救助计划》上的情况也是一样。

小布什签署了这部法案后（看上去这确实是一个难得一见的两党合作的案例），《纽约时报》和《华尔街日报》都把这部法案吹捧为住房领域自罗斯福新政以来最重要的立法。这些精英媒体都未能看到，这部法案其实根本无法遏制止赎潮，这个事实说明，当时美国上下并不知道金融危机即将爆发。到了2011年，华盛顿仍然未能解决止赎问题，部分是因为抵押贷款证券化业务以及其他金融服务的复杂性，它们已经使"影子"银行体系陷入了绝境。② 面临止赎（丧失抵押品赎回权）危险的那些家庭也进退两难。对于银行来说，如果同意减记（即扣减抵押贷款本金），它们就必须承担巨大的会计损失，公众也会认为，它们都只是一些严重受伤的纸老虎。而点点滴滴的止赎则能够摊平它们的会计亏损。如果由政府来为减记买单，那么政府将不得不提高税收或增加赤字。在第8章中，我们将会证明，救助房主在政治上是不可行的。

虽然人们通常认为，2007年的大恐慌出现时，金融市场泡沫就破裂了；③但是政治泡沫破裂的时间则要迟一些，它发生在2008年9月。泡沫的破灭导致的一个后果是，针对《问题资产救助计划》的投票过程显得非常混乱。我

---

① 请参阅彼得·贝克的文章（Baker, 2008）。这个事实也进一步证明了阿蒂夫·米安、阿米尔·苏菲和弗朗切斯科·特雷比的论文的结论（Mian, Sufi, and Trebbi, 2010）。在《2008年美国住房救助和止赎预防法案》通过之前不久的一次投票中，国会众议院通过了《2008年邻里稳定法案》（Neighborhood Stabilization Act of 2008），该法案由代表加利福尼亚州的自由派民主党众议员起草。对于支持共和党的选民来说，这部法案没有什么好处，因此只有11位共和党众议员投了赞成票；而且这部法案也从来没有进入过参议院的立法议程。

② 请参阅托马斯·皮茨科斯基、阿米特·塞鲁和维克兰特·维格的工作论文（Piskorski, Seru, and Vig, 2010）。他们发现，银行直接持有的贷款出现止赎的可能性大大低于已经证券化的贷款。

③ 请参阅加里·戈顿的论文（Gorton, 2010b）。

们下面就要来讨论这个问题。但是，为了充分地展示意识形态的力量对第110届国会的影响，我们先来分析一下国会对汽车行业救助方案的投票。这个事件表明，在《问题资产救助计划》引发的短暂混乱之后，双方又按标准的自由主义—保守主义尺度迅速地回归原来的阵营了。2008年12月10日，当"跛脚鸭"众议院通过汽车行业救市法案时，大部分众议员都按所属党派的立场投票，投票分布情况几乎完全符合自由主义—保守主义尺度，预测错误的投票只有54票。萨尔瓦托雷·努纳利的研究表明，汽车制造工厂的位置和所有权关系对这次投票有重要影响。① 不过尽管如此，意识形态才是议员们的投票行为的主要决定因素。当汽车行业救市法案转到参议院后，就要不要"终结辩论"而进行的投票的结果是52票对35票，未能"终结辩论"。对于这次投票的预测误差为11票。由于小布什是一个"跛脚鸭"总统，所以国会未能形成一个支持救助汽车行业的联盟。立法僵局迫使这位共和党总统转而反对他自己的政党的散兵坑空想家，并不得不在短期内利用《问题资产救助计划》的资金支持底特律。第110届国会内自由主义—保守主义分裂的重现，也为第111届国会的立法历程埋下了伏笔。

在2008年7月对《美国住房救助和止赎预防法案》进行投票之后，在2008年12月对汽车行业救市法案进行投票之前，国会还对《问题资产救助计划》进行了投票。标准的自由主义—保守主义尺度在这次投票中不再有效。9月15日，雷曼兄弟破产，仅仅一天之后，美国国际集团被政府救助，在这种严峻形势下，美国国会"被拖着、踢着脚、尖叫着"进入了审议通过《稳定经济紧急法案》的立法程序，而无暇再顾及自由派理论家和保守派理论家的共同反对。《问题资产救助计划》就是《稳定经济紧急法案》的一部分。

不过，美国总统小布什却在很大程度上缺席了这个立法过程；自由派其实也不愿意救助华尔街这些"大而不倒"的金融机构；至于保守派，即使在发生金融危机时，也不会支持政府干预经济。（在政府接管房利美和房地美，将巨额资金投入到美国国际集团、花旗集团、通用汽车公司以及其他公司时，"国有化"这个词仍然是一种忌讳。）民粹主义者的愤怒使立法者不愿支持《稳定经济紧急法案》以及总额达7 000亿美元之巨的《问题资产救助计划》。要知道，再过几个星期，国会就要重新选举了。9月29日，国会第一次就

---

① 请参阅萨尔瓦托雷·努纳利的论文（Nunnari, 2011）。

《问题资产救助计划》进行投票,结果该法案未能通过,在那一天,道琼斯指数暴跌近800点。

《问题资产救助计划》的投票基本上没有按照自由主义—保守主义尺度排列。众议院关于这部法案的投票情况如图7.8和图7.9所示。该图表明,自由主义—保守主义分界线模型未能正确预测哪些议员是该法案的支持者、哪些议员是该法案的反对者。在9月29日进行的那次投票中(法案未被通过),预测误差多达197票;在10月3日进行的那次投票中(法案最终被通过),预测误差也有151票。相比之下,在众议院就经济刺激计划、《多德—弗兰克华尔街改革和消费者保护法案》和《美国住房救助和止赎预防法案》进行的那3次投票中,预测误差分别为9票、21票和47票。另外,在参议院10月1日就《问题资产救助计划》进行的投票中,预测误差也多达23票,而在参议院就经济刺激计划、《多德—弗兰克华尔街改革和消费者保护法案》和《美国住房救助和止赎预防法案》德宾修正案进行的那3次投票中,预测误差分别只有1票、4票和6票。

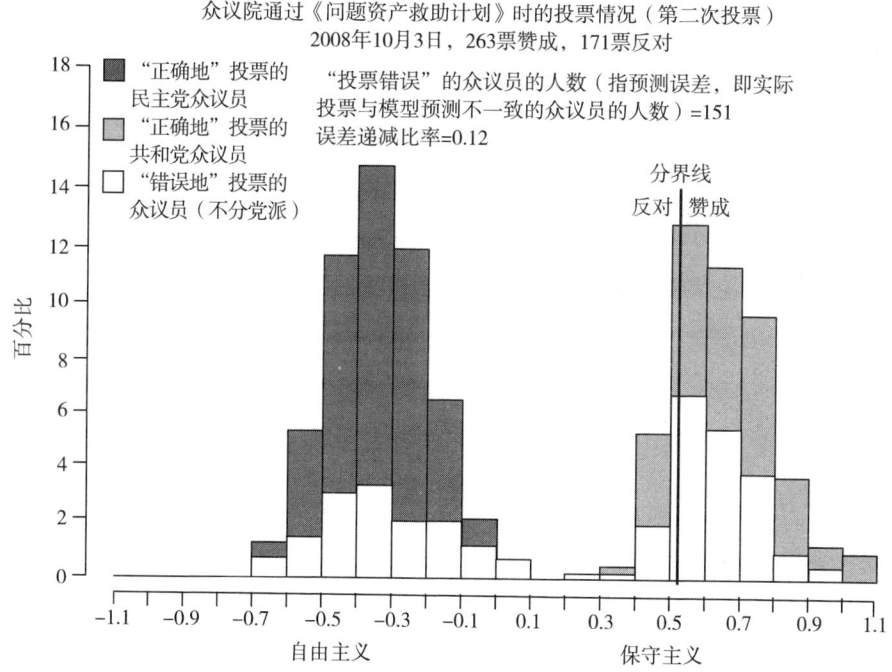

图 7.8 众议院关于《问题资产救助计划》的第二次投票[*]

* 这次投票不符合自由主义—保守主义一维模型的预测,而且预测误差几乎与少数派的得票一样。

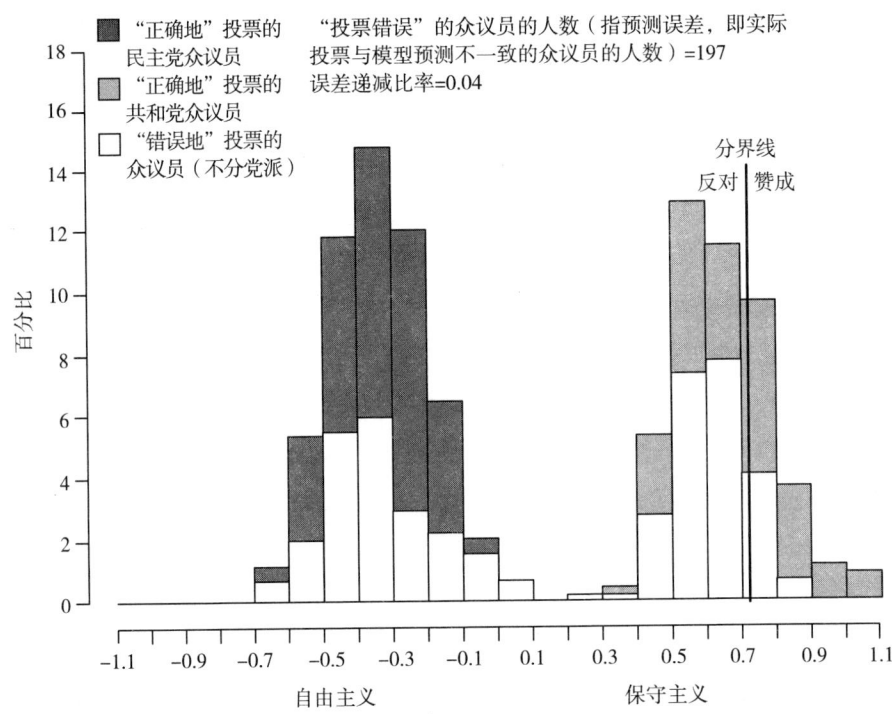

图7.9 众议院关于《问题资产救助计划》的第一次投票*

*这次投票不符合自由主义—保守主义一维模型的预测，而且预测误差几乎与少数派的得票一样。

在这次关于《问题资产救助计划》的投票中，典型的自由主义—保守主义阵营分崩离析了。这一点从图7.10可以看得很清楚。该图给出了众议院议员投票支持《问题资产救助计划》的概率（它是根据动态加权提名模型计算出来的得分的函数）。图7.10上面有两组曲线（民主党、共和党各一组），每组曲线都有三条曲线：第一条代表安全议席（或稳得议席），第二条代表不稳固的议席，第三条代表已经宣布将要离任的那些议员的议席。议席不稳固的议员最容易屈从于民粹主义的压力，因此最有可能反对这部法案。地位很稳固的议员和打算离任的议员（尤其是后者）更可能支持该法案。

为什么那些努力竞选连任的共和党议员特别愿意投票支持《问题资产救助计划》呢？莫非他们是希望自己的政党不会被人攻击，说它必须为一个足

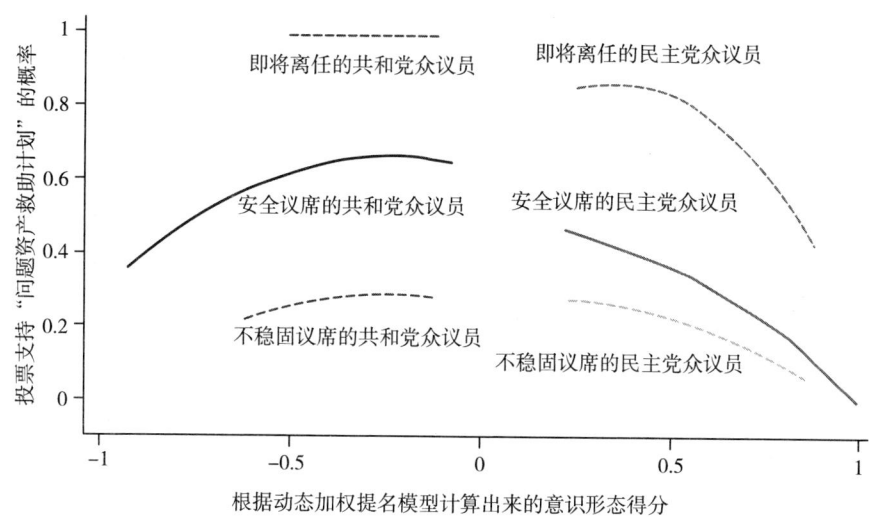

图 7.10 众议院关于《问题资产救助计划》的第一次投票*

* 那些谋求连任但自己的议席并不稳固的众议员不太可能投票支持《问题资产救助计划》。稳坐安全议席的那些众议员则比较可能支持它。即将离任的那些众议员才是最有可能的支持者。无论是在民主党内还是在共和党内,温和派众议员都比极端派(极端自由派和极端保守派)更可能支持《问题资产救助计划》。需要提请读者注意的是,代表即将退休的众议员的曲线和代表不稳固议席众议员的曲线不会延伸到两端,这是因为两党内的"极端分子"都只出现在稳坐安全议席的那些众议员当中。

以与 20 世纪的大萧条相提并论的金融危机负责吗?关键在于,当《问题资产救助计划》进入投票表决程度时,距大选投票日已经只有短短的 32 天了。无论是支持《问题资产救助计划》的好处抑或是反对它的代价,在这么短暂的时间跨度内其实都是很难看得清楚的。毕竟,在《问题资产救助计划》颁布实施以后,美国股市仍然继续下跌了好几个月,失业率也一直居高不下。因此,在这段特殊的时期内,迎合民粹主义的愤怒情绪似乎并不是一件为难的事情。

非常保守的那些共和党议员的投票始终与他们的自由市场保守主义意识形态保持一致。他们宁愿安德鲁·梅隆复生,以代替亨利·保尔森担任财政部部长。

类似地,极端自由派民主党议员也更可能反对这部法案。他们的平等主义理念和再分配主义倾向使他们不愿意帮华尔街那些金融机构摆脱困境,因为它们的高管全都得到了极其丰厚的补偿。这部法案的支持者主要是那些稳坐安全议席的温和派议员，虽然他们的支持其实也是不坚决的。我们以及米安、苏菲和特雷比对这个问题的更细致的分析表明，其他因素（如金融行业提供的竞选捐款的多少等）对这部法案的投票的影响很小。①

众议院一开始未能通过《问题资产救助计划》，然后在不久之后却又让它通过了，这一事实说明，有多种因素影响了众议员们的投票行为。最保守的共和党议员一直都充当着意识形态"空想家"的角色，即使在金融危机期间也不例外。类似地，极端自由派民主党议员亦然。极右派不愿意违背自己的信仰，即政府对经济的干预本身就是坏的，尤其在事实上已经证明这种做法导致了道德风险的情况下。极左派则不愿意支持有利于金融企业及其高管的向上再分配。金融行业以往所提供的巨额竞选捐款最多只能轻微地影响这些议员在《问题资产救助计划》上的投票意愿。② 因此，这些极端忠于自己的意识形态的议员相信，华尔街已经"俘获"了华盛顿。

另一方面，那些稳坐安全议席的议员则更愿意保尔森和伯南克采取措施，防止经济崩溃，因为他们在即将到来的11月选举中不会面临严峻的挑战。

有人推测，对《问题资产救助计划》的投票结果表明，政治形势已经进入了不稳定的阶段，就像1850年妥协案（Compromise of 1850）预示着不久之后的美国内战一样。另外一些人则把这一结果看成是某种永久性的政治重组的预兆——与美国内战前后辉格党—民主党体制被共和党—民主党体制取代时的那种政治重组相类似。③ 正如诺贝尔经济学奖得主罗伯特·福格尔所强调的，与美国内战相关的一系列事件并不是当时的人们出于经济效率方面的考虑而采取行动的结果，而是北方各州普遍流行的极度厌恶奴隶制的道德风气

---

① 请参阅阿蒂夫·米安、阿米尔·苏菲和弗朗切斯科·特雷比的论文（Mian, Sufi, and Trebbi, 2010）。
② 事实上，在共和党国会议员当中，那些收到了大量来自金融行业的捐款的人更可能对该法案投反对票。这就表明，在金融危机爆发前，金融企业往往支持那些反对政府以任何形式干预市场的自由市场保守派议员。但是，当金融行业需要政府干预时，它一贯以来致力于推动的这种意识形态就会"反咬一口"。
③ 请参阅基思·普尔和霍华德·罗森塔尔的论著（Poole and Rosenthal, 2007）。

所导致的。① 但是金融危机则不一样。即便是 20 世纪的大萧条，也没有导致国会内部的意识形态大调整。所以国会民主党人和奥巴马政府仍然会沿着自由主义—保守主义维度结成联盟，一点也不奇怪。

结 论

在这一章中，我们花了很大篇幅阐述了这样一个观点：意识形态在很大程度上已经压缩为只剩下一个维度了。事实已经证明，这种意识形态是非常稳定的，唯一的例外只出现在雷曼兄弟破产之后激烈动荡的那个短暂时期。在某些特定的具体问题上，特殊利益可能与意识形态背道而驰。不过总体而言，特殊利益群体对投票行为的影响并不足以构成第二个维度。抵押贷款止赎风险对关于《美国住房救助和止赎预防法案》的投票影响相当大，但是对《问题资产救助计划》的投票和对汽车行业救市计划的投票的影响就相当小。同样，来自金融行业的竞选捐款也只能影响到对《问题资产救助计划》的投票，而且影响也非常有限。国内汽车制造业的就业情况也只对汽车行业救市计划的投票有所影响。目前，除了自由主义—保守主义连续统之外，美国政治生活中还没有出现第二个重要的、系统性的维度。高度两极化的自由主义—保守主义政治的力量和美国现有政治制度的惯性组成了一个既定的框架，决定了美国政府对 2008 年金融危机的应对政策。竞选捐款、院外游说活动、选举活动等因素都能够影响这个框架的"具体配置"，并进而影响总统和国会的具体决策。

从短期来看，金融市场的行为是可以打破上述配置的。由于意识形态的刚性、特殊利益群体的压力，政府迟迟未能对已经烂到根部的次级抵押贷款市场、过度杠杆化的银行、虚假定价的信用违约掉期进行干预。在贝尔斯登事件之后，救助一度成了一个非常犯忌的词汇。然而，就是在雷曼兄弟破产后的第二天，美国国际集团就获得了政府的救助，国会也很快就着手对《问题资产救助计划》进行投票表决。一开始，意识形态和选举压力导致众议院

---

① 请参阅罗伯特·福格尔的著作（Fogel，1989）。

否决了这部法案；然而，随之而来的却是股市的再一次暴跌，几天之后，国会就通过了这部法案。过了不久，当最坏的日子结束之后，华盛顿又重回旧轨，华盛顿的政治依然是既定的自由主义—保守主义意识形态框架内的轴心政治。

第8章 "泡沫"化的民粹主义

> 这是美国！你们这些人当中，难道真的有人愿意替你无力还债的邻居偿还抵押贷款吗？他们想多要一间浴室，但是却付不起账单？
>
> ——里克·桑特利，在美国广播公司财经频道上的评论

2008年金融危机和随之而来的经济大萧条给我们留下了一个非常突出的难解之谜：公众对金融行业的愤怒不但在程度上非常克制，而且在时间上也非常短暂。"公众不怎么愤怒"，这也正是我们这本书到目前为止一直都集中讨论那个"三I一体"——即意识形态、制度和利益——的原因。我们认为，公众没有施加压力、要求改革，也是导致美国民主制度在金融危机中表现得非常糟糕的其中一个原因。诚然，在2008年，当政府出台救助计划时，公众愤怒了。正如我们在第7章中已经讨论过的，公众的愤怒情绪显然是《问题资产救助计划》难以通过的一个重要原因。另外，作为"安杰洛之友"这个小团体的一员（当安杰洛·莫兹罗担任全国金融服务公司首席执行官时，这些人获得了条件非常优厚的抵押贷款），克里斯·多德竟然"不知天高地厚"地成了金融改革法案（《多德—弗兰克华尔街改革和消费者保护法案》）的共同发起人，公众再一次愤怒了，这也是促使多德宣布退休的一个因素。①

甚至连参议员们也小规模地表达了自己的愤怒：2010年1月28日，奥巴马总统任命本·伯南克连任美国联邦储备委员会主席，但是在参议院表决时，却遇到了相当大的阻力。反对票达到了30票，这创下了历史最高纪录。而

---

① 请参阅克里斯·西利扎的文章（Cilliza, 2012）。

且，像对《问题资产救助计划》的投票一样，这次投票也没有按自由主义—保守主义维度分成两个壁垒分明的阵营。投反对票的左派不满伯南克在雷曼兄弟倒闭之前无所作为，而投反对票的右派则因他在雷曼兄弟倒闭之后采取的积极干预行为而恼怒。

图8.1是我们对于这次投票的预测，它再一次表明，意识形态得分是一个非常有效的分析工具。① 温和派参议员几乎肯定会投票赞成伯南克连任；而极端派，尤其是那些非常保守的共和党参议员，则很可能会投反对票。但是，2010年1月在国会山内部燃烧的愤怒火焰却没能蔓延到美国公众中去。美国公众对于金融危机的愤怒情绪到2009年、最多到2010年就已经基本平息了，直到后来的2011年夏末，才通过"占领华尔街运动"示威活动再次爆发出来。

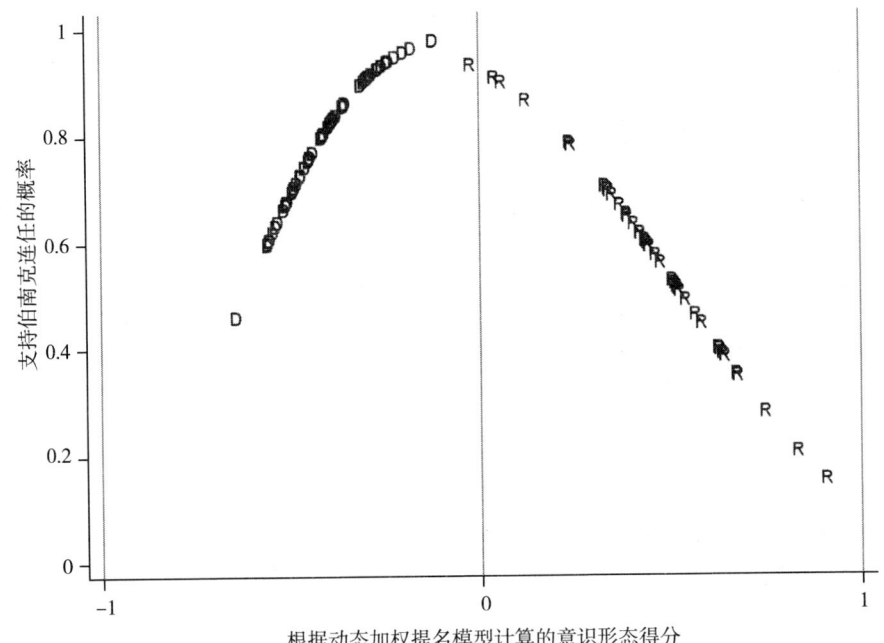

图8.1　2010年1月28日的投票中，各参议员支持任命伯南克连任美国联邦储备委员会主席的概率的预测＊

＊在图中，100位参议员中的每一位都用一个标记来表示（D代表民主党，R代表共和党）。预测的结果与实际结果非常接近：温和派（意识形态得分接近于零）倾向于支持伯南克连任；极端派（无论是左派还是右派）则倾向于反对。

① 这些概率是利用概率单位模型分别针对每个政党估计出来的。

那么，在金融危机爆发后的第一年内，美国公众的愤怒到哪里去了呢？毕竟，这场危机导致了巨大的财富和收入损失。数以百万计的美国普通人失去了他们的家园，私人退休账户余额也大幅缩水，源于固定收益养老金的退休收入也因基金的投资失利而受到威胁，美国联邦储备委员会设定的低利率又使得大额存单的持有者的收入下降，固定收益投资也下降了（因为公司收回了债券）。总之，前总统小布什大力鼓吹的"所有权社会"简直变得一团糟。

在这种情况下，如果选民要求彻底重组整个金融部门，谁又能责怪他们呢？如果一个新的休伊·朗出现了，带领公众要求分享财富，谁又会觉得惊奇呢？真正令人惊奇的反而是，针对金融行业的民粹主义愤怒虽然多次表现出了爆发的征兆，但是却几乎一直没有真正爆发出来过。或许有人说，危机可能已经影响了2008年的选举，因为奥巴马是直到2008年9月之后才确立了对麦凯恩的领先优势的。但是另一方面，奥巴马也只赢得了53%的选票。这种危机本来是完全可能导致像富兰克林·罗斯福、林登·约翰逊和理查德·尼克松那样以压倒性优势赢得选举的。此外，有组织的抗议活动（例如自身利益可能因"奥巴马医改"而受损的群体）也基本上没有出现。

这是为什么呢？

我们不妨从一个例外情况入手，来说明一般的情况。在2009年3月，媒体披露，美国国际集团金融产品部门的员工将会获得1.65亿美元奖金，而正是这个部门执行的糟糕交易才导致这家公司崩溃的。消息传开后，美国全国上下对此的反应迅速而激烈：电视谈话节目发疯般地抓住这件事不放；国会也就此召开了听证会，并通过电视实况转播；众议院也很快就投票决定对奖金征收90%的税收。然而，所有的愤怒并没有指向华尔街的奖金文化，而一直都只是针对美国国际集团以及其他已经获得救助的公司竟然还在发放巨额奖金这件具体的事情。而且政府的应对政策也完全是"就事论事"型的——撤销美国国际集团的有关合同并限制所有接受《问题资产救助计划》资金的公司发放资金和补贴。至于高管薪酬制度的全面改革，则完全不在考虑的范围之内。之所以会做出这种反应，一个原因是这个问题很快就变成了另一个问题："怎么可以用纳税人的钱支付奖金呢？"这样一来，人们也就把愤怒的目标从"华尔街做了什么"重新定向到"政府做了什么"上了。

除了导致"所有权社会"的愿景落空之外，金融危机还导致了严重的失业。危机之后，美国的失业率蹿升到了 20 世纪 80 年代初以来从未到过的高位。长期失业者，特别是长期失业的年轻人的人数不断上涨。在 2011 年 10 月，20 岁至 24 岁的美国人的失业率高达 14.0%，相比之下，年龄在 25 周岁及以上的美国人的失业率只有 7.8%，55 周岁及以上的美国人的失业率则为 7%。① 考虑到失业情况如此严重，"占领华尔街运动"的发生也就不难理解了。但是，难以理解的是，这个运动不但发生得太晚了一些，而且大多数"占领者"都与华尔街没有经济上的利益相关性。

无论是从对美国国际集团等公司发放奖金的激烈反应来看，还是从"占领华尔街运动"来看，这种民粹主义冲动的核心都在于对精英和他们所管辖的机构的不信任感。民粹主义也有各种不同的"派别"，这取决于这种不信任感所针对的对象是什么。与许多其他国家一样，在美国，在民粹主义的旗帜下也汇集了许多左翼人士，他们的思想根基都在于对大企业、金融和集中的经济权力的不信任。但是，我们在这里要强调的是，在当代美国，上面这种民粹主义只是位列第三的民粹主义派别，它的影响与其他两种更常见的民粹主义相差甚远。另外两种民粹主义就是文化民粹主义（cultural populism）和反国家集权民粹主义（antistatist populism）。文化民粹主义是一种基于对媒体界、娱乐界和学术界精英的不信任的民粹主义，这种民粹主义历经乔治·华莱士和理查德·尼克松等人的打磨和锤炼，其集大成者则是萨拉·佩林和米歇尔·巴赫曼。由于这种形式的民粹主义自 20 世纪 70 年代以来就已经与左派意识形态分道扬镳，因此它的追随者并不特别敌视大企业（当然，除了好莱坞企业之外）。事实上，文化民粹主义与右翼的共同点更多一些。另一种民粹主义即反国家集权民粹主义，与文化民粹主义也有许多共同点，它在过去 30 年里已经对美国政治产生了深远影响。

现在的美国人并不信任他们的政府。在 2008 年金融危机发生前夕，民众对政府的"信任度"几乎位于自 20 世纪 50 年代末年民意调查机构开始统计这方面的数据以来的最低点。② 2007 年，只有大约 20% 的美国公众表示信任

---

① 请参阅劳工统计局的报告（Bureau of Labor Statistics, 2011）。
② 请参阅皮尤研究中心的报告（Pew Research Center, 2011）。

政府，认为政府做的事情"几乎一直"或"大多数时候"都是正确的。相反，在水门事件发生之前，大多数民众都信任政府。

到了2008年，当金融危机爆发之后，甚至连那些认定是华尔街导致了这种损失的选民，也没有把自己的愤怒转化为要求政府加强监管和审查的呼声。他们认为，从根本上看，政府是无效的，或者更糟糕，政府天生就是银行家的天然同谋者。因此，最初高举"人民"这个旗帜的并不是左派，而是茶党。茶党呼吁回归"宪法第一原则"，防止大政府将"人民"的利益出卖给大金融家。直到很久以后，当第7章中所述的那些决策过程都已经完成而且民主党也在中期选举中被彻底击败了的时候，左派民粹主义者才发动了"占领华尔街运动"。但是，正如我们在下面的讨论将会阐明的，"占领华尔街运动"是一个复杂的混合体，既包含了对华尔街以及过于集中的经济权力的反对和抗议，也混杂着对美国的政治制度和政治过程的极端不信任。这种接近于无政府主义的思想组合也就意味着，这个运动将很难把自己关注的东西凝练成具体的政策方案，也很难在选举的政治舞台上发挥动员选民的作用。

抓住这股极端不信任政府的思想暗流，就可以帮助我们理解金融危机所引发的公共舆论的上述特点。特别值得一提的是，它可以帮助我们理解，在应对危机的政策的形成过程中，公共舆论发挥的作用为什么如此有限。很显然，这并不是因为公众由于各自对金融危机的成因和应该如何管制金融行业的看法不同而四分五裂了。恰恰相反，它说明，公众的参与热情受到了极大的抑制，一方面是因为他们对政府能够成功地监管金融行业的极端怀疑，另一方面则是因为最好的"行动方针"本身固有的不确定性。

我们这些结论是在一系列民意调查的结果的基础上得出的。这些民意调查是在金融危机发生期间和《多德—弗兰克华尔街改革和消费者保护法案》的立法过程中进行的。民意调查结果表明，这个时期的公共舆论呈现出了以下模式。

- 公众确实认为是金融部门导致了这场危机。受访者的政治立场不影响这个结论。认为华尔街的所作所为是金融危机爆发的原因的共和党人的比例仅略低于民主党人。
- 民众确实认为放松对金融部门的管制是导致金融危机的一个重要原因。

同样，至少在金融危机发生初期，自称为共和党人和保守派人士的受访者与自称为民主党人和自由派人士的受访者都持这一观点。
- 在危机发生期间，公众并不反对政府进行干预。最初，公众既支持政府救助金融公司，也支持政府援助面临止赎危险的房主。不过，随着对政府干预会奖励不良行为（错误决策）的担忧的增加，这种支持开始下降。随后，对于道德风险的担忧因党派立场和意识形态倾向而变得极端化了。
- 公众普遍支持金融改革，但是因为公众又认为金融行业自身将成为改革的主要受益者，所以这种支持也被削弱了。

公众认为金融行业应该对金融危机负责

2008年9月，《洛杉矶时报》和彭博社联合举行的民意调查要求选民回答：他们认为，小布什总统、国会和华尔街这三者中，谁应当为金融危机负责。32%的受访者指责华尔街，相比之下，只有26%的受访者指责小布什，11%的受访者指责国会。[①] 在所有受访者当中，只有民主党人更责怪小布什而不是华尔街。共和党人和民主党人在这里表现出来的差异，无疑并不是因为民主党人不讨厌华尔街，而是因为他们更加强烈地厌恶小布什。小布什在伊拉克战争问题上的固执己见、在应对卡特里娜飓风灾难时的无能，早就令民主党人"深恶痛绝"了，因此他们才显得更"喜欢"华尔街一些。

在金融危机最严峻的日子结束之后，公众仍然继续指责金融行业。一直到了2010年2月下旬，认为华尔街要为经济不景气负责的选民还是比认为应该由奥巴马政府负责的选民多。[②] 在当月举行的另一个民意调查中，只有大约25%的受访选民表示，他们相信金融机构的银行家和高管能够做出有利于经

---

① 这是2008年9月19—22日和26—29日由《洛杉矶时报》与彭博社联合举行的民意调查的结果。具体数据可以从以下网页获得：http://www.ropercenter.uconn.edu/。
② 这是2010年2月5—10日由哥伦比亚广播公司与《纽约时报》联合举行的民间调查的结果。23%的受访者责怪华尔街，6%的受访者责怪奥巴马，而更多的受访者则责怪小布什（31%），还有13%的受访者责怪国会。

济发展的正确决策。选民们更相信的是工会领袖们和奥巴马政府，以及国会中的共和党人和民主党人。比金融行业高管更无法令选民们信任的一个群体是汽车行业高管。①

公众认为放松金融管制也难辞其咎

民意调查结果显示，美国公众普遍认为监管不严是导致金融危机的一个原因。在美国有线电视新闻网于雷曼兄弟破产后不久进行的一个民意调查中，略微超过一半的受访者认为对金融机构的监管是不充分的（只有41%的受访者表示各行业的情况都是如此）。② 2008年10月，在《洛杉矶时报》和彭博社联合进行的一个民意调查中，大约73%的受访者认为，缺乏监管是房地产泡沫和金融危机产生的重要原因。③ 就算是最正统的共和党人和"非常保守"的选民，也大都同意这种看法。而到了2008年12月，有87%的受访者认为，放松对金融机构的管制至少在一定程度上促成了金融危机。④

在危机高峰期，公众并未一面倒地反对政府干预

人们曾经普遍认为，财政部的《问题资产救助计划》一出台就引发了民粹主义者的愤怒。但是仔细分析民意调查数据就会发现，公众的反应模式其实要比这复杂、矛盾得多。在《问题资产救助计划》出台前夕（2008年9月19日至21日），美国有线电视新闻网进行的一个民意调查的结果表明，当被问及是否支持向金融机构提供"数以百万计的美元援助"时，将近55%的受访者给出了肯定的答案。⑤ 在同一个民意调查中，绝大多数受访者都认为，政

---

① 这是美国有线电视新闻网于2009年2月18—19日举行的民意调查的结果。准确数据是：工会领袖47%；奥巴马73%；国会内的共和党人53%；国会内的民主党人66%；汽车行业高管25%。
② 这是美国有线电视新闻网于2008年9月19—21日举行的民意调查的结果。
③ 这是2008年10月10—13日由《洛杉矶时报》与彭博社联合举行的民意调查的结果。
④ 这是《洛杉矶时报》与彭博社于2008年12月6—8日联合举行的民意调查的结果。
⑤ 因为当《问题资产救助计划》公布时，这项民意调查正在进行当中，因此，受访者对《问题资产救助计划》的反应也许与对以前的救助计划一样。

府应该及时介入，尽快解决金融市场中存在的问题。

值得注意的是，在这个问题上，美国公众的态度并没有因党派不同而趋于两极分化。58%的民主党受访者、50%的共和党受访者都对救助金融机构表示支持。而且，虽然我们分析议员们在对《问题资产救助计划》进行投票时都考虑到了自己能否顺利连任的因素，但是民意调查的结果却表明，只有14%的选民表示，如果某位国会议员投票支持《问题资产救助计划》，他们就会不投他的票；而有17%的选民却表示，如果某位国会议员投票支持《问题资产救助计划》，他们反而更加可能投他的票；另外，还有60%的受访者则表示，自己的选票将不会受国会议员有没有投票支持《问题资产救助计划》的影响。① 另外，民意调查还表明，尽管选民们不知道《问题资产救助计划》是否真的有效，但是他们还是会支持它。对于《问题资产救助计划》能否稳定金融市场这个问题，回答"不太有信心"或"没有信心"的受访者比回答"非常有信心"或"相当有信心"的受访者略多一些。② 此外，3/4 的受访者觉得"非常担心"或"有些担心"，"如果联邦政府采取行动着手解决金融市场的问题，那么当初造成这些问题的人很可能从中获益"。③

因此，《问题资产救助计划》所遭受的阻力，最初并非源于多数人的政治考虑，而是源于左右两翼都存在的坚定的少数派（他们在媒体上、互联网博客圈内不断发文呼吁）。对《问题资产救助计划》的投票一结束，公众也就搞清楚了到底是谁在反对。此后不久，金融危机的高峰期就结束了，政府干预政策获得的支持也随之下降了。在美国有线电视新闻网于 2008 年 10 月 3—5 日举行的一个民意调查中，《问题资产救助计划》的支持率为 46%；而在 2008 年 10 月 17—19 日举行的另一个民意调查中，支持率就下降到了 40%。④ 这种转变是因为民众开始把《问题资产救助计划》看成是一个"救助华尔

---

① 这是 2008 年 10 月 10—13 日由《洛杉矶时报》与彭博社联合举行的民意调查的结果。调查表明，即使在支持共和党的受访者当中，也只有 18% 的人说他们会投票赞成对《问题资产救助计划》的支持者进行惩罚。
② 这是 2008 年 10 月 10—13 日由《洛杉矶时报》与彭博社联合举行的民意调查的结果。
③ 这是美国有线电视新闻网于 2008 年 9 月 19—21 日举行的民意调查的结果。
④ 这是美国有线电视新闻网于 2008 年 10 月 17—19 日举行的民意调查的结果。

街"的计划,而不是一个"拯救美国经济"的计划了;而反对继续进行下一步救助的受访者则增加到了支持进一步救助的受访者的3倍。美国有线电视新闻网还问受访者:《问题资产救助计划》将怎样发挥其作用?① 我们将受访者的回应总结在表8.1中。

表8.1 关于《问题资产救助计划》的民意调查的结果

《问题资产救助计划》将能够……	同意左列陈述的受访者所占的百分比(%) *
公平对待所有美国纳税人	40
保证计划用来推动经济复苏的钱不会流入当初导致金融危机的那些企业和个人手中	53
帮助无力偿还抵押贷款的普通美国人保住自己的房子	51
保证政府的钱都花到恰当的地方,不会被浪费	47

*这里的百分比是回答"很可能"或"有点可能"的受访者所占的百分比。

从表8.1可见,持支持和反对意见的受访者的分布模式与政治光谱相当一致。支持《问题资产救助计划》的共和党人的比例与民主党人几乎完全相同,这种模式在2008年年底以前进行的多个民意调查中一再重复出现。不过,到了2008年12月,宁愿听任金融机构破产也不希望政府救助的选民就已经比支持救助的选民多了13%。② 在这之后,支持救助金融行业的受访者人数一直位于低位,直到2009年2月,奥巴马总统成功地落实了第二批《问题资产救助计划》资金之后才开始有所反弹。(在2009年2月进行的一个民意调查中,支持救助金融行业的受访者所占的比例已经下降到了35%左右。)与支持率的下降相对应的,则是公众对《问题资产救助计划》的有效性的信心的流失。

2009年1月,85%的受访者表示,《问题资产救助计划》原定的"帮助经济复苏的预期目标没能实现"。③ 美国总统巴拉克·奥巴马的就职典礼刚刚

---

① 这是美国有线电视新闻网于2008年10月3—5日举行的民意调查的结果。
② 这是《洛杉矶时报》与彭博社于2008年12月6—8日联合举行的民意调查的结果。
③ 这是美国有线电视新闻网于2009年1月12—15日举行的民意调查的结果。

结束，民主、共和两党之间的鸿沟就再次浮出了水面：支持政府救助金融行业的民主党人比共和党人整整高出了20%。①

许多美国公民都不相信政府能够很好地实施救助计划，这是支持率下降和党派分歧扩大的主要原因之一。在2009年2月的一个民意调查中，表示在《问题资产救助计划》资金的使用问题上，更相信联邦政府而不怎么相信金融行业的受访者刚好超过半数。不过，这个问题上的党派差异非常大，在受访者中，相信政府的民主党人比相信政府的共和党人多20%。② 另外，受访者强烈倾向于认为，金融机构高管将会用政府救助资金支付自己的薪金，而不会把它们用于稳定企业、重返贷款市场。

在金融危机发生期间，决策者非常关注抵押贷款市场中的道德风险问题。相比之下，普通公众对这个问题的关注反而要少一些。大多数受访者都赞成为面临止赎威胁的房主提供援助，而且随着危机的加深，持这种立场的人也在增多。在美国有线电视新闻网于2007年12月进行的一个民意调查中，只有一半多一点的受访者支持采取"特殊措施，避免[房主]因无力偿还抵押贷款而出现违约"。③ 而到了2008年4月底，支持者所占的比例就已经上升到了59%。甚至在金融危机全面爆发后，民众对预防止赎的政策的支持率仍然在继续上升。2008年10月，由《洛杉矶时报》和彭博社联合举行的一个民意调查的结果表明，绝大多数受访者支持"联邦政府为面临止赎威胁的个人房主提供援助"。④ 美国有线电视新闻网在大约同一时间进行的一个民意调查也显示，大多数受访者都赞成对面临止赎风险的房主提供援助。⑤ 这些民意调查的结果都表明，党派之间存在着很大差异。另外，受访者对银行的道德风险非常敏感。压倒多数的受访者都反对给予金融机构特殊待遇（使它们不会

---

① 这是美国有线电视新闻网于2009年2月18日举行的民意调查的结果。
② 这是哥伦比亚广播公司新闻频道于2009年2月2—4日举行的民意调查的结果。
③ 这是美国有线电视新闻网于2007年12月6—9日举行的民意调查的结果。稍稍超过50%的受访者认为，他们的问题是由自有住房所导致的；不过，只有45%的人责怪掠夺性贷款。
④ 这是2008年10月10—13日由《洛杉矶时报》与彭博社联合举行的民意调查的结果。
⑤ 根据美国有线电视新闻网于2008年10月17—19日举行的民意调查的结果，支持这种救助计划的民主党人多达71%，而共和党人则只有43%。

因抵押贷款而遭受损失)。①

公众支持加强金融监管，但又担心会出现管制俘获问题

选民普遍支持加强对金融部门的监管。哥伦比亚广播公司和《纽约时报》在2009年4月联合进行的一个民意调查的结果显示，超过70%的受访者（其中包括60%的共和党人）都说，他们支持强化对银行和其他金融机构的监管。② 不过，随着时间的推移，这种支持逐渐减弱，而且民众的观点也日益变得极化。在2010年3月进行的一个民意调查中，虽然受访者中支持金融改革的人依然占微弱多数，但是民主党与共和党之间的差异已经超过了30%。③ 到了2010年5月，总体支持率小幅反弹，不过党派差异还是维持不变，这可能是对当时的一起民事诉讼案件的反应——美国证券交易委员会以对债务抵押债券进行"阿布库斯"交易为由，对高盛公司提起了民事诉讼。④（"阿布库斯"交易的特点是，高盛将多头头寸出售给不知情的客户，同时又允许对冲基金经理约翰·保尔森充当空头。）这一支持率以及党派之间的差异水平一直维持到了《多德—弗兰克华尔街改革和消费者保护法案》通过的时候。⑤

在整个金融危机持续期间，支持改革的民众始终也在担心，政府到底能不能通过加强对金融行业的监管促进公众利益。在哥伦比亚广播公司和《纽约时报》联合举行的一个民意调查中，只有47%的受访者认为，新的监管法规将会令所有美国人受益；有差不多40%的受访者则表示，新的法规的主要受益者仍然是"银行家"。当然，公众对政府的不信任程度如此之高，很大一

---

① 根据美国有线电视新闻网于2007年12月6—9日举行的民意调查的结果，相对的比例为72:26。
② 这是哥伦比亚广播公司新闻频道与《纽约时报》于2009年4月1—5日联合举行的民意调查的结果，而《洛杉矶时报》与彭博社于2008年12月6—8日联合举行的民意调查的结果几乎与此完全相同。
③ 这是美国有线电视新闻网于2010年3月19—21日举行的民意调查的结果。
④ 这是美国有线电视新闻网于2010年5月21—23日举行的民意调查的结果。
⑤ 这是美国有线电视新闻网于2010年7月16—21日举行的民意调查的结果。在所有受访者当中，支持者所占的比例介于39%至58%之间。在民主党人受访者中，支持者所占的比例为78%，而在共和党人受访者中，支持者所占的比例为42%。

个原因是当时曝光了美国国际集团的奖金丑闻——高达86%的受访者声称，他们听说过或阅读过关于美国国际集团为自己的高管发放奖金的报道。① 受访者还认为，"各主要银行、保险公司等大型金融机构"对奥巴马政府的政策的影响力太大了。② 在这一点上，民主党人和共和党人的看法几乎完全相同。

公众对于利益集团的影响力和管制俘获的担心可以帮助我们理解新的管制法规的支持率为什么会大幅下降的原因了。到2010年2月，受访者中支持加强金融监管的人所占的比例已经下降到了56%。③ 毫不奇怪，其中降幅最大的正是共和党人。在2009年7月进行的一个民意调查中，只有刚过半数的受访者认为政府应该对金融体系"多加控制"。④ 在这个问题上，民主、共和两党之间的差异接近40%。收入水平也可以作为受访者的态度的"预测器"：在低收入受访者中，支持加强控制的人占54%，反对加强控制的人则占33%；在高收入受访者中，反对加强控制的人占52%，支持加强控制的人则占46%。总之，支持金融管制的人所占的比例一直在50%上下波动，同时党派差异也非常明显。

民意调查的结果表明，与奥巴马政府的实际做法相比，公众其实支持采取更加有进取心的政策。在2009年4月的一次调查中，2/3的做出了有效答复的受访者说，应当强制收到政府贷款的那些金融公司重组管理层（就像收到了政府贷款的那些汽车制造商所做的一样）。⑤ 赞同实施这一举措的民主党人和共和党人基本持平。

在筹备《多德—弗兰克华尔街改革和消费者保护法案》的过程中，有许多人支持纳入更多的干预措施（虽然其中的很多选民自称并不了解具体的细

---

① 这是美国有线电视新闻网于2010年3月19—21日举行的民意调查的结果。
② 差距介于35%至61%之间。这是美国有线电视新闻网于2009年12月16—19日举行的民意调查的结果。
③ 支持与否取决于问题的设计。当被问及"如果国会通过一部新的管制大型银行和主要金融机构的法律，你是支持还是反对？"时，支持者所占的比例就下降到了46%。这是盖洛普于2010年4月17—18日举行的民意调查的结果。
④ 这是哥伦比亚广播公司新闻频道于2009年7月9—12日举行的民意调查的结果。
⑤ 这是哥伦比亚广播公司新闻频道与《纽约时报》于2009年4月1—5日联合举行的民意调查的结果。41%的受访者支持重组，但是也有31%的受访者回答说"不知道"。在同一个民意调查中，大约33%的受访者认为金融企业受到的"待遇"比汽车制造商要好，只有6%的受访者认为汽车制造商得到了优待。

节)。例如，2010年2月，许多选民表示支持政府提出的征收银行税的建议，但是大多数选民表示，由于不了解具体情况，因此无法做出决定。① 选民对政府干预的不断增长的敌意也与他们缺乏信息有关。虽然到了2010年11月，超过一半的《问题资产救助计划》资金都已经归还，但是在皮尤研究中心组织的一次调查中，当被问及《问题资产救助计划》资金是否已经归还这个问题时，仍然有超过1/4的受访者回答说"不知道"，超过一半的受访者则给出了错误的答案。② 民主党人和共和党人回答错误的比例相差无几。公众的信念受反政府的"空想家"提供的消息的影响显然要比奥巴马政府提供的信息的影响更大。③

当政府采取了某种看上去比较极端的政策时，公共舆论的反应往往是完全负面的，这是公众对大政府一直抱有警惕心理的又一个证据。例如，只有14%的受访者支持政府直接拥有和控制银行（在自称为自由主义者的受访者当中，这一比例则为22%）。④ 因此毫不奇怪，在接管房利美和房地美时，政府要特别强调，这是一个"接管"行动（conservatorship），而不是将房利美和房地美"国有化"（nationalization）。无论是在小布什掌权时还是在奥巴马掌权时，白宫里没有人希望接到吉姆·邦宁从法国打过来的"叫醒电话"。

茶　党

茶党运动的起源可以追溯到2008年和2009年发生的几个事件，其中包

---

① 27%的受访者支持，14%的受访者反对，56%的受访者表示不太了解。这是哥伦比亚广播公司新闻频道与《纽约时报》于2010年2月5—10日联合举行的民意调查的结果。
② 这是皮尤研究中心于2010年11月11—14日举行的关于民众与媒体关系的民意调查的结果。
③ 截至2012年6月18日，65%的救助资金已经偿还或已经以利息的形式返回。剩下的余款中，绝大部分都被用于救助房利美和房地美。请参阅保罗·基尔和阮丹的文章（Kiel and Nguyen, 2012）。
④ 这是哥伦比亚广播公司于2009年2月2—4日举行的民意调查的结果。不过，就是在两个月前，即在2008年12月的时候，根据《洛杉矶时报》与彭博社于2008年12月6—8日联合举行的民意调查的结果，还有50%的受访者认为，"政府拥有银行和其他行业的企业的部分股权是拯救私营部门的一个必要步骤"。

括罗恩·保罗参加 2008 年总统竞选、2009 年年初出现的反对一揽子经济刺激计划的抗议活动。① 但是，一般认为，茶党运动诞生的标志是，2009 年 2 月 19 日，美国广播公司新闻频道记者里克·桑特利在芝加哥商品交易所大厅内进行现场转播时，突然发表了一个慷慨激昂的演讲。当时，奥巴马政府提出了一个计划，打算耗资 750 亿美元，帮助那些目前仍能偿还贷款的"负资产"房主进行抵押贷款再融资。桑特利把这些处于水深火热之中的负资产房主称为"失败者"，他说，他们的住房和汽车应该马上进入止赎程序，这样它们就能被别的"会挑水而不是只会喝水"的人买下，发挥效用。在旁边的交易员的喝彩鼓掌声中，桑特利继续说道："这是美国！你们这些人当中，难道真的有人愿意替你无力还债的邻居偿还抵押贷款吗？他们想多要一间浴室，但是却付不起账单？"紧接着，桑特利就给他想要发动的运动命名："在 7 月，我们将在芝加哥组建一个茶党。你们这些资本家们都到密歇根湖畔来吧。我现在就着手组织实施。"

因此，对 2010 年中期选举和 2011 年 8 月关于提高债务上限的政治辩论都发挥了举足轻重的影响的右翼民粹主义运动，原来竟然发轫于一场反对政府资助"溺水屋"（房贷价值高于房产价值的房产）的抵押贷款再融资的"谩骂"式演说。从事后回顾的角度来看，就连这个事件发生的场所也不无讽刺意味：地点是商品交易所的衍生品交易大厅，听众是一大群交易员——桑特利本人把他们称为"一个相当有代表性的统计横截面，属于沉默的大多数"。桑特利并没有在他的长篇大论中指斥金融行业的罪责，相反，他只是开玩笑地说，他要把衍生证券品倒进密歇根湖里去。

桑特利的演说引起了所有右翼民粹主义者的强烈共鸣。第一，政府是不值得信任的，而且所有的政治家都是热衷于妥协折中的②。第二，精英政策分析家和学者的观点都是一些疯狂的俗语。

---

① 关于茶党的历史和背景，请参阅斯科特·拉斯穆森和道格拉斯·舍恩的著作（Rasmussen and Schoen, 2010）、凯特·泽尼克的著作（Zernike, 2010）以及西达·斯科波尔和凡妮莎·威廉姆森的著作（Skocpol and Williamson, 2011）。

② 当有人建议里克·桑特利去竞选参议员时，他的回答却是："你难道以为我每一个小时就想洗一个澡吗？我最不愿意生活或工作的地方就是哥伦比亚特区华盛顿！"请参阅《里克·桑特利、茶党》一文（"Rick Santelli, Tea Party", 2009）。

对于上面的第二点，桑特利是这样说的："如果华盛顿的经济学家兜售给我们的所谓乘数大于一的理论真的是正确的……那么我们就永远也不用再担心经济问题了。政府应该在一小时内就花掉1万亿美元，因为我们很快就可以获得1.5万亿美元的回报。"①

第三，也是最重要的一点，桑特利强调，政府的主要动机是避免所有"负责任的"、"应得的"和"努力获取"的东西，代之以"不负责任的"、"不值得的"和"免费搭车的"东西。西达·斯科波尔和凡妮莎·威廉姆森对马萨诸塞州的茶党运动的研究表明，这种观念为茶党所有成员所共同拥有。

虽然茶党运动诞生于芝加哥商品交易所，但是这个新生事物却并不怎么关注金融改革问题。2009年4月15日，美国各地出现了几十起"纳税日"示威活动，不过它们抗议和反对的主要是税收制度和国会于当年2月通过的一揽子经济刺激计划。② 到了当年8月国会休会时，茶党已经开始着重反对医疗改革。正是在国会休会期间，茶党活动家组织了一系列"市政厅会议"，邀请国会议员来讨论医疗保健体制改革问题。在其中几次会议上，示威者甚至把立法者轰下了台。而到了《多德—弗兰克华尔街改革和消费者保护法案》进入投票表决程序时，茶党已经充分参与到了选举政治当中，因为它试图在共和党内初选时就把几位现任议员拉下马。因此，茶党并没有花多少心思去反对《多德—弗兰克华尔街改革和消费者保护法案》或推动国会采取更严厉的防止金融机构"大而不倒"的措施。而且，更具讽刺意味的是，在茶党以及其他保守派团体大力助选下才当选程序员的斯科特·布朗，却在关于《多德—弗兰克华尔街改革和消费者保护法案》的"终结辩论"表决中投下了至关重要的一票赞成票。

为了搞清楚茶党的优先目标和主要政治活动的基本情况，我们于2011年11月29日利用英文谷歌（Google.com），将"茶党"（Tea Party）一词与"金融改革"（financial reform）、"经济刺激"（stimulus）、"移民"（immigration）等主题词搭配起来进行搜索，并把每次搜索命中的网页数记录下来。搜索结果如表8.2所示。

---

① 请参阅《里克·桑特利、茶党》一文（"Rick Santelli, Tea Party", 2009）。
② 请参阅利兹·罗宾斯的文章（Robbins, 2009）和福克斯新闻频道的报道（Fox News, 2009）。

表 8.2　茶党及特定的主题词在谷歌搜索的命中网页数

主题词	与"茶党"（Tea Party）组合起来进行搜索的命中网页数（万）
移民（immigration）	9 600
工会（unions）	7 800
福利（welfare）	6 400
经济刺激（stimulus）	4 200
救助（bailout）	3 300
奥巴马医改（Obamacare）	2 000
预算赤字（budge deficit）	1 800
公共部门雇员（public employees）	800
金融改革（financial reform）	400
《多德—弗兰克华尔街改革和消费者保护法案》（Dodd-Frank）	300

表 8.2 清楚地表明，至少从互联网上的记录来看，茶党成员们对金融危机和金融改革的关注远远不及他们对移民、福利、公共部门工会组织、医疗保障改革等问题的关注。

但是，茶党是在金融危机和经济衰退所导致的愤怒和焦虑情绪中诞生的，因此值得我们深思的是：为什么茶党在与金融改革有关的政治活动中会如此沉寂？我们认为，这种情况的出现是多种因素共同作用的结果。第一个因素是，引导茶党运动的那些政治家和"意识形态企业家"都是反对改革的。在一开始，即在桑特利的激情演说后第一时间聚集起来的茶党成员们所推动的确实是一个合法的草根运动，它的许多活跃分子以前从未参与过政治活动。但是很快地，拥有大量资源的保守主义组织和自由至上主义组织以及富有的捐助者就参与了进来，为茶党提供了资金，并迅速填补了茶党政治议程中的空白。精英**意识形态**和**利益**努力地将茶党引导向"正确"的方向。

在茶党的这些精英"恩主"当中，最重要的一个可能是"自由事业"（FreedomWorks）。它是一个自由至上主义组织，是从亿万富翁兄弟查尔斯·科赫和大卫·科赫在 20 世纪 80 年代创建的健全经济公民联盟（Citizens for a

Sound Economy）中分裂出来的。在当时，"自由事业"由前众议院多数党领袖理查德·阿梅领导，而理查德·阿梅本人则是一个保守的共和党人（他在第107届国会中任职时的意识形态得分为0.601）。在担任国会议员期间，理查德·阿梅一方面严词讨伐公司福利和权贵资本主义，另一方面却积极地为制药行业游说，直到他无法继续同时扮演一个身在华盛顿的游说者与一个民粹主义十字军战士这两个角色为止。理查德·阿梅还为《商品期货现代化法案》的通过以及插入该法案中的"安然漏洞"发挥了非常重要的作用，这一经历显然也可以说明，他作为民粹主义导师的真诚性是有疑问的。也正因为如此，理查德·阿梅和"自由事业"不可能将茶党运动的方向指引到改革华尔街的方向上去。事实上，到了2010年4月，即《多德—弗兰克华尔街改革和消费者保护法案》获得通过前3个月，理查德·阿梅还说，"自由事业"还"没有机会去研究它"。① 除了"自由事业"之外，其他负责领导和协调茶党运动的组织和团体同样对金融市场改革没有什么兴趣，或者甚至心怀敌意。

当然，这些组织和团体原本也是可以动员茶党像反对"奥巴马医改"那样去积极地反对《多德—弗兰克华尔街改革和消费者保护法案》的。但是，除了可以模棱两可地说《多德—弗兰克华尔街改革和消费者保护法案》是一部"救市法案"之外，其他可以有效地动员茶党反对这部法案的民粹主义符号并不多；而针对"奥巴马医改"，则可以加上"死亡小组"、"政府接管"和"个人强制"等标签，从而可以迅速地激发茶党成员们的愤怒之情。

针对茶党的支持者和同情者进行的民意调查结果也表明，在金融改革问题上，茶党普通成员的参与程度和兴趣都不高。2010年4月，哥伦比亚广播公司新闻频道和《纽约时报》联合在茶党支持者当中进行了一个大规模的民意调查。在这个调查中，鉴于茶党运动对金融改革的态度并不明朗，问卷设计者没有提出与《多德—弗兰克华尔街改革和消费者保护法案》或其他金融改革建议直接有关的问题，他们提出的唯一与金融行业有关的问题是，《问题资产救助计划》以及其他救助计划是不是经济健康发展所必需的。压倒多数

---

① 请参阅本杰明·萨林的文章（Sarlin, 2010）。直到那时为止，茶党采取的唯一行动是针对共和党参议员鲍勃·考克的，因为他与民主党人合作。读者也可以参阅大卫·威格尔的文章（Weigel, 2010）。

的茶党支持者（超过74%）认为，即使不救助金融企业，经济状态也会改善。而在普通民众中，只有51%的受访者做出了同样的回答。

这次调查还包含了其他几个重要的问题，从受访者对它们的回答中，可以发现一些线索，它们将有助于我们理解为什么金融领域的茶党运动会显得相对沉寂。

- 在茶党支持者中，89%的受访者认为，奥巴马政府已经变得太大了（在全部受访者中，只有37%的人这么认为）。
- 在茶党支持者中，有19%的受访者说，政府从来没有做过什么正确的事情；只有6%的受访者说，政府做的事情全部都是正确的或大部分是正确的。而在全部受访者中，只有8%的人认为政府从来没有做过什么正确的事情；而认为政府做的事情全部都是正确的或大部分是正确的人所占的比例则达到了20%。
- 对于美国联邦储备委员会维持金融稳定的能力，茶党支持者的信心不比其他受访者低。
- 与接受调查的一般民众相比，茶党支持者并没有更加倾向于认为奥巴马只关心富人，但是茶党支持者更倾向于认为奥巴马执政有利于穷人。这种反应表明，茶党运动并不怎么关注有利于富人的"向上"再分配，相反，它更关注倾向于穷人的"向下"再分配。

虽然上述调查结果无可置疑地证实，茶党的"反政府"情绪确实是压倒性的，但是这些结果也表明，茶党并不认同保守派关于金融改革的如下两大观点。第一个观点是，美国联邦储备委员会的货币政策以及救助银行的做法是错误的。第二个观点是，《多德—弗兰克华尔街改革和消费者保护法案》是民主党用来扩大政府权力、保障富有的华尔街银行家的利益的工具。调查表明，茶党支持者认为，在2012年选举的共和党提名竞选中，阻挠"奥巴马医改"是一个比废除《多德—弗兰克华尔街改革和消费者保护法案》更加重要、更加急迫的议题。总而言之，茶党所关心的，是如何防止政府的规模不断地扩大（以为穷人谋福利为名）。

不过，除此之外，对于茶党的崛起，还可以从另一个角度观察，不过结论更加令人不安。茶党在很大程度上代表了那些没有从政府的政策中得到多少好处的人，以及那些反对已经从政府的政策中得到了不少好处的人。例如，在一篇发表在《纽约客》（New Yorker）杂志上的文章中，本·麦格拉思描述了他采访一位茶党支持者的经历：这位茶党支持者在金融危机中失去了他的克莱斯勒经销店，而且也未能从政府对汽车行业的救助中得到补偿。① 能够从政府的救助政策中获益的是这样一些人：在泡沫破灭前投机性买下了房子，现在成了"溺水屋"房主的人；当初不明智地申请了抵押贷款，现在却没有足够的收入来按月偿还贷款的人（或掠夺性抵押贷款的受害者）。虽然这些背负着抵押贷款的人并不是穷人当中最穷的那部分人，但是他们确实要比一般的美国人更穷。除了反对以预防止赎为目标的政府救助之外，茶党还反对任何经济刺激计划，因为这些经济刺激计划的很大一个目的是保住在联邦、各州和地方各级政府部门就业的那些人的职位。整体而言，公共部门的雇员拥有一份体面的工作和相当不错的福利，都不属于最穷的穷人。但是他们与那些为桑特利鼓掌喝彩的交易员不同，因为在他们当中，非裔美国人所占的比例特别高。② 另外，那些有可能因"奥巴马医改"而受益的人当中，许多人都位于收入分配链的尾端，但是在他们当中，非裔美国人和拉美裔美国人所占的比例特别高，移民所占的比例也特别高。相比之下，茶党支持者中，则是白人所占的比例特别高。因此，茶党不仅吸引了一大批原则上反对大政府的人，而且也吸引了许多怀有一定种族和族群敌意的人。既然茶党的核心宗旨是限制再分配型社会政策，那么它没有积极参与到《多德—弗兰克华尔街改革和消费者保护法案》的立法过程中来，也就不足为奇了。

然而，茶党确实成了影响 2010 年中期选举结果的一个非常重要的因素，尤其是在共和党的初选中，茶党支持者甚至在很多时候起到了决定性的作用。茶党迫使阿伦·斯佩克特从共和党转投民主党，在犹他州挫败了现任参议员罗伯特·贝内特，并使长期担任特拉华州众议员的迈克尔·卡斯特尔未能获得参议员提名。茶党使共和党变得更"右"了，这可能会导致共和党丢掉一两个议席，但是这点损失与它对奥巴马总统和民主党的冲击相比，简直微不足

---

① 请参阅本·麦格拉思的文章（McGrath, 2010）。
② 请参阅蒂莫西·威廉姆斯的文章（Williams, 2011）。

道。茶党的影响是非常突出的，17位新当选的共和党众议员都与茶党的支持密不可分。这17位新当选的众议员，再加上另外43位重新返回众议院的共和党众议员，在国会组成了一个茶党党团。从表8.3可以清楚地看出，属于茶党党团的这些议员完全可以代表共和党的保守派的立场，并且使该党更加"右倾"。茶党新生代议员明显比其他新当选的共和党议员更加保守，同时，赞同茶党运动的那些重回国会的议员也基本上不属于共和党内的温和派。所以，即使茶党不直接从事反对《多德—弗兰克华尔街改革和消费者保护法案》的活动，这么多的共和党保守派议员的当选也无疑会使共和党想采取的任何行动走样。

表8.3 共和党众议员的意识形态

	属于茶党的第一次当选的众议员	其他第一次当选的众议员	属于茶党的重新当选的众议员	其他重新当选的众议员
温和派（根据动态加权提名模型计算的得分低于0.33）	1（6%）	13（19%）	0（0%）	29（26%）
保守派（根据动态加权提名模型计算的得分介于0.33至0.67之间）	12（70%）	44（64%）	36（84%）	61（55%）
自由派（根据动态加权提名模型计算的得分高于0.67）	4（23%）	12（17%）	7（16%）	21（19%）

在《多德—弗兰克华尔街改革和消费者保护法案》获得了通过、2010年中期选举结束后，一些人试图利用茶党的力量去废除《多德—弗兰克华尔街改革和消费者保护法案》。2011年，茶党党团主席、代表明尼苏达州的共和党众议员米歇尔·巴赫曼和茶党党团成员、代表南卡罗来纳州的共和党参议员吉姆·德明特提出了要求废除《多德—弗兰克华尔街改革和消费者保护法案》的议案。（德明特在2010竞选参议员时，增长俱乐部为他提供了很大的支持。增长俱乐部是一个自由市场原教旨主义组织，它的前主席正是代表宾夕法尼亚州的参议员帕特·图米。德明特则在特拉华州的竞选中支持茶党提名的候选人克里斯汀·奥唐纳，后者击败了迈克尔·卡斯特尔。）

小罗伯特·博克和加里·马克思创办了一个新组织，名叫"揭露《多德—弗兰克华尔街改革和消费者保护法案》"。这两个人都有不小的来头：小罗伯特·博克的父亲罗伯特·博克曾经被提名担任最高法院法官,但是未被批准;而加里·马克思则是拉尔夫·里德的游说公司的副总裁(里德是非常著名的基督教联盟的前执行董事)。在 2011 年 2 月,这个组织的代表出席了"茶党爱国者政策峰会",并在与会者当中针对《多德—弗兰克华尔街改革和消费者保护法案》进行了一次调查。调查结果显示,多达 42% 的受访者表示,他们不熟悉或者几乎没有听说过《多德—弗兰克华尔街改革和消费者保护法案》。而在那些熟悉这部法案的受访者当中,则有 90% 以上的人支持废除它。"揭露《多德—弗兰克华尔街改革和消费者保护法案》"没有透露他们所使用的调查工具的内情,但是从他们发布的新闻稿看来,这次调查是在向与会者提供了不利于《多德—弗兰克华尔街改革和消费者保护法案》的一些片面信息后进行的。

"占领华尔街运动"

在雷曼兄弟倒闭后,左派民粹主义者举行了一系列反华尔街的示威抗议活动,不过这些街头运动都是零星的、短暂的。到了奥巴马宣誓就职总统那一天,它们就已经几乎完全平息下来了。在《多德—弗兰克华尔街改革和消费者保护法案》从提出到最终通过的整个立法过程中,左派民粹主义者和工会一直没有发出什么声音。针对政府提出的改革金融行业的政策,大部分批评都来自精英阶层,例如《纽约时报》、《名利场》等报刊的记者和编辑,以及乔治·索罗斯、保罗·克鲁格曼、约瑟夫·斯蒂格利茨和西蒙·约翰逊等学者或名人。

然而,在《多德—弗兰克华尔街改革和消费者保护法案》获得通过一年多之后,这种左派民粹主义内部的平静氛围被打破了。2011 年夏天,反对消费主义、倡导环保主义的杂志《广告克星》(Adbusters)的发行人卡勒·拉森提出了一个创意(这个创意肯定能让电视剧《广告狂人》中的广告业高管兴奋异常),号召人们走上大街,进行反华尔街的抗议运动。整个"广告"只有简短的一页,宣布将在下曼哈顿地区进行抗议:占领华尔街,并请带上帐篷。[1]

---

[1] 请参阅马蒂亚斯·施瓦茨的文章(Schwartz,2011)。

与有具体的抗议目标（例如，刺激经济的政府支出政策、"奥巴马医改"等）且经常有意选定某些有象征意义的特殊日子举行抗议活动（如纳税日、国庆日）的茶党不同，"占领华尔街运动"这一抗议活动不针对任何特定的政策议程，而且它的起始日期是9月17日，这个日子并没有什么特殊的意义（不过它恰好是拉森的母亲的生日）。

"占领华尔街运动"也没有一个预定的议程。从根本上看，这是一个无政府主义的运动，参与者不愿意采取任何形式的分层组织或领导结构。没有人，甚至包括拉森本人在内，能够代表整个运动发言。相反，"占领华尔街运动"的每个营地都由一个由该营地所有参与者组成的大会来管理。大会的任何决定必须先经过公开讨论，等所有参与者达成共识之后才能做出。任何一位参与者都可以否决其他大多数参与者认为可行的决定。因此，某些参与者（而且往往是那些最不讲情理的参与者）就在大会中发挥了程序性阻挠议事者在美国国会参议院中所发挥的那种作用。很显然，这一规则排除了设定行动议程、制定共同的政治策略的可能性。① 虽然在"占领"期间，参与者曾经设想过许多非常有意义的方案——从金融交易税，到竞选资金改革，再到学生债务减免，但是整个运动最终却未能提出正式的诉求。②

茶党活跃人士很乐意接受其他有经验的党派活动家和意识形态"空想家"以及有关组织的支持和指导。相比之下，"占领华尔街运动"的参与者则对这些东西有着非常严重的抗拒心理。工会组织为"占领华尔街运动"提供了一些财政和后勤支持，但是双方都面临着很大的阻力，无法进一步合作。到了11月，当警方的清场行动导致一位参加过伊拉克战争的退伍老兵严重受伤后，"占领奥克兰运动"号召进行大罢工，但是，没有一个奥克兰当地工会参加了

---

① 作为许多政治学家大力鼓吹的"协商民主"的一个实验，"占领华尔街运动"已经失败了。
② 卡勒·拉森和《广告克星》杂志资深编辑弥迦·怀特起草了一封给美国总统奥巴马的信，提出了一系列具体的要求，包括实施更严格的金融监管、禁止高频交易、加紧起诉那些必须为金融危机负责的金融行业高管等等，但是"占领华尔街运动"大会并没有通过这封信。相反，大会起草并通过了一个"占领宣言"，在马蒂亚斯·施瓦茨看来（Schwartz, 2011），这个宣言"更像一种世界观的阐述，而不像一份要求清单"。确实，这份文献没有提出政策目标，相反，它只是倒了一大堆苦水，并简要地表达了对协商性民主和参与性民主的向往。

罢工。"占领华尔街运动"与民主党的关系也非常微妙。虽然许多民主党领导人都赞同"占领华尔街运动"的目标,但是它们之间的合作机会却几乎完全不存在,因为"占领华尔街运动"的积极分子对奥巴马政府的过往"政绩"极其失望,而且他们都以"无政府主义"相互标榜,不愿意参与任何形式的选举政治或政党政治。①

当然,"占领华尔街运动"也并不是完全群龙无首的,它确实有自己的领导层。但是这个运动的领袖们与传统的左派政治组织(如民主党或工会)之间没有什么联系。② 到了 2011 年 11 月底,各个城市的市长出于公众卫生和公共安全等方面的考虑,下令关闭"占领者"的营地。由于"占领华尔街运动"的营地就是它的主要组织结构,因此该运动的整个框架也就随着清场而烟消云散了;而且,原定在纽约举行的"占领一周年"纪念活动也告吹了。这样一来,这个运动的未来也就成了一个问号。

要评估"占领华尔街运动"对美国政治的未来的影响,很重要的一点是要先搞清楚参与这场运动的人的动机和观点。但是遗憾的是,迄今为止,以这场运动的积极参与者为对象的调查和研究仍然很少。在一项研究中,民意测验专家道格拉斯·舍恩在祖科蒂公园与 198 位受访者面对面地进行了访谈。祖科蒂公园是"占领华尔街运动"在曼哈顿地区的扎营地点,舍恩采访这些"占领者"的时间是在 2011 年 10 月 10 日和 11 日。③ 茶党成员中,绝大多数是中年人和老年人,而舍恩的受访者则相当年轻,绝大多数人的年龄都不足 30 周岁。舍恩的研究表明,这些"占领者"基本上从来不参与传统的政党政治。虽然在这 198 位受访者中,有 32% 的人声称自己是民主党人,不过称自己为无党派人士的人则更多(33%),剩下的差不多 33% 的人的组成则五花八门,既有无政府主义者,又有自由至上主义者,甚至还有纽约本地著名的左派政党劳工家庭党(Working Families Party)的成员。在这些人中,只有 56% 的人在 2008 年总统大选中参加了投票,这一比例稍低于整个人口的投票

---

① 请参阅约翰·海勒曼的文章(Heilemann, 2011)。
② 同①。
③ 这项研究是有争议的。它所利用的样本规模相对较小,而且调查究竟是怎么进行的、样本究竟是怎样产生的,都没有公开。

率。① 而且所有受访者都认为，他们是被现行的政治体系排除在外的一批人。

舍恩的调查还显示，"占领华尔街运动"的许多积极分子确实希望能够在更大程度上参与党派政治。舍恩向受访者提出了一个开放性的问题：他们希望看到这个运动最终能够带来什么结果？多达35%的受访者表示，如果看到这个运动能够对民主党产生一些影响——就像茶党运动对共和党所发挥的重要影响一样，那么他们将会很高兴。另外，还有11%的受访者表示，他们希望这个运动能够打破"两党双寡头垄断"，即导致第三个重要政党的诞生。

我们在前面已经看到，许多茶党支持者在某些问题上的立场与他们作为"反政府"人士的声誉不符，同样的现象也出现在"占领华尔街运动"的积极参与者身上。在接受舒恩访谈的受访者当中，有30%的人认为，对金融部门的监管应该维持在现有水平或进一步减少。另外，多达35%的人认为，政府没有责任提供医疗保健。在是否应该救助金融机构这个问题上，支持者和反对者几乎平分秋色。另外，22%的受访者说，富人已经缴纳了他们应该承担的公平份额的税收；同时，绝大多数受访者都反对增税。② 由此看来，"占领华尔街运动"的参与者当中存在的意识形态异质性，很可能是妨碍该运动进一步动作的一个重要因素。总之，"占领华尔街运动"的特点就是，既缺乏结构化的组织，也没有统一的**意识形态**，也正是由于这些特点的存在，才把精英阶层的利益因素排除在了这个运动之外。

结　论

"占领华尔街运动"使财富和收入不平等、金融部门过于强大的影响力等现象变得更加引人注目了。这个运动卓有成效地进一步凸显了1%与99%之

---

① 一般来说，在进行民意调查时，如果受访者被问及投票情况，他们往往会多报。但是，在这个调查的特定情境下，由于涉及对政治制度的抗议，也可能会出现少报（underreport）的情况。
② 有些奇怪的是，道格拉斯·舍恩（Schoen, 2011）利用同样的数据，却得出了这样的结论："占领华尔街运动"的参与者当中，"包括了一些不具备代表性的选民，他们认为必须进行激进的财富再分配"。

间的巨大落差，并且帮助公众认清了现行的金融监管制度的本质就是"正面华尔街赢，反面公众输"（总之都是华尔街赢）。

但是，从效果上看，与其说"占领华尔街运动"是一场成功的运动，还不如说它是一次成功的营销。虽然它提出的口号是非常有效的，但是政治变革还需要在政治体系内部进行深入的动员，或者干脆推翻现有的政治体系。美国人当然不希望后者成为现实。"占领华尔街运动"未能实现前者的主要障碍在于这个运动本身的思想根源。"占领者"们不仅对我们现有的政治制度深表怀疑，而且还坚决反对任何等级制度，可是，要使一场运动凝聚成一种政治力量，特定形式的组织架构和等级制度是必不可少的。① 在这个方面，"占领华尔街运动"与茶党形成了鲜明的对照。茶党支持者也敌视现存的政治精英和政治制度，而且也表现出了对华尔街的愤怒之情，不过，茶党支持者并不仇恨等级制度。茶党成立了许多组织，构筑了坚实的政治基础，因而能够对共和党内的初选甚至全国性的大选施加切实的影响。

通过对"占领华尔街运动"与茶党运动的比较，我们看到，精英是可以对公众的愤怒进行引发和重构的。奥巴马政府和民主党如果能够很好地利用公众的愤怒的话，现在的情形也许会完全不同。奥巴马就任总统后，没能继续严厉抨击小布什—艾伦·格林斯潘—本·伯南克"团队"从2001至2008年的监管失灵。奥巴马还疏远了一些大力倡导改革的学者和官员，他们包括保罗·沃尔克、伊丽莎白·沃伦，或者还包括非常成功但倾向于改革的投资大鳄——金融家乔治·索罗斯。② 奥巴马的白宫没有趁各方面都热心于推进金融改革时趁热打铁，却选择去强行启动医疗保障改革，这不能不说是一种遗憾。

国会也有一大堆问题。在泡沫不断膨胀的时候，国会参、众两院的金融委员会主席却忙于其他一些非常可疑的事务，尤其是参议院金融委员会主席克里斯·多德，他还卷入了丑闻——有人揭露他利用"安杰洛·莫兹罗友情贷款"在爱尔兰买了乡间别墅，而且与美国国际集团关系密切。多德和众议

---

① 约翰·海勒曼报道了一个更倾向改革的积极分子的挫败感（Heilemann, 2011），他说："我不想住在这样一个一地鸡毛的公社里。我不想整天说着大话。我想把事情做好。"
② 请参阅乔治·索罗斯的文章（Soros, 2010）。

院金融委员会主席巴尼·弗兰克还都是房利美的狂热支持者,弗兰克的合作伙伴则曾经在房利美任职。① 因此,奔走于宾夕法尼亚大道两端的那些人并不在意公众是不是支持金融监管改革。事实上,公众支持金融监管改革的热情从来没有被激发起来过。

---

① 请参阅格雷琴·摩根森的文章(Morgenson,2011)。

第9章　化危为机的历史机遇是怎样被错过的？

> 你不可能希望这样严重的一个危机被错过。我的意思是说，这是一个机会，你可以做一些你自己以前没法做的事情。
>
> ——拉姆·伊曼纽尔，2008年11月19日在《华尔街日报》举办的"首席执行官理事会"大会上的发言

伊曼纽尔绝对不是唯一一个认为2008年金融危机和经济大衰退将带来一个划时代的根本性变革的人。自由派人士坚信，金融危机已经证明他们一直坚持的观点是正确的：不受任何监管的金融资本主义内部蕴含着极大的危险。因此，他们认为，选民们应该已经看清了最终的真相。更何况，适逢其会，一个有魅力的新领袖出现了，而且素来秉持进步主义立场的民主党也成了国会的多数党。时来风送蓬莱阁，这个国家似乎是时候推行一个更公平的"新的新政"了：不仅整个金融体系需要进行重组，而且税收制度的累进性也将变得更加明显；此外，全国医保也将成为现实，移民制度也会得到改革；最后，气候危机也将被克服，人类所居住的这个星球会一直很好地存在下去。

嘿！打住！这可不是美国政治的现实。

正如金融市场不可能通过具有"超级理性"的交易者——据说，他们能够根据新出现的信息修正自己的预期——来实现自我调节一样，政治也不是由完全理性的、能够不断更新自己的关于什么才是最佳政策的信念的政治家决定的。意识形态非常重要。除了自由派人士之外，其他人并不认为这场危机证明自由派是正确的。恰恰相反，保守派人士还认为，这场危机证明，他们对政府在住房方面的过多干预提出的警告是有先见之明的。还有一些人，

他们是"以市场为导向"的自由派，例如那些试图引导、推动政府的人，他们在金融危机爆发之前就认为需要更多一点的监管——在危机爆发之后，他们也是这样认为的。

当然，所有人的偏好都可能完全没有改变。一个原因是，从事后回顾的角度来看，危机带来的伤害似乎已经被限制在了可控范围之内。在雷曼兄弟破产一年后，联邦政府出台的《问题资产救助计划》和美国联邦储备委员会的货币政策看上去已经使整个金融体系转危为安了，同时失业率也控制在了远远低于大萧条时期的水平。因此，美国国家经济研究局甚至宣布，经济衰退已经结束了。

由于意识形态的黏性非常巨大，因此 2008 年金融危机带来的历史机遇显得尤其难得，这一年，被视为改革障碍的共和党总统任期届满，并且选出了一个自由主义色彩特别浓厚的国会。① 在新一届国会众议院中，中位众议员也是有史以来最自由的一位。但是，在现在这样一个政治严重极化的时代，美国参议院实施的绝对多数制却从根本上压缩了这些历史机遇。不过，尽管如此，总统也不是完全无能为力的。这是因为，即使在这样一个充满挑战的环境中，总统仍然拥有许多优势，他可以主导国会议程，领导好自己的政党，制造公众舆论。② 因此，要成功地利用金融危机打开的机会之门，对金融行业进行实质性的变革，需要的是政治家的专注精神、出色的领导以及将公众有效地动员起来的鼓动能力。

不幸的是，在奥巴马政府中，上述要素全都付诸阙如。首先，它明确宣称，要把民主党长期以来一直在推动的医疗改革置于比金融市场改革更优先的位置。即使我们可以认同"奥巴马医改"确有优点，我们也得强调，显然金融改革更加紧迫、更加依赖于特定的历史机遇。而且，正因为缺乏紧迫感，当代的"轴心政治"的本质已经决定了，任何医疗保健改革法案最终都必定会成为一个极其复杂的、充满着内在缺陷的妥协，同时达成妥协的过程将会占用大量宝贵的时间。在宣誓就任美国总统整整 14 个月之后，奥巴马总

---

① 在其他各届国会中，民主党的多数党地位更加稳固，但是同时，民主党内部的温和派、保守派的规模也更大一些。请参阅诺兰·麦卡蒂的论著（McCarty, 2008）。

② 关于总统可以采取的其他一些策略，请参阅马修·贝克曼的著作（Beckmann, 2010）。

统才签署了医疗保健改革法案。很显然，罗斯福式的"百日巨变"不可能重现于奥巴马的"新政府"中。等奥巴马政府重新转过头来关注金融改革的时候，各银行已恢复了盈利能力，它们不仅还清了《问题资产救助计划》的贷款，而且重新变得非常有政治势力。这真是一件特别具有讽刺意味的事情：伯南克和保尔森的银行救助工作完成得实在太出色了，以至于在如此短的时间内它们就实现了复苏，再次拥有了足以对抗任何真正的改革的力量。

事实上，奥巴马政府也根本没有挺身而出来领导和整合各方面的改革力量的意图。政府内部的主要经济决策者仍然是十多年前决定放松金融管制的那批"设计师"。自比尔·克林顿卸任之后，直到奥巴马上台之前，他们当中的许多人都在华尔街任职，并赚得盆满钵满，这种经历不可能不对他们的观点产生影响。在这方面，拉里·萨默斯和拉姆·伊曼纽尔两人就是很好的例子。何况在政府内部的主要经济决策者面前，未来到华尔街就职的机会大门总是敞开的（例如，彼得·奥斯泽格离开白宫后，就加盟了花旗集团）。因此，毫不奇怪，在他们这个小圈子内部，几乎没有人愿意承认自己以前的观点是错的。

奥巴马就任总统后的前几个月，道琼斯工业平均指数继续暴跌，在这种情况下，奥巴马政府的选择是安抚华尔街，而不是大刀阔斧地推进改革议程。在奥巴马上台初期，宾夕法尼亚大道1600号内当家的依然是一班旧人，他们提出的政策建议是，避免对金融行业进行根本性的重组，并主要依靠原先的架构去实现对这个行业的审慎监管。一直到了很久之后，在来自左翼的压力的推动下，奥巴马政府才决定实施"沃尔克法则"，禁止商业银行从事自营交易。

至于动员公民支持改革方面，奥巴马政府几乎没有采取什么行动。正如我们在第8章中所指出的，公众其实是普遍赞同进行改革的——尤其是在2009年。即使以非常保守的茶党为代表的反对派，也从来没有直接表示反对加强金融监管。如果真的认定改革是当务之急，那么奥巴马总统原本是有很大的空间去争取公众支持、推进更彻底的改革的。接任总统后不久，奥巴马出席了在匹兹堡举行的G20峰会，那本来是一个非常好的机会，可以从道德、民事甚至刑事的角度，向全世界公开表达对腐败的华尔街的谴责，但是奥巴马却轻描淡写地说，那里只有几个"鲁莽的害群之马"。甚至直到 2011 年 10 月，奥巴马总统仍然认为："在是否要对华尔街发起司法检控这个问题上，最重要的一点是，雷曼兄弟的破产和随后的金融危机，乃至整个次贷危机，在很大程度上并不是因为某些人的违法行为导致的。他们的做法充其量只是不道德的、不适当的或鲁莽的。"① 因此，除了几次浅尝辄止地试图对金融部门提出指责之外（而且每次批评后，他的代理人都会立即道歉），奥巴马从来没有去尝试过发动公众、制造赞成金融行业改革的舆论。就像他的前任一样，奥巴马一直坚持认为，即使出现了违法行为，那也只是极少数人的行为。因此，在 2011 年 12 月，奥巴马总统告诉哥伦比亚广播公司的《60 分钟时事杂志》，"华尔街出现的一些最具破坏性的行为——在某些情况下，它们也是最不道德的行为——并不是非法行为"。②

华尔街没有多少违法行为这种观点显然是站不住脚的，因为自从危机爆发以来，有关的民事诉讼层出不穷，而且许多都已经达成了和解协议。例如，高盛因为误导了投资者而赔偿了 5.5 亿美元。③ 美国银行、富国银行、联合金融公司、花旗集团和摩根大通共同签订了一个总额高达 250 亿美元的和解协议，以了结它们面临的与抵押贷款发放和止赎有关的诉讼。④ 为了尽快了结抵押贷款欺诈的指控和歧视少数民族的指控，美国银行同意分别支付 10 亿美元和 3.35 亿美元。⑤ 安杰洛·莫兹罗也因他在担任全国金融服务公司首席执行官时的证券欺诈和内幕交易行为而遭到起诉，他为了达成和解而需要支付的赔偿金高达 6 750 万美元。⑥ 很显然，违法行为大量存在，只是尚未构成犯罪，或者提起刑事诉讼过于困难、成本太高而已。

截至本书杀青的 2012 年年底，仍然没有人因为在金融危机中所发挥的作

---

① 请参阅杰克·塔珀的报道（Tapper，2011）。
② 请参阅《奥巴马如何检控华尔街高管》一文（"Obama's Take on Wall Street Prosecutions"，2011）。
③ 请参阅美国证券交易委员会的报告（U. S. Securities and Exchange Commission，2010b）。
④ 请参阅美国司法部的报告（U. S. Department of Justice，2012）。
⑤ 请参阅纽约东区检察署的报告（U. S. Attorney，Eastern District，2012）以及杰里米·佩洛夫斯基和詹姆斯·维西尼的报道（Pelofsky and Vicini，2011）。
⑥ 请参阅美国证券交易委员会的报告（U. S. Securities and Exchange Commission，2010a）。

用而遭到刑事检控。① 真正意义上的改革肯定会使刑事检控更加容易成立，也会倾向于将这些"不道德"的或"不合职业伦理"的行为定性为犯罪。

虽然《多德—弗兰克华尔街改革和消费者保护法案》确实包含了一些重要的规范金融行业的新规定，但是，它仍然有许多漏洞，因而不确定性依然存在。

"大而不倒"　《多德—弗兰克华尔街改革和消费者保护法案》并没有最终解决"大而不倒"问题。事实上，它对这些"庞然大物"几乎束手无策。它几乎不包含任何压缩这些最大的金融公司的规模的条款。这场危机所导致的最具讽刺性的一个结果是，全球最大的那些金融公司现在反而变得比危机爆发前更大了。虽然《多德—弗兰克华尔街改革和消费者保护法案》要求放慢兼并步伐，但是该法案却又允许各大银行购买陷入困境而苦苦挣扎的其他银行，像美联银行、美国银行这样的超级银行，仍然可以继续扩张（请参阅第5章）。

这场金融危机之所以会发生，与金融行业的过度集中有非常大的关系。在《1994年里格尔—尼尔跨州设立银行和分支机构效率法案》通过后，金融行业的并购一路绿灯。我们在第5章中跟踪过的新泽西国民银行的那个账户的变迁过程就可以充分地说明这一点。在2003年9月，美国四大商业银行所持有的资产占美国所有商业银行的总资产的33%；到了金融危机发生前夕的2008年3月，这个比例已经上升到了45%；然后，到了金融危机爆发后的2012年3月，又进一步增长到了48%。② 在危机发生时，金融行业的集中可能也有有益的一面，例如，这种情况使得财政部部长保尔森能够在华盛顿召集所有最大的银行开会，并强制它们一起接受《问题资产救助计划》。③ 但

---

① 最近，一位联邦法官对美国证券交易委员会不致力于起诉银行，反而急于与银行达成银行无须承认错误的庭外和解的做法提出了警告。请参阅彼得·莱特曼的报道（Lattman，2011）。这种批评或许是促使美国证券交易委员会以在行将崩溃之际还在次级贷款的持有数量问题上向投资者撒谎为由，起诉6个房利美和房地美高管的原因。请参阅《危机时代，美国证券交易委员会提起诉讼》一文（"SEC Brings Crisis–Era Suits"，2011）。

② 前十大美国银行所占的比例是，2003年9月为50%、2008年3月为60%、2012年3月为62%。这是本书作者根据以下网页上的数据计算出来的（于2012年6月6日下载）：http://www.federalreserve.gov/releases/lbr/。

③ 请参阅安德鲁·索尔金的著作（Sorkin，2009：chap. 20）以及亨利·保尔森的著作（Paulson，2010：362~368）。

是，与这些大银行在事前造成的危害相比，这种事后的"优势"完全是微不足道的。

当然，许多大银行都是在金融危机爆发之前就已经变得"大而不倒"了。然而，真正的危害在于，它们被允许使用纳税人的钱去进行商业上的赌博——无论以什么目的和意图为借口。而且，金融危机的爆发，还使许多非银行机构（包括高盛和摩根士丹利）获得了许多原本只能由商业银行所享有的优势，因此，问题的严重程度比上面给出的行业集中度百分比所显示的还要高。当然，最有害的是，《多德—弗兰克华尔街改革和消费者保护法案》还确定了一些具有"系统重要意义"的金融机构，未来万一再次出现金融危机，政府将为它们提供保护。这种隐含的政府保护会降低这些金融企业的借贷成本，并使它们得以更方便地利用金融杠杆去"做大"。因此，从实际效果来看，《多德—弗兰克华尔街改革和消费者保护法案》已经把所有大型金融机构转变成了政府支持企业。

属于私营部门的这些银行都拥有一般性的市场激励，但是，因为这些银行本质上已经变成了政府支持企业，所以必须对其所有利益相关者承担一系列责任；而与它们有利益相关关系的，也不再仅仅限于它们的高管、股东和债券持有人了。这些责任包括：保证透明度——例如，不能再出现像约翰·保尔森为高盛设计的"阿布库斯"交易一样的金融产品；不能再出现掠夺性贷款；不能出现"机器人签名"；不再有虚假的会计信息；不再有不实的评级；不再进行洗钱活动，等等。但是，在所有这些方面，《多德—弗兰克华尔街改革和消费者保护法案》都只给出了非常有限的规定。

另一方面，即使《多德—弗兰克华尔街改革和消费者保护法案》目前这些"加强"对已经变得更大了的金融机构的监管的规定能够减少未来发生金融危机的可能性，它也无法遏制行业的政治影响力。

政府支持企业 虽然政府为了救助房利美和房地美已经花费了数十亿美元，但是这些政府支持企业自身却完全没有出现任何变化。危机造成的唯一区别是，以往的隐性债务担保现在已经变成显性的了。房利美和房地美都已经被国有化了，这样纳税人至少将能够分享它们的利润了（当然，前提是如果它们能够盈利的话）。然而，鉴于国会和行政部门以往对房利美和房地美进行政治操控的历史，我们有理由怀疑，它们是不是真的在不久的将来就能够给美国财政带来显著的回报;而且,截至2012年6月,它们的负债还高达1 470亿美元。①

消费者金融保护 《多德—弗兰克华尔街改革和消费者保护法案》最重要的改革是建立了消费者金融保护局。不过,在来自共和党的政治压力下,奥巴马未能任命这个机构的设计师伊丽莎白·沃伦出掌该机构。参议院的共和党人还坚决反对奥巴马总统提名的、用来顶替沃伦的理查德·科雷迪。最后,奥巴马不得不趁着参议院休会的机会,才完成了对科雷迪的任命。当然,这种做法引起了很大的争议。

监管复杂性和自由裁量权 《格拉斯—斯蒂格尔法案》的总篇幅只有37页,而《多德—弗兰克华尔街改革和消费者保护法案》却长达近3 000页,而且大部分具体的监管法规仍然有待于各个分管的监管机构去制定。毫无疑问,接下来主导这些细化立法过程的将会是来自金融行业的游说者,而不可能是任何参与"占领华尔街运动"的人或组织。例如,截至本书收笔的时候,《多德—弗兰克华尔街改革和消费者保护法案》第941节的具体规则——即信贷保留条款或"保证相关各方都有切身利害关系"的规则——仍然没有最终落实,而且第941节也不适用于政府支持企业。

2011年3月29日,美国证券交易委员会曾经发布过一个规则草案,向各界征求意见,但是后来却没有了下文。《多德—弗兰克华尔街改革和消费者保护法案》没有划定一条明确的界线,比如说,抵押贷款的发放者或抵押贷款支持证券的发行人必须保留5%的利息;相反,它却允许合格的住宅抵押贷款拥有豁免权,即不受该类规则的限制。此外,合格的住宅抵押贷款需要符合的各种条件,如借款人的信用评分和贷款价值比等,都有待于某个监管机构出面来给出一个明确的说法。毫不奇怪,合格的住宅抵押贷款、混合了各种合格的住宅抵押贷款和不合格的住宅抵押贷款的贷款池究竟应该怎样界定等问题立即引发了各金融机构(例如摩根大通)和立法者的关注和评论。共和党参议员约翰尼·艾萨克森严厉抨击了美国证券交易委员会的草案,说它是"市场不友好"的。②(艾萨克森本人堪称意识形态和利益战胜了历史教训的

---

① 请参阅保罗·基尔和阮丹的文章(Kiel and Nguyen, 2012)。
② 这里的讨论反映了贾斯汀·晁的观点(Chao, 2011)。

典型代表，他是佐治亚州的代表，该州在金融危机中倒闭的银行的数量远远超过其他各州。）虽然《多德—弗兰克华尔街改革和消费者保护法案》第941节所允许的自由裁量权可能会比确定一个明确的界线的做法更能够保证市场运行的效率，但是，它已经打开了通往监管放松的大门；而从以往的经验来看，放松监管正是迈向次贷危机的第一步。

达维·波尔克律师事务所列出了《多德—弗兰克华尔街改革和消费者保护法案》实施细则制定过程中被延误了的那些内容。概括起来，现在的情况是：

- 截至2012年6月1日，总共有221项《多德—弗兰克华尔街改革和消费者保护法案》的立法任务已经超过了指定的最后期限，但仍未完成，占所有398项立法任务的55.5%，而在全部预先确定了最后期限的280项立法任务中所占的比例更是高达78.9%。
- 在上述221项已经到了最后期限的立法任务中，只有73项已经形成了最终的条文（仅占33.0%），另外的148项（占67.0%）还没有形成最终的条文。而在这148项没有形成最终条文的立法任务中，又有21项甚至连草案也没有公布。
- 在所有398项立法任务中，只有110项（仅占27.6%）已经形成了最终的条文，另外还有144项（占36.2%）已经提出了条文草案。其他的144项（占36.2%）则连草案也没有提出。①

因此，除非在未来的短短几个月内能够制定大量的法规，不然的话，《多德—弗兰克华尔街改革和消费者保护法案》的大部分条文都将无法在下一届总统大选到来之前得到落实。这一切，都要拜金融行业的复杂性、过大的自由裁量权以及由此而导致的强大游说者所赐。

高管薪酬　对于金融行业畸高的高管薪酬，《多德—弗兰克华尔街改革和消费者保护法案》几乎没有采取任何措施。众所周知，金融行业高管的薪酬的计发方式导致金融企业承担了过高的风险。到底应该在何种程度上事先对

---

① 请参阅达维·波尔克律师事务所的报告（Davis Polk, 2012）。

金融行业高管的薪酬施加限制，不同的人从不同角度出发会有不同的看法。但是以下这一点却是大家都能认可的：在危机发生后，监管机构、利益相关者和法院没有任何办法追回金融高管的高额奖金，这种情况肯定是不合情理的。他们洗劫了他们服务的公司，给纳税人留下一个烂摊子。

全国金融服务公司的安杰洛·莫兹罗也许是迄今面临过民事诉讼的最高级别的金融行业高管。如前所述，莫兹罗是在承诺支付6 750万美元的和解赔偿金之后才了结了他的案子的。不过，莫兹罗本人只支付了2 250万美元，另外的赔偿都是由并购了全国金融公司的美国银行支付的。[1] 而且，安杰洛本人（以及他的朋友们）的养老金资产都拥有完全豁免权，不受任何民事追索。

限制金融企业在政府机构提出的诉讼中替高管支付损害赔偿难道不合理吗？在养老金资产中，最多只保证一部分（例如500万美元）免受追索，其余部分则可追回，这种规定莫非不合适吗？当然合理！当然合适！但是，那0.001%的人是不会让其余99.999%的人觉得这类措施真的有可能实施的。

复杂性 《多德—弗兰克华尔街改革和消费者保护法案》的起草者忽略了金融危机的一个核心驱动力量：复杂性。在20世纪80年代和90年代，随着金融行业逐步解除管制，出现了一系列非常复杂的金融工具。这些金融工具的创造者拥有的信息比评级机构、监管机构和国会更加丰富。此外，丰厚的利润使金融部门能够聘请最聪明的毕业于常青藤联盟大学的高才生，让他们设计出更加复杂的金融工具，这反过来又进一步强化了金融部门的信息优势。而且，华尔街的证券机构都是评级机构的客户。评级机构有非常强烈的动机给所有证券AAA评级——无论它们是多么复杂，也无论它们真正的潜在价值是多少。[2] 美国证券交易委员会和美国联邦储备委员会没有看到其中的危险，而国会则对此无所作为。

《多德—弗兰克华尔街改革和消费者保护法案》只是简单地引进了一系列规章，但是它们无法解决最为关键的信息不对称问题。法规应该尽可能地简单，它必须划出明确的红线。虽然从理论上看，《格拉斯—斯蒂格尔法案》确

---

[1] 请参阅格雷琴·摩根森的文章（Morgenson, 2011）。
[2] 请参阅：罗杰·罗文斯坦的文章（Lowenstein, 2008）；迈克尔·刘易斯的著作中的第4章和第6章（Lewis, 2010）；格雷琴·摩根森和约书亚·罗斯纳的著作中的第15章，尤其是其中的第279~289页（Morgenson and Rosner, 2011）。

立的监管体系的经济效率可能不是太高，但是它确实有效地预防了严重的银行问题，直到20世纪80年代和90年代的解除管制热潮出现后，这种局面才发生了根本变化。

上面所述的就是我们所面临的"后危机"现状，它完全符合我们在第6章中描述过的历史模式。虽然权力过渡已经完成，但是新的法规却姗姗来迟；而且到了现在，至少在一定程度上又面临着权力格局再一次逆转（共和党重新执政）的风险。

政治形势恢复到通常的非危机状态也不可能改善这种情况。正如著名政治学家斯查特施奈德曾经正确地指出过的，只要公众没有挺身而出，那么主导政治生活的必定将是那些"富有的特殊利益群体"。① 或许，"占领华尔街运动"会使公众一直关注这些问题，但是，它真能对那神秘莫测的制定监管规则的过程产生影响吗？

在过去的差不多一百年里，"只要是对通用汽车有益的，就是对美国有益的"这个观念一直是美国公共哲学的一个重要的——尽管是有争议的——组成部分。不幸的是，在过去30年里，高盛等金融公司似乎已经取代了通用汽车的地位，从而使这一信条变成了"只要是对高盛等公司有益的，就是对美国有益的"。所不同的是，在通用汽车被视为美国经济实力的典范的那个历史时期，我们确实有理由为之欢庆，因为这家公司、这个行业为美国带来了广泛的繁荣，使数以百万计的美国人进入稳步扩大的中产阶级行列。但是，在金融化取代了工业化的过去30年里，就算美国真的又一次见证了繁荣，这种繁荣也是广大民众无法分享的。而且，我们都非常清楚，对数以百万计的普通人来说，"只要是对高盛等公司有益的，就是对美国有益的"这种理念只有一个含义，那就是金融不安全。

美国的繁荣需要一个流动性很高、非常活跃的资本市场，但是，资本市场本身只是手段，而不是目的。如何使金融服务复归本位，回到它在政治经济体系中本来应该占据的位置，这并不是一个简单的纯经济问题。这个问题的核心是一个功能失调、情况日益恶化的政治系统。没有当选官员的积极支持，任何一个监管体系都不可能取得成功。而只要美国政治仍然处于高度极

---

① 请参阅斯查特施奈德的著作（Schattschneider, 1960）。

化的状态，这种支持就不太可能变成现实。因此，新的泡沫必定还会升腾起来。

机遇被错过的第一个迹象：曼氏全球金融公司事件

事实上，2008年金融危机暂时平息下来之后没有多久，金融危机之前常见的那种"金融诡计"就又浮出了水面。2011年10月，曼氏全球金融公司宣告破产。不知怎的，曼氏全球金融公司21亿美元的客户资金突然莫名其妙地失踪了，截至2012年年中，仍然未能找到。曼氏全球金融公司的总裁乔恩·科尔辛也是一个谙熟穿门之术的人物，他先是在高盛任职，然后穿过华尔街—华盛顿"旋转门"，进入了参议院，后来还担任过新泽西州州长，最后又回到了华尔街，出任曼氏全球金融公司总裁。

应该说，关于如何处理客户资金，《多德—弗兰克华尔街改革和消费者保护法案》本来是可以尽早确定明确的规则的。该规则应该包括对这方面的严重渎职行为进行刑事处罚的规定。然而事实恰恰相反，《多德—弗兰克华尔街改革和消费者保护法案》为期货交易委员会留下了巨大的自由裁量权。当时担任期货交易委员会主席的是加里·金斯勒。金斯勒与科尔辛一样，也是一个民主党人和"高盛帮"成员。虽然人们通常认为金斯勒是一个强调积极监管的人，但是他这一次显然被科尔辛的游说打动了。根据《华尔街日报》的一篇社论的报道，他们两人在危机后的交往还因为共同参加了一所常青藤名校的活动而变得更加密切了——金斯勒作为客座讲师，为科尔辛在普林斯顿大学开设的一门课上了好几节课。① 而根据职业伦理要求，金斯勒本来是应该避免与科尔辛接触的。

曼氏全球金融公司之所以破产，是因为该公司在欧洲的一些证券上下错了赌注。如果投资者只是通过曼氏全球金融公司进行同样的投资，那么他们的损失最多也只是资本主义市场上每天都在发生的损益的一部分。曼氏全球金融公司的规模并不大，它的破产不会带来系统性风险。与其他在金融危机发生后变得偏向保守的金融机构不同，科尔辛却决定扩大赌注。但是关键在

---

① 请参阅《天才金斯勒》一文（"The Talented Mr. Gensler"，2011）。

于，曼氏全球金融公司的客户们并没有打算像该公司那样去豪赌一把，是曼氏全球金融公司内部的人偷偷地窃取了他们的钱去这样做的。

一个自由市场保守主义原教旨主义者或许会说，这很简单嘛，不是说**买者自负**（caveat emptor）吗？既然不信任乔恩·科尔辛，那你就不要把钱放到曼氏全球金融公司去呀。但是，只有当旨在保证透明度、减少内部人贪污的风险的规则真正得到了贯彻，只有当投资者能够在一个公平的竞争环境里投资，不会因为自己的信息劣势、不会因为自己与那些"出类拔萃之辈"（例如，加里·金斯勒就是这些人当中的一个）没有关系而遭受损失时，这个市场才能运行得更好。意识形态与利益的紧密结合，再加上政治环境的配合——特别突出的一个表现就是参议院内有利于程序性阻挠议事的各种规则，使得《多德—弗兰克华尔街改革和消费者保护法案》无法成为一堵强大的防火墙，也就不能隔断不同特殊利益群体之间的互动，保证科尔辛们和金斯勒们无从联手。此外，考虑到自由市场保守主义者对监管机构的人员编制的限制（请参见图5.3），人们也不难理解，与密切监督曼氏全球金融公司的账户相比，接科尔辛的一个电话显然要省钱得多。曼氏金融服务公司事件是我们试图解决的一系列深层问题的一个表现。接下来，我们就会提出一些解决问题的建议。

建　议

我们的理论的核心是这样一个信念，虽然繁荣—萧条的周期性出现是民主制资本主义固有的一个特征，但是，只要采取某些特定的改革措施，就可以提早给泡沫"放气"，而且同时也无须放弃现代金融带来的益处。事实上，这些建议基本上都不是我们首先提出来的，而且除了它们之外，还有许多其他的好点子。我们之所以专注于这些建议，是因为它们都与现代金融的政治基础密切相关。我们将从一些可以立即付诸实施的经济改革措施开始论述，然后再转向政治改革——它们使经济改革成为可能。

运用的监管规则要尽量简单

当保罗·沃尔克首次将用他的名字命名的规则（《沃尔克法则》）公之于

世时，那只是一个非常简短而明确的划界标准：商业银行不得运用自己的账户买卖证券。但是，当《多德—弗兰克华尔街改革和消费者保护法案》允许监管机构制定规则确定哪些才是"合法的交易活动"时，《沃尔克法则》却变成了一个非常复杂的东西。落到纸面上的《沃尔克法则》的草案长达三百多页，包含了对1 347个不同的问题的解答。

当然，最初那个更简单的划界标准的实施可能会带来一些经济成本。它将会限制商业银行能够提供给客户的金融产品的种类，并可能会使商业银行的业务的多样化受到一些限制，而且可能会在一定程度上制约规模经济效应。但是，从政治上看，收益肯定大于成本。这个简明的规则的实施和监督显然要比那个长达三百多页的复杂规则容易得多。法律和监管越复杂，对被监管的金融行业越有利，因为它拥有大量资源，总是能把"漏洞"转变为"隧道"。

作为重要的事前制动器，类似最初的《沃尔克法则》的简单规则还可以发挥防止金融过热的作用。这种规则留给金融行业游说者的空间更少，因此改革的力度更加不容易递减。但是，《多德—弗兰克华尔街改革和消费者保护法案》的总体原则却是依赖事后的纾解，这就是说，听任市场自由运行，同时密切监控系统性风险，并适时进行干预。但是，当事态真的发展到必须进行干预的时候，有关监管机构是不是既有足够强的监管能力，又有足够高的政治意愿去实施干预呢？我们对此深表怀疑。

确定政治风险问责规则

正如我们在第5章中已经提到过的，约瑟夫·斯蒂格利茨、彼得·奥斯泽格和乔恩·奥斯泽格曾经在一个报告中声称，从当时的资本标准来看，房利美崩溃的可能性低于五十万分之一。那么，后来发生的事情真的只是一件令人难以置信的倒霉事故吗？虽然说到底，任何低概率事件都可能发生。但是更可能的一种情况是，他们的分析无法将房利美为了保证其资本标准而愿意做的所有事情都考虑进去。例如，他们的报告显然没有考虑到这样一个因素：房利美的会计师会通过某种会计操纵方法，使其会计资本看上去比真实资产大得多。斯蒂格利茨等人当然更加不可能未卜先知：房利美的会计师做假的时机又恰恰选择在它自己崩溃的概率大幅上升的时候。他们的报告也未能解释，像房利美这样的大公司为什么能够要求信用评级机构给出有利于自己的风险评估等级（这反过来又降低了它们的资本要求）。当然，对于下面的事实，这个报告就更加不可能涉及了：房利美和房地美能够运用它们的政治影响力去"恐吓"监管机构甚至国会，要求它们对所有问题都视而不见。

我们认为，随着金融企业的规模的增大，政治风险也成比例地上升（如果说不是以指数形式上升的话）。现代社会的巨无霸金融企业是一种神奇的造物，每一家大型金融企业都汇集了无数的利益冲突。通过建立内部控制制度、构筑"中国墙"（Chinese Wall）等方法来调节这些矛盾，是很难取得成功的。2012年7月，巴克莱银行爆出丑闻，该银行投融资部门的雇员操纵伦敦银行同业间拆借利率，并且将消息泄露给交易员，以便从中获利。丑闻败露后，巴克莱银行的主席和首席执行官被迫辞职。① 如果将研究、投资、交易等业务分割给不同的金融企业，那么虽然从所谓的"规模经济"和"范围经济"的角度来看，可能会出现一点损失，但是这种公然的欺诈行为肯定更加不容易得逞。

一般来说，在制定针对金融行业的政策时，决策者必须假设，这些政策不可能完全得到贯彻实施。因此，预先设定的标准应该更高一些，以便保证即使政策未能得到完全落实，最终的结果也是足够令人满意的。在这里，读者不妨设想一下关于车速限制的法规。当立法者打算把州际公路的限速从每小时55英里*提高到65英里的时候，他们不应该假设许多司机会把正常行驶速度从每小时55英里提高到65英里，而应该假设许多司机现在已经在按每小时65英里的速度行驶了，法规变化后，这些司机很可能会把速度提高到每小时75英里。

我们还可以利用这个例子把关于"合规性"的讨论进一步引向深入。汽车行业的创新其实是相对缓慢的。对于最高限速这类政府法规，人们会说它们可以使行车更安全一些。但是金融行业的情况却完全不同。在第4章中，我们曾经引用过亨利·保尔森的说法，他认为监管机构跟不上金融创新的步伐是一件"很好的事情"，因为监管滞后使得创新更加容易出现。但是我们坚信，保尔森是大错特错了。在过去的10年里，我们见证了太多太多的所谓金

---

① 请参阅马克·斯科特和迈克尔·默塞德的文章（Scott and De la Merced，2012）。

* 1英里=1.6公里。

融创新，它们带给公众的除了伤害之外还是伤害。这些创新也没能使经济出现强劲增长——当然，金融行业除外。拿21世纪头10年与20世纪50年代比一下吧，在半个多世纪前的那个10年里，伴随着有史以来最严厉的金融监管的正是经济的高增长。① 更糟糕的是，与20世纪80年代及其后的金融创新大潮相伴的却是收入差距的不断扩大。事实上，有些人孜孜以求的"涓滴效应"并没有出现——中低收入阶层几乎完全没有受益（请读者再看一下图5.2）。在止赎现象大量出现后，家庭自有住房拥有率也下滑了。在这里，读者不妨套用罗纳德·里根常用的一个句式，问问自己："你现在过得比金融市场解除管制之前更好吗？"

限制由纳税人提供担保的金融公司的经营范围

有了联邦存款保险制度之后，商业银行就敢与投资住房的热钱对赌了。出于这个原因，我们必须把受到保险保障的商业银行看成公用事业公司，这是非常重要的。各地的电力公用事业公司都受到了严格的监督，这是它们拥有垄断专营权的代价；类似地，已投保的商业银行也理应受到更多的限制，因为它们的存款存在着隐性补贴。尽管从目前的情势来看，重建《格拉斯—斯蒂格尔法案》的防火墙还不可能排上号，但是，将《沃尔克法则》进一步加强还是有可能的，而这就可以在促使商业银行专注于自己的核心功能的道路上迈出重要的一步。

改革薪酬制度

对于金融行业高管和交易员的高额薪酬，人们往往用这是对他们所承担的高风险的补偿来辩解。但是，正如我们现在已经看到的，他们的回报与所承担的风险是极其不对称的：他们可能获得的潜在收益总是远远大于他们实际可能遭受的损失。由于个人和企业最终能够承担的责任始终是有限的，所以这种不对称性似乎是不可避免的。另外，当一家金融企业的规模变得足够大以后，它就在实际上拥有了一份"认沽权证"，因为政府为了避免系统性崩

---

① 金融管制指数见托马斯·菲利蓬和艾瑞尔·雷谢夫的论文（Philippon and Reshef, 2009）。

溃，最终肯定会出面收拾残局并承担部分损失。在出现这种情况时，上述不对称性就会进一步加剧。确实，眼睁睁地看着这么多的所谓银行家在摧毁了他们自己的公司之后，怀揣着巨额泡沫收益轻轻松松地走开（根据签订于泡沫繁荣时期的合同的规定，他们还可以获得巨额遣散费和养老金），实在是太令人沮丧了。

为了防止这种渎职行为再度发生，就必须建立健全法律和监管机制，确保在出事时，"金融赌徒"们也得赔上自己的身家。当泡沫破灭时，法院和监管机构应该追回他们在泡沫繁荣时获得的奖金和薪金。在这里，特别值得注意的是，不能让金融高管把这些收益说成是养老金。而且，对于享受民事责任豁免权的养老金，也应设置一个上限。

现行的金融行业高管薪酬制度，究竟在何种程度上促成了金融泡沫？这是一个聚讼纷纭的问题。许多与自己公司的利益密切相关的高管都投下了非常大的赌注，这种现象表明，要求高管长期持有自己公司的股票的规定可能收效甚微。一个突出的例子是，理查德·福尔德虽然持有大量雷曼兄弟的股票，但是却使它坠入了破产的深渊。但是无论如何，即使薪酬制度改革不是避免泡沫的灵丹妙药，公平和公正的标准概念也需要它。

通过防止"过大"来防止"大而不倒"

在防止金融企业"大而不倒"这个问题上，《多德—弗兰克华尔街改革和消费者保护法案》的思路是，让大型金融企业接受更严格的监管审查，同时要求它们立下一个"生前遗嘱"，以保证万一出事时能够更有序地完成重组。显而易见，这种做法与我们所提出的必须确定一些简明的且在政治上可行的"事前规则"（ex ante rule）的建议有所不同。在我们看来，唯一符合我们提出的标准的解决"大而不倒"的方法，就是限制金融企业的规模。其实，甚至连艾伦·格林斯潘也曾经公开表示过，金融企业的规模已经过大了，他为此而感到忧虑。① 英格兰银行行长默文·金和约瑟夫·斯蒂格利茨则认为，"一个'大而不倒'的银行也肯定是'太大而不应该存在'的"。② 当然，我

---

① 请参阅迈克尔·麦基和斯科特·兰曼的报道（McKee and Lanman, 2009）。
② 请参阅约瑟夫·斯蒂格利茨的文章（Stiglitz, 2009b）和吉尔·特雷纳的文章（Treanor, 2009）。

们不会走那么远，但是最起码，对大型金融机构更应严格监管、有效监管。"生前遗嘱"也许是个好主意，但是前提必须是，纳税人不必支付棺材费和葬礼费。再者，无论怎么说，联邦政府和监管机构也不应该鼓励金融企业不断做"大"。这方面的一个例子是，富国银行收购美联银行；另一个例子则是PNC银行收购国家城市银行（对此，我们已经在第4章中讨论过了）。美联银行和国家城市银行这两起收购案都是根据政府的政策进行的。

加强监管和检控能力

即使简短和严格的规则已经制定好并公开颁布了，要将它们切实地贯彻下去，监管机构和检察官也必须具备必要的工具和资源。正如我们在第5章中已经阐述过的，在以往泡沫膨胀的过程中，监管资源却在不断萎缩。这种情况绝不应该再次发生。还是沃伦·巴菲特说得好，当泡沫破裂时，你就可以看到更多的人都在裸泳。是时候了，或者加强海岸巡逻，或者排干泳池。

除了资源不足造成的影响之外，还有其他一些因素也会影响监管能力。金融行业存在着严重的信息不对称现象，而监管机构往往处于不利地位。因此，在强调增加透明度的前提下，首先应该授予监管机构更大的获取有关金融产品的信息的权力。其次，金融监管机构应该努力培养更加独立的熟知金融市场内情的专家，从而保证自己可以不依赖或较少依赖于那些不断在华尔街进进出出的家伙们。

最后，我们不仅要加强联邦监管机构的监管能力，而且还要加强各州政府的监管能力。在金融市场解除管制的过程中，各州的法律、法规经常因被联邦法规以建立全国统一市场的名义先占而归于无效。但是，美国奉行的联邦主义原则仍然为各州政府留下了很大的金融监管空间。正如联邦最低工资标准只是下限而不是上限一样，各州政府是能够对保险和抵押贷款等金融业务按照某种比联邦规定的最低标准更高一些的标准进行监管的。虽然全国统一的监管标准可能有规模经济效应，因此各州政府的干预可能会产生一定的经济成本，但是考虑到华尔街在华盛顿的巨大影响，这种做法的政治收益显然可以抵消其经济成本且有余。

更完善的执法、更全面的监督当然是非常好的，但是我们也很清楚，这一目标很可能会落空。纳税人和自由市场保守主义者并不愿意承担实现这一目标所必需的费用。金融行业就更加不用说了，正如我们在斯科特·布朗反对银行税那个案例中已经看到的，金融企业是不会支持对它们所属的行业征税并将税款用于加强该行业的监管的。纳税人也不愿意支持监管机构为吸引顶尖人才加盟而为其支付高薪。因此，华尔街与华盛顿之间的"旋转门"仍然还会继续转下去。许多人在华盛顿任职5年，只不过是对自己的职业生涯的一种投资而已。

除了把在政府任职当成一种投资这种"经济学思维方式"之外，美国人的另一种倾向也对监管能力有所影响。这就是，美国人不愿意让"老大哥"监视着他们。权力确实会导致腐败，而且很容易被滥用。但是，解决腐败问题的出路不可能是简单的放任自流和买者自负，而是加强监管机构的透明度、公开性和可问责性。而要实现这些目标，最好的途径是确立简明的规则和只授予监管机构有限的自由裁量权。

政治改革

美国现在出现了一个特殊的行业，其从业者都是一些希望成为改革者的人，他们专注于为解决美国的政治问题提供解决方案。他们提出来的方案包罗万象，从竞选活动必须利用公共资金，到禁止不公正地重新划分选区，到推行开放的或无党派的初选，再到成立第三党，等等。不过，遗憾的是，没有确凿的证据可以表明，这些改革倡导者提供的"改革利器"真的是非常有效。毕竟，在20世纪中叶及其后的一段时期内，虽然竞选资金不受任何限制，选区不时被不公正地重新划分，两党的党魁也经常操纵提名，而且在1948年、1968年和1980年这3年的选举中，第三党总统候选人还都获得了相当可观的选票，但是那个时期的政治极化程度仍然比现在低得多。

改革的推进必然会改变原来的政治势力版图，因而也往往因为这些将要被改变的政治势力的阻挠而搁浅。改革从来都不是政治中立的，而且必定会受到最能够通过维持现状而获益的"赢家"的挑战。今天的赢家是自由市场保守主义原教旨主义者，他们肯定会给改革制造重重障碍。此外，要想化解令他们受益匪浅的僵局也是非常艰难的，因为这种僵局实际上是深深地植根于美国的宪法传统中的。

例如，正如我们在第 4 章中已经讨论过的，美国的立法机构的独特性——国会分成两院且两院议员产生的方式不同，因而导致两院的偏好有很大差异——是政治僵局频频出现的一个重要原因。而且，这一特性已经成了美国宪政制度的一个组成部分，是不可能被改变的。（当然，要想通过任何其他宪法修正案，也是极其困难的。）假设现在大多数美国人都认为，对于竞选支出和竞选捐款，不应当把它们当作言论自由的一种表现形式予以保护，并希望扭转最高法院的裁决。这种愿望要想变成事实，还需要国会参、众两院的 2/3 的多数通过，由此而导致的僵局区间将会远远大于其他普通立法。此外，即使国会已经通过了某项宪法修正案，也很难通过下一关的考验，即必须得到 3/4 的州的批准。这在历史上已经有过先例：国会参、众两院本来已经通过了《平等权利修正案》（Equal Rights Amendment），但是最终却在各州批准过程中遭到了失败。政治的极化使修订宪法变得更加困难。我们很可能会因为我们的宪法和负责解释它的国会而无限期地陷入某种困境。①

不过，同样有可能造成立法僵局的另一个因素是不需要通过修改宪法就能改变的，那就是参议院内部的"终结辩论"规则。② 正如我们在第 7 章中已经阐述过的，在金融危机发生后，"终结辩论"规则使奥巴马政府无法尽快采取必要的应对措施。不过，在当前这种政治严重极化的环境下，急于改变"终结辩论"规则也可能隐含着一些不可预料的风险，例如，万一自由市场保守主义者以很大的优势在短时期内赢得了选举的胜利，那么他们就可以轻松地恢复金融危机爆发前那些解除管制的政策，甚至还可能变本加厉。

美国的民主制度的另一个重要特点是看似坚不可破的两党制。民主党和共和党之间的重大"断层线"是在 1876 年（即重建时代末年）固化的。自那之后的一百三十多年来，尽管公众对民主、共和两党造成的美国的分裂状况

---

① 何况，就算竞选捐款不再受到（言论自由的）保护，那么对于花在游说活动、特定议题倡导和炒作上的钱又要如何对待呢？

② 许多学者的结论是，"终结辩论"规则是违宪的，他们敦促法院介入这个问题。但是我们的观点却是，法院基本上不可能这样做。其他一些学者则认为，只要多数党的信心足够大，就能够通过一次简单多数投票表决来改变"终结辩论"规则。但是，由于任何一个政党内部的温和派都能够从目前的规则中获益，所以这样的尝试可能会导致党内冲突。例如，请参阅雷戈里·瓦洛和埃里克·谢克勒的著作（Wawro and Schickler, 2006）。

普遍不满，但是第三个主要政党却一直没能形成。多次民意调查的结果都表明，美国民众对民主党和共和党都没有好感。例如，《华尔街日报》和全国广播公司联合举行的一系列民意调查的结果表明，大多数美国人宁愿选择一个分裂的政府，也不愿意受到统一的控制，因为分裂的政府反而可能是他们享受适当的政策的最好机会。① 美国公众对民主党、共和党这两个主要政党的敌意在1992年的总统大选中也表现得很明显：当时，一个古怪的候选人罗斯·佩罗和另一个更奇怪的人搭档，与民主、共和两党的总统候选人竞争，结果却获得了多达19%的选票。② 当然，这种昙花一现式的总统候选人只能影响当次选举的结果，而不可能改变整个政治制度。西奥多·罗斯福早就发现了这一点。1912年，身为前共和党人和前总统的西奥多·罗斯福，对继自己担任总统的共和党人威廉·塔夫脱推行的政策不满，另行组建了进步党——又称公麋党（Red Moose），并以进步党的总统候选人身份参选，结果民主党候选人威尔逊赢得了选举。要想改变美国的政治制度，新出现的政党必须拥有强大的根基，从而不仅能够推出一个强大的总统候选人参加总统选举，而且还能组织一批人参加国会选举。美国宪法规定的权力分立原则给新的政党的壮大造成了巨大的障碍。

除了新的主要政党的出现之外，有可能促成改革的另一个动力是意识形态的转变，而且这种转变必须是不以狭隘的特殊利益为依归的。在历史上，当废奴运动导致政治重组并最终引发了内战时，就是意识形态的转变导致重大变革的一个例子。③ 另外，在19世纪与20世纪之交蔚为壮观的进步主义运动则是另一个例子，其中最重要的代表人物是当时的美国总统西奥多·罗斯福和参议员罗伯特·拉福莱特。进步主义运动是一个以中产阶级为主体参与者的改良主义运动，在民主、共和两党内都有许多支持者。④ 进步主义者关注随着

---

① 请参阅阿尔贝托·艾莱斯纳和霍华德·罗森塔尔的著作（Alesina and Rosenthal, 1995）。
② 佩罗的搭档是海军少将詹姆斯·斯托克代尔。斯托克代尔在参加越南战争时曾经被俘，并因自己的英勇行为赢得了荣誉勋章；可是，他这种堪称典范的辉煌军人履历并未能很好地转化为政治资源。
③ 请参阅罗伯特·福格尔的著作（Fogel, 1989）。
④ 1920年后，进步主义运动就开始走向衰落了。我们不能把那个时代的进步主义与今天自由派所喜欢用的"进步主义"标签混淆起来。

美国工业资本主义的兴起而出现的腐败和社会不公现象，支持宪法第十六修订案（使联邦所得税合法化）、第十七修正案（直接选举参议员）、第十八修正案（禁酒）和第十九修正案（妇女普选）。进步主义者认为自己是现代化者和改革者，因此他们所反对的并不是资本主义制度本身。[①] 例如，西奥多·罗斯福本人就肯定是一个拥护资本主义的人：当他访问了匹兹堡之后，他就住在亨利·弗里克家里，而著名的家园钢铁厂罢工（Homestead Steel Strike）就是被弗里克等人成功镇压的。不过，西奥多·罗斯福也是垄断企业的克星，他还赞成为了公共利益而实施政府管制。而且，作为国家公园制度的创始人，他当然也不会反对由政府提供公共物品。

自20世纪初到德怀特·艾森豪威尔担任总统时为止，共和党的政策一直比较温和，进步主义者对此贡献良多。艾森豪威尔总统以大力敦促建设州际公路系统而著名，他也支持由政府提供公共物品。1956年，在艾森豪威尔总统任内，《银行控股公司法案》得以通过，这代表着金融监管达到了顶点。[②] 虽然艾森豪威尔签署了这部法案，但是他还是认为，这部法案在限制银行这方面做得还远远不够，况且它也不能保证市场竞争。[③]

然而，不幸的是，艾森豪威尔可以说是"节制"和"温和"型政治的最后一个代表。甚至在他执政的那个时候，自由市场保守主义就已经萌芽，并且在1964年由共和党总统候选人马里·戈德华特第一次在全国范围内明确地表达了出来。[④] 但是，意识形态的钟摆又荡回去了。虽然到了后来，权贵资本家和自由市场"空想家"结成了联盟，但是在一开始，信念确实是独立于利益的。许多强调市场导向的观念都是作为对20世纪60年代和70年代的政府失灵和经济不景气的回应而出现的。在当时，学者们提出了许多新颖的建议，试图利用市场的力量，设计完善的激励机制，以解决各种紧迫的问题，如"配额交易"和"劳动所得税收抵免"，等等。

---

① 关于进步主义者的事迹，请参阅理查德·霍夫施塔特的著作的第4章（Hofstadter, 1955）以及理查德·霍夫施塔特、威廉·米勒和丹尼尔·艾伦的著作的第32章（Hofstadter, Miller, and Aaron, 1959）。
② 请参阅托马斯·菲利蓬和艾瑞尔·雷谢夫的论文（Philippon and Reshef, 2009）。
③ 请参阅德怀特·艾森豪威尔的声明（Eisenhower, 1956）。
④ 请参阅里克·波尔斯坦因的著作（Perlstein, 2001）以及杰弗里·凯博塞尔维斯的著作（Kabaservice, 2012）。

另一方面，在包括安·兰德等人的宣扬下，自由市场保守主义后来逐渐演变成了一种接近于宗教信仰的信念。对于更"古典"一些的保守派人士，比如说老布什和他的经济顾问保罗·麦卡沃伊等人来说，里根经济学就像是一种"巫术经济学"（Voodoo Economics）。[1] 在里根赢得了 1980 年的总统候选人提名之后，他选择老布什为其竞选伙伴，而后者也就向"巫术经济学"俯首称臣了。此后，自由市场保守主义思想迅速地传播开来并被广泛接受，然后又进一步演变出了这样一种公共哲学：所有税收都是邪恶的；政府规模应该不断缩减（因为小政府本身就是目的）；所有的市场应该是不受任何管制的；公共物品（包括教育在内）应由私人提供。这种极端形式的自由市场保守主义获得了足够多的美国公众的支持，从而使自由市场保守主义者有可能主宰选举政治。这当然是非常不幸的。

考虑到美国政治制度的现实，要想使我们的经济制度保持稳定，就必须构建一种新的公共哲学，它所要面对的是我们这个时代的挑战，而不是 20 世纪 70 年代的那些挑战。这样一种公共哲学将首先承认，在富兰克林·罗斯福、哈里·杜鲁门和德怀特·艾森豪威尔等担任美国总统期间形成的政策体系虽然仍然远远称不上完美无缺，但是它确实为美国造就了一个史无前例的"大缓和时代"，使美国在六十多年的时间内一直没有出现过大的金融危机。

但是另一方面，这种新的公共哲学还应该是远远超越了"伟大社会自由主义"或平均主义的，而不是它们的简单回归。政府也有其局限性。只要政治家（政客）们试图通过建立政府支持企业、营建公共部门和私营部门之间的"伙伴关系"、以大量发放补贴的形式来博取支持，那么就肯定会导致权贵资本主义的出现。政府，无论是联邦政府、各州政府还是地方政府，都应该是有效的、高效的、透明的，而且必须按预算行事。在处理某些重要问题的时候（例如少数族裔的民权问题），将权力集中在哥伦比亚特区华盛顿是必要的。但是，权力过度集中也是一种病，而最好的解毒剂就是传统的杰菲逊主义。在许多经济领域，授予各州政府与地方政府更多权力是有益的，那将有效地压制以寻租为目的的各种全国性特殊利益群体的影响力。

---

[1] 请参阅《导师简介：保罗·麦卡沃伊》一文（"Faculty Profile of Paul MacAvoy"，2012）。

西奥多·罗斯福领导的进步主义运动是有广泛的基础的。在当时，一大批新的职业精英和学术精英已经涌现出来，他们的观点和利益有别于原来的金融精英和工业精英。不幸的是，在当前，类似的可以与金融行业特殊利益群体相抗衡的精英阶层似乎已经不复存在了。在政府、金融行业，任人唯贤这一用人原则已经失效。当然，许多精英院校的毕业生仍然是诚实的，而且正在非金融领域从事生产性劳动。但是，我们不能不注意到，许多曾经在政坛打滚或者从事过金融行业的人，在这方面却乏善可陈。

最近的4位美国总统都是常青藤名校的毕业生，最高法院法官也是。安然公司的首席运营官是哈佛商学院培养的，长期资本管理公司的两位主要合伙人则是哈佛大学的教授。耶鲁大学毕业的一位传奇毕业生也公开承认，自己与泡沫脱不了干系。另一位哈佛大学MBA则在先后担任了麦肯锡公司首席执行官、高盛和其他一些企业的董事、比尔和梅林达·盖茨基金会以及其他许多慈善和教育机构（包括常青藤名校）的董事之后，因内幕交易而被定罪。在《格拉姆—里奇—比利雷法案》和《商品期货现代化法案》获得通过时，未来将出任哈佛大学校长的一位要人对此欢欣鼓舞、大唱赞歌，但是却对美国期货交易委员会主席的警告听而不闻。而在就任哈佛大学校长之后，他又主持使哈佛大学与联邦政府达成了一项和解协议——哈佛大学因为在俄罗斯金融市场上的"不规矩行为"而被卷入了民事诉讼，而且有关交易也是由哈佛大学的一位经济学教授执行的。① 这位校长也曾经有在华尔街就职的经历。另一位哈佛大学经济学家则是美国国际集团的董事会成员，与他共事的还有一位明星外交家，后者也是常春藤名校的毕业生。美国国际集团的其他董事会成员也个个来历不凡。美国国际集团的金融产品的风险模型由一位耶鲁大学教授设计。哈佛大学一个"杰出"的本科毕业生和MBA先是在财政部任职（其上司正是未来的哈佛大学校长），后来又成了Facebook的首席运营官。她和该公司的财务总监（又一位常春藤名校毕业生）联合策划并实施了Facebook拙劣的首次公开募股。② 在与乔恩·科尔辛勾勾搭搭之后仍然稳坐钓鱼台的现任美国期货交易委员会主席，则是沃顿商学院的MBA。关于沃顿商学

---

① 请参阅保罗·麦克林蒂克的文章（McClintick，2006）。
② 请参阅丹尼尔·贝茨、迈克尔·曾妮和托马斯·杜兰特的文章（Bates，Zennie，and Durante，2012）以及路透社的报道（Reuters，2012）。

院，还有一个传闻（它也许是杜撰的）：在20世纪80年代，当迈克尔·米尔肯被法院判处有罪入狱服刑后，沃顿商学院的学生们将有米尔肯的名字出现的"名人堂"涂改成了"耻辱堂"。我们的精英大学不能再对华尔街这个赌场上演的话剧视而不见了。在短期内，这些名校是从华尔街获得了一些资源，但是从长期看，这种状态却可能导致国家的毁灭。

我们这本书的副标题是"金融危机与美国民主制度的挫折"。行文至此，读者应该可以明白，我们为什么要选择这样一个副标题了。在这次经济大衰退中，美国的民主制度已经让普通公民失望了。民主、共和两党都没有表现出推进真正意义上的制度改革的诚意，它们都没有扭转金钱和权力过分集中到金融部门的趋势的决心。像西奥多·罗斯福这样能够力挽狂澜的巨人也没有出现。政治领袖们从来没有公开抨击过"为富不仁者"，他们也未曾为整个美国受到损害的社区和群体说过多少公道话。恰恰相反，左、右两派的精英们都只是站在20世纪60年代和70年代形成的意识形态鸿沟两边怒目而视，无意于推动有意义的制度改革，也无意于改变那明显已经归于失败的市场。我们要大声地说出：不！小布什总统和奥巴马总统，"鲁莽"并不是"极少数人"的真正特点，更加不是他们的专利。要想不让我们的民主制度蜕变成为一种"盗贼统治"制度，我们的金融监管制度必须彻底重构。

结　语

无穷无尽的踢罐游戏

2012年秋天到了，美国人又有机会可以选举总统并改变国会了。但是，如果美国人真的希望这次选举将为这个国家和她的领导人提供一个机会，去认真探讨如何推进金融改革的未竟事业，那么他们注定要失望。

奥巴马总统和他的竞选对手米特·罗姆尼几乎完全回避了金融监管问题。在三场冗长的总统辩论中，这个问题只是被简单地提及了一下。在第一场辩论中，主持人吉姆·莱勒要求参加辩论的候选人说出一些过度监管的例子。州长罗姆尼指责《多德—弗兰克华尔街改革和消费者保护法案》给大型银行提供了永久性的保护，使它们"大而不倒"；他还质问，到底什么才是适于证券化的合格的住宅抵押贷款，其准确定义迟迟不出台，使得银行不愿意发放贷款（请参见我们在第9章中的讨论）。当莱勒问，如果当选，是否会废除《多德—弗兰克华尔街改革和消费者保护法案》时，罗姆尼回答道，他将会"废除它，并用其他法律来取代它"。当轮到奥巴马来回答这个问题的时候，奥巴马则维护了《多德—弗兰克华尔街改革和消费者保护法案》，并攻击罗姆尼想要废除它的意图。整个"交锋"只持续了大约4分钟。罗姆尼从未明确说明他计划用什么东西来取代《多德—弗兰克华尔街改革和消费者保护法案》。奥巴马也从来没有透露过除了《多德—弗兰克华尔街改革和消费者保护法案》之外，他还有别的想法，而且也没有任何迹象表明，他在蝉联总统后会推进新的改革。

从某种角度来说，这实在是一件非常奇怪的事情：对于这样影响了并且还将继续影响着千百万人生活的巨大灾难，在总统选举中受到的关注竟然会如此之少。要知道，就业市场和住房市场并未强劲反弹到足以把公众的注意力从过去4年的灾难中分散开来的程度；要知道，金融改革也远远没有达到目标。银行业现在仍然高度集中于少数几家大银行手中，行业集中度甚至显著高于金融危机爆发的那一刻；而大部分小型社区银行则仍然在苦苦挣扎中求生存。特别重要的是，抵押贷款市场现在也变得更集中了，它们无须再为争夺借款人而激烈竞争。在2012年第三季度全美国新发放的抵押贷款中，富国银行发放的抵押贷款就占了29%；而前五大抵押贷款发放人则包揽了全部新发放抵押贷款的55%。①

当遇到必须对抵押贷款市场以及其他重要的金融市场加强监督的状况时，我们的政治体制的直觉反应是先施缓兵之计，即不管三七二十一，先把罐子一路踢下去再说。汇集在《多德—弗兰克华尔街改革和消费者保护法案》名下待发布的大多数具体法规至今仍然没有成文，而已经成文的少数法规中，有几项却已经面临着来自金融公司的法律挑战。哥伦比亚特区上诉法院已经推翻了美国证券交易委员会的一个规章，它试图利用《多德—弗兰克华尔街改革和消费者保护法案》赋予股东驱逐管理层的权力。美国期货交易委员会也面临着类似的困境，因为多个联邦法院已经在审理3个相互牵连缠绕的针对它的规则提出的法律诉讼。② 与《2010年患者保护与平价医疗法案》引发的多起法律诉讼相呼应，密歇根州、俄克拉荷马州和南卡罗来纳州等多个州的总检察长也都已经加入了挑战《多德—弗兰克华尔街改革和消费者保护法案》的某些条款的合宪性的法律诉讼。③ 距离2008年金融危机发生至今已经四年多了，但是房利美和房地美等政府支持企业的未来依然悬而未决。在2008年的金融危机中，当主要储备基金（Reserve Primary Fund）"破净"时，货币市场共同基金成了市场不稳定的一个主要来源，但是，证券交易委员会

---

① 请参阅约翰·麦克斯菲尔德的文章（Maxfield, 2012）。
② 请参阅本·普罗泰斯的文章（Protess, 2012）。
③ 请参阅"大斯普林得克萨斯州银行等诉盖特纳等案"（State National Bank of Big Spring et al. v. Geithner et al., 2012）以及艾米丽·斯蒂芬森的报道（Stephenson, 2012）。

却迟迟未能推出针对共同基金的改革措施。① 根据达维·波尔克律师事务所的统计（请参见我们在第 9 章中引用的具体数据），截至 2013 年 1 月 2 日，在 237 项预先确定了最后期限的《多德—弗兰克华尔街改革和消费者保护法案》立法任务中，共有 142 项已经超过了指定的最后期限仍未完成。距金融危机发生整整四年多之后，仍然有 1/3 的法规虽然已经提出了草案，但是尚未最终确定；另外 1/3 则甚至连草案也没有提出。② 金融危机旧伤未愈，新的风险又开始积聚了：危机爆发后出现的高频交易又成了一个具有极大潜在危险性的金融创新（请参阅第 5 章）。当世界上许多其他国家都禁止高频交易的时候，华盛顿却大开绿灯。

不过，最重要的是，"大而不倒"的银行仍然不停地在下着糟糕的赌注，金融违法行为和金融丑闻仍然层出不穷。摩根大通鼎鼎有名的"伦敦鲸"交易员导致的亏损高达 58 亿美元；曼氏全球金融公司的客户们仍然在苦苦地等待着自己的血汗钱回到自己手上的那一天的到来，而就在他们等待的过程中，多起类似的盗窃客户资金的案件却又接连被曝光。③

银行界现在面临着一系列与次贷危机相关的民事诉讼，可能的损失额高达 3 000 亿美元。④ 但是，秉承一贯的"正面我赢，反面你输"的无赖赌徒立场，这些银行现在辩解道，如果为他人的错误决策买单，就会削弱整个房地产市场的根基。

然而，金融机构是无法逃脱为自己的行为买单的结局的。正如我们已经在第 9 章中提到过的，2012 年 2 月，美国前五大银行与 49 个州的检察长达成了一个总额高达 250 亿美元的和解协议，从而为它们处理止赎问题时的欺诈

---

① 货币市场共同基金一般都会尽量设法维持 1 元的净资产值，以便为投资者提供安全保障。其中一个货币市场共同基金——主要储备基金（Reserve Primary Fund）的风险因雷曼兄弟破产而暴露出来，导致它无法按这个价格赎回自己的份额。这就迫使财政部出面保证 1 美元的货币市场基金资产净值。为了防止此类事件重演，美国证券交易委员会开始考虑实施新的规则，迫使货币市场基金要么"浮动"（即不保证 1 美元的资产净值），要么保持更大的资本缓冲。不过，这些建议未能得到证券交易委员会大多数委员的支持，并被当时的主席玛丽·夏皮罗搁置了。
② 请参阅达维·波尔克律师事务所的报告（Davis Polk, 2013）。
③ 请参阅弗朗辛·麦肯纳的文章（McKenna, 2012）。
④ 请参阅杰西卡·西尔弗—格林伯格的文章（Silver – Greenberg, 2012a）。

性做法付出了代价。由于联邦政府也以同样的事由针对银行界提起了民事诉讼，美国前14大银行很可能还要再付出100亿美元的和解金。① 另外，汇丰银行因为洗钱行为而支付了19.2亿美元的罚款。② 当伦敦银行间同业拆借利率丑闻曝光后，巴克莱银行向美国和英国的监管机构支付了4.53亿美元的罚款，而且它的主席和首席执行官也被迫双双辞职。事实上，巴克莱银行受到的惩罚是比较轻的，监管部门为了换取它的合作，甚至给它必须支付的罚款打了20%的"折扣"。各金融机构因卷入伦敦银行间同业拆借利率丑闻而缴纳的总罚款预计将高达87亿美元。③ 截至本书收笔，最大一笔罚款是瑞银集团缴纳的15亿美元。不过，虽然瑞银集团日本分行的几位低层员工已经被追究刑事责任了，但是其高管仍然毫发无损。在口口声声地宣布将对瑞银集团采取"强硬措施"时，美国司法部刑事部门负责人兰尼·布鲁尔却又欲盖弥彰地撇清道："我们的目标是，尽量不要对这个重要的金融机构造成破坏。"④ 因此，在面对金融行业的时候，检控机关的做法与它们的通常做法恰恰相反——在起诉其他有组织犯罪的时候，它们会尽一切可能，把每项罪行都与相关组织及其领导人联系起来。金融犯罪的危害性丝毫不亚于投毒贩毒，对这两种罪行区别对待是没有任何理由的。《多德—弗兰克华尔街改革和消费者保护法案》起草者和拥护者对它的权威沾沾自喜，但是瑞银集团一案检验出了它的真正水平。

事实上，对于瑞银集团成了伦敦银行间同业拆借利息丑闻的主角这件事，我们并不应该感到奇怪。在导论中，我们已经分析过共和党人菲尔·格拉姆、民主党人巴拉克·奥巴马等要人与其之间的千丝万缕的联系；瑞银集团还因为帮助"极少数鲁莽的美国人"偷逃所得税而被罚款7.8亿美元。2012年5月，美国公共广播公司的《前线》（*Frontline*）节目报道说，在2008年金融危机爆发后，瑞银集团首席执行官罗伯特·沃尔夫充当了财政部与奥巴马之间传递信息的信使。因此，我们实在不应该感到惊讶，该公司也成了"大而不倒"俱乐部的一员，至于将它驱逐出美国，那更加想也不用想了。"欺骗，

---

① 请参阅杰西卡·西尔弗—格林伯格的文章（Silver–Greenberg, 2012b）。
② 请参阅尼古拉斯·康福特的报道（Comfort, 2012）。
③ 同②。
④ 请参阅杰姆·普赞赫拉的报道（Puzzanghera, 2012）。

然后缴纳罚款"似乎已经成了瑞银集团和其他许多金融公司的一种根深蒂固的商业策略。

这种商业策略之所以有利可图,是因为政府监管能力不足,对此我们在第4章中已经讨论过了。从2005年开始,伦敦银行间同业拆借利率原本是固定的。虽然丑闻在2008年就已经被媒体——特别是《华尔街日报》——广泛报道,但是各国以及国际监管机构却一直矢口否认,因此直到2012年,卷入这一丑闻的各金融机构都没有遭到处罚。如果在2008年至2009年期间,各国有关机构在这一丑闻曝光之后就及时起诉涉案机构和个人,那么后来出台的《多德—弗兰克华尔街改革和消费者保护法案》可能会比现在严厉得多。伦敦银行间同业拆借利率丑闻本来是很大的一桶油,可惜当这桶油最终被泼出去的时候,火却早已熄灭了。公众对金融行业的愤怒高峰期已经过去。数十亿美元之巨的罚款,也成了轻轻地"打手心",甚至没有在总统选举辩论中引起任何一方的关注。

因此,在总统大选过程中,金融改革问题不被关注并不是因为缺乏这方面的头条新闻。

只要从政治的角度出发,很容易就可以看清楚为什么候选人更愿意在其他问题上花工夫。奥巴马总统很早就学精了,他知道,采取民粹主义立场要付出不菲的政治成本。一开始,奥巴马抓住罗姆尼曾经担任过私募股权投资公司贝恩资本的总裁这个经历进行攻击,但是这种攻击是"杀敌一千,自损八百",它对罗姆尼的伤害与它对民主党自身的伤害几乎一样大。即便是非裔民主党人、纽瓦克市市长柯里·布克也称,针对贝恩资本进行攻击是一种令人"恶心"的竞选策略。[1] 而且,民意调查也表明,奥巴马阵营对贝恩资本的攻击并未改变公众的看法。[2]

对贝恩资本的攻击,再加上奥巴马对《多德—弗兰克华尔街改革和消费者保护法案》的态度,导致民主党来自金融行业的竞选捐款大幅外流。在2010年中期选举时,民主党从金融行业获得的竞选资金仍然与共和党相差无几。但是到了2012年,一切就都改变了。华尔街的钱纷纷"飞"进了罗姆尼和其他共和党候选人的账户。根据"响应政治"研究中心的统计,在2012年

---

[1] 请参阅雷蒙德·埃尔南德斯的文章(Hernandez, 2012)。
[2] 请参阅约翰·赛兹的文章(Sides, 2012)。

的选举中，民主党得自金融、保险和房地产行业的竞选捐款比共和党少 6 000 万美元（而在 2008 年，民主党得自金融、保险和房地产行业的竞选捐款则比共和党多 2 700 万美元）。至于总统候选人个人之间的差距则更加明显，上述行业给罗姆尼的捐款是给奥巴马的 3 倍（而在 2008 年，奥巴马从上述行业得到的捐款则差不多是麦凯恩的 2 倍）。① "金钱"的叛逃传递的信息非常明确：请不要再攻击贝恩资本了，《多德—弗兰克华尔街改革和消费者保护法案》也要变得更柔性一些！自此之后，奥巴马再也没有越雷池一步。

与奥巴马相比，罗姆尼更加没有动力在竞选中强调金融行业的问题。作为总统候选人，罗姆尼本来就一直在挣扎着想要摆脱自己由来已久的财阀形象，因此，他不可能真的把废除或改变《多德—弗兰克华尔街改革和消费者保护法案》作为其竞选纲领的一个重要组成部分。正如我们在第 8 章中已经分析过的，加强对华尔街的管制并不是茶党关注的主要问题。至于政府救助，则更成了一个只有非常保守的共和党议员——例如吉姆·邦宁——才会在意的陈旧议题了，因为《问题资产救助计划》的资金大部分都已经归还给了美国政府，所以这在很大程度上已经不再是一个政治问题了。何况，汽车行业的快速复苏，已经使罗姆尼的政治声誉受损了——他以前曾经批评过对汽车行业的救助。

随着选举的结束，华盛顿更加没有时间去考虑如何改进《多德—弗兰克华尔街改革和消费者保护法案》、怎样规划政府支持企业的前途等问题了。相反，华盛顿竭尽全力避免"财政悬崖"的到来。财政悬崖是我们这个高度极化的、已经失败的民主制度的末日诅咒，它是两党数十年来一直没能就如何创建一个透明的、可预测的且高效公平的所得税制度达成一致的结果。财政悬崖反映了这样一个事实：我们的领导人未能找到切实可行的方法，既能在短期内刺激经济增长，又能为长期削减赤字铺平道路。政客们忙于搞噱头、表立场、摆姿态，而没有人真正愿意从事辛苦、扎实的政策制定工作，也没

---

① 在 2008 年大选时给奥巴马捐款的那些华尔街人士当中，并没有多少人转而在 2012 年大选中支持罗姆尼。华尔街人士在 2012 年大选中的典型做法是，减少捐款或干脆不再参与。罗姆尼的竞选捐款主要来自那些没有在 2008 年大选中支持过奥巴马的人。许多过去一直支持共和党的人都在 2012 大选中增加了对罗姆尼的捐款。（这是斯坦福大学的亚当·博尼卡在与本书作者的个人通信中提出的观点。）

有人愿意真诚地推动和解与妥协。

　　从小布什在2001年至2003年推行减税政策开始，美国就开始在朝这个邪恶的财政悬崖攀登了。政治两极分化所导致的一个直接后果是，为了避免被反对者利用程序性阻挠议事的方法阻挠，这些减税法案必须通过和解程序才能得以通过，而且其有效期只有10年（即在2010年年底期满）。当然，如果当初小布什政府愿意吸收温和派民主党人的意见，那么是有可能利用"终结辩论"规则，通过一部规模较小但期限更长的减税法案的。例如，小布什原本或许可以像国会于2013年1月2日在最后关头通过的法案所规定的那样，主动压缩减税幅度。（对收入最高的2%的人维持克林顿时代的税率，降低其他人适用的税率，并且只对价值超过500万美元的不动产征收房产税。）如果当年真的通过了这样一部减税法案，那么到现在它肯定已经成了我们的税收制度的永久特征之一，这十多年来因税收政策的不确定性所导致的负面经济影响也就不会存在了。但是，这种形式的主动限制是不符合现代共和党的**意识形态**和**利益**的。当时的财政政策的极化趋势已经非常明显，无法达成这样的妥协了。在2010年中期选举之后，由于美国经济表现疲弱，而且奥巴马政府又在选举中遭受了挫折，因此它别无选择，只能将小布什的减税政策再延长2年（以换取非常有限的刺激经济的效果）。

　　2011年，在奥巴马政府试图提高联邦债务上限的时候，茶党发动了一场"战争"，从而使美国实实在在地来到了财政悬崖的边缘。为了保证能够就提高债务上限、避免政府违约达成协议，奥巴马总统和共和党领导人同意，万一那个由6名共和党议员和6名民主党议员组成的"超级委员会"未能提出一个长期的赤字削减方案，就启动支出自动削减机制——在9年内削减大约1万亿美元支出。根据这一计划，削减的支出将平均分摊到国防支出和国内支出上面，其生效时间则为2013年1月2日。从上述跨党派"超级委员会"未能达成协议的那一刻起，民主、共和两党实际上都加大了赌注，双方都认为自己能够以足够大的优势赢得2012年大选，因而能够在自己的任期内避开财政悬崖。

　　但是后来发生的事实却证明，2012年选举只是一个维持现状的选举，民主、共和两党都没能完全控制局面。奥巴马以相当大的多数票优势顺利连任，这有利于他的政府推行对高收入者增加税收的政策，不过，这种政策显然会惹怒自由市场保守主义者。最后，到了最终见分晓的紧要关头，共和党人只允许一部非常温和的加税法案进入众议院投票表决程序，其加税幅度远远低于奥巴马竞选连任时的承诺。绝大多数共和党众议员都投票反对这部法案，无论其出发点是"没来由地摆明自己的意识形态立场"，还是担心在2014年初选时就被刷下来。① 当这一切都告一段落之后，国会和总统又都各自暗暗摩拳擦掌，准备在2个月后就联邦债务上限问题再较量一番。

即使当**意识形态**和**制度**的共同作用使财政政策和权利改革政策发展到了临界点，**利益**也会使调整变得非常微不足道。对收入最高的1%或2%的人增税，其实也不过是使所得税税率回升到了克林顿时期的水平。在法国，总统弗朗索瓦·奥朗德主张将边际税率提高到75%；在美国，任何人在清醒时都不可能提出哪怕是远远接近这种方案的方案。同样，美国这个国家也习惯于在社会福利改革这个艰难的政策抉择问题上一直拖延下去，直到最终因出生率、死亡率和医疗技术等方面的重大变化而无法再回避为止。共和党曾经计划将社会保障（小布什）和医疗券（保罗·瑞安）私有化，这些都已经被证明是不受欢迎的。削减现有的社会福利项目，是民主党人最反感的事情；而共和党人最憎恶的事情则是增加税收。比尔·克林顿刚上台的时候，就宣称要"终结我们所知道的福利制度"，在1996年的时候，他这个设想也许是有可能变成现实的，因为当时他的支持率正处于上升阶段，但是短视的中产阶级使医疗保险和社会保障改革变得更加困难了。

在金融监管问题上，要重新回到20世纪60年代那种监管体制，看来也是不可能的了。在可预见的未来，对于《多德—弗兰克华尔街改革和消费者保护法案》的改革将会陷入政治僵局区间。在接受一位民主党总统领导5年之后，消费者金融保护局有可能制度化和永久化。共和党则有可能放弃一个代表马萨诸塞州的参议员席位，因为自由市场资本主义原教旨主义者要求他们拒绝伊丽莎白·沃伦担任消费者金融保护局局长。现在看来，伊丽莎白·沃伦将成为消费者金融保护局在参议院的保护者。尽管消费者金融保护局将成为一个永久性的机构，但是它拥有的自由裁量权也将成为时时刻刻都在进

---

① 这里提出了一个"没来由地摆姿态假说"（gratuitous posturing hypothesis），它是有事实支持的：几乎所有投票反对加税的共和党众议员都投票赞成应该确定切实可行的立法规则。

行的政治拔河竞赛的对象，就像国家劳工关系委员会（National Labor Relation Board）一样。除了消费者金融保护局之外，其他历史更"悠久"的监管机构——主要包括联邦储备委员会、美国证券交易委员会、期货交易委员会、美国货币监理办公室、联邦存款保险公司——也都保留了相当大的自由裁量权，因此我们可以把《多德—弗兰克华尔街改革和消费者保护法案》看成一个新的巨型大厦，它设置了许多"旋转门"，方便游说者和官员进进出出。再者，在叠床架屋的老监管机构之上，还有一个金融稳定监督委员会（Financial Stability Oversight Council，简称FSOC）。该委员会有权力将某家银行或非银行机构指定为"具有系统重要性的金融机构"，从而最终在实质上把被指定的金融机构变成政府支持企业。另外，在保险行业和各州政府的养老金计划中，也已经蕴含了新的风险，但是这些风险绝不会有政治家主动加以化解，公众所能做的，就是静静地等待下一个重大危机来临。

当然，继续保持着众议院多数党地位的共和党以及共和党人所坚持的自由市场保守主义，肯定会对我们完善金融监管框架、修补监管漏洞的工作构成障碍。但是另一方面，金融改革和财政改革的机会如此有限这个事实也说明，民主党的"钱仓"和"票仓"之间存在着严重的冲突。（这一点也正是我们在第3章中强调的。）尽管有人吹捧，民主党在2012年选举中成功地动员了除了白人男性之外的所有群体，并使各主要票仓的投票率保持在了非常高的水平，但是，富有的捐助者的支持仍然是至关重要的。富有的支持者之所以拥护民主党，很可能不是因为他们支持加强管制和收入再分配，而是因为他们关注全球变暖、同性恋权利、堕胎以及其他类似的"生活方式"问题。

那么，金融行业能够自我改革吗？在19世纪和20世纪之交，与被污染的食物和不合格药品有关的丑闻不断地被公开曝光，历经重重磨难之后，食品和药物行业终于开始普遍支持政府对该行业加强监管，以恢复消费者对本行业的产品的信心。归根到底，金融行业最终也得依赖于投资者的信心。现在已经有迹象表明，对金融行业的产品的信心正在减弱。自2007年4月以来，普通投资者总共从美国股票共同基金中抽出了大约380亿美元的资金。另外，在过去5年里，公共养老基金和私人养老基金也都变成了净卖家。很多美国人都对一位前金融分析师在清仓时给出的如下理由表示认同："你不得不相信你的政府，你不得不相信其他国家的政府，你必须相信华尔街。但是，这些我都不相信。"① 如果这种趋势继续持续下去，金融行业或许最终会发现，它自身的"集体利益"不仅取决于那些能够增强市场信心的改革措施，而且也取决于政府根据公共利益监管好该行业的能力。

然而，两个因素可能会抵消这种内部改革的动力。首先，投资者毕竟不能把钱藏在床垫下面，他们的钱总得有个去处。由于金融行业的集中化，可供他们选择的投资渠道已经减少了。主要的会计师事务所、评级机构和银行都变得"大而不倒"了。因此，金融行业加强自律、提升投资者信心的动力并不强；它也没有多大激励去取缔行业内规模最大的那些企业的寻租行为。其次，当危机的阴影渐渐离我们远去的时候，银行家和投资者都会忘记"上一次"的可怕经历，而片面强调"现在这一次将会有所不同"。这种"金融健忘症"在历史上屡见不鲜，而且，早在半个多世纪之前，伟大的经济学家米尔顿·弗里德曼和安娜·施瓦茨就已经明确地指出过了（请参见第1章所引的题词）。就像耶稣口中所说的穷人一样，所谓的"极少数莽撞者"总是会出现在我们的身边。

我们的政治领导人是一群得过且过之辈，他们浪费了金融危机提供的宝贵的历史机遇。美国的民主制度令普通美国人失望了。

---

① 请参阅伯纳德·康登的报道（Condon, 2012）。

参考文献

A

Abelson, Reed. 2000. "Pets. com, Sock Puppet's Home, Will Close." *New York Times*, November 8.

Abramowitz, Alan. 2011. *The Disappearing Center: Engaged Citizens, Polarization, and American Democracy*. New Haven, CT: Yale University Press.

Acemoglu, Daron. 2012. "Thoughts on Inequality and the Financial Crisis." Accessed February 7, 2012, at http://econ-www.mit.edu/files/6348.

Acharya, Viral V., Matthew Richardson, Stijn Van Nieuwerburgh, and Lawrence J. White. 2011. *Guaranteed to Fail: Fannie Mae, Freddie Mac and the Debacle of Mortgage Finance*. Princeton, NJ: Princeton University Press.

Alesina, Alberto, and Howard Rosenthal. 1995. *Partisan Politics, Divided Government, and the Economy*. New York: Cambridge University Press.

Alston, Lee J. 1983. "Farm Foreclosure Moratorium Legislation: A Lesson from the Past." *American Economic Review* 74: 445-57.

Ansell, Ben. 2011. "The Political Economy of Ownership: Housing Markets and the Welfare State." Unpublished manuscript, University of Minnesota.

Ansolabehere, Stephen, John M. de Figueiredo, and James Snyder. 2003. "Why Is There So Little Money in Politics?" *Journal of Economic Perspectives* 17(1): 105-30.

Appelbaum, Binyamin. 2010a. "Lawmakers at Impasse on Trading." *New York Times*, June 23.

Appelbaum, Binyamin. 2010b. "Six Key Points of the Financial Regulation Legislation." *Washington Post*, March 16.

Arnold, R. Douglas. 1990. *The Logic of Congressional Action*. New Haven, CT: Yale University Press.

Atlas, John. 2007. "The Conservative Origins of the Subprime Mortgage Crisis." *American Pros-

pect, December 17. Accessed January 22, 2012, at http://prospect.org/article/conservative-origins-sub-prime-mortgage-crisis-0.

B

Bahchieva, Raisa, Susan M. Wachter, and Elizabeth Warren. 2005. "Mortgage Debt, Bankruptcy, and the Sustainability of Homeownership." In *Credit Markets for the Poor*, ed. Patrick Bolton and Howard Rosenthal. New York: Russell Sage Foundation.

Baker, Peter. 2008. "Administration Is Seeking $700 Billion for Wall St.; Bailout Could Set Record." *New York Times*, September 21.

Baker, Peter. 2010. "Education of a President." *New York Times Magazine*, October 12.

Baker, Peter, and David M. Herszenhorn. 2009. "Senate Allies Fault Obama on Stimulus." *New York Times*, January 8.

Bakija, Jon, Adam Cole, and Bradley Heim. 2010. "Jobs and Income Growth of Top Earners and the Causes of Changing Income Inequality: Evidence from U. S. Tax Return Data." Unpublished manuscript, Williams College.

Balleisen, Edward. 1996. "Vulture Capitalism in Antebellum America: The 1841 Federal Bankruptcy Act and the Exploitation of Financial Distress." *Business History Review* 70: 473-516.

Bank of Canada. 2012. "History." Accessed September 20, 2012, at http://www.bankofcanada.ca/about/who-we-are/history/.

"Banks Are Off the Hook Again." 2011. Editorial. *New York Times*, April 9.

Barofsky, Neil M. 2011. "Where the Bailout Went Wrong." Op-ed, *New York Times*, March 29.

Barrett, Wayne. 2008. "Andrew Cuomo and Fannie and Freddie." *Village Voice*, August 5.

Bartels, Larry. 2008. *Unequal Democracy: The Political Economy of the New Gilded Age*. Princeton, NJ: Princeton University Press.

Bates, Daniel, Michael Zennie, and Thomas Durante. 2012. "Facebook Chief Operating Officer Begs Students to 'Click an Ad or Two' on Social Network as IPO Woes Continue." *Daily Mail*, May 24. Accessed June 17, 2012, at http://www.dailymail.co.uk/news/article-2149443/Facebook-IPO-Sheryl-Sandberg-asks-Harvard-students-click-ads.html#ixzz1y3fs4Lz8.

Bebchuk, Lucian A., and Jesse M. Fried. 2005. "Executive Compensation at Fannie Mae: A Case Study of Perverse Incentives, Nonperformance Pay and Camouflage." *Journal of Corporation Law* 30: 807-22.

Beckel, Michael. 2011. "Ex-Countrywide Chairman Angelo Mozilo, Namesake of Controversial VIP Mortgage Program, Once Aided Pols." Accessed September 20, 2012, at http://www.opensecrets. org/news/2011/02/ex-country wide-chairman-angelo-mozilo. html.

Beckmann, Matthew N. 2010. *Pushing the Agenda: Presidential Leadership in U. S. Lawmaking 1953-2004*. New York: Cambridge University Press.

Benabou, Roland. 2008. "Ideology." *Journal of the European Economic Association* 6 (2-3): 321-52.

Benabou, Roland. 2012. "Groupthink: Collective Delusions in Markets and Organization." Unpublished Manuscript, Princeton University.

Berglöf, Erik, and Howard Rosenthal. 2005. "The Political Origin of Finance: The Case of U. S. Bankruptcy Law." Unpublished manuscript.

Berglöf, Erik, and Howard Rosenthal. 2006. "Power Rejected: Congress and Bankruptcy in the Early Republic." In *Process, Party, and Policy Making*, vol. 2: *Further New Perspectives on the History of Congress*, ed. David W. Brady and Mathew D. McCubbins. Stanford, CA: Stanford University Press.

Bernanke, Ben S. 2005. "Testimony of Ben S. Bernanke." Accessed on September 20, 2012, at http://www. federalreserve. gov/boarddocs/testimony/2005 /20051115/default. htm.

Berner, Robert, and Brian Grow. 2008. "They Warned Us about the Mortgage Crisis." *Bloomberg Businessweek*, October 8. Accessed June 28, 2012, at http://www. businessweek. com/magazine/content/08_42/b4104036827981 . htm.

Bernstein, Marver. 1955. *Regulating Business by Independent Commission*. Princeton, NJ: Princeton University Press.

Bhatti, Yousef, and Robert Erikson. 2011. "How Poorly Are the Poor Represented in the U. S. Senate?" In *Who Gets Represented?* ed. Peter Enns and Christopher Wlezian. New York: Russell Sage Foundation.

Binder, Sarah A. 2003. *Stalemate: The Causes and Consequences of Legislative Gridlock*. Washington, DC: Brookings Institution Press.

Binder, Sarah A. , and Steven S. Smith. 1997. *Politics or Principle: Filibustering in the U. S. Senate*. Washington, DC: Brookings Institution Press.

Black, Duncan. 1958. *The Theory of Committees and Elections*. Cambridge: Cambridge University Press.

Blanchard, Olivier J. , and Mark W. Watson. 1982. "Bubbles, Rational Expectations, and Speculative Markets." In *Crisis in Economic and Financial Structure: Bubbles, Bursts, and Shocks*, ed. Paul Wachtel. Lexington, MA: Lexington Books.

Bleckner, David J. 1984. "Section 106 of the Secondary Mortgage Market Enhancement Act of

1984 and the Need for Overriding State Legislation." *Fordham Urban Law Journal* 13:681-721.

Bolton, Patrick, and Howard Rosenthal. 2002. "Political Intervention in Debt Contracts." *Journal of Political Economy* 110(5):1103-34.

Bonica, Adam. 2012. "Data on Money Flows." Accessed September 20, 2012 at http://www.ssireview.org/pdf/bonica_cu_data.pdf.

Bostic, Raphael W., Kathleen C. Engel, Patricia A. McCoy, Anthony Pennington-Cross, and Susan M. Wachter. 2008. "State and Local Anti-predatory Lending Laws: The Effect of Legal Enforcement Mechanisms." *Journal of Economics and Business* 60(1-2):47-66.

Brady, David W., Brandice Canes-Wrone, and John F. Cogan. 2000. "Differences in Legislative Voting Behavior between Winning and Losing House Incumbents." In *Continuity and Change in House Elections*, ed. David W. Brady, John F. Cogan, and Morris P. Fiorina. Stanford, CA: Stanford University Press.

Brooks, David. 2012. "Is Our Adults Learning?" *New York Times*, April 26.

Browning, Lynnley. 2010. "U.S. Drops Criminal Charges against UBS." *New York Times*, October 22.

Bruner, Robert F., and Sean D. Carr. 2007. *The Panic of 1907: Lessons Learned from the Market's Perfect Storm*. Hoboken, NJ: Wiley.

Buffett, Warren E. 2010. "Pretty Good for Government Work." *New York Times*, November 16.

Buiter, Willem H. 2008. "Lessons from the North Atlantic Financial Crisis." Paper presented at the conference The Role of Money Markets, Federal Reserve Bank of New York, May 29-30, 2008.

"Bum Rap For Rahm." 2011. Accessed on September 20, 2012, at http://www.factcheck.org/2011/01/bum-rap-for-rahm/.

Bureau of Labor Statistics. 2011. "Labor Force Statistics from the Current Population Survey." Accessed November 25, 2011, at http://bls.gov/web/empsit/cpseea10.htm.

Bush, George W. 2003. "Remarks on Signing the American Dream Downpayment Act." *The American Presidency Project*, December 16. Accessed September 20, 2012, at http://www.presidency.ucsb.edu/ws/index.php?pid=64935.

C

Calmes, Jackie. 2009. "AIG Uproar a Test for Geithner." *New York Times*, March 18.

Calmes, Jackie. 2010a. "Obama to Propose Tax Write-off for Business." *New York Times*, September 6.

Calmes, Jackie. 2010b. "Obama Pushes Transportation Spending." *New York Times*, October 11.

Cameron, Charles. 2000. *Veto Bargaining: Presidents and the Politics of Negative Power.* New York: Cambridge University Press.

Cameron, Charles, and Nolan McCarty. 2004. "Models of Vetoes and Veto Bargaining." *Annual Review of Political Science* 7: 409-35.

Carmines, Edward J., and James A. Stimson. 1989. *Issue Evolution: Race and the Transformation of American Politics.* Princeton, NJ: Princeton University Press.

Chan, Sewell. 2010a. "Democrats Are at Odds on Relevance of Keynes." *New York Times*, October 18.

Chan, Sewell. 2010b. "Reform Bill Adds Layers of Oversight." *New York Times*, March 16.

Chao, Justine. 2011. "The Dodd Frank Act: Section 941: Improvements to the Asset-backed Securitization Process: Credit Risk Retention." Unpublished manuscript, New York University. Accessed September 7, 2012, at http://voteview.com/ChaoCRR_Final_Paper.pdf.

Cheng, Ing-Hae, Sahil Raina, and Wei Xiong. 2012. "Wall Street and the Housing Bubble: Bad Incentives, Bad Models, or Bad Luck." Unpublished manuscript, University of Michigan. Accessed September 24, 2012 at http://aida.econ.yale.edu/~shiller/behfin/2012-04-11/Cheng_Raina_Xiong.pdf.

Cilliza, Chris. 2012. "Connecticut Sen. Christopher Dodd Won't Seek Reelection, Will Retire at End of Term." *Washington Post*, January 6.

Clifford, Matthew P. 2009. "Congress and the Financial Services Industry 1989-2008." Masters thesis, Department of Political Science, Massachusetts Institute of Technology.

Clinton, Joshua D., Simon D. Jackman, and Douglas Rivers. 2004. "The Statistical Analysis of Roll Call Data: A Unified Approach." *American Political Science Review* 98: 355-70.

Clinton, William J. 1995. "Veto Message Re Private Securities Litigation Reform Act." Accessed September 20, 2012, at http://www.lectlaw.com/files/leg22.htm.

Clinton, William J. 1999. "Statement on Signing the Gramm-Leach-Bliley Act, November 12, 1999." Accessed June 15, 2011, at http://www.presidency.ucsb.edu/ws/index.php?pid=56922#axzz1PMR0bS3f.

Coate, Stephen, and Stephen Morris. 1995. "On the Form of Transfers to Special Interests." *Journal of Political Economy* 103(6): 1210-35.

Collins, Brian. 2011. "Servicers Sign 'Watered Down' Consent Agreements." *American Banker*, April 7. Accessed December 6, 2011, at http://www.americanbanker.com/news/servicer-settlement-1035663-1.html.

Comfort, Nicholas. 2012. "UBS Fine Brings European Bank Levies to $6.1 Billion." *Bloomberg*,

December 18. Accessed December 23, 2012, http://www.bloomberg.com/news/2012-12-19/ubs-fine-brings-european-bank-levies-to-6-1-billion.html.

Commodity Futures Trading Commission. 2011. *President's Budget and Performance Plan, Fiscal Year 2012*. Washington, DC: Commodity Futures Trading Commission.

Condon, Bernard. 2012. "Ordinary Folks Losing Faith in Stocks." Associated Press, December 27. Accessed December 28, 2012, http://news.yahoo.com/ap-impact-ordinary-folks-losing-faith-stocks-181042940--finance.html.

Congressional Budget Office. 2001. "Pay-As-You-Go Estimate, H. R. 5640: American Homeownership and Economic Opportunity Act of 2000." Accessed September 20, 2012, at http://www.cbo.gov/sites/default/files/cbofiles/ftpdocs/27xx/doc2722/hr5640.pdf.

Congressional Budget Office. 2010. "Estimated Impact of the Stimulus Package on Employment and Economic Output." Accessed September 20, 2012, at http://www.cbo.gov/publication/25099.

Cooper, Helen, and Jennifer Steinhauer. 2012. "Bucking Senate, Obama Appoints Consumer Chief." *New York Times*, January 4.

Cooper, Michael. 2010. "From Obama, the Tax Cut Nobody Heard Of." *New York Times*, October 18.

Cox, Gary, and Mathew D. McCubbins. 2005. *Setting the Agenda: Responsible Party Government in the U. S. House of Representatives*. New York: Cambridge University Press.

Curry, Timothy, and Lynn Shibut. 2000. "The Cost of the Savings and Loan Crisis: Truth and Consequences." *FDIC Banking Review* 13(2):26-35.

D

Davis Polk. 2012. "Dodd-Frank Progress Report." Accessed September 20, 2012, at http://www.davispolk.com/files/Publication/867cc356-a624-49e9-b1fc-529db6946e6e/Presentation/PublicationAttachment/97a3eb90-7d31-41fe-a2a7-815c28e874f5/Jun2012_Dodd.Frank.Progress.Report.pdf.

Davis Polk. 2013. "Dodd Frank Progress Report." January. Accessed January 2, 2013, http://www.davispolk.com/files/uploads/FIG/Jan2013_Dodd.Frank.Progress.Report.pdf.

Davison, Lee. 2006. "The Resolution Trust Corporation and Congress, 1989-1993. Part II: 1991-1993." Accessed November 24, 2011, at http://www.fdic.gov/bank/analytical/banking/2007apr/article1/index.html.

DeBold, Elizabeth. 2010. "Title XIV—The Mortgage Reform and Anti-predatory Lending Act: The Past, Present, and Future of Anti-predatory Lending Protections." Unpublished manuscript, New York University. Accessed September 7, 2012, at http://voteview.com/DeBold_Predatory_

Lending. pdf.

Diermeier, Daniel, and Timothy Feddersen. 1998. "Cohesion in Legislatures and the Vote of Confidence Procedure." *American Political Science Review* 92(3):611-21.

De la Merced, Michael J., and Julia Werdigier. 2010. "The Origins of Lehman's 'Repo 105.'" *New York Times*, March 12.

Dennis, Brady. 2010a. "Sen. Blanche Lincoln's Derivatives-spinoff Plan Gains Support in Congress." *Washington Post*, June 15.

Dennis, Brady. 2010b. "Sen. Dodd to Introduce Plan to Overhaul Financial Regulatory System." *Washington Post*, March 15.

Dewan, Shaila, and Jessica Silver-Greenberg. 2012. "Foreclosure Deal Credits Banks for Routine Efforts." *New York Times*, March 27.

Dilanian, Ken. 2000. "Obama Shifts Stance on Environmental Issues." *USA Today*, July 18.

Dixit, Avinash K., and Jorgen W. Weibull. 2007. "Political Polarization." *Proceedings of the National Academy of Sciences* 104:7351-56.

Dodosh, Mark. 2008. "National City's Failed Strategy Threatens Fate: Woes That May Lead to Bank's Takeover Rooted in Decisions Nearly a Decade Old." Crain's Cleveland Business. Accessed September 7, 2012, at http://www.crainscleveland.com/apps/pbcs.dll/article?AID=/20080317/FREE/590006312/1099#.

Duca, John V., John Muellbauer, and Anthony Murphy. 2011. *Shifting Credit Standards and the Boom and Bust in U. S. House Prices*. Federal Reserve Bank of Dallas Working Paper no. 1104. Dallas: Federal Reserve Bank of Dallas.

Duca, John V., John Muellbauer, and Anthony Murphy. 2012. "Shifting Credit Standards and the Boom and Bust in U. S. House Prices: Time Series Evidence from the Past Three Decades." Unpublished manuscript, Southern Methodist University.

Duca, John V., and Jason L. Saving. 2008. "Stock Ownership and Congressional Elections: The Political Economy of the Mutual Fund Revolution." *Economic Inquiry* 46(3):454-79.

E

Edwards, Franklin R., and Edward R. Morrison. 2005. "Derivatives and the Bankruptcy Code: Why the Special Treatment?" *Yale Journal of Regulation* 22:91-122.

Eisenhower, Dwight D. 1956. "Statement by the President upon Signing the Bank Holding Company Act of 1956." Accessed September 20, 2012, at http://www.presidency.ucsb.edu/ws/index.php?pid=10799#axzz1xyK2NNY8.

Elmer, Vickie. 2012. "Increased Interest in Expanded HARP." *New York Times*, June 21.

Epstein, David, and Sharyn O'Halloran. 1999. *Delegating Powers: A Transaction Cost Politics Approach to Policy Making under Separate Powers*. New York: Cambridge University Press.

Erikson, Robert S., Michael B. MacKuen, and James A. Stimson. 2002. *The Macro Polity*. New York: Cambridge University Press.

F

"Faculty Profile of Paul MacAvoy." 2012. Accessed September 20, 2012 at http://mba.yale.edu/faculty/profiles/macavoy.shtml.

Fannie Mae. 2003. *Fannie May Annual Report 2003*. Accessed June 20, 2011, at http://www.fanniemae.com/ir/pdf/annualreport/2003/2003annualreport.pdf.

Federal Deposit Insurance Corporation. 1984. *The First Fifty: A History of the FDIC 1933-1983*. Accessed January 27, 2011, at http://www.fdic.gov/bank/analytical/firstfifty/.

Federal Home Loan Banks. 2012. "The Federal Home Loan Banks." Accessed September 20, 2012, at http://www.fhlbanks.com/assets/pdfs/sidebar/FHLBanksWhitePaper.pdf.

Ferejohn, John, and Charles R. Shipan. 1990. "Congressional Influence on Bureaucracy." *Journal of Law, Economics, and Organization*. 6:1-20.

The Financial Crisis and the Role of Federal Regulators. 2008. Hearing before the Committee on Oversight and Government Reform, House of Representatives 110th Congress, Second Session, October 23, 2008. Serial No. 110-209. Washington, DC: Government Printing Office.

Fiorina, Morris P. 1989. *Congress: Keystone of the Washington Establishment*. New Haven, CT: Yale University Press.

Fiorina, Morris P., with Samuel J. Abrams and Jeremy C. Pope. 2010. *Culture War? The Myth of a Polarized America*. 3rd ed. Boston: Longman.

Fogel, Robert. 1989. *Without Consent or Contract: The Rise and Fall of American Slavery*. New York: Norton.

Foote, Christopher L., Kristopher S. Gerardi, and Paul S. Willen. 2012. *Why Did so Many People Make so Many Ex Post Bad Decisions? The Causes of the Foreclosure Crisis*. NBER Working Paper 18082. Cambridge, MA: National Bureau of Economic Research.

Fox News. 2009. "Thousands of Anti-Tax 'Tea Party' Protesters Turn Out in U.S. Cities." Foxnews.com, April 15. Accessed September 7, 2012, at http://www.foxnews.com/politics/2009/04/15/thousands-anti-tax-tea-party-protesters-turn-cities/.

Frame, W. Scott. 2008. "The 2008 Federal Intervention to Stabilize Fannie Mae and Freddie

Mac." *Journal of Applied Finance* 18: 124-36.

Friedman, Milton J., and Anna J. Schwartz. 1963. *A Monetary History of the United States*, 1867-1960. Princeton, NJ: Princeton University Press.

Friedman, Milton J., and Anna J. Schwartz. 2008. *The Great Contraction*, 1929-1933. Princeton, NJ: Princeton University Press.

G

Gapper, John. 2008. "After 73 Years: The Last Gasp of the Broker-Dealer." *Financial Times*, September 15.

Geanakoplos, John D., and Susan P. Koniak. 2008. "Mortgage Justice Is Blind." *New York Times*, October 29.

Geanakoplos, John D., and Susan P. Koniak. 2009. "Matters of Principal." *New York Times*, March 4.

Gerardi, Kristopher S., Adam Hale Shapiro, and Paul S. Willen. 2008. *Subprime Outcomes: Risky Mortgages, Homeownership Experiences, and Foreclosures*. Federal Reserve Bank of Boston Working Paper 07-15. Boston: Federal Reserve Bank of Boston.

Gerring, John. 1998. *Party Ideologies in America, 1822-1996*. Cambridge: Cambridge University Press.

Gilmour, John. 1995. *Strategic Disagreement: Stalemate in American Politics*. Pittsburgh: University of Pittsburgh Press.

Glaeser, Edward L., and Jose Scheinkman. 1998. "Neither a Lender nor a Borrower Be: An Economic Analysis of Interest Restrictions and Usury Laws." *Journal of Law and Economics* 41: 1-36.

"Glass Links Banks to Attack by Long." 1933. *New York Times*, December 6.

Goldin, Claudia, and Lawrence F. Katz. 2008. *The Race between Education and Technology*. Cambridge, MA: Belknap Press of Harvard University Press.

Goldman Sachs. 2012. "Board of Directors: James A. Johnson." Accessed September 20, 2012, at http://www.goldmansachs.com/who-we-are/leadership/board-of-directors/07-james-a-johnson.html.

Gorton, Gary B. 2010a. "Questions and Answers about the Financial Crisis." Unpublished manuscript, Yale University, prepared for the U.S. Financial Crisis Inquiry Commission.

Gorton, Gary B. 2010b. *Slapped by the Invisible Hand: The Panic of 2007*. New York NY: Oxford University Press.

Gramlich, Edward M. 2007. *Subprime Mortgages: America's Latest Boom and Bust.* Washington, DC: Urban Institute Press.

Gramm, Phil. 1999. "Gramm's Statement at Signing Ceremony for Gramm-Leach-Bliley Act." Accessed January 2, 2011, at http://banking.senate.gov/prel99/1112gbl.htm.

Greenspan, Alan. 2005. "Remarks by Chairman Alan Greenspan at the Federal Reserve System's Fourth Annual Community Affairs Research Conference, Washington, D. C." Accessed September 20, 2012, at http://www.federalreserve.gov/boarddocs/speeches/2005/20050408/default.htm.

"Greenspan Pockets $250K for Speech." 2006. Accessed September 20, 2012, at http://archive.newsmax.com/archives/articles/2006/2/13/211758.shtml.

Gropp, Reint, John Karl Scholz, and Michelle J. White. 1997. "Personal Bankruptcy and Credit Supply and Demand." *Quarterly Journal of Economics* 112: 217-51.

Groseclose, Tim, and Nolan McCarty. 2000. "The Politics of Blame: Bargaining before an Audience." *American Journal of Political Science* 45(1): 100-19.

H

Halberstam, David. 1969. *The Best and the Brightest.* New York: Random House.

Hall, Robert E. 2010. "Fiscal Stimulus." *Daedalus* 139: 83-94.

Hansell, Saul. 1994. "Markets in Turmoil: Investors Undone: How $600 Million Evaporated—A Special Report; Fund Manager Caught Short By Crude and Brutal Market." *New York Times*, April 5.

Hansen, Bradley. 1996. "Commercial Associations and the Creation of a National Economy: The Demand for a Federal Bankruptcy Law." *Business History Review* 72: 86-113.

Hare, Christopher, Nolan McCarty, Keith T. Poole, and Howard Rosenthal. 2012. "Polarization Is Real (and Asymmetric)." Accessed September 7, 2012, at http://voteview.com/blog/?p=494.

Hauke, Justin P., and Edward Nelson. 2007. "Recalling Ben Bernanke's First Year as Fed Chairman." *Central Banker*, Summer 2007. Accessed March 31, 2011, at http://www.stlouisfed.org/publications/cb/articles/?id=743.

Heckman, James, and James Snyder. 1997. "Linear Probability Models of the Demand for Attributes with an Empirical Application to Estimating the Preferences of Legislators." *Rand Journal of Economics*, special issue, S142-89.

Heilemann, John. 2011. "2012 = 1968?" *New York Magazine*, November 27, 2011. Accessed December 14, 2011, at http://nymag.com/print/?/news/politics/occupy-wall-street-2011-12/.

Hernandez, Raymond, and Stephen Labaton. 2007. "In Opposing Tax Plan, Schumer Breaks with Party." *New York Times*, July 30.

Hernandez, Raymond. 2012. "Surrogate for Obama Denounces Anti-Romney Ad." *New York Times*, May 20.

Herszenhorn, David M. 2008a. "Congress Votes for a Stimulus of $168 Billion." *New York Times*, February 7.

Herszenhorn, David M. 2008b. "Senate G.O.P. Blocks Additions to Stimulus Bill," *New York Times*, February 7.

Hill, Patrice. 2008. "McCain Advisor Talks of Mental Recession." *Washington Times*, July 9.

Hofstadter, Richard. 1955. *Age of Reform: From Bryan to FDR*. New York: Knopf.

Hofstadter, Richard, William Miller, and Daniel Aaron. 1959. *The American Republic*, vol. 2. Englewood Cliffs, NJ: Prentice-Hall.

Holden, Jeremy. 2009. "Wallace Let Boehner Falsely Claim No Stimulus Contracts Awarded in Ohio." Accessed July 3, 2011, at http://mediamatters.org/mobile/research/200907050004.

Huber, John D., and Nolan McCarty. 2004. "Bureaucratic Capacity, Delegation, and Political Reform." *American Political Science Review* 98:481-94.

Huber, John D., and Charles R. Shipan. 2002. *Deliberate Discretion: The Institutional Foundations of Bureaucratic Autonomy*. Cambridge: Cambridge University Press.

Huntington, Samuel. 1952. "The Marasmus of the ICC: The Commission, the Railroads, and the Public." *Yale Law Journal* 61(4):467-509.

Hurtado, Patricia, and Linda Sandler. 2012. "Ernst & Young Suit over Lehman Fees Sent to N.Y. State Court." Bloomberg News, March 22. Accessed June 21, 2012, at http://www.bloomberg.com/news/2012-03-22/ernst-young-suit-over-lehman-fees-sent-to-n-y-state-court-1-.html.

I

Igan, Deniz, Prachi Mishra, and Thierry Tressel. 2009. *A Fistful of Dollars: Lobbying and the Financial Crisis*. Paper presented at the Tenth Jacques Polak Annual Research Conference, Washington, DC, November 5-6, 2009. Accessed September 7, 2012, at http://www.imf.org/external/np/res/seminars/2009/arc/pdf/igan.pdf.

Illinois Department of Financial and Professional Regulation. 2012. "Illinois Bank Branching History." Accessed September 20, 2012, at http://www.idfpr.com/Banks/cbt/STATS/BR-HIST.ASP.

Isidore, Chris. 2012. "Wells Fargo to Pay 148M Fine for Wachovia Misdeeds." CNN Money, January 6. Accessed September 20,2012, at http://money. cnn. com/2011/12/08/news/companies/wells_fargo_settlement/index. htm.

Ismail,M. Asif. 2003. "A Most Favored Corporation: Enron Prevailed in Federal, State Lobbying Efforts 49 Times. " Accessed September 20, 2012, at http://www. publicintegrity. org/2003/01/06/3160/most-favored-corporation -enron-prevailed-federal-state-lobbying-efforts-49-times.

J

Jacobe, Dennis. 2008. "Pessimism Clouds Housing Market: Most Americans No Longer Assume Local Housing Prices Will Increase. " Gallup Organization, February 11. Accessed September 7,2012, at http://www. gallup. com /poll/104287/pessimism-clouds-housing-market. aspx.

Jaffee, Dwight. 2003. "The Interest Rate Risk of Fannie Mae and Freddie Mac. " *Journal of Financial Services Research* 24(1):5-29.

Johnson, Simon, and James Kwak. 2010. 13 *Bankers: the Wall Street Takeover and the Next Financial Meltdown.* New York: Pantheon Books.

K

Kabaservice, Geoffrey A. 2012. *Rule and Ruin: The Downfall of Moderation and the Destruction of the Republican Party from Eisenhower to the Tea Party.* New York: Oxford University Press.

Kaplan, Steven N. , and Joshua Rauh. 2007. *Wall Street and Main Street: What Contributes to the Rise in High Incomes?* NBER Working Paper 13270. Cambridge, MA: National Bureau of Economic Research.

Kennedy, Susan Estabrook. 1973. *The Banking Crisis of 1933.* Lexington: University of Kentucky Press.

Kiel, Paul, and Dan Nguyen. 2012. "Bailout Tracker. "Accessed September 20,2012, at http://projects. propublica. org/bailout/main/summary.

Kindleberger, Charles P. , and Robert Aliber. 2005. *Manias, Panics, and Crashes: A History of Financial Crises.* 5th ed. New York: Wiley.

Koger, Gregory. 2010. *Filibustering: A Political History of Obstruction in the House and Senate.* Chicago: University of Chicago Press.

Krehbiel, Keith. 1998. *Pivotal Politics: A Theory of U. S. Lawmaking.* Chicago: University of Chicago Press.

Kroszner, Randall S. 1999. "Is It Better to Forgive Than to Receive? Repudiation of the Gold Indexation Clause in Long-Term Debt during the Great Depression. " Unpublished manuscript,

University of Chicago.

Kroszner, Randall S., and Thomas Stratmann. 1998. "Interest Group Competition and the Organization of Congress: Theory and Evidence from Financial Services Political Action Committees." *American Economic Review* 88: 1163-87.

Kwak, James. 2013. "Cultural Capital in the Financial Crisis." In *Preventing Capture: Special Interest Influence and How to Limit It*, ed. Daniel Carpenter and David Moss. New York: Cambridge University Press.

L

Labaton, Stephen. 2005. "Bankruptcy Bill Set for Passage; Victory for Bush." *New York Times*, March 9.

Lattman, Peter. 2011. "Judge in Citigroup Mortgage Settlement Criticizes S.E.C.'s Enforcement." *New York Times*, November 9.

Lattman, Peter, and Peter Eavis. 2012. "3 Former Credit Suisse Traders Charged with Bond Fraud." *New York Times*, February 1.

Lauderdale, Benjamin E. 2008. "Pass the Pork: Measuring Legislator Shares in Congress." *Political Analysis* 16(3): 235-49.

Lee, Frances E. 1998. "Representation and Public Policy: The Consequences of Senate Apportionment for the Geographic Distribution of Federal Funds." *Journal of Politics* 60: 34-62.

Lemann, Nicholas. 1991. *The Promised Land: The Great Black Migration and How It Changed America.* New York: Knopf.

Levendusky, Matthew. 2009. *The Partisan Sort: How Liberals Became Democrats and Conservatives Became Republicans.* Chicago: University of Chicago Press.

Levitt, Steven D. 1996. "How Do Senators Vote? Disentangling the Role of Voter Preferences, Party Affiliation, and Senator. Ideology." *American Economic Review* 86(3): 425-41.

Lewis, Michael. 2010. *The Big Short: Inside the Doomsday Machine.* New York: Norton.

Lichtblau, Eric. 2012. "Gingrich's Deep Ties to Fannie Mae and Freddie Mac." *New York Times*, February 3.

Lieberman, Marvin B., and Shigeru Asaba. 2006. "Why Do Firms Imitate Each Other?" *Academy of Management Review* 31(2): 366-85.

Lipton, Eric. 2008. "Gramm and the 'Enron Loophole.'" *New York Times*, November 14.

Lipton, Eric, and David D. Kirkpatrick. 2008. "Veterans of '90s Bailout Hope for Profit in New One." *New York Times*, December 28.

Lizza, Ryan. 2012. "The Obama Memos: The Making of a Post-post-partisan Presidency." *New Yorker*, January 30.

Lowenstein, Roger. 2000. *When Genius Failed: The Rise and Fall of Long-Term Capital Management*. New York: Random House.

Lowenstein, Roger. 2008. "Triple-A Failure." *New York Times* Magazine, April 27. Accessed September 7, 2012, at http://www.nytimes.com/2008/04/27/magazine/27Credit-t.html?adxnnl = 1&adxnnlx = 1347048185-Q9s2X /MCvVd + sW/aUif/QQ.

Lucas, Deborah. 2011. *The Budgetary Cost of Fannie Mae and Freddie Mac and Options for the Future Federal Role in the Secondary Mortgage Market*. Washington, DC: Congressional Budget Office.

M

MacKenzie, Donald. 2009. "All Those Arrows." *London Review of Books* 31(12):20-22.

Madrick, Jeff, and Frank Partnoy. 2011. "Did Fannie Cause the Disaster?" *New York Review of Books* 58(16):48-52.

Malabre, Alfred L. 1994. *Lost Prophets: An Insider's History of the Modern Economists*. Boston: Harvard Business School Press.

Malkiel, Burton G. 1990. *A Random Walk Down Wall Street: Including a Life-cycle Guide to Investing*. 5th ed. New York: Norton.

Mallaby, Sebastian. 2010. *More Money than God: Hedge Funds and the Making of a New Elite*. New York: Penguin.

Mann, Bruce. 2001. *Republic of Debtors: Bankruptcy in the Age of American Independence*. Cambridge MA: Harvard University Press.

Martin, Andrew D., and Kevin M. Quinn. 2002. "Dynamic Ideal Point Estimation via Markov Chain Monte Carlo for the U.S. Supreme Court, 1953-1999." *Political Analysis* 10:134-55.

Martin, Mitchell. 1998. "Citicorp and Travelers Plan to Merge in Record $70 Billion Deal: A New No. 1: Financial Giants Unite," *New York Times*, April 7.

Maxfield, John. 2012. "The 5 Biggest Mortgage Originators in 3Q 2012." *The Motley Fool*, November 28. Accessed December 21, 2012, http://www.fool.com/investing/general/2012/11/28/the-5-biggest-mortgage-originators-in-3q12.aspx.

Mayhew, David. 1974. *Congress: The Electoral Connection*. New Haven, CT: Yale University Press.

McCarty, Nolan. 1997. "Presidential Reputation and the Veto." *Economics and Politics* 9:1-26.

McCarty, Nolan. 2007. "The Policy Effects of Political Polarization." In *The Transformation of American Politics: Activist Government and the Rise of Conservatism*, ed. Paul Pierson and Theda Skocpol. Princeton, NJ: Princeton University Press.

McCarty, Nolan. 2008. "The Most Liberal Congress in History." Accessed September 20, 2012, at http://blogs.princeton.edu/mccarty/2008/12/the_most_liberal_congress_in_history.html.

McCarty, Nolan. 2009. "On the Virtues of Strategic Bipartisanship." Accessed September 20, 2012, at http://blogs.princeton.edu/mccarty/2009/02/on_the_virtues_of_strategic_bipartisanship.html.

McCarty, Nolan. 2013. "Complexity, Capacity and Capture." In *Preventing Capture: Special Interest Influence and How to Limit It*, ed. Daniel Carpenter and David Moss. New York: Cambridge University Press.

McCarty, Nolan, Keith T. Poole, Thomas Romer, and Howard Rosenthal. 2010a. "Political Fortunes: On Finance and Its Regulation." *Daedalus* 139(4):61-73.

McCarty, Nolan, Keith T. Poole, Thomas Romer, and Howard Rosenthal. 2010b. "The Price of Principle," *Huffington Post*, July 20. Accessed December 5, 2011, et http://www.huffingtonpost.com/nolan-mccarty/the-price-of-principle_b_652606.html.

McCarty, Nolan, Keith T. Poole, and Howard Rosenthal. 1997. *Income Redistribution and the Realignment of American Politics*. Washington, DC: AEI Press.

McCarty, Nolan, Keith T. Poole, and Howard Rosenthal. 2001. "The Hunt for Party Discipline in Congress." *American Political Science Review* 95(3):673-87.

McCarty, Nolan, Keith T. Poole, and Howard Rosenthal. 2006. *Polarized America: The Dance of Ideology and Unequal Riches*. Cambridge, MA: MIT Press.

McClintick, David. 2006. "How Harvard Lost Russia." *Institutional Investor*, January 24.

McCubbins, Mathew D., and Thomas Schwartz. 1984. "Oversight Overlooked: Police Patrols versus Fire Alarms." *American Journal of Political Science* 28(1):165-79.

McGinty, Tom, and Kara Scannell. 2009. "SEC Plays Keepup in High-Tech Race." *Wall Street Journal*, August 20.

McGrath, Ben. 2010. "The Movement: The Rise of Tea Party Activism," *New Yorker*, February 1.

McKee, Michael, and Scott Lanman. 2009. "Greenspan Says U.S. Should Consider Breaking Up Large Banks." Bloomberg News, October 15. Accessed June 27, 2012, at http://www.bloomberg.com/apps/news?pid=newsarchive&sid=aJ8HPmNUfchg.

McKenna, Francine. 2012. "Auditors All Fall Down; PFGBest and MF Global Frauds Reveal Weak Watchdogs." *Forbes*, July 16. Accessed December 28, 2012, http://www.forbes.com/sites/

francinemckenna/2012/07/16/auditors-all-fall-down-pfgbest-and-mf-global-frauds-reveal-weak-watchdogs/.

McLean, Bethany, and Peter Elkind. 2003. *The Smartest Guys in the Room: The Amazing Rise and Scandalous Fall of Enron*. New York: Portfolio.

McNamee, Mike. 2004. "Lewis S. Ranieri: Your Mortgage Was His Bond," *Business Week*, November 29.

Meltzer, Allan H. 2003. "Rational and Nonrational Bubbles." In *Asset Price Bubbles: The Implications for Monetary, Regulatory, and International Policies*, ed. W. C. Hunter, George G. Kaufman, and Michael Pomerleano. Cambridge, MA: MIT Press.

Mendelberg, Tali. 2001. *The Race Card: Campaign Strategy, Implicit Messages, and the Norm of Equality*. Princeton, NJ: Princeton University Press.

Mian, Atif, Amir Sufi, and Francesco Trebbi. 2010. "The Political Economy of the U. S. Mortgage Default Crisis." *American Economic Review* 100:1967-98.

Milbank, Dana. 2010. "Behind the Foreclosure Crisis, Big Banks' Reign of Error." *Washington Post*, March 6.

Mishkin, Frederic S., and Tryggvi Thor Herbertsson. 2006. *Financial Stability in Iceland*. Reykjavik: Iceland Chamber of Commerce.

Mitchell, George J. 2007. "Report o the Commissioner of Baseball of an Independent Investigation into the Illegal Use of Steroids and Other Performance Enhancing Substances by Players in Major League Baseball." Accessed September 20, 2012, at http://mlb.mlb.com/mlb/news/mitchell/report.jsp.

Morgan, Glen. 2008. "Market Formation and Governance in International Financial Markets: The Case of OTC Derivatives." *Human Relations* 61:637.

Morgenson, Gretchen. 2010. "Leading Magnate Settles Fraud Case." *New York Times*, October 10.

Morgenson, Gretchen. 2011. "Case on Mortgage Official Is Said to be Dropped." *New York Times*, February 19.

Morgenson, Gretchen. 2012. "Is Insider Trading Part of the Fabric?" *New York Times*, May 20.

Morgenson, Gretchen, with Joshua Rosner. 2011. *Reckless Endangerment: How Outsized Ambition, Greed, and Corruption Led to Economic Armageddon*. New York: Times Books/Henry Holt.

Morison, Elting E., ed. 1952. *The Letters of Theodore Roosevelt*. Vols. 1-8. Cambridge, MA: Harvard University Press.

N

Nakamoto, Michiyo, and David Wighton. 2007. "Citigroup Chief Stays Bullish on Buy-outs." *Financial Times*, July 9.

National Association of Realtors. 2012. "Membership: Historic Report." Accessed September 20, 2012, at http://www.realtor.org/membership/historic-report.

New Generation Research, Inc. 2012. 20 *Largest Public Company Bankruptcy Filings 1980-Present*. Accessed September 20, 2012, at http://www.bankruptcydata.com/Research/Largest_Overall_All-Time.pdf.

New York City Housing Authority. 2012. "About NYCHA: Fact Sheet." Accessed September 20, 2012, at http://www.nyc.gov/html/nycha/html/about/factsheet.shtml.

Newsome, Sunsierre, Matthew Albrecht, and Daniel E. Teclaw. 2011. "Federal Home Loan Banks." Accessed September 20, 2012, at http://www.fhlb-of.com/ofweb_userWeb/resources/SandPCreditReport071911.pdf.

Nokken, Timothy P., and Keith T. Poole. 2004. "Congressional Party Defection in American History." *Legislative Studies Quarterly* 29:545-68.

Noll, Roger G. 1971. *Reforming Regulation: An Evaluation of the Ash Council Proposal*. Washington, DC: Brookings Institution.

Nuñez Stephen, and Howard Rosenthal. 2004. "Bankruptcy 'Reform' in Congress." *Journal of Law Economics and Organization* 20:527-57.

Nunnari, Salvatore. 2011. "The Political Economy of the U.S. Auto Industry Crisis." Unpublished manuscript, California Institute of Technology.

O

Obama, Barack. 2008. "One Week to Go: Speech in Ohio." Accessed September 20, 2012, at http://www.presidentialrhetoric.com/campaign2008/obama/10.27.08.html.

"Obama's Take on Wall Street Prosecutions." 2011. *New York Times*, December 12. Accessed September 20, 2012, at http://dealbook.nytimes.com/2011/12/12/president-obamas-take-on-wall-street-prosecutions/.

Olshan, Jeremy. 2011. "'Father' of the 401(k)s Tough Love." Accessed June 5, 2012, at http://blogs.smartmoney.com/encore/2011/11/22/father-of-the-401ks-tough-love/.

Overacker, Louise. 1932. *Money in Elections*. New York: Macmillan.

Overacker, Louise. 1937. "Campaign Funds in the Presidential Election of 1936." *American Political Science Review 31:473-98.

Overbye, Dennis. 2009. "They Tried to Outsmart Wall Street." *New York Times*, March 9.

P

Partnoy, Frank. 2009. *Infectious Greed: How Deceit and Risk Corrupted the Financial Markets*. New York: Public Affairs Press.

Paulson, Henry M. 2010. *On the Brink: Inside the Race to Stop the Collapse of the Global Financial System*. New York: Business Plan.

Pelofsky, Jeremy, and James Vicini. 2011. "BofA's Countrywide to Pay $335 million over Bias Case." Reuters, December 21. Accessed September 20, 2012, at http://www.reuters.com/article/2011/12/21/us-boa-countrywide-idUSTRE7BK1UW20111221.

Perino, Michael. 2010. *The Hellhound of Wall Street: How Ferdinand Pecora's Investigation of the Great Crash Forever Changed American Finance*. New York: Penguin.

Perlstein, Rick. 2001. *Before the Storm: Barry Goldwater and the Unmaking of the American Consensus*. New York: Hill and Wang.

Pew Research Center for the People and the Press. 2011. *Fewer Are Angry at Government, But Discontent Remains High*. Accessed September 20, 2012, at http://people-press.org/files/2011/03/711.pdf.

Philippon, Thomas, and Ariell Reshef. 2009. *Wages and Human Capital in the U.S. Financial Industry: 1909-2006*. NBER Working Paper 14644. Cambridge, MA: National Bureau of Economic Research.

Piketty, Thomas, and Emmanuel Saez. 2003. "Income Inequality in the United States, 1913-1998." *Quarterly Journal of Economics* 118:1-39.

Piskorski, Tomasz, Amit Seru, and Vikrant Vig. 2010. "Securitization and Distressed Loan Renegotiation: Evidence from the Subprime Mortgage Crisis." Booth School of Business Research Paper no. 09-02. Chicago: University of Chicago Booth School of Business.

Poole, Keith T. 2000. "Non-parametric Unfolding of Binary Choice Data." *Political Analysis* 8: 211-327.

Poole, Keith T. 2007. "Changing Minds? Not in Congress!" *Public Choice* 131:435-51.

Poole, Keith T., and Thomas Romer. 1993. "Ideology, 'Shirking' and Representation." *Public Choice* 77:185-96.

Poole, Keith T., and Howard Rosenthal. 1993. "The Enduring 19th Century Battle for Economic Regulation: The Case of the Interstate Commerce Act Revisited." *Journal of Law and Economics 26:837-60.

Poole, Keith T., and Howard Rosenthal. 1994. "Railroad Regulation and Congress, 1847-1887." In *The Regulated Economy: A Historical Approach to Political Economy*, ed. Claudia Goldin and Gary Libecap. Chicago: University of Chicago Press, 1994.

Poole, Keith T., and Howard Rosenthal. 1997. *Congress: A Political-economic History of Roll Call Voting*. New York: Oxford University Press.

Poole, Keith T., and Howard Rosenthal. 2007. *Ideology and Congress*. New Brunswick, NJ: Transaction.

Posner, Richard. 2009. *A Failure of Capitalism: The Crisis of '08 and the Descent into Depression*. Cambridge MA: Harvard University Press.

"President Bush Overall Job Rating." 2012. Accessed September 20, 2012, at http://www.pollingreport.com/BushJob.htm.

Preston, H. H. 1927. "The McFadden Banking Act." *American Economic Review* 17(2):201-18.

Prince, C. J. 2007. "Staying Power." *Institutional Investor*, January 10. Accessed September 20, 2012, at http://www.institutionalinvestor.com/Article.aspx?ArticleID=1117671&PositionID=11151.

Prior, Markus. 2007. *Post-broadcast Democracy: How Media Choice Increases Inequality in Political Involvement and Polarizes Elections*. New York: Cambridge University Press.

Prior, Markus. Forthcoming. "Media and Political Polarization." *Annual Review of Political Science*.

Protess, Ben. 2012. "As Wall Street Fights Regulation, It Has Backup on the Bench." *New York Times*, December 29.

Public Citizen's Critical Mass Energy and Environment Program. 2001. *Blind Faith: How Deregulation and Enron's Influence over Government Looted Billions from Americans.*. Accessed September 20, 2012, at http://www.citizen.org/documents/Blind_Faith.pdf.

Puzzanghera, Jim. 2012. "U.S. Says UBS Was Motivated by 'Sheer Greed' in Libor Rigging." *Los Angeles Times*, December 19. Accessed December 23, 2012, http://www.latimes.com/business/money/la-fi-mo-ubs-libor-fine-justice-20121219,0,4663488.story.

Purdum, Todd. 2009. "Henry Paulson's Longest Night." *Vanity Fair*, October.

Pyle, David H. 1995. "The U.S. Savings and Loan Crisis." In *Handbooks in Operations Research and Management Science*, vol. 9: *Finance*, ed. Robert A. Jarrow. Amsterdam: Elsevier.

R

Rajan, Raghuram G. 2010. *Fault Lines: How Hidden Fractures Still Threaten the World*

Economy. Princeton, NJ: Princeton University Press.

Rajan, Raghuram G. , and Rodney Ramcharan. 2011. "Constituencies and Legislation: The Fight over the McFadden Act of 1927." Unpublished manuscript, University of Chicago.

Rappaport, Liz, and Michael Rapoport. 2012. "Auditors Face Fraud Charge: New York Set to Allege Ernst & Young Stood By as Lehman Cooked Its Books." *Wall Street Journal*, December 20.

Rasmussen, Scott, and Douglas Schoen. 2010. *Mad as Hell: How the Tea Party Movement Is Fundamentally Remaking our Two-party System*. New York: HarperCollins.

Reinhart, Carmen M. , and Kenneth S. Rogoff. 2009. *This Time Is Different: Eight Centuries of Financial Folly*. Princeton, NJ: Princeton University Press.

Reuters. 2009. "U. S. Should Be Open to Second Stimulus—Congressional Leader." Accessed, April 17, 2012, at http://blogs.reuters.com/financial-regula tory-forum/2009/07/07/us-should-be-open-to-second-stimulus-congres sional-leader/.

Reuters. 2012. "Sheryl Sandberg, Facebook COO, Ducks Questions about IPO Debacle." Accessed September 7, 2012, at http://www.huffingtonpost.com /2012/05/24/refile-facebook-exec-duck_n_1543089.html.

"Rick Santelli, Tea Party." 2009. Accessed September 20, 2012, at http://free domeden.blogspot.com/2009/02/rick-santelli-tea-party.html.

Robbins, Liz. 2009. "Tax Day Is Met with Tea Parties." *New York Times*, April 16.

Roguski, Randy. 2008. "Ten Ways National City Could Have Avoided Trouble." *Plain Dealer*, April 20.

Romer, Thomas, and Barry R. Weingast. 1991. "Political Foundations of the Thrift Debacle." In *Politics and Economics in the Eighties*, ed. Alberto Alesina and Geoffrey Carliner. Chicago: University of Chicago Press.

Rothbard, Murray B. 1962. *The Panic of 1819: Reactions and Policies*. New York: Columbia University Press.

Roubini, Nouriel. 2008. "Comrades Bush, Paulson and Bernanke Welcome You to the USSRA (United Socialist State Republic of America)." September 9, 2008. Accessed April 11, 2009, at http://www.roubini.com/roubini-monitor/253529/comrades_bush_paulson_and_bernanke_welcome_you_to_the_ussra_united_socialist_state_republic_of_america.

"The Rubin Connection." 2008. *New York Times*, November 24.

S

Santomero, Anthony M. 2001. "The Causes and Effects of Financial Modernization." Federal Reserve Bank of Philadelphia. Accessed January 22, 2012, at http://www.philadelphiafed.org/research-and-data/publications/business-review/2001/q4/brq401as.pdf.

Sarlin, Benjamin. 2010. "Why the Tea Party Isn't Touching Financial Reform." *Daily Beast*, April 20.

Schaefer, Steve. 2010. "Survey Says: Cuomo Should Slap Ernst & Young with Lehman Fraud Charge." *Forbes*, December 21. Accessed September 20, 2012, at http://www.forbes.com/sites/steveschaefer/2010/12/21survey-says-cuomo-should-slap-ernst-young-with-lehman-fraud-charge/.

Schattschneider, E. E. 1960. *The Semi-sovereign People: A Realist's View of American Politics.* New York: Holt, Rinehart and Winston.

Schlesinger, Arthur M., Jr., 1965. *A Thousand Days: John F. Kennedy in the White House.* New York: Houghton Mifflin.

Schoen, Douglas. 2011. "Polling the Occupy Wall Street Crowd." *Wall Street Journal*, October 18.

Schwartz, Matthias. 2011. "Pre-Occupied: the Origins and Future of Occupy Wall Street." *New Yorker*, November 26.

Scott, Mark, and Michael J. De la Merced. 2012. "Chairman of Barclays Resigns." *New York Times*, July 1.

"SEC Brings Crisis-Era Suits." 2011. *Wall Street Journal*, December 17.

Segal, Jeffrey A., and Harold J. Spaeth. 2002. *The Supreme Court and the Attitudinal Model Revisited.* New York: Cambridge University Press.

Senate Library. 2002. *Presidential Vetoes, 1789-1988.* Washington, DC: Government Printing Office.

Shamim, Adam. 2009. "Obama Adviser Says U.S. Should Mull Second Stimulus." Bloomberg News, July 7. Accessed April 17, 2012, at http://www.bloomberg.com/apps/news?pid=newsarchive&sid=aStWHJXsvePA.

Shear, Michael D. 2009. "Senior UBS Official, Key Donor Shares Some of Obama's Down Time." *Washington Post*, August 24.

Shiller, Robert. 2000. *Irrational Exuberance.* Princeton, NJ: University Press, 2000.

Sides, John. 2012. "Were Obama's Early Ads Really the Game Changer?" *Five Thirty Eight*, December 29. Accessed January 2, 2013, http://fivethirtyeight.blogs.nytimes.com/2012/12/29/were-obamas-early-ads-really-the-game-changer/?hp

Silver-Greenberg, Jessica. 2012a. "Mortgage Crisis Presents a New Reckoning to Banks." *New York Times*, December 9.

Silver-Greenberg, Jessica. 2012b. "Settlement Expected on Past Abuses in Home Loans." *New York Times*, December 30.

Sims, Damon. 2008. "PNC-National City Bank Deal Draws Criticism." *Plain Dealer*, November 16.

Simon, Herbert. 1957. "A Behavioral Model of Rational Choice." In *Models of Man, Social and Rational: Mathematical Essays on Rational Human Behavior in a Social Setting*. New York: Wiley, 1957.

Sinclair, Barbara. 2002. "The 60-Vote Senate." In *U.S. Senate Exceptionalism*, ed. Bruce I. Oppenheimer. Columbus: Ohio State University Press.

Skeel, David. 2001. *Debt's Dominion: A History of Bankruptcy Law in America*. Princeton, NJ: Princeton University Press.

Skeel, David. 2011. *The New Financial Deal: Understanding the Dodd-Frank Act and Its (Unintended) Consequences*. Hoboken, NJ: Wiley.

Skocpol, Theda, and Vanessa Williamson. 2011. *The Tea Party and the Remaking of American Conservatism*. New York NY: Oxford University Press.

Slack, Donovan. 2010. "Stance on Fannie and Freddie Dogs Frank." *Boston Globe*, October 14.

Smith, Adam. 1904. *Adam Smith's Wealth of Nations*. New York: T.. Y. Cromwell.

Sorkin, Andrew Ross. 2009. *Too Big to Fail: The Inside Story of How Wall Street and Washington Fought to Save the Financial System from Crisis—and Themselves*. New York: Viking.

Sorkin, Andrew Ross. 2011. "Goldman Limits Facebook Investment to Foreign Clients," *New York Times*, January 17.

Sorkin, Andrew Ross. 2012. "The Man Behind Facebook's I.P.O. Debacle." *New York Times*, September 3.

Soros, George. 2010. "The Real Danger to the Economy." *New York Review of Books*, November 11.

Spiller, Pablo T., and Rafael Gely. 1992. "Congressional Control or Judicial Independence: The Determinants of U.S. Supreme Court Labor-Relations Decisions, 1949-1988," *RAND Journal of Economics* 23(4):463-92.

Standard & Poors. 2011. *Federal Home Loan Banks*. Accessed November 24, 2011 at http://www.fhlb-of.com/ofweb_userWeb/resources/SandPCredit Report071911.pdf.

State National Bank of Big Spring et al. v. Geithner et al. Accessed December 28, 2012, http://cei.org/sites/default/files/Complaint, %20First%20Amended , %209-20-2012.pdf.

Stephenson, Emily. 2012. "Three States Join Lawsuit Challenging Dodd-Frank Law." *Reuters*, September 9. Accessed December 28, 2012, http://www.reuters.com/article/2012/09/21us-financial-regulation-lawsuit-idUSBRE88K0WA20120921.

Stigler, George. 1971. "The Theory of Economic Regulation." *Bell Journal of Economics and Management Science* 2(1):3-21.

Stiglitz, Joseph E. 2009a. "Capitalist Fools." *Vanity Fair*, January.

Stiglitz, Joseph E. 2009b. "Too Big to Exist." Accessed June 18, 2012, at http://www.policyinnovations.org/ideas/commentary/data/000158/:pf_printable.

Stiglitz, Joseph E., Jonathan M. Orszag, and Peter Orszag. 2002. "Implications of the New Fannie Mae and Freddie Mac Risk-based Capital Standard." *Housing Matters* 1(2):1-10.

Stiglitz, Joseph E., Jonathan M. Orszag, and Peter Orszag. 2004. "Implications of the New Fannie Mae and Freddie Mac Risk-based Capital Standard." In *Housing Matters: Issues in American Housing Policy*, ed. Franklin Raines and Sheila Bair. . Washington, D. C.: Fannie Mae.

Stohr, Greg. 2009. "Obama Backs Banks, Seeks to Block Fairlending Probe(Update 1)." Bloomberg News, March 26. Accessed December 5, 2011, at http://www.bloomberg.com/apps/news?pid=newsarchive&sid=aCdEKIwb iPzQ.

Stolberg, Sheryl Gay. 2009a. "Senate Has Changed in Kennedy's Time." *New York Times*, August 27.

Stolberg, Sheryl Gay. 2009b. "Signing Stimulus, Obama Doesn't Rule Out More." *New York Times*, February 17.

Stolberg, Sheryl Gay. 2010. "Obama Calls Jobs Bill a First Step." *New York Times*, March 18.

Strahan, Philip E. 2002. *The Real Effects of U. S. Banking Deregulation.* Accessed September 7, 2012, at http://research.stlouisfed.org/conferences/policy conf/papers/Strahan.pdf.

Streitfeld, David, and John C. Rudolf. 2009. "States Are Pondering Fraud Suits against Banks." *New York Times*, November 3.

Subramanian, Guhan, and Nithyasri Sharma. 2010. "Citigroup-Wachovia- Wells Fargo." Unpublished manuscript, Harvard Law School, Cambridge, MA.

Sunstein, Cass R., David Schkade, and Lisa M. Ellman. 2004. "Ideological Voting on Federal Courts of Appeals: A Preliminary Investigation." *Virginia Law Review* 90:301.

Sussman, Anna Louie. 2012. "U. S. Foreclosures Up for 2nd Straight Month." Reuters, July 12. Accessed September 20, 2012, at http://in.reuters.com/article/2012/07/12/usa-housing-realtytrac-idINL2E8IBG6F20120712.

Swagel, Phillip. 2009. "The Financial Crisis: An Inside View." *Brookings Papers on Economic Activity* 40(1):1-78. Accessed December 8, 2011, at http://www.brookings.edu/~/media/Files/Programs/ES/BPEA/2009_spring_bpea_papers/2009a_bpea_swagel.pdf.

T

"The Talented Mr. Gensler: Jon Corzine's Regulator Wants You to Know He's Been Very Busy." 2011. *Wall Street Journal*, December 12.

Tapper, Jake. 2011. "Wall Street Corruption, Solyndra, and Fast & Furious: Today's Q's for O." ABC News, October 6. Accessed September 20, 2012, at http://abcnews.go.com/blogs/politics/2011/10/wall-street-corruption-solyndra-and-fast-furious-todays-qs-for-o-1062011/.

Tausanovitch, Chris. 2011. "Income and Representation." Unpublished manuscript, Stanford University.

Teles, Steven M. 2008. *The Rise of the Conservative Legal Movement: The Battle for Control of the Law*. Princeton, NJ: Princeton University Press.

Tett, Gillian. 2009. *Fool's Gold: How Unrestrained Greed Corrupted a Dream, Shattered Global Markets and Unleashed a Catastrophe*. London: Little Brown.

Toobin, Jeffrey. 2010. "The Senator and the Street: Chuck Schumer, His Financial Constituents and the Next Move." *New Yorker*, August 2.

Treanor, Jill. 2009. "King Calls for Banks to Be 'Cut Down to Size.'" *Guardian*, June 17.

Tufano, Peter. 1997. "Business Failure, Judicial Intervention, and Financial Innovation: Restructuring U.S. Railroads in the Nineteenth Century." *Business History Review* 71: 1-40.

U

U.S. Attorney, Eastern District of New York. 2012. "$1 Billion to Be Paid by Bank of America to United States." Accessed September 20, 2012, at http://www.justice.gov/usao/nye/pr/2012/2012feb09.html.

U.S. Commodity Futures Trading Commission and U.S. Securities and Exchange Commission. 2010. *Findings Regarding the Market Events of May 6, 2010: Report of the Staffs of the CFTC and SEC to the Joint Advisory Committee on Emerging Regulatory Issues*. Accessed September 16, 2012, at http://www.sec.gov/news/studies/2010/marketevents-report.pdf.

U.S. Department of Housing and Urban Development. 2012. "American Dream Downpayment Initiative." Accessed September 20, 2012, at http://www.hud.gov/offices/cpd/affordablehousing/programs/home/addi/index.cfm.

U.S. Department of Justice. 2012. "Federal Government and State Attorneys General Reach $25 Billion Agreement with Five Largest Mortgage Servicers to Address Mortgage Loan Servicing and Foreclosure Abuses." Accessed September 20, 2012 at http://www.justice.gov/opa/pr/

2012/February/12ag-186. html.

U. S. Department of the Treasury. 2011. *Fact Sheet: Notice of Proposed Determination on Foreign Exchange Swaps and Forwards*. Accessed September 20, 2012, at http://www. treasury. gov/initiatives/wsr/Documents/Fact%20Sheet%20-%20Notice%20of%20Proposed%20Determination%20on%20Foreign%20Exchange%20Swaps%20and%20Forwards. pdf.

U. S. House of Representatives, Office of the Clerk. 2012. "Party Divisions of the House of Representatives (1789 to Present)." Accessed September 20, 2012, at http://artandhistory. house. gov/house_history/partydiv. aspx.

U. S. Securities and Exchange Commission. 2010a. "Former Countrywide CEO Angelo Mozilo to Pay SEC's Largest-ever Financial Penalty against a Public Company's Senior Executive." Accessed September 20, 2012, at http://www. sec. gov/news/press/2010/2010-197. htm.

U. S. Securities and Exchange Commission. 2010b. "Goldman Sachs to Pay Record $550 Million to Settle SEC Charges Related to Subprime Mortgage CDO." Accessed September 20, 2012, at http://www. sec. gov/news/press/2010 /2010-123. htm.

U. S. Senate. 2012. "Party Division in the Senate, 1789 to Present." Accessed September 20, 2012, at http://www. senate. gov/pagelayout/history/one_item_and_teasers/partydiv. htm.

Utt, Ronald. 2003. "American Dream Downpayment Act: Fiscally Irresponsible and Redundant to Existing Homeownership Programs." Accessed September 20, 2012, at http://www. heritage. org/research/reports/2003/12/american-dream-downpayment-act-fiscally-irresponsible-and-redundant-to-existing-homeownership-programs.

W

"Wachovia Settlement Checks Real, Better Business Bureau Says." 2008. *CNN. com*, December 28. Accessed September 20, 2012, at http://www. cnn. com/2008/US/12/25/wachovia. checks/index. html#cnnSTCText.

Wachtel, Katya. 2012. "Goldman CEO: Support for Gay Rights 'Not without Price.'" *Reuters*, May 2. Accessed September 20, 2012, at http://www. reuters. com/article/2012/05/02/goldmansachs-blankfein-criticism-idUSL1E8G28NC20120502.

Warren, Charles. 1935. *Bankruptcy in American History*. Cambridge, MA: Harvard University Press.

Wawro, Gregory J., and Eric Schickler. 2006. *Filibuster: Obstruction and Lawmaking in the U. S. Senate*. Princeton, NJ: Princeton University Press.

Weigel, David. 2010. "Tea Party Groups Protest Financial Reform." *Washington Independent*, March 4.

Weingast, Barry R. 1984. "The Congressional-bureaucratic System: A Principal-agent Perspective (with Applications to the SEC)." *Public Choice* 44: 147-77.

Weisman, Steven R., and Edmund L. Andrews. 2008. "Economists Debate the Quickest Cure." *New York Times*, January 19.

Weisman, Steven R., and David M. Herszenhorn. 2008. "Bush and Congress Seen Pushing for Stimulus Plan." *New York Times*, January 12.

Wheelock, David C. 2008. "The Federal Response to Home Mortgage Distress." *Federal Reserve Bank of St. Louis Review*, May-June, 133-48.

Whitehouse, Michael A. 1989. "Paul Warburg's Crusade to Establish a Central Bank in the United States." Accessed June 27, 2012, at http://www.minneapolisfed.org/publications_papers/pub_display.cfm?id=3815.

Wicker, Elmus. 2005. *The Great Debate of Banking Reform: Nelson Aldrich and the Origins of the Fed*. Columbus: Ohio State University Press.

Williams, T. Harry. 1969. *Huey Long*. New York: Knopf.

Williams, Timothy. 2011. "As Public Sector Sheds Jobs, Blacks Are Hit Hardest." *New York Times*, November 28.

Wilmott, Paul. 2009. "Hurrying into the Next Panic?" *New York Times*, July 29.

Wooten, James A. 2001. "'The Most Glorious Story of Failure in Business': The Studebaker-Packard Corporation and the Origins of ERISA." *Buffalo Law Review* 49: 683-39.

"The Worst American CEOs of All Time." 2009. *CNBC.com*, April 30. Accessed September 20, 2012, at http://www.cnbc.com/id/30502091/Portfolio_s_Worst_American_CEOs_of_All_Time.

Wyatt, Edward. 2010. "Veto Threat Raised over Derivatives." *New York Times*, April 16.

Z

Zeke Faux and Jody Shenn. 2011. "Subprime Mortgage Bonds Get AAA Rating S&P Denied to U.S." Bloomberg, August 31. Accessed September 20, 2012, at http://www.bloomberg.com/news/2011-08-31/subprime-mortgage-bonds-getting-aaa-rating-s-p-denies-to-u-s-treasuries.html.

Zernike, Kate. 2010. *Boiling Mad: Inside Tea Party America*. New York: Henry Holt, 2010.

Zingales, Luigi. 2013. "Preventing Economists' Capture." In *Preventing Capture: Special Interest Influence and How to Limit It*, ed. Daniel Carpenter and David Moss. New York: Cambridge University Press.

Zitzewitz, Eric. 2006. "How Widespread Was Late Trading in Mutual Funds?" *American Economic Review (Papers and Proceedings)* 96(2): 284-89.

译后记

在本书中，诺兰·麦卡蒂、基思·普尔和霍华德·罗森塔尔认为，在每个经济危机的背后，都深藏着一个政治泡沫。作为僵化的意识形态、低效的政治制度和顽强的特殊利益的产物，政治泡沫会助长不利于经济稳定的市场行为，导致市场风险不断增大，从而为泡沫的产生和破灭创造了条件。作者们指出，美国政府不但未能有效地预防金融危机的发生，而且在金融危机爆发后采取的应对措施也显得非常迟缓无力，这说明美国民主制度已经遭到了重大的挫折。

令作者们最痛心疾首的是，美国错失了金融危机带来的推进改革的历史性机遇。在金融危机爆发后，美国银行业反而变得比危机前更加集中了，抵押贷款市场和衍生品市场的监管制度也一如既往，金融行业特殊利益集团的游说活动仍然大行其道，政治家（政客）们也几乎没有从此次危机中汲取任何教训。为此，作者们建议，应该运用一些简单的、稳定的、直指问题核心的规则来约束市场，以避免同样的危机在未来重复上演。

虽然本书作者们强调，他们的论述只针对美国，但是书中总结的经验教训，显然对其他国家也有借鉴意义，包括中国。

如同往常一样，在翻译过程中，妻子傅瑞蓉给了我非常大的帮助，她还是本书的初校者；本书得以完成，一半都要归功于她。儿子贾岚晴今年秋天已经上小学了，想当初，我开始为华夏出版社翻译《现代经济学主要流派》一书时，他才刚刚出生不久。这些年间，每译完一本书，我都会在"译后记"中写上一两笔他的事情，现在看来，说不定多年之后，这些文字会成为他成长的一个记录呢。成为小学生之后，贾岚晴依然是一个快乐的小家伙，而且总会给我带来无限快乐。现在，他老是要在我工作时讲故事给我听，声情并茂，一人分饰多角，让人忍俊不禁。

同样要感谢汪丁丁教授、叶航教授和罗卫东教授的教诲。感谢陈叶烽、李欢、罗俊、王国梁、纪云东、何志星、张弘、周铁钉、郑恒、李燕、陈姝、郑昊力、黄达强、应理健等同门，以及何永勤、虞伟华、余仲望、鲍玮玮、傅晓燕等好友的帮助。感谢岳父傅美峰、岳母蒋仁娟对我儿子的悉心照顾。

感谢华夏出版社一直以来对我的信任。

译者水平所限，书中定有不足之处，敬请读者批评指正！

贾拥民
2013 年 11 月

西方经济·金融前沿译丛书目

《欧元的终结？！——欧盟不确定的未来》
（美）约翰·冯·奥弗特韦尔德 著　贾拥民 译

《重铸美国自由市场的灵魂——道德的自由市场与不道德的大政府》
（美）史蒂夫·福布斯　伊丽莎白·艾姆斯 著　段国圣 译

《宇宙的主宰——哈耶克、弗里德曼与新自由主义的诞生》
（美）丹尼尔·斯特德曼·琼斯 著　贾拥民 译

《伟大的说服——哈耶克、弗里德曼与重塑大萧条之后的自由市场》
（美）安格斯·伯金 著　傅瑞蓉 译

《政治泡沫——金融危机与美国民主的挫折》
（美）诺兰·麦卡蒂　基思·普尔　霍华德·罗森塔尔 著　贾拥民 译

《从战场前线到市场前线——中东战争浴火之下信任和希望的重生》
（美）保罗·布林克利 著　于海生 译

《华尔街与华盛顿之战——美国现代金融体系的诞生》
（美）理查德·E.法利 著　贾拥民 译

《金钱长城——中国国际货币关系中的权力与政治》（即将出版）
（美）埃里克·赫莱纳　乔纳森·柯什纳 编著　于海生 译

《如何反击网络金融恐怖主义》（待出版）
（美）凯文·弗里曼 著　傅瑞蓉 译

《全球经济的系统脆弱性》（待出版）
（美）杰克·拉斯马斯 著　贾拥民 译

《产业政策的选择及其经济后果》（待出版）
（美）约瑟夫·斯蒂格利茨　阿克巴·诺曼 编著　孔令强 译

《产业组织形式的颠覆与创新——即将消失的美国公司》（待出版）
（美）杰拉尔德·戴维斯 著　孔令强 译